DESCUBRE LA

Biblia II

LA BIBLIA:
SU FORMACIÓN, SUS CONTEXTOS
Y SU INTERPRETACIÓN

Edesio Sánchez Cetina - Editor

Descubre la Biblia II:
Su formación, sus contextos y su interpretación
© Sociedades Bíblicas Unidas, 2006
1989 NW 88th Court
Miami, Florida 33172
Estados Unidos de América

Diseño de portada: *Reyner Azofeifa*
Diseño interior: *José A. Vargas*

ISBN: 978-1-59877-074-2

Impreso en Colombia.
Printed in Colombia.
2M - II-2011-03

Contenido

PREFACIO

Descubre la Biblia se publica de nuevo no como una segunda edición o revisión, sino como una obra diferente en varios sentidos. Aparece ahora en tres tomos y, como es de esperarse, más extensa y variada. El segundo volumen que ahora tiene en sus manos se enfoca en tres aspectos esenciales para el estudio de la Biblia: (1) la primera parte responde a la pregunta, ¿cómo se formó la Biblia?, y tiene que ver con los idiomas bíblicos, le historia del texto y la formación del canon; (2) la segunda parte intenta abarcar los contextos más importantes para la comprensión del «mundo bíblico» (geográfico, histórico, social y cultural) e incluye los datos más nuevos que aportan la arqueología, la etnología y la antropología cultural; (3) la tercera parte se concentra en la tarea y el desafío de la interpretación bíblica, e incluye metodología exegética, notas hermenéuticas y el impacto que la teología tiene sobre la traducción de la Biblia y de su interpretación.

Además de la participación de escritores miembros de nuestro equipo de traducción, hemos invitado a reconocidos biblistas que han hecho aportes significativos en las áreas que se consideran en esta serie. Para este volumen, nuestro agradecimiento va al Dr. Nestor O. Míguez que amablemente ha aceptado participar con el capítulo sobre arqueología en la época del NT. Nuestro agradecimiento se hace extensivo también a antiguos colegas de la familia de las SBU, ya jubilados, quienes accedieron a compartir con las nuevas generaciones sus conocimientos y sabiduría.

En el prefacio del «primer» *Descubre la Biblia* señalábamos que ese libro respondía a la necesidad de ofrecer al público latinoamericano de habla hispana una especie de «herramienta» o «manual» de apoyo para nuestras *Jornadas bíblicas*, conocidas también como «Talleres o Seminarios de ciencias bíblicas». Con satisfacción podemos afirmar que ese primer esfuerzo fue un éxito de publicación. Las varias impresiones del libro han sido distribuidas en nuestras «Jornadas bíblicas», en eventos relacionados con el estudio de la Biblia; también ha sido usado como libro de texto en varias instituciones de educación teológica, como material de estudio en losprogramas educativos de un buen número de iglesias y como material requerido de información para el personal de varias Sociedades Bíblicas. Su aceptación entre los lectores de habla hispana coadyuvó a que la obra haya sido publicada en inglés a solicitud del Coordinador mundial de traducciones de las SBU, para hacerla asequible a un público más amplio dentro de nuestra organización.

Ese primer esfuerzo también sirvió como incentivo para la grabación y distribución de una serie de videos en los que se exponen varios de los temas que forman parte del primer libro. Con alegría y gratitud a Dios ponemos en manos del lector este segundo tomo de esta «nueva» obra titulada también *Descubre la Biblia*.

Edesio Sánchez Cetina, Editor

LISTA DE AUTORES

Plutarco Bonilla Acosta: Es jubilado. Fue Consultor de Traducciones de las SBU en las Américas. Fue también profesor de filosofía en la Universidad de Costa Rica. Hizo sus estudios teológicos en Costa Rica y Princeton, EUA. Tiene un doctorado Honoris Causa.

Manuel M. Jinbachian: Es jubilado. Fue Coordinador de Traducciones de las SBU en Europa y el Medio Oriente. Tiene un doctorado en Antiguo Testamento, y reside en Canadá.

Gerald Kendrick: Es jubilado. Fue Consultor de Traducciones de las SBU en las Américas. Tiene un doctorado en Antiguo Testamento, y reside en los Estados Unidos.

Nestor O. Míguez: Profesor en el Departamento de Biblia en el Instituto Superior de Estudios Teológicos (ISEDET). Tiene un doctorado en Nuevo Testamento, y reside en Argentina.

William Mitchell: Es el Coordinador de Traducciones de las SBU en las Américas. Tiene un doctorado en Teología y reside en Canadá.

Roger Omanson: Es Consultor Interregional de SBU para la investigación y publicación de ayudas y materiales de carácter académico. Tiene un doctorado en Nuevo Testamento y reside en los Estados Unidos de América.

Pedro Ortiz Valdivieso: Doctor en Nuevo Testamento, profesor de la Universidad Javeriana en Bogotá, Colombia. Fue Asesor especial de Traducciones de las SBU en las Américas.

Samuel Pagán Rosas: Doctor en Literatura Hebrea. Profesor de Antiguo Testamento en el Seminario Evangélico de Puerto Rico.

Edesio Sánchez Cetina: Es Consultor de Traducciones de las SBU en las Américas. Tiene un doctorado en Antiguo Testamento y reside en Costa Rica.

José A. Soto: Es pastor de la Iglesia Bautista en Heredia, Costa Rica. Hizo sus estudios teológicos en el Seminario Bautista en San José, Costa Rica. Fue miembro del equipo de traducción de la Biblia en Lenguaje Actual.

Alfredo Tepox Varela: Es Consultor de Traducciones de las SBU en las Américas. Hizo sus estudios doctorales en antropología, y reside en México.

Esteban Voth: Es Consultor de Traducciones de las SBU en las Américas. Tiene un doctorado en Antiguo Testamento y antiguo Cercano Oriente, y reside en Argentina.

Marlon Winedt: Es Consultor de Traducciones de las SBU en las Américas. Tiene un doctorado en Nuevo Testamento y reside en Curazao, Antillas Holandesas.

ABREVIATURAS

Biblias, documentos y publicaciones periódicas

AT	Antiguo Testamento
BA	Biblia de América (Versión para las Américas de *La Biblia, Casa de la Biblia*)
BJ	Biblia de Jerusalén
BL	Biblia Latinoamericana
BLA	La Biblia de las Américas (Fundación Bíblica Lockman)
BLS	Biblia en Lenguaje Sencillo (otro nombre para la TLA)
BLH	Biblia na linguagem de hoje
BP	Biblia del Peregrino
BT	The Bible Translator
CBQ	Catholic Biblical Quarterly
CEV	Contemporary English Version
DHH	Dios Habla Hoy, Versión Popular
DC	Deuterocanónicos
ET	Expository Times
GNB	Good New Bible
GNT	The Greek New Testament
HUCA	Hebrew Union College Annual
IJAL	International Journal of American Linguistics
JBL	Journal of Biblical Literature
JBR	Journal of Bible and Religion
JNES	Journal of Near Eastern Studies
JSNTS	Journal for the Study of the New Testament, Supplement Series
JSOT	Journal for the Study of the Old Testament
JSOTS	Journal for the Study of the Old Testament Supplement
JTS	Journal of Theological Studies
LXX	Septuaginta (traducción griega pre cristiana del Antiguo Testamento)
LPD	Libro del Pueblo de Dios
NBE	Nueva Biblia Española
NBJ	Nueva Biblia de Jerusalén
NovT (Sup)	Novum Testamentum (Supplements)
NRSV	New Revised Standard Bible
NT	Nuevo Testamento
NTS	New Testament Studies
NVI	Nueva Versión Internacional

PS	Pentateuco Samaritano
Q	Qumán (la sigla se usa para referirse a los varios documentos del Qumrán)
	También puede referirse a la fuente «Q» de los Evangelios
	4QpaleoExodm = Qumrán, cuava #4, Peleo-hebreo, Éxodo, décimo tercera copia
	4QNmb Qumrán, cueva #4, Números, segunda copia
REB	Revised English Bible
Ribla	Revista de interpretación bíblica latinoamericana
RVR	Reina-Valera Revisión de 1960
RVR-95	Reina-Valera Revisión de 1995
SBU	Sociedades Bíblicas Unidas
Sir	Siriaca (No confundir con el Sirácida o libro del Eclesiástico)
STDJ	Studies on the Texts of the Desert of Judah
Str-Bil	Strack-Billerbeck, *Kommentar zum Neuen Testament aus Talmud und Midrash*
TLA	Traducción en Lenguaje Actual
TM	Texto Masorético
VM	Versión Moderna
VPEE	Versión Popular Edición de Estudio
Vul	Vulgata

Fuentes antiguas

1Clem	1 Clemente
1En	1 Enoc
2En	2 Enoc; EnEsl - Enoc eslavo
4Esd	4 Esdras (conocido también por 2 Esdras)
GrEsd	Esdras griego Apocalipsis de Esdras *ApEsdr*
2Bar	2 Baruc (Apoc Baruc) Siríaco
3Bar	3 Baruc Griego
4Bar	(Paraleipomena Jeremiou) 4 Baruc
3Mac	3 Macabeos
Ant Josefa	Antigüedades
ApAbr	Apocalipsis de Abraham
ApElías	Apocalipsis de Elías
ApJn	Apocalipsis de Juan
ApMoi	Apocalipsis de Moisés *(Vida de Adán y Eva Charlesw 2:249, versión Gr)*
ApSof	Apocalipsis de Sofonías
ApStg	Apocalipsis de Santiago
AsMoi	Asunción de Moisés Testimonio Moisés

MartIsa	Martirio y Ascensión de Isaías
Bar	Libro de Baruc (*deuterocanónico BJ1144*
Ber	Berakot
Bern	Bernabé
BibAnt	Biblical Antiquities LAB ver PsFilón
Cic	Cicerón
CuesEsd	Cuestiones de Esdras
DD	Documento de Damasco (CDC Documento de Comunidad de Damasco; Geniza de Cairo; Documento Zadokita)
Decal Filón	Decálogo (Filón de Alejandría)
Did	Didajé
Diogn	Diogneto
Eclo	Eclesiástico (Sirac)
Esd	Esdras
Euseb	HE Eusebio, Historia Eclesiástica
EvanTom	Evangelio de Tomas
EvanVer	Evangelio de Verdad
EvangMa	Evangelio de María Carta a los Filipenses (Ignacio de Antioquía)
GJ	Josefo, Guerras de los Judíos
Ign	Ignacio de Antioquia
Ign *Ef*	Carta de Ignacio a los Efesios
Ign *Esm*	Carta de Ignacio los de Esmirna
Ign *Magn*	Carta de Ignacio a los Magnesianos
Ign *Fil*	Carta de Ignacio a los de Filadelfia
Ign *Pol*	Carta de Ignacio a Policarpo
Ign *Rom*	Carta de Ignacio a los Romanos
Iren	Ireneo AdvH Adversus Haereses;
Jdt	Judit
Jos	Josefo; GJ Guerras de los Judíos; Ant Antigüedades.
Jub	Jubileos
Justino	Justino Martir (Diálogos)
Mc	Macabeos
Magn	Carta de San Ignacio a los creyentes de Magnesia
MartPol	Martirio de Policarpo
OdasSal	Odas de Salomón
OrSib	Oráculo Sibilino
ParJer	(4 Esd) Paraleipomena Jeremiou
Pol	Policarpo de Esmirna
PsJn	Pseudo-Juan
PssSal	Salmos de Salomón
Sap	Sabiduría (ben Sira)

Sir	Sirac (ver Eclesiástico)
Sus	Susana
TAbr	Testamento de Abraham *(I dC)*
TAdán	Testamento de Adán
TDoce	Testamento de los XII Patriarcas
TestXII	Testamento de XII Patriarcas
TJac	Testamento de Jacob
TJudá	Testamento de Judá
TJob	Testamento de Job
TLeví	Testamento de Leví
TMoi	Testimonio de Moisés (o Asunción de Moisés *DíezM V:217a*)

Fuentes modernas

ABD	David Noel Freedman. *The Anchor Bible Dictionary.* Seis volémenes. New York: Doubleday, 1992.
BAG	W. Bauer, W. F. Arnd, and F. W. Gingrich, *Greek-English Lexicon of the NT*
BDF	Blass-Debrunner-Funk, *A Greek Grammar of the New Testament and Other Early Christian Literature*
BDB	F. Brown, S.R. Driver y C.A. Briggs, A Hebrew and English Lexicon of the Old Testament. Oxford: Clarendon Press, 1975
DBHE	Luis Alonso Schökel, Victor Morla y Vicente Collado (editores). *Diccionario bíblico hebreo-español.* Madrid: Editorial Trotta.
DENT	Horst Balz y Gerhard Schneider (editores). *Diccionario exegético del Nuevo Testamento.* Dos volúmenes. Salamanca: Ediciones Sígueme, 2001-2002.
DTMAT	Ernest Jenni y Claus Westermann. *Diccionario manual del Antiguo Testamento.* Dos volúmenes. Madrid: Ediciones Cristiandad, 1978, 1985.
DTNT	Lotear Coenen y otros. *Diccionario teológico del Nuevo Testamento.* Cuatro volúmenes. Salamanca: Ediciones Sígueme, 1980-1984.
HCBD	*Harper Collins Bible Dictionary*
HDB	*Hasting's Dictionary of the Bible*
IDB	*Interpreter's Dictionary of the Bible.* 4 tomos (IDBs Suplmento)
KB	L. Koehler y W. Baumgartner, *Lexicon in Veteris Testamenti Libros.* Leiden: E.J. Brill, 1985

NIDNTT	New International Dictionary of New Testament Theology
LSJ	H. G. Liddel and R. Scott. *A Greek-English Lexicon*. 1968
TDNT	*Theological Dictionary of the New Testament*. 10 tomos. Kittel, Gerhard; Friedrich, Gerhard, eds. Grand Rapids, MI: Wm. B. Eerdmans Publishing Company.

De uso común

a. C.	Antes de Cristo
cap., caps.,	capítulo, capítulos
c. o ca.	Fecha aproximada
cf.	*Confer* (compárese, consúltese)
cm.	Centrímeto
d. C.	Después de Cristo
ed.	Editor
ej.	Ejemplo
et al.	Y otros
etc.	Etcétera
gr.	Griego
heb.	Hebreo
Ibid.	Ibídem (adverbio latino): «allí mismo», «en el mismo lugar»
Idem.	En el mismo lugar
km.	Kilómetro, kilómetros
lit.	Literal, traducido de manera literal
m.	Metro, metros
ms.	Manuscrito
mss.	Manuscritos
N°	Número
op. cit	Ópere citato («en la obra citada»). A veces aparece así: ob. cit.Página
p.	Página
passim	En todo el documento o libro
p.ej	Por ejemplo
pp.	Páginas
s.	Siguiente
ss.	Siguientes
trad.	Traducción del
v.	Versículo
vo.	Volumen
vv.	Versículos

PRIMERA PARTE:

IDIOMAS, TEXTO Y CANON DE LA BIBLIA

El hebreo

Edesio Sánchez Cetina

Introducción

Como no existe ningún autógrafo—manuscrito original—ni copias enteras de la Biblia hebrea antes del siglo X a.C., dependemos de los descubrimientos de Qumrán (1947) para tener a la vista cómo era el texto hebreo y su escritura entre el 200 a.C. y el 68 d.C. El libro de Isaías y algunos fragmentos de los otros libros canónicos nos sirven para conocer mejor la gramática, la ortografía y la grafía del hebreo en tiempos del Jesús. Documentos anteriores a estos manuscritos, solo los tenemos en forma de inscripciones sobre óstraca o cacharros (p.ej., el calendario del agricultor encontrado en Guezer, del siglo X a.C.) y en piedra (p.ej., la inscripción tallada en el tunel de Siloé, del siglo VIII a.C.). Por medio de ellos nos enteramos del tipo de escritura del hebreo desde el 1000 a.C. hasta más o menos el siglo IV a.C.

La escritura

El hebreo, en sus varias grafías, es heredero del alfabeto desarrollado en Fenicia. A esa escritura se le conoce como «escritura hebreo-fenicia». El calendario de Guezer y la estela moabita (850 a.C.)

tienen ese tipo de escritura. El ejemplo que sigue muestra la grafía tal como aparecen en esas inscripciones:

La escritura cursiva, como se muestra arriba, es la que muy probablemente usaron los escritores bíblicos. La escritura «cuadrada» o asiria—tal como la llama el Talmud—es de origen arameo. Este es el tipo de escritura que se empezó a usar a partir del cautiverio babilonio. La grafía cuadrada, como era de esperarse, sufrió varias transformaciones al correr de los siglos. Por ejemplo, las formas finales de algunas letras como la «m» y la «f» empiezan a aparecer en el periodo Ptolomaico en el siglo III a.C. Este es el tipo de escritura que aparece en la mayoría de los manuscritos del Mar Muerto (Qumrán).

La escritura hebrea que nos ha llegado en forma de códice—p. ej., el de Ben Asher—viene de la época medieval:

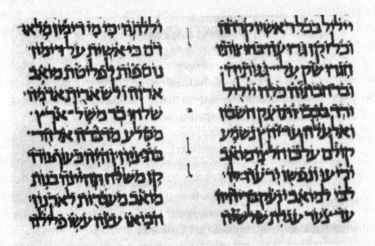

El hebreo y su lugar entre las lenguas semíticas

En el capítulo 10 de Génesis se ofrece la lista de los idiomas semíticos que se desarrollaron en el Asia sudoccidental. Estos idiomas se dividen en dos grupos (véase el cuadro abajo):

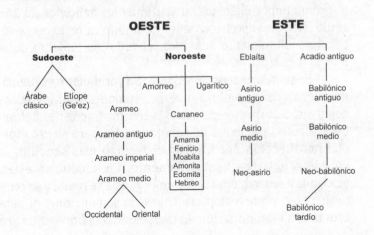

Como se puede notar en la gráfica, el hebreo pertenece a la rama cananea de los idiomas semíticos. Todos estos idiomas comparten las mismas peculiaridades lingüísticas: preferencia de las raíces triliterarles, dominio de las consonantes en su escritura, muy poca aglutinación en la formación de palabras y simpleza en la estructura de la oración.

El gran biblista francés Georges Auzou (108-109), escribiendo sobre las características del hebreo—que comparte por supuesto con sus lenguas hermanas—, dice así en forma gráfica y rimbombante, con una que otra afirmación no muy feliz:

Esta lengua es ruda y vigorosa. Predominan en ella las consonantes duras y graves, los sonidos guturales, sordos y enfáticos. El hebreo tiene más pasión que armonía, más energía que gracia. Es más adecuado para lo sagrado que para la estética; es más cultual que cultural.

Pero tiene también sus bellezas y no carece de solemnidad y grandeza. Es una lengua muy a propósito para «clamar a voz en cuello» (Is 58, 1), como harán muchos profetas, puesto que ellos oían también «rugir» a Yahwé (Am 1, 2; Jer 25, 30). La rústica lengua hebrea es capaz de cantar cánticos vigorosos e impresionantes, es capaz de expresar brillantemente la alegría y profundamente el dolor. Por lo demás, no le resulta imposible expresar sentimientos delicados. El fino genio israelita supo hacer tañer de múltiples maneras, a veces maravillosamente delicadas, el rudo instrumento de la lengua hebraica.

El hebreo es sencillo y pobre. Su vocabulario es reducido. Tiene pocos nombres o verbos compuestos. Muy pocos adjetivos. Sus medios de sintaxis son mediocres: el hebreo tiene algunas partículas de subordinación; pero siente especial predilección por utilizar el recurso más sencillo, la coordinación. Frecuentísimamente, las oraciones están yuxtapuestas y van unidas por una «y» que se repite y se repite sin cesar, y que reemplaza a nuestras conjunciones de subordinación y coordinación. El traductor deberá preguntarse a menudo si debe contentarse con mantener esa serie de oraciones independientes o si deberá construirlas según las leyes y con los medios, más complejos ya, de nuestras lenguas modernas. . .

La lengua hebrea, finalmente, es concreta y dinámica. Esto se lo debe, sobre todo, al genio hebraico. Aunque todas las lenguas, en sus comienzos, fueron un lenguaje de los sentidos, el hebreo lo ha seguido siendo de manera muy vigorosa. De ahí la viveza y carácter directo de todo lo que se dice en hebreo. Predominan, los verbos de movimiento. No existe el verbo «haber». El verbo «ser» es activo y significa «existir eficazmente».

Los tiempos de los verbos no son tanto verdaderos tiempos cuanto «aspectos» de la acción, según que ésta sea única o reiterada, según que sea instantánea o se prolongue. La distinción no se hace tanto entre el pasado, el presente y el futuro, cuanto entre lo «acabado» (perfecto) e «Inacabado» (imperfecto).

El hebreo, lengua rica en imágenes animadas, lengua de orden mucho más auditivo que visual, carece—más que ninguna otra lengua—de términos abstractos, y es radicalmente inepta para expresar ideas generales. El hebreo es un magnífico instrumento para traducir la percepción sensible. Tiene cualidades admirables para la expresión poética. Pero es insuficiente o desmañado para analizar y exponer una reflexión, para definir y explicar.

En el Antiguo Testamento, al hebreo se le conoce como «lengua de Canaán» (Is 19.18) y, más comúnmente» como «lengua de judá» o «judío» (Neh 13.24; Is 36.11) y nunca como «hebreo». En el Nuevo, en cambio, sí aparece «hebreo» como nombre del idioma (Jn 5.2; 19.13; Hch 21.40).

El abecedario o alefato hebreo tiene 22 letras, y todas son consonantes. Las conocidas como *begakefat* (b, g, d, k, f, t) tienen dos sonidos, fricativo y oclusivo (b-v, ge-ga, d-dh, j-k, f-p, th-t). Otras letras como la *alef* y la *ayin* no tienen sonido correspondiente al castellano.

Peculiaridades lingüísticas del hebreo

Sintaxis

Tal como se ha indicado en la cita de Auzou, la sintaxis hebrea prefiere la coordinación o concatenación de oraciones por medio de la secuencia conocida como *vav*-coversivo o *vayiqtol* («imperfecto convertido»), manifiesta en las traducciones literales con la presencia de la conjunción «y». A este tipo sintaxis se le denomina parataxis en contraposición con la hipotaxis que presenta subordinaciones y secuencias más complejas, como sucede con el griego. Por eso se dice que la narración hebrea es sencilla y de estilo popular.

El orden de las palabras en la oración común

De acuerdo con la lingüística moderna, los idiomas del mundo pueden clasificarse considerando el orden que sigue la oración más común y normal usada en el habla y en la escritura cotidiana. Es decir, ¿qué orden siguen el verbo (V), el sujeto (S) y el complemento (0)?. Muchos idiomas siguen el orden SOV (por ejemplo, el alemán); otros, el orden SVO, como es el caso del castellano; otros como el griego siguen el orden VOS; otros siguen el orden VSO como el hebreo. La lista anterior no cubre todas las posibilidades, pero sí las más comunes.

De tal modo que si en el hebreo encontramos una oración así: «Vino palabra de YHVH a Jonás» (Jonás 1.1), ¿cuál será la manera de hacerlo en una expresión natural castellana?: «El Señor lhabló a Jonás». Las traducciones formales o más literales como la RVR-60 mantienen la secuencia normal del idioma fuente (el hebreo), pero no al sentido natural de la oración como debería ser en castellano (el idioma receptor).

En Génesis 50.25 el orden hebreo natural de las palabras es: «Visitando visitará Dios a ustedes». Sin embargo, no hay traducción castellana, por más formal que sea con una traducción así. Por ejemplo, RVR-60 dice: *Dios ciertamente os visitará.* La DHH dice: *En verdad, Dios vendrá a ayudarlos.* Tanto RVR como DHH siguen el orden natural del castellano. Ambas versiones reflejan la intensificación de

la acción tal como debe ser en castellano, y que en el hebreo se manifiesta en la duplicación del verbo (al indicativo acompaña el infinitivo
absoluto).

Jueces 3.28 es otro buen ejemplo del orden normal en hebreo: «Porque entregó YHVH a vuestros enemigos los moabitas en
vuestras manos». RVR dice: *porque Jehová ha entregado a vuestros
enemigos los moabitas en vuestras manos*. DHH traduce: *el Señor
les daría la victoria sobre sus enemigos los moabitas*.

Tenemos en Jue 4.6 otro tipo de oración que permite, en
cuanto a orden sintáctico, varias posibilidades en castellano. La traducción de RVR-60 sigue el orden del hebreo, y a la vez produce
una oración satisfactoria en castellano: *¿No te ha mandado Jehová
Dios de Israel...?* DHH da una buena alternativa: *El Señor, el Dios
de Israel, te ordenó lo siguiente*.

Desviación del orden común

Cuando en nuestra lectura del hebreo encontramos oraciones donde no se sigue ese orden común, lo más natural es preguntarnos por qué? Por lo general, el cambio de orden se da entre el
Verbo y el Sujeto. ¿A qué se debe este cambio en el orden?

En la narrativa, el cambio de orden sintáctico responde en
muchos casos a la necesidad de introducir en la secuencia narrativa
alguna cláusula parentética (disyuntiva) con el propósito de hacer
una explicación sobre algún personaje o acción (Gn 37.3; 39.1; Jue
16.20), para indicar un contraste (Gn 1.5), para describir una cir-
cunstancia contemporánea (1 S 17.41) o anterior a la acción de la
oración precedente (Gn 31.34; 39.1). En otros casos, a manera de
énfasis, para marcar el inicio o final del clímax de la trama de una
narración (Jue 3.12-30; en los vv. 19-20 y 24, 26 se hace la ruptura
cambiando el orden normal de la oración). En los siguientes ejemplos podremos ver toda una variedad de razones, por qué el narrador hebreo ha dejado el orden normal para variar la sintaxis. A
partir de estos ejemplos, podremos ver, también, por qué es esencial que la traducción del hebreo al castellano haga la transformación lingüística adecuada para una mejor comprensión del sentido
original de la oración.

En Génesis 31.38 Jacob, enfadado con la excesiva «metaliza-ción» de su suegro, le lanza una expresión donde el cambio de orden manifiesta clara intención enfática: la indicación explícita de los animales que posee Labán. RVR-60 traduce así: *tus ovejas y tus cabras nunca abortaron.* Por ser esta una traducción formal o literal, se sigue el orden y la forma del hebreo, y de ese modo se pierde el peso enfático que se quiso dar en hebreo. La razón principal es que, a diferencia de lo que sucede en hebreo, la secuencia que tiene RVR-60 resulta ser la sintaxis común del castellano. Para el lector que no conoce la gramática hebrea, esta traducción no le dice nada sobre la intención enfática de la composición hebrea. La mejor forma de lograr el énfasis del hebreo en castellano es presentando una traducción similar a la que sigue: «Cuidé de tus animales con tanto esmero que tus ovejas y tus cabras nunca abortaron». La traducción más adecuada es aquella que logra reproducir en el idioma receptor el mismo énfasis o impacto que se logró en la forma peculiar hebrea. La DHH, reconociendo quizá el cambio de orden en el hebreo para énfasis, tradujo al castellano cambiando el orden normal de la oración castellana: *nunca abortaron tus ovejas ni tus cabras.*

Otro ejemplo de cambio de orden por énfasis está en Génesis 41.16. Se coloca el sujeto primero para insistir en que es Dios y no José el verdadero actor de la respuesta al Faraón. La RVR-60 al traducir esta oración sigue el orden exacto del hebreo: *Dios será el que de respuesta propicia a Faraón.* Al verterse la oración al castellano el traductor no ofrece al lector u oyente la fuerza enfática que se dio en el hebreo. DHH dice: *pero Dios le dará a Su Majestad una contestación para su bien.* El «pero» pasa a ser en DHH la marca del énfasis. Podría también marcarse el énfasis en castellano diciendo: «Será Dios mismo quien de al Faraón la respuesta propicia».

En los dos ejemplos anteriores, el énfasis logrado por el hebreo—sujeto primero—no se puede reproducir en castellano si solo se recurre al orden de las palabras. Por ello la traducción formal de RVR no solo hace perder el énfasis, sino que confunde al lector castellano. Tal como está la traducción parecería que el hebreo tiene un orden distinto al que reproduce la RVR. El traductor deberá descubrir la mejor manera de traducir el énfasis en su propio idioma.

Algunas veces como en castellano habrá que recurrir a otras posibilidades ajenas al orden de las palabras.

Por razones de énfasis, también se cambia el orden colocando el objeto o complemento al principio de la oración: «Mi aflicción y el trabajo de mis manos vio Dios» (Gn 31.42; véase también Gn 42.18; Jue 13.22). La traducción de RVR-60 cambia el orden del hebreo para reflejar la sintaxis normal del castellano, y así pierde el impacto y énfasis que el hebreo logró dar al cambiar, precisamente, el orden sintáctico normal: *Si el Dios de mi padre, Dios de Abraham y temor de Isaac, no estuviera conmigo, de cierto me enviarías ahora con las manos vacías; pero Dios vio mi aflicción y el trabajo de mis manos, y te reprendió anoche.* La TLA ofrece una opción más feliz al transformar el orden del versículo así: *¡Qué bueno que el Dios de mi abuelo Abraham me brindó su ayuda! El Dios de mi padre Isaac fue bueno conmigo, pues me vio cansado y afligido, y anoche te reprendió. Si Dios no lo hubiera hecho, tú me habrías despedido sin nada.*

La presencia de los pronombres personales en la oración debe considerarse también como cambio en el orden normal. Por ejemplo, la presencia formal (como ente separado del verbo) del pronombre personal como sujeto en la oración es ya de suyo enfático, no importa el orden. En este caso, lo enfático no se da por el cambio de orden sino por la presencia de un pronombre personal (véase Jue 8.23; 9.23). Además, en el caso del pronombre en tercera persona, el cambio en el orden de los componentes importantes de la oración, responde no a una intención de énfasis sino para evitar el uso de la construcción del *vav consecutivo* cuando el verbo que sigue no marca un evento del mismo valor temporal que el anterior. Esto se da sobre todo cuando se inserta una cláusula circunstancial o explicativa (véase como ejemplo Jue 3.26; 6.5; 15.14).

Otro cambio de orden que no necesariamente debe considerarse como enfático es la iniciación de la oración con el "S" Dios. Esto probablemente responda a la psicología religiosa que reconoce el lugar dominante de Dios. Esto ocurre sobre todo en el contexto de bendición: «Y el Dios omnipotente te bendiga» (Gn 28.3; véase también 43.14, 29; 1 S 1.17; 24.20). Sucede también en contextos de teofanía: «El Dios de tu padre me habló anoche diciendo» (Gn 31.29; véase también Gn 48.3; Jue 13.6).

Un cambio de orden no enfático se da también con la presencia de algunos verbos; especialmente los de movimiento y conocimiento. En estos casos también el sujeto aparece en primer lugar en la oración: «Los hijos de Jacob vinieron del campo» (Gn 34.7; véase también Gn 42.10; Jue 3.20; 4.14).

El traductor y el exegeta deberán no solo estar consciente de estas peculiaridades del hebreo, sino también de cómo se presentan éstas en el idioma receptor.

Expresiones idiomáticas

Las expresiones idiomáticas son particularmente importantes en la traducción y la exégesis ya que ellas ofrecen su sentido más allá de la simple consideración del orden de palabras. Es decir, una traducción literal de esas expresiones da al traste con el sentido querido por el escritor bíblico. Veamos algunos ejemplos:

En Jonás 1.2 aparece la expresión: *Levántate y vete a Nínive*. Esta es una traducción literal del hebreo, y es como lo traduce RVR-60. La secuencia hebrea es la manera común de dar la idea de urgencia. La DHH logra indicar ese sentido de urgencia de la expresión hebrea al verterla de la siguiente manera en castellano: *Anda, vete a...Nínive*. Otra manera de decirlo es: «Vete de inmediato a Nínive». La TLA logra el énfasis al colocar la expresión entre signos de admiración: *¡Levántate, ve a la gran ciudad de Nínive!*

La expresión hebrea *shub shebut* aparece unas 26 veces en el Antiguo Testamento. En RVR-60, siguiendo una traducción literal o formal, aparece así: *haré volver a los cautivos* (Jer 48.47; véase también 29.14; 30.10). Si comparamos esta traducción con la de DHH (de igual modo NVI), una traducción más dinámica e idiomática, de inmediato nos damos cuenta de que hay algo más en el significado de la frase que una traducción literal: *cambiaré la suerte*. Un estudio cuidadoso de esta expresión en todos los contextos donde aparece sugiere que la mejor traducción no es la literal (p.e. Sal 14.7) «de hacer volver del cautiverio», sino la inversión de una situación negativa de penurias a la restauración de una situación mejor, de paz y abundancia. El actor principal es siempre Dios (Babut: 222-223).

El tercer ejemplo es la expresión *milé ajrey YHVH* («llenar detrás de Yavé»). Como se ve, la traducción literal es imposible de comprender, por ello, ni las traducciones más literales siguen este principio. RVR-60 en Deuteronomio 1.36 dice: *ha seguido fielmente a Jehová.* La traducción de la DHH es similar, y la de la TLA, dice prácticamente lo mismo pero de diferente manera: *Caleb fue el único obediente.* . . Los siguientes textos también ofrecen ejemplos de cómo traducir y entender la expresión hebrea: Nm 14.24; 32.11; Jos 14.8, 9, 14; 1 R 11.6. Un repaso de los varios contextos en los que aparece la expresión nos permite reconocer que se puede entender de diferentes maneras: «sin reservas», «sin fallar», «completamente», «con todo el corazón» (Babut: 193-195).

La repetición de palabras en hebreo.

A diferencia del castellano, en hebreo la repetición de palabras sirve, entre otras formas, para expresar el superlativo: Las expresiones constructas (singular y plural) «Cantar de los cantares» y «Dios de dioses y Señor de señores» son ejemplos de ese tipo de uso en hebreo. Por desgracia, la mayoría de las traducciones al castellano siguen la traducción literal, evitando así comunicar la intención superlativa del hebreo. Una traducción más natural en castellano sería: «La canción más sublime» y «Dios supremo y soberano».

En algunas circunstancias, la repetición de palabras expresa dualidad: «mi ojo, mi ojo» (Lm 1.16). La traducción más natural en castellano sería: «mis dos ojos» o «mis ojos» como en DHH. Por otro lado, la repetición de palabras en hebreo se usa para expresar algo repetitivo: «día, día» (Gn 39.10; Is 58.2). En castellano lo más natural sería decir: «cada día» o «diario». Un cuarto uso de la repetición de palabras es para expresar continuidad: «generación, generación» (Ex 3.15). En castellano la expresión sería: «por todos los siglos», «para siempre». Finalmente, la repetición de los verbos sirve para señalar una intensificación de la acción. Por lo general, la forma conjugada del verbo aparece acompañada del infinitivo absoluto del mismo verbo (Gn 50.25; Dt 15.8). En castellano se logra el mismo efecto al acompañar el verbo con un adverbio o expresión adverbial: «abrirás bien tu mano».

Superlativo

En párrafos anteriores se señalaba que el superlativo se logra en hebreo por medio de la repetición de palabras en expresiones como «Cantar de los cantares». Como se indicó, esta no es la única manera de indicar el superlativo en hebreo. Otra forma de expresarlo es acompañando el elemento que se quiere marcar con la expresión «de Dios». Esta forma idiomática propia de los idiomas semíticos ha traído problemas de comprensión y traducción de varios superlativos hebreos, tergiversando su sentido, y dándole otros que causan hasta problemas doctrinales. Quizá el caso más problemático sea el de Génesis 1.2. En ese versículo aparece la expresión *ruaj Elohim*. Como es una cláusula constructa, la traducción casi literal (presente en una gran cantidad de versiones) es: «Espíritu de Dios». Digo casi literal, porque *ruaj* tiene como traducción básica, de acuerdo con los léxicos, la palabra castellana: «viento». Si se considera la expresión hebrea como forma superlativa, la traducción más natural sería: «un viento muy fuerte» o «viento poderoso». La expresión «de-dios» es una forma propia del hebreo para marcar superlativo. Véanse los siguientes ejemplos:

En Éxodo 9.28, RVR-60 traduce así: *Orad a Jehová para que cesen los **truenos de Dios** y el granizo, y yo os dejaré ir, y no os detendréis más* «Truenos de Dios» o «voces de dios» (una traducción más literal del hebreo) debe traducirse al castellano en su correspondiente superlativo: «truenos», simple y llanamente, como en DHH y TLA, o «poderosos truenos». En el Salmo 36.7 aparece la expresión «montes de Dios» (RVR-60). Esa misma expresión aparece traducida en DHH de la siguiente manera: «grandes montañas», señalándose así el sentido querido por el escritor hebreo al usar la expresión «de-dios». La línea que sigue apoya el uso del superlativo en la expresión «montañas de dios» al colocar en forma paralela la frase: «abismo grande». En el Salmo 68.16 tenemos un ejemplo similar. Jonás 3.3 es, quizás, el mejor ejemplo de cómo la forma constructa «de-dios» manifiesta el superlativo. En ese versículo aparece la expresión: «ciudad grande de dios/dioses». Hasta la RVR-60 considera esa expresión como superlativa y la traduce así: «ciudad grande **en extremo**».

El arameo

El arameo es el idioma del cual se tiene la más completa y mejor información que cualquier otro de los idiomas que forman la subfamilia semítica noroccidental—hebreo, fenicio, ugarítico, moabita, amonita y edomita. Las pequeñas porciones del texto arameo que tenemos en la Biblia (Dn 2.4—7.28; Esd 4.8-68 y 7.12-26; Jer 10.11; Gn 31.47 [dos palabras] y algunas palabras y frases aisladas en el NT) no permiten, a menudo, reconocer la enorme importancia de este idioma para los estudios bíblicos y para un mejor conocimiento del contexto histórico y político de los años que van del 600 a.C. al 700 d.C. En esa época, el arameo era el principal idioma usado para las transacciones comerciales, políticas y literarias. Fue el idioma principal de Palestina, Siria y Mesopotamia en la etapa formativa del cristianismo y del judaísmo rabínico.

Jesús y sus discípulos, de acuerdo con los relatos de los evangelios, hablaron arameo. Partes de los libros más tardíos de la Biblia hebrea, así como algunas porciones de los evangelios y del libro de Hechos son, de acuerdo con algunos investigadores, traducciones de documentos arameos originales; y aun si no fueran traducciones, la influencia aramea en esos textos griegos no se puede poner en duda. El hebreo bíblico tardío y el hebreo rabínico manifiestan una profunda influencia aramea tanto en su vocabulario como en su gramática.

Dos de las traducciones más importantes de la Biblia hebrea—la Peshita siríaca y los Targumes judíos—son arameas; lo mismo se puede decir de una importante porción de la literatura rabínica. En arameo están, también, todo el cuerpo literario del cristianismo siríaco y la literatura de los Mandeanos (una secta gnóstica no cristiana del sur de Mesopotamia). El árabe gradualmente ocupó el lugar que antes ocupaba el arameo después de la conquista musulmana por el año 700 d.C. El día de hoy existen pequeños grupos de habla aramea tanto en los Estados Unidos como en el Asia Menor.

Para un estudio más expedito del arameo, el conocimiento del hebreo es esencial, debido a la cercanía lingüística de ambos. Prácticamente en todas las partes de la gramática (fonética, morfología y sintaxis) existen semejanzas en ambos idiomas, sin embargo existen diferencias notorias. Por ejemplo, en la morfología, mientras que en el hebreo el plural masculino se señala con la letra *mem* al final de la palabra, en el arameo se marca con la letra *nun*. En el caso del plural femenino, la *tau* reemplaza a la *nun*. También se notan diferencias importantes en la formación de los distintos temas verbales. En cuanto al orden de la oración (sintaxis), el arameo antiguo sigue la secuencia del hebreo: VSO (verbo-sujeto-objeto), el cambio ocurrirá en periodos tardíos cuando el orden será: SOV.

Bibliografía

Arenhoevel, Diego
1980 *Así nació la Biblia: Problemática del Antiguo Testamento*. Madrid: Ediciones Paulinas.

Carrez, Maurice
1984 *Las lenguas de la Biblia: del papiro a las biblias impresas*. Estella: Editorial Verbo Divino.

Auzou, Georges
La palabra de Dios. Madrid: Ediciones Fax.

Babut, Jean-Marc
1999 *Idiomatic Expressions of the Hebrew Bible.* North Richland Hill (Texas): Bibal Press.

Lambdin, Thomas O.
2001 *Introducción al hebreo bíblico*. Estella: Editorial Verbo Divino.

Niccacci, Alviero
Sintaxis del hebreo bíblico. Estella: Editorial Verbo Divino.

Trebolla Barrera, Julio
1998 *La Biblia judía y la Biblia cristiana: introducción a la historia de la Biblia.* Madrid: Editorial Trotta.

Zurro, Eduardo 1987
Procedimientos iterativos en la poesía ugarítica y hebrea. Valencia: Institución San Jerónimo.

El texto
del Antiguo Testamento

Alfredo Tepox Varela

Introducción

Hablar, o escribir en este caso, acerca del texto bíblico en general, y del texto del Antiguo Testamento en particular, plantea de entrada el problema del punto de partida. ¿Por dónde comenzar? Así como en nuestros días el libro promedio no se empieza a escribir por el principio (por lo general, las introducciones son casi lo último que se escribe), así también, en el caso del Antiguo Testamento, el orden presente de los libros que lo componen no es en modo alguno indicio de su orden cronológico. Tal vez sea más conveniente, y a la larga más provechoso, buscar en las páginas mismas del texto bíblico algunas pautas de su desarrollo histórico y, al mismo tiempo, plantearse una pregunta fundamental: ¿Qué se necesita para escribir un libro?

La respuesta, como habrá de verse, no es una sola sino múltiple. Porque si alguien respondiera que se necesita tener algo qué decir (lo cual es cierto), pronto será necesario pasar de lo abstracto a lo concreto, y entonces alguien hará notar que se necesitan ciertos materiales, tales como plumas, papel, tinta (en nuestro tiempo, un equipo de computación), etc. Pero aun cuando estos aspectos materiales se resuelvan y el escritor cuente con ellos, queda la cuestión de que hace falta, además, un sistema de escritura o, en términos más comprensibles, un alfabeto.

No terminan allí los problemas. Incluso en la situación ideal de que el escritor logre salvar todos estos problemas abstractos y concretos, antes de emprender la tarea de escribir necesitará de algo que es fundamental; ese algo es tiempo y, junto con éste, las condiciones ambientales adecuadas para dedicarse a escribir.

Si estos planteamientos se transportan a los días del Antiguo Testamento, pronto resultará evidente que los problemas se agigantan. Los escritores del Antiguo Testamento (así, en plural, pues fueron muchos quienes lo escribieron, y esto en diferentes épocas y circunstancias) no contaban con los recursos materiales con que cuenta el escritor de nuestros días. Su sistema de escritura fue evolucionando, a partir de un alfabeto de veintidós consonantes, hasta llegar a la escritura vocalizada que hoy se conoce como puntuación masorética (véase más abajo, **Texto Masorético**). Los materiales en que escribieron fueron lajas de piedra, tablillas de arcilla, hojas de metal, cueros de vaca y papiros, y escribieron con punzones, estiletes, cinceles y plumas de ave. La tinta que usaban no era indeleble, ya que estaba hecha de un compuesto de carbón y goma arábiga.

En cuanto al tiempo, basta una lectura somera de los primeros ocho libros del Antiguo Testamento para constatar que fue precisamente tiempo lo que menos tuvieron los israelitas desde la salida de Egipto y hasta la consolidación del reino davídico. Tal vez sea durante el reinado de David y Salomón donde pueda localizarse, o suponerse, un posible principio del texto veterotestamentario.

Aunque lo que sigue tendrá esta presunción como punto de partida, tal presunción no niega la realidad de los hechos históricos que, de manera no histórica, fueron transmitidos oralmente de padres a hijos, y que constituyen lo que hoy se conoce y reconoce como tradición oral.

Los primeros textos

A. La evidencia bíblica. En el libro del Éxodo leemos que el Señor le dijo a Moisés: *Escribe esto para memoria en un libro* (17.14).[1] También leemos que Moisés *escribió todas las palabras del Señor*, frase que al parecer se refiere a los Diez Mandamientos (Ex 24.4; cf. 34.1, 27, 28; Dt 4.13 *passim*). Más adelante leemos que Moisés dejó por escrito el peregrinaje de los israelitas por el desierto, desde que salieron de Egipto hasta que llegaron a la ribera oriental del río Jordán (Nm 33.1-2ss.). La tradición ha extendido el sentido de estas palabras para avalar la paternidad literaria de Moisés sobre los primeros cinco libros de la Biblia. Esto, sin embargo, pudo no haber ocurrido necesariamente así, especialmente si se toman en cuenta los factores mencionados antes.

En el primer libro de Samuel leemos que este profeta *recitó... al pueblo las leyes del reino, y las escribió en un libro*, y que este libro lo guardó delante del Señor (10.25). ¿Cuáles eran estas «leyes del reino»? Podemos suponer que se trataba de una legislación incipiente de las leyes que habrían de regir a la naciente monarquía. ¿Y qué fue de ellas? Tal vez a estas y a otras leyes posteriores se refiera la frase *el libro de las crónicas de los reyes*, al que el texto bíblico hace tan frecuente referencia pero del cual no sabemos mucho. Lo que sí es posible decir es que, al parecer, con esta naciente monarquía dio comienzo una actividad literaria nunca antes conocida en Israel. Que esto pudo haber sido así lo corrobora el hecho de que, a partir del reinado de David y Salomón, se desarrolló la escritura a nivel profesional, y en tal manera que personajes como Seraías, Seva, Sebna y Mesulam reciben el título de «escribas» (2 S 8.17; 20.25; 2 R 18.18,37; 19.2; 22.3). Tal actividad parece haber ido en aumento, y así parece señalarlo el texto bíblico cuando dice que, durante la caída de Jerusalén (587 a.C.), Nabuzaradán se llevó a Babilonia, entre muchos otros cautivos, al *principal escriba del ejército, que llevaba el registro de la gente del país* (2 R 25.19).

---

[1] A menos que se indique lo contrario, las citas bíblicas en este capítulo son de la RVR, aunque el autor ha decidido usar la palabra *Señor* en lugar de «Jehová».

Los acontecimientos mencionados tuvieron lugar durante el período llamado pre-exílico, es decir, antes de la caída de Jerusalén y del cautiverio en Babilonia (587-540 a.C), y pueden enmarcarse dentro de un espacio temporal que se remonta a los siglos XII-X a.C. Es importante señalar lo anterior para determinar, hasta donde es posible hacerlo, el desarrollo cronológico de la escritura y, por ende, de la formación del texto bíblico que llamamos Antiguo Testamento.

B. La evidencia arqueológica. Los primeros escritos del Antiguo Testamento parecen haber sido recogidos en la antigua escritura *fenicio-hebraica*, de la que se han derivado prácticamente todos los alfabetos conocidos. Evidencia de esta escritura es el abecedario de Izbet Sartah, hallado en 1974 y fechado en los siglos XII-XI a.C., el cual constituye el ejemplo más antiguo de la antigua escritura hebrea. Este abecedario es más antiguo incluso que el calendario de Gezer (siglo X a.C.) y que la piedra moabita (siglo IX a.C.), aunque los antecedentes de esta escritura pueden remontarse varios siglos atrás y hallarse en la llamada escritura *sinaítica*, que a partir de las inscripciones encontradas en las minas de Serabit el-Hadem el célebre arqueólogo William F. Albright fechó hacia el siglo XV a.C. Hay que hacer notar, sin embargo, que el texto del Antiguo Testamento que hemos recibido está escrito en lo que se conoce como *escritura cuadrada*, o *escritura aramea*, que comenzó a usarse después del cautiverio en Babilonia. Tal vez fue, entre otras cosas, este cambio de escritura lo que habrá originado el llamado cisma judeo-samaritano, pues mientras que los samaritanos mantuvieron la *Torah*, o Ley, en la antigua escritura fenicio-hebraica por considerar que tal escritura preservaba el antiguo texto tradicional con mayor pureza, los judíos por su parte adoptaron la escritura aramea porque, según entendían, ésta existía ya antes del destierro y Esdras, el *escriba versado en los mandamientos del Señor* (Esd 7.11), la había reintroducido.

Desarrollo del Tanak

Se entiende por *Tanak* el conjunto de libros sagrados que la comunidad judía agrupa en tres secciones principales conocidas como *Ley*, *Profetas* y *Escritos*, y que en el ámbito cristiano constituyen lo que se conoce como Antiguo Testamento. El nombre *Tanak* proviene del acrónimo que forman las consonantes iniciales de los nombres de estos tres grupos de libros: *Torah*, *Nebi'im* y *Ketubim*, es decir, Ley, Profetas y Escritos.

A. La Ley y los Profetas. A partir de la salida de Egipto y hasta el retorno del exilio babilónico fue desarrollándose en el seno de Israel un corpus de escritos que llegó a ser conocido como *la Ley y los Profetas* (cf. Mt. 5.17-18; 7.12; 11.13; 22.40; 17.3-5). Aunque su desarrollo y formación abarca varios siglos, en lo que sigue se intentará ofrecer una visión esquemática de su proceso histórico.

La reforma de Josías. Al ver el orden presente de los varios libros del Antiguo Testamento, el lector promedio tiende a pensar que el primer libro que se escribió fue Génesis, que el segundo fue Éxodo, y el tercero, Levítico, y así sucesivamente, hasta llegar al libro del profeta Malaquías. Tal percepción tiene un valor práctico, aunque pronto resulta evidente que carece de sustento. Es innegable, por supuesto, que en algún momento deben haber surgido los primeros documentos veterotestamentarios, aunque a estas alturas resulta poco menos que imposible decir cuáles fueron estos documentos, y cuándo y dónde fueron escritos, y por quién.

No obstante esto, hay un dato que puede servirnos de brújula. En los días de Josías, rey de Judá (640-609 a.C., y más concretamente en el año 621), tuvo lugar una impresionante reforma religiosa a partir del hallazgo del «libro de la ley» (2 R 22.3,8ss.). Puesto que «ley» ha sido la traducción tradicional de *torah*, palabra hebrea que en realidad significa «enseñanza» y que se asigna generalmente a los primeros cinco libros de la Biblia, es decir, al Pentateuco, resulta natural que el lector promedio concluya que, en efecto, la ley hallada en ese tiempo era el Pentateuco. Pero el texto bíblico no dice esto, por lo menos no de manera explícita. Lo que sí dice es que, además de ordenar la destrucción de los ídolos de otros pueblos, Josías ordenó celebrar la Pascua porque ésta no se había celebrado *desde los tiempos en que los jueces gobernaban a Israel* (2 R 23.22).

La mención de la pascua, que conduce a establecer una relación directa entre la reforma de Josías y cuatro de los cinco libros del Pentateuco que hacen referencia a esta práctica ritual, ha hecho que los estudiosos convengan en que existe una innegable relación entre por lo menos el libro de Deuteronomio y la reforma de Josías, también conocida como reforma deuteronomista. Más aún, es un hecho reconocido que el carácter y estilo de Deuteronomio predomina en el pensamiento y la literatura del Antiguo Testamento, como puede constatarse en libros tales como Josué, Jueces, Reyes y Jeremías.

Lo anterior significa que el texto de la Ley hallado en los días de Josías puede ser el antecedente más antiguo del texto del Antiguo Testamento. Significa también que a partir de éste fue generándose lo que hoy conocemos como Pentateuco.

El exilio babilónico. El segundo libro de los Reyes (25.1-21) y el libro del profeta Jeremías (39.1ss; 52.3ss) nos narran la caída de Jerusalén y el destierro masivo de sus habitantes a Babilonia, a manos del rey Nabucodonosor, en el año 587 a.C. Este destierro duró más de cuarenta años, y llegó a su fin cuando Ciro de Persia hizo su aparición en el escenario histórico en el año 540 a.C. El libro de Esdras (1.1-4) y el segundo libro de Crónicas (36.22-23) nos dicen que Ciro mismo emitió un decreto que autorizaba a los judíos volver a Jerusalén y reconstruir la ciudad. Esto ocurrió en el año 538 a.C.

Por lo general se piensa que en Babilonia el pueblo judío sufrió su cautividad en condiciones infrahumanas y en medio de nostálgicas añoranzas (Sal 137.1-6), lo cual es en gran medida cierto. Pero cierto es también que algunos de ellos, si no todos, gozaban de ciertos privilegios y de relativa libertad, e incluso llegaron a ocupar puestos importantes en el reino, como el texto bíblico mismo lo corrobora (2 R 25.27-30; Jer 29.4-10; 52.31-34; Ez 8.1; 12.1-7; Neh 1.11; Is 55.1-2). Fue durante este período, esencialmente triste en la historia de Israel, cuando surgieron insólitas joyas literarias como los libros de Ezequiel y de Isaías de Babilonia, grandes profetas y poetas israelitas. Con esta literatura surgió, al mismo tiempo, una visión renovada del pacto sinaítico (Jer 31.27-40), el cual Dios establecería con un nuevo pueblo (Ez 36—37). Fue durante este período cuando se recobraron una visión y una práctica renovadas del culto al Señor (Lv 17—26). Fue también durante este período cuando, de alguna manera, nació un pueblo nuevo, el judaísmo, producto de los dos conjuntos de textos que este pueblo nuevo reconocía como Palabra de Dios. Tales textos eran la Ley (*Torah*), que el sacerdote Esdras leyó *en presencia de hombres y mujeres y de todos los que podían entender* (Neh 8.3ss), y los Profetas (*Nebi'im*). Este binomio literario habría de prevalecer como Palabra de Dios hasta el primer siglo (cf. Mt. 5.17-18; 7.12; 11.13; 22.40; 17.3-5).

B. Los Escritos. A la vuelta del destierro, y probablemente como resultado del choque cultural entre la comunidad judía y su entorno geopolítico, fue cobrando fuerza entre la comunidad judía una corriente de pensamiento que, aunque sin duda presente en siglos anteriores (cf. Jue 9.7-15; 14.14, 18; Pr 25.1), fue consolidándose durante el llamado período helenista. Este momento filosófico y literario en el contexto de Israel es conocido como la corriente *sapiencial*, cuya rica producción literaria habría de quedar finalmente recogida como resultado del llamado Concilio de Yamnia (véase más abajo, «Canonización del *Tanak*»). A continuación, un breve repaso de este período.

El período helenista. En el año 336 a.C. un joven príncipe macedonio inició una impresionante carrera militar que, en el lapso de diez años, lo llevó a extender su dominio desde los Balcanes hasta la ribera occidental del río Indo y el norte de África. Este joven era Alejandro de Macedonia, mejor conocido como Alejandro el Magno. Su hegemonía fue no solo militar sino también cultural y lingüística, ya que su lengua materna, el griego, llegó a ser la *lingua franca* de los pueblos por él subyugados, y la cultura griega se convirtió en el modelo a seguir.

Uno de los grandes legados del reinado de Alejandro fue la fundación de Alejandría, ciudad famosa por su vasta biblioteca y por el ambiente cultural que en ella prevalecía. En esta ciudad, situada en la ribera occidental del delta del Nilo, se estableció una colonia judía que hizo honor al elevado nivel cultural de la ciudad. Una de las grandes contribuciones de esta comunidad fue su amplia producción literaria, la cual incluyó la traducción al griego de la Ley y los Profetas, así como de otros libros que circulaban entre la comunidad judía, lo mismo en Palestina que en Alejandría. Con el tiempo, algunos de estos libros llegarían a formar un nuevo grupo, el cual llegó a ser reconocido como escritura sagrada y recibió el nombre de Escritos (*Ketubim*). Fue así como llegó a conformarse el *Tanak*, es decir, los tres grupos de libros que conforman el Antiguo Testamento, tal como hoy día lo conocemos: *Torah, Nebi'im, Ketubim*.

Canonización del Tanak

En las líneas anteriores se ha esbozado a grandes rasgos la historia de la formación del Antiguo Testamento. Aquí se propondrán las posibles razones que condujeron a su formación.

La Ley (*Torah*). Es probable, como se ha señalado, que la reforma de Josías haya contribuido al reconocimiento y cuidadosa transmisión posterior de la Ley como Palabra de Dios. Es probable también que la experiencia del destierro babilónico haya contribuido a fortalecer esta visión de la Ley, ya que un pueblo que lo había perdido todo (templo, rey, nación y libertad) sin duda encontró en la observación de la Ley el mantenimiento de su identidad como pueblo. Puede asegurarse que, tanto durante el destierro como a la vuelta de éste, el reconocimiento y la observancia de la Ley como Palabra de Dios hicieron del pueblo judío una comunidad nueva y un pueblo más firme que nunca en su fe.

Los Profetas (*Nebi'im*). Los libros de Esdras y Nehemías nos hablan de las pugnas y abierta lucha que los judíos debieron librar constantemente contra los samaritanos, quienes entre otras cosas no reconocían más escritos sagrados que la Ley. Es probable que, ante la recalcitrante postura samaritana, la comunidad judía no solo haya afirmado su fe y reverencia por la Ley como escritura sagrada, sino que hizo extensivo tal reconocimiento a los libros de los Profetas.

Los Escritos (*Ketubim*). Las pugnas entre la comunidad judía no terminarían allí. Con el surgimiento del cristianismo, y ante el uso que los primeros cristianos (por supuesto judíos) hacían de las escrituras hebreas traducidas al griego para probar que Jesús de Nazaret era el Mesías prometido (la traducción griega del termino hebreo *meshiaj* es precisamente *kristós*), el sanedrín reunido en

Yamnia (o Yabné) hacia finales del siglo I d.C. optó por desautorizar la versión griega de las escrituras hebreas. Uno de los criterios que el sanedrín estableció para determinar qué libros eran escritura sagrada y qué libros no lo eran, fue precisamente el lenguaje: los que estaban escritos en hebreo fueron reconocidos como escritura sagrada; los que estaban en otra lengua no fueron reconocidos así. Tal razonamiento automáticamente desautorizó a la versión griega de las escrituras hebreas, la cual llegó a formar, junto con otros libros, lo que hoy se conoce como Versión Griega del Antiguo Testamento, o *Septuaginta* (LXX)—véase el capítulo respectivo en este tomo de *Descubre la Biblia*.

El canon del *Tanak*. A partir del llamado Concilio de Yamnia, el *Tanak* quedó constituido de la siguiente manera:

Ley: Génesis, Éxodo, Levítico, Números y Deuteronomio.

Profetas: (Anteriores) Josué, Jueces, 1-2 Samuel, 1-2 Reyes: (Posteriores) Isaías, Jeremías, Ezequiel, y Los Doce (profetas menores).

Escritos: Salmos, Job, Proverbios, Megillot (Rut, Cantares, Eclesiastés, Lamentaciones, Ester), Daniel, Esdras-Nehemías, 1-2 Crónicas.

El texto masorético

A. El texto de ben Asher. El texto tradicional del Antiguo Testamento que ha llegado hasta nosotros se conoce como Texto Masorético. Su nombre proviene de la palabra hebrea *masorah*, que significa tradición, ya que fueron precisamente los llamados *masoretas*, o «portadores de la tradición», los que se encargaron de la preservación y transmisión del texto del Antiguo Testamento a través de los siglos.

Si bien pueden documentarse varias corrientes de tradición, dos son las escuelas principales que se ocuparon de la preservación y transmisión del texto hebreo, a saber, la escuela babilónica y la escuela palestinense. Aunque con sus propias particularidades, estas dos escuelas no solo se ocuparon de la escrupulosa transmisión del texto sino también de su interpretación, para lo cual desarrollaron ciertos signos diacríticos con valor vocálico que, anotados en la parte superior o inferior del texto consonantal, determinaban la lectura correcta o más generalmente aceptada de cierta palabra. Por ejemplo, en casos como la secuencia consonantal *zkr*, esta vocalización determinaba si la lectura correcta debía ser *zeker*, «remembranza», o *zakar*, «varón».

Tal vocalización tuvo un desarrollo lento y tardío, que históricamente puede remontarse a la Edad Media. Con el tiempo, este sistema de vocalización fue depurándose hasta llegar a lo que se conoce como puntuación tiberiana, y que es la que ha prevalecido, como todo estudiante de hebreo puede constatar. Esta puntuación tuvo su auge entre los siglos VIII-X de nuestra era, y está ligada a la familia masorética de ben Asher. Fue precisamente un notable miembro de esta familia de masoretas, Aarón ben Moshe ben Asher, quien produjo una edición completamente vocalizada y acentuada, y que constituye la base de las ediciones modernas del Antiguo Testamento hebreo.

Hay cuatro manuscritos hebreos que se consideran textos de ben Asher. Uno es el códice del Cairo, que recoge a los Profetas (anteriores y posteriores) y que puede fecharse hacia fines del siglo IX d.C; otro es el códice de Aleppo, fechado hacia la primera mitad del siglo X pero destruido, junto con la sinagoga sefaradita en que se encontraba, durante los combates que se libraron en Siria en 1949; otro es el manuscrito 4445, que se encuentra en el Museo Británico y que abarca de Génesis 39.20 a Deuteronomio 1-33, y finalmente el códice de Leningrado, que se completó en el año 1008 y que ha sido la base de las tres ediciones de la *Biblia Hebraica*, preparada por Rudolf Kittel, lo mismo que de la *Biblia Hebraica Stuttgartensia*, publicada por la Sociedad Bíblica Alemana.

B. El texto de ben Neftalí. Otra familia masorética que merece ser mencionada es la de ben Neftalí, aun cuando su obra no sea del todo conocida. Al parecer los manuscritos conocidos como Erfurt 1, 2 y 3, que pueden fecharse entre los siglos XI-XIV, tienen la obra de ben Neftalí como su base textual. También se sabe que el sistema vocálico de ben Neftalí es muy parecido al de ben Asher, con divergencias menores, y que el gran maestro judío Maimónides no consideró que el texto de ben Neftalí pudiera competir en calidad con el texto de ben Asher.

C. Otros textos. A partir del siglo XI han surgido otros textos del Antiguo Testamento, que combinan el texto de ben Asher con el de ben Neftalí. Además de los manuscritos de Erfurt, ya mencionados, está el códice de Reuchlin (1105), que contiene los Profetas; el texto de Jacob ben Jayim (1524), el texto hebreo que aparece en la Biblia Políglota Complutense (1520), y las ediciones políglotas de Amberes (1569-1572).

Los rollos de Qumrán

A partir de 1947, año en que fueron descubiertos en las cuevas de Qumrán los rollos conocidos como del Mar Muerto, la noción de una transmisión textual altamente escrupulosa ha resultado debatible. Si bien es cierto que los textos de Qumrán han sido fechados aproximadamente un siglo antes de la era cristiana, lo que nos lleva unos mil años antes del texto de ben Asher, y si bien después de ser cotejados se ha podido corroborar una transmisión textual fundamentalmente cuidadosa, también es cierto que esta transmisión textual no parece haber sido tan rígida ni tan uniforme como se pensaba.

En primer lugar, estos rollos nos remiten a los días del texto consonantal, lo que obliga a los estudiosos a reconsiderar la vocalización masorética. Por ejemplo, en el Salmo 100 la lectura tradicional *porque él nos hizo, y **no** nosotros (a nosotros mismos)* revela que la palabra hebrea *lo'*, que se traduce como «no», pudo resultar de una percepción equivocada de la palabra hebrea *lo*, que suena igual pero que significa «de él». Y así, la lectura de esta línea en Q (abreviatura de Qumrán) es *porque él nos hizo, y **de él** nosotros (somos)*.

En segundo lugar, hay en Q divergencias con respecto a TM en la división de los párrafos. Además, siendo como es Q un texto muchos siglos anterior a TM, usa la llamada *escritura plena*, donde las llamadas consonantes vocales cumplen la función de la tardía vocalización masorética, lo cual es entendible, ya que ésta no existía en aquellos tiempos.

Los rollos de Qumrán revelan también dos tradiciones marcadamente distintas en el proceso de copiar los textos, una de ellas más apegada a lo que posteriormente sería la norma textual rabínica. Esto es notable en un mismo libro, por ejemplo, en el rollo de Isaías (1-33; 34-66), que es uno de los más estudiados.

La versión Septuaginta

En párrafos anteriores se ha hecho mención del llamado Concilio de Yamnia, donde el sanedrín de esa ciudad dejó establecido el canon hebreo del Antiguo Testamento. Sin embargo, como resultado de esa decisión surgió otro canon del Antiguo Testamento, al que por razones prácticas llamaremos *canon griego*.

Ya se ha dicho que la comunidad judía de Alejandría tradujo al griego los textos de la Ley y los Profetas, junto con otros textos que ya por entonces circulaban entre los judíos pero que aún no formaban un corpus reconocido. Entre esos textos se encontraban los libros que después de Yamnia llegarían a conocerse como *Escritos*, y también otros que, por no contar con una contraparte hebrea, quedaron excluidos del canon hebreo. Los más conocidos son Tobit, Judit, 1 y 2 Macabeos, Eclesiástico, Sabiduría, Baruc, el llamado Ester griego, y algunos fragmentos adicionales al libro de Daniel, aunque no debe pasarse por alto el hecho de que hay en esta versión otros libros, a saber, 1 Esdras, la Carta de Jeremías, 3 y 4 Macabeos, Odas y los Salmos de Salomón. Todos estos libros, más los libros presentes en el *Tanak*, han quedado recogidos en la versión griega del Antiguo Testamento conocida como Septuaginta (LXX), edición de Alfred Rahlfs.

La importancia de LXX no puede minimizarse. Como traducción de los textos hebreos es de gran utilidad para reconstruir el posible original hebreo cuando éste no es del todo claro. Además, desde la perspectiva cristiana, es un hecho que la iglesia primitiva hizo de LXX su primera Biblia. De esto dan constancia las numerosas citas del Antiguo Testamento en el Nuevo Testamento griego, la mayoría de las cuales son citas directas de LXX.

Es necesario recalcar también la antigüedad de LXX, ya que antes del hallazgo de los rollos de Qumrán fue LXX la versión que representaba un texto del Antiguo Testamento varios siglos más antiguo que el texto Masorético.

Debe hacerse notar, sin embargo, que el texto de LXX está integrado por varias versiones, algunas más literalistas que otras, las cuales han quedado recogidas en la edición de Rahlfs, ya mencionada. Destacan entre ellas las siguientes:

A. La versión de Áquila. Como resultado del rechazo de LXX por parte de la comunidad judía, y de la adopción de ésta por la iglesia primitiva, hacia fines del primer siglo un prosélito judío llamado Áquila tradujo los textos hebreos al griego ciñéndose a estos lo más literalmente posible. Tan literal resultó esta versión que solo es posible entenderla si se retraduce al hebreo.

B. La versión de Teodoción. Poco es lo que se sabe de este personaje, que al parecer revisó un texto anterior al de Áquila, y que fue ampliamente usado y difundido. El estilo de Teodoción es más fluido que el de Áquila, y su influencia en la literatura apocalíptica es innegable, ya que llegó a ser la versión oficial del libro de Daniel (como puede verse en la edición de Rahlfs), y es además frecuentemente citada por el autor del Apocalipsis.

C. La versión de Símaco. De este personaje se sabe que era un ebionita de fines del segundo siglo. Su versión es menos literalista que las dos anteriores, e incluso raya en lo parafrástico, aunque en no pocos casos contribuye a dilucidar el texto hebreo. Esto merece una mención especial a la luz de las más recientes teorías de traducción, ya que a diferencia de las otras dos versiones mencionadas Símaco centra su interés más en el lector potencial que en el texto fuente.

Unas palabras finales

Lo anterior dista mucho de agotar el tema. Es apenas una visión panorámica de una historia larga y abundante en múltiples peripecias, en las que no ha faltado el espíritu de controversia. Aquí se han señalado apenas algunos aspectos técnicos, que poco aportarán a los especialistas pero que esperamos abran nuevas rutas y sugieran algunas pistas para aquellos lectores que quieran ahondar en el tema. Debiera ofrecerse alguna bibliografía, pero tal vez sea mejor simplemente sugerir, a quienes deseen mayores lecturas, que acudan a los diccionarios bíblicos existentes, donde hallarán artículos más específicos y amplias bibliografías en torno a cada tema allí tratado. Cabe recomendar aquí la lectura del Prefacio a la *Biblia Hebraica Stuttgartensia* (pp. XXVII-XXXVI) y el texto clásico *Der Text des Alten Testaments*, de Ernst Würthwein (1973), del que hay traducción al inglés (*The text of the Old Testament*, tr. Erroll F. Rodees, 1979, 1981).

La Septuaginta: entre la sinagoga y la iglesia

Manuel M. Jinbachian

Este ensayo tiene como propósito discutir lo que ocurrió con la Septuaginta o Versión de los LXX en su trayectoria desde la sinagoga judía hasta la iglesia cristiana. ¿Por qué fue rechazada por las autoridades religiosas judías pero aceptada por la naciente iglesia cristiana? Algunos eruditos piensan que existe una relación de causa y efecto—que la LXX fue rechazada por los judíos porque la iglesia cristiana se apropió de ella—; esta resulta una respuesta demasiado simple para un asunto muy complejo. Otros eruditos piensan que la LXX fue rechazada debido a las muchas e importantes discrepancias entre el texto hebreo y el texto griego. Pero ¿serán suficientes estas dos razones para justificar el total rechazo de la LXX o existirán otras razones más fundamentales? Personalmente pienso que hubo otras razones más importantes; nos ocuparemos de ellas más adelante en este ensayo.[1]

Paralelamente al rechazo de la LXX por parte de las autoridades religiosas judías, necesitamos preguntar: ¿Cuál era la Biblia (AT) que usaba la naciente iglesia, hasta cerca de la mitad del siglo V

---

[1] Véase más adelante «Las razones para el rechazo de la LXX».

45

d.C.?[2] ¿Por qué existen diferencias en las citas del AT encontradas en el NT? Cuando comparamos estas citas con el TM, notamos que algunas de esas citas coinciden con el TM, que otras coinciden más con el PS, y que otras son diferentes a ambos textos y coinciden más con ciertas lecturas de estilo Targum. La mayoría de las citas en el NT son diferentes del texto hebreo que conocemos. Uno tiene la impresión de que los autores del NT no pudieron citar correctamente el AT Hebreo.

Observando la mayoría de las citas del AT, hemos podido identificar que el AT usado por los apóstoles y los autores de los evangelios, era de la LXX.

¿Qué es la Septuaginta (LXX)?

La LXX es la traducción en griego de la Biblia hebrea, realizada en Alejandría. Esta traducción se inició hacia la mitad de siglo III a.C., y pasaron casi dos siglos y medio antes de que se terminara la traducción de toda la Biblia hebrea. Originalmente se le dio el nombre de «Septuaginta» a la traducción de la *Torá,* es decir los primeros cinco libros de la Biblia. El nombre se extendió después a todo el AT en griego.[3] Podríamos decir que la LXX constituye la más importante expresión del «judaísmo helénico».

¿Por qué se hizo la traducción de la LXX?

Hoy en día damos por hecho que la Biblia se traduzca en muchas lenguas.[4] Pero cuando consideramos que la LXX fue la primera

---

[2] Jerónimo inició la traducción del AT hebreo en el tiempo del Papa Dámaso (304-384 d.C.), continuó todavía después de la muerte de ese Papa y estuvo ocupado hasta el comienzo del siglo V d.C.

[3] Se le llamó la Septuaginta o Versión de los LXX porque, según una tradición registrada en la Seudo-Carta de *Aristeas,* fueron 72 (véase Eusebio, *Historia eclesiástica* 1.2) ancianos judíos quienes tradujeron la *Torá,* por mandato del rey Tolomeo II Filadelfo. ¿Fueron realmente necesarios tantos traductores para traducir la *Torá*? De acuerdo con la tradición rabínica fueron cinco los traductores, véase *Masseket Soferim* I.8; *Abot*, Rabbi Nathan, B c. 37.

traducción de la Biblia hebrea jamás antes traducida, entendemos que fue singular y sin precedente en la historia de la humanidad, y que merece ser estudiada como el primer fenómeno significativo religiosa y culturalmente. Ha habido traducciones de documentos y decretos, pero un proyecto de traducción como éste, de importancia colosal, es ciertamente excepcional. Este proyecto requirió el ambiente propicio y las fuerzas formativas necesarias para poder llevarse a cabo. La LXX es el primer intento para traducir desde una lengua y cultura hacia otra lengua y cultura totalmente diferentes – de la cultura semítica judía a la cultura indoeuropea helenística. Este proyecto se realizó con éxito, al menos en el caso de la traducción de la *Torá*.

Las fuerzas formativas que crearon las condiciones propicias para la traducción de la LXX fueron las siguientes:

1. El encuentro de dos culturas que compartieron un común trasfondo cultural y religioso: la semítica y la helénica;[5] este encuentro creó el terreno fértil y estableció la base para la traducción. La helenización fue tan ampliamente esparcida que el griego llegó a ser la *lingua franca* en todos los territorios que Alejandro Magno había conquistado. La helenización también permeó la vida diaria de los judíos que habitaban en el oeste de Palestina, a lo largo de la costa mediterránea, y Egipto, a tal punto que no pudieron retener su propia lengua; el griego llegó a ser la lengua de uso diario.[6] Incluso en su propia tierra, los judíos fueron profundamente helenizados.

Contamos con evidencia indirecta que muestra cómo la helenización prevaleció no solo en la diáspora sino también en Palestina antes de la era cristiana:

a. Hacia la mitad del siglo II a.C., la LXX fue citada en Jerusalén por Eupolemo, un historiador judío. Él basó su historia de los

---

[4] La Biblia es el libro traducido al mayor número de lenguas en todo el mundo. Partes de la Biblia han sido traducidas en alrededor de 2303 lenguas, y la Biblia completa en cerca de 405 lenguas. Véase *UBS World Report* (Reading, March 2003, number 375, p. 5. Agradezco al Dr. Philip Noss por esta información. También agradezco otros comentarios que él ha aportado.

[5] Astour (1965): 361ss; Marcos (2000): 18-19.

[6] Swete (1914): 8-9.

judíos en la versión griega de Crónicas.⁷ También hubo autores judíos residentes en Palestina, los cuales escribieron en griego – tales como, Justo De Tiberia y Flavio Josefo.⁸

b. Desde comienzos del siglo I a.C. hasta fines del de siglo II d.C., en Palestina y en todo el territorio del Imperio Romano, judíos helenizados usaron la LXX como su Biblia.⁹ Sabemos que la traducción de Aquila, un convertido al judaísmo, quien vivió y trabajó en Jerusalén durante la primera mitad del siglo II d.C., en el momento oportuno remplazó la LXX en las sinagogas.¹⁰

c. Cierto número de ciudades helénicas fueron fundadas en Palestina durante este período – por ejemplo Decápolis, Pella, etc. A ciudades antiguas se les dieron nombres nuevos en griego – por ejemplo Acco pasó a ser Ptolemais, Rabbat-Ammon pasó a ser Filadelfia, Beth Shan pasó a ser Citópolis, etc.¹¹

d. Durante el siglo I d.C., los nombres griegos llegaron a ser tan comunes como los nombres hebreos y arameos en los cementerios y en las lápidas de las tumbas de Palestina. De modo similar, casi una tercera parte de los nombres en los osarios correspondientes al período desde mediados del siglo II a.C. hasta la mitad del siglo II d.C. fueron en griego.¹²

e. Al menos una inscripción en griego ha sido encontrada en una sinagoga en Jerusalén, la cual data de antes del año 70 d.C., y dice: «Para la lectura de la Ley y la enseñanza de los mandamientos».¹³

f. Podemos agregar las inscripciones en griego, encontradas en la balustrada del templo de Herodes, que dicen: «Prohibido a

---

⁷ Es mencionado en I Mac viii.17 como emisario de Judas a Roma. Swete (1914) 24; Freudenthal (1875): 108, 119; Schürer (1986) I: 477; Bickerman (1950): 164; Sundberg, "The Septuagint:" 83.

⁸ Fitzmyer (1970): 510; Sundbreg, *Ibid*: 83-84.

⁹ Véase Swete (1914): 433.

¹⁰ En cuanto a la pregunta sobre el uso de la LXX en las sinagogas en la diáspora y en Palestina, véase Harl, Dorival & Munnich 119f; Swete (1914): 29-30.

¹¹ Fitzmyer: 508.

¹² Goodenough (1953): 13 vols, 1.1; Fitzmyer: 513.

¹³ Goodenough: 1.179-180; Sundberg: 84f.

todo extranjero franquear la barrera y penetrar en el recinto del santuario. Cualquiera que sea sorprendido, será él mismo responsable de la muerte que le sobrevendrá».[14]

Partiendo de los seis puntos anteriores, podemos concluir, con cierto grado de certeza, que Palestina y Jerusalén llegaron a ser extensamente helenizadas. Como consecuencia, el griego probablemente fue usado en algunas sinagogas, y hablado en las calles de las ciudades y poblados de Palestina, junto con el arameo. Todo esto implica que los manuscritos griegos debieron circular fácilmente y ser utilizados en Palestina durante el siglo I de nuestra era.[15]

Podemos subir un escalón más y decir que el judaísmo rabínico llegó a ser helenizado hasta cierto grado. «Las reglas rabínicas de interpretación del AT, atribuidas Hillel, corresponden a las de la hermenéutica practicada en Alejandría y en otros centros del helenismo».[16] Desde esta perspectiva, algunos consideran al judaísmo palestino y al partido religioso de los fariseos como una expresión de la cultura helenística.[17]

2. La traducción de la LXX se realizó en respuesta a la demanda expresada, o la necesidad percibida, formulada por una comunidad de creyentes. Cuando los judíos de Egipto tuvieron que abandonar su lengua debido a las circunstancias geográficas, políticas, económicas y sociales, la única manera de preservar su herencia religiosa e identidad nacional fue mediante la traducción de su Biblia en la lengua de uso cotidiano. La traducción de la *Torá* al griego es prueba de su culturización. Pero al mismo tiempo es prueba de la resistencia de la identidad judía contra la total asimilación y helenización.

3. La traducción de la LXX – principalmente la *Torá*—fue el resultado de una iniciativa oficial, según aparece registrado en la *Carta de Aristeas.* De acuerdo con este documento espurio, la

---

[14] Hechos 21.28-29. Dos ejemplos de esto han sido descubiertos. Véase J González Echegaray: 115.

[15] Sobre una lista de manuscritos en griego, encontrados en Qumrán, véase más adelante el Apéndice 2.

[16] Trebolle (1993): 42.

[17] Véase Neusner (1973).

traducción de la LXX fue estimulada y financiada por la corte real de Tolomeo, en Alejandría.

Los últimos dos incisos, 2 y 3, pueden ser resumidos como la famosa controversia «Lagarde-Rahlfs contra Kahle.»[18] Nos saldríamos de los límites de este ensayo si entráramos en ese debate, para decidir si la LXX fue en efecto el producto de una iniciativa oficial o el resultado de una necesidad percibida. La opinión generalmente aceptada se inclina a favor de la iniciativa oficial en cuanto a la traducción de la *Torá*, pero no se puede negar que la traducción del resto de la Biblia hebrea, hecha por los judíos mismos, obedeció a su propio interés y necesidad. Una cosa es cierta, los traductores de la LXX no pudieron evadir su doble trasfondo cultural, religioso y lingüístico, simultáneamente judeo-palestino y helénico-alejandrino.[19]

La Biblia hebrea y la Biblia griega

La Biblia hebrea

Un buen número de manuscritos hebreos, descubiertos en décadas recientes en el desierto de Judea y en otros lugares, han llevado a los eruditos a concluir que el texto de la Biblia hebrea no era uniforme como se había pensado.[20] Tiempo atrás hubo eruditos que hablaron sobre la diversidad de los textos hebreos – incluso

---

[18] Lagarde y la Escuela de Göttingen defendieron el origen único de la LXX, mientras que Kahle y sus discípulos defendieron un origen múltiple, en la forma de Targumes en griego. Existe una extensa literatura sobre este tema; mencionaremos solo algunos: Harl, Dorival & Munich: 39-78; Marcos (2000): 53-66; Kahle (1915): 399-439; Seeligmann (1948): 95-122; Bickerman (1959): vol. I, 1-39; Barthélemy (1978): 322-340.

[19] Harl, Dorival & Munich: 55-56; Jellicoe (1968): 63-64.

[20] Los eruditos generalmente desecharon el origen único considerando esta posición como sectaria, y por consiguiente, las diferencias no eran consideradas significativas. En sentido inverso, ante la ausencia de evidencia tangible; una actitud similar fue adoptada hacia la LXX, la cual fue considerada digna de desconfianza como traducción. Gracias a los descubrimientos en el desierto de Judea estas actitudes se han transformado radicalmente.

antes de los hallazgos de Qumrán—pero ellos eran una minoría y se les consideraba como «la voz que clama en el desierto». Entre los hallazgos se han encontrado textos cercanos al proto-Masorético, otros que son cercanos al proto-Samaritano, y aun otros que son cercanos al borrador original de la LXX. Sin embargo se han descubierto otros textos diferentes a cualquiera de las tres familias de textos recién mencionadas.[21]

A la luz de lo que ya hemos dicho, no será equivocado afirmar que: 1) Para muchos de los libros de la Biblia existía un número de versiones—siendo el proto-TM una de ellas—, las cuales fueron circulando en diferentes regiones de Palestina y que fueron usadas por diferentes grupos. 2) No tenemos evidencia de que antes del final del siglo I d.C. existiera un canon de la Biblia aprobado y fijo.[22]

Probablemente la única excepción haya sido la *Torá,* la cual tenía un estatus especial entre los judíos—esto se puede deducir de las palabras de Josefo, que los fariseos, los saduceos y los esenios concedían carácter autoritativo a «Ley de Moisés».[23] Sin embargo, el hallazgo de 4QpaleoEx$_m$ y 4QNm$_b$, los cuales son cercanos al PS, vino a indicar que existió más de una edición de la *Torá* disponible y en uso antes del inicio de la era cristiana.[24]

El canon de la Biblia hebrea

Desde principios del siglo II a.C. hasta el final del siglo I d.C., notamos que había claro conocimiento sobre la existencia de dos, y a veces tres, colecciones de libros bíblicos. Sira, en Eclesiástico (39.1, DHH; ca. 190 a.C.) habla de «La ley, la sabiduría y las profecías»: *¡Qué distinto es el que se dedica por complete a estudiar la **ley** del Altísimo, a investigar la **sabiduría** de todos los antiguos y a*

[21] Tov (2002): 239ss.
[22] Ulrich, "Pluriformity": 18-21; ——, "Canonical Process": 278ff; ——, "The Community": 3-16. Sobre los diversos estratos literarios de los libros bíblicos, véase Tov (2001): 319-345; VanderKam (2002): 94ss.
[23] VaderKam (2002) 92; Harrington (2002) 197.
[24] Véase Trebolle (1993): 170-171.

*ocuparse en las **profecías!** [25]* Esta división tripartita se encuentra también en la «Introducción» de este libro en griego, traducido por su nieto Jesús ben Sira (ca. 132 a.C.).

En el NT encontramos al menos una referencia a la división tripartita del canon del AT: *...era necesario que se cumpliese todo lo que está escrito de mí en la ley de Moisés, en los profetas y en los salmos* (Lc 24.44),[26] donde los Salmos podrían ser considerados parte de los Profetas, si tomamos a David como un profeta, o como parte de los *Ketubim* o «Escritos». Con todo, debemos decir que, generalmente, en el NT encontramos referencias a una división bipartita del canon *la Ley y los Profetas*.[27]

Cuando se trata del número de los libros. Las tradiciones rabínicas y 4 Esdras 14.45 hablan de veinticuatro libros de la Biblia hebrea. Estos son: 1) Los cinco libros de la ley de Moisés, también conocidos como la *Torá*, que comprenden los libros de Génesis, Éxodo, Levítico, Números y Deuteronomio. 2) Los ocho libros de los Profetas (*Nebiim*), divididos en dos grupos: los cuatro libros de los «Profetas Anteriores» que comprenden los libros de Josué, Jueces, los libros de Samuel y de Reyes;[28] los cuatro libros de los «Profetas Posteriores», que comprenden los libros de Isaías, Jeremías, Ezequiel, y los doce Profetas Menores —estos doce profetas menores fueron agregados en un solo libro. 3) Los «Escritos» (*Ketubim*) que comprenden once libros: Rut, Salmos, Job, Proverbios, Eclesiastés, Cantar de los Cantares, Lamentaciones, Daniel, Ester, Esdras (no se incluye Nehemías) y los libros de Crónicas – este último, como los libros de Samuel y de Reyes, fue agregado y considerado como un solo libro. [29]

---

[25] El énfasis es mío.

[26] A menos que se indique lo contrario, todas las citas son tomadas de la versión *RVR-95*.

[27] Mt 5.17; 7.12; 22.40; Lc 16.16,29, 31; 24.27; Jn 1.45; Hch 13.15; 28.23; Ro 3.21. Sobre la división bipartita véase también el punto 5, en p. 3.

[28] En el canon bíblico hebreo los dos libros de Samuel y los dos libros de Reyes se juntaron para formar un libro cada uno, mientras que en la LXX se mantuvieron separados y se les llamó «Los cuatro libros de Reyes».

[29] Lightstone (2002), en McDonald and Sanders: 163-184.

Josefo, por su parte da un número diferente: él dice que la Biblia hebrea contenía veintidós libros[30] - la misma cifra es citada por Orígenes y San Jerónimo. El número veintidós se obtiene juntando el libro de Lamentaciones con Jeremías, y Rut con Jueces. [31]

El canon de la Biblia griega

En contraste con lo que acabamos de decir sobre la Biblia hebrea, la LXX tiene cuatro categorías de libros: 1) Libros traducidos de una «fuente» (*Vorlage* en alemán) hebrea son parte del canon bíblico hebreo. En estos se incluyen todos los treinta y nueve libros del Antiguo Terstamento. 2) Libros traducidos de una «fuente» hebrea, pero que fueron excluidos del canon bíblico hebreo—tales como Tobías, Judit, Sabiduría de Ben Sira y 1 Macabeos. 3) Libros no traducidos de una «fuente» hebrea, pero que son composiciones originales en griego—tales como Sabiduría de Salomón, Baruc, La Carta de Jeremías, 2-4 Macabeos. Estos también fueron excluidos del canon bíblico hebreo. 4) Finalmente, existen adiciones y expansiones de ciertos libros en la versión griega que no se encuentran en el hebreo—tales como las adiciones a Jeremías, Daniel y Ester—y categorías similares a «2» y «3» señaladas anteriormente, que no se incluyeron en el canon bíblico hebreo.

---

[30] Josefo dice, «que no haya entre nosotros una infinidad de libros en contradicción y pugna [como tienen los griegos], sino solo veintidós, que contienen las escrituras de todos los tiempos y que, con razón, son dignos de crédito. De éstos, cinco son de Moisés, los que contienen las leyes y la tradición desde la creación del hombre hasta la muerte del propio Moisés: abarcan un período de tres mil años aproximadamente. Desde la muerte de Moisés hasta Artajerjes, sucesor de Jerjes como rey de los persas, los profetas posteriores a Moisés han contado la historia de su tiempo en trece libros; los cuatro restantes contienen himnos a Dios y preceptos morales para los hombres.». *Contra Apión,* I.38-40 (Madrid: Editorial Gredos, 1994); Trebolle (1993): 176.

[31] Debemos tener en mente el hecho de que el 22 es un número simbólico. Éste tiene una referencia cuádruple: Los 22 trabajos de Dios en la Creación; las 22 generaciones desde Adán hasta Jacob; las 22 letras del alfabeto hebreo; y los 22 sextarios que forman un modio. Véase Harl, Dorival & Munich: 116.

Algunas iglesias, tales como las protestantes, llaman a los libros ubicados en las categorías 2-4, «Apócrifos». Otras iglesias, tal es el caso de la católico romana, los llaman «Deuterocanónicos» en contraste con el «primer canon», conocido como «protocanon».[32] Entre las iglesias Ortodoxas no existe esta controversia. Ellos aceptan la LXX y su canon, junto con el NT, como la Biblia de la iglesia. Los llamados libros «Deuterocanónicos» son conocidos como *anaginoskomena*, que básicamente significa «reconocidos, admitidos, percibidos», y por lo tanto, se les concede el mismo valor que los otros libros de la Biblia. [33]

Para concluir, podemos decir que la LXX es diferente de la Biblia hebrea en tres aspectos básicos: a) el número de libros en la LXX es mayor que en el canon hebreo; [34] b) el orden y la distribución de los libros es diferente en las dos versiones; c) existen adiciones en ciertos libros de la versión griega que no se encuentran en el hebreo. [35]

¿Cuál fue la Biblia que usó la iglesia?: El NT y la LXX

Regreso a la pregunta que hice anteriormente: ¿Cuál fue la Biblia (AT) de la iglesia de los primeros siglos? Debo subrayar el hecho de que el NT fue escrito en griego. Puede ser que haya existido un estrato oral y otras colecciones pequeñas de las palabras de Jesús, o un

---

[32] San Jerónimo fue quien dio el nombre de «Apócrifos»: «Lo que vaya después de estos deberá colocarse entre los apócrifos». *Prologus Galeatus in Liber Samuel et Malachim,* Vulgata 365. Estos libros no deben ser confundidos con los Pseudoepígrafos los cuales están completamente fuera del canon bíblico. El Canon de la Iglesia Católica fue decidido finalmente en el Concilio de Trento en 1546, en el cual se incluyeron los libros Deuterocanónicos: Tobías, Judit, Sabiduría, Eclesiástico, Baruc, 1 y 2 Macabeos.

[33] Véase la afirmación del Dr. Philip Noss «Pautas para la traducción de la Biblia», versión abreviada, el punto 5, titulado «Protocanon y Deuterocanon». Yo uso las palabras «Apócrifos» y «Deuterocanónicos» en forma neutral, sin darles ningún valor especial. Prefiero llamarles «Deuterocanónicos» a los libros enlistados en las categorías 2-4 de la sección «El canon de la Biblia griega».

[34] El TM tiene 24 libros y la LXX tiene 51 libros. Véase el Apéndice I al final de este ensayo.

relato de sus milagros, que pudieron haber circulado en otras lenguas—como el arameo—, pero la redacción final del NT fue hecha en griego para un público helenizado. *36* Los evangelios son esencialmente «una forma biográfica que se enmarca en el contexto de la literatura helenística de biografías de antiguos filósofos».*37*

A lo anterior debo agregar lo que ya he mencionado, que la LXX, desde muy pronto, se convirtió en la Biblia de la iglesia. *38* La LXX fue unida al NT, también escrito en griego, y así fue transmitida en muchos manuscritos independientes del TM—tales como los unciales o mayúsculos griegos de los siglos IV y V d.C. Estos manuscritos unciales contienen los libros Deuterocanónicos, aunque no en el mismo orden y número. De modo que la crítica textual tanto del NT como de la LXX plantea preguntas similares, y para ambos se requieren soluciones similares.

---

35 El orden en la LXX es el siguiente: inmediatamente después de los cinco libros del Pentateuco, encontramos los siguientes libros: Josué, Jueces, Rut, los cuatro libros de Reyes—es decir, los dos libros de Samuel y los dos libros de Reyes—seguidos por los dos libros de Crónicas. Al final de 2 Crónicas se agrega el texto apócrifo: «Oración de Manasés» y el texto deuterocanónico: 1 Esdras. Sigue los libros de 2 Esdras (Esdras+Nehemías), los Salmos, Proverbios, Eclesiastés, Cantar de los Cantares y Job. Luego encontramos los libros deuterocanónicos de Sabiduría de Salomón y Eclesiástico, seguidos por el libro de Ester con sus adiciones, Judith y Tobías. Siguen los libros proféticos: Daniel, seguido por las adiciones deuterocanónicas de «Susana», y la historia de «Bel y el Dragón»; Jeremías, el libro deuterocanónico de Baruc, Lamentaciones y otro texto deuterocanónico: la Carta de Jeremías. Los doce Profetas menores son enlistados como libros separados, seguidos por los cuatro libros deuterocanónicos de los Macabeos. Sobre una lista de los libros de los cánones hebreo y griego véase más adelante el «apéndice I».

36 De acuerdo con varios biblistas, el género «evangelio» ha sido puesto en relación con las aretologías helenistas. También las «anécdotas» y las «apotegmas» que aparecen en los evangelios sinópticos tienen paralelos y antecedentes en la literatura griega (Trebolle, 1993: 36).

37 Trebolle (1993): 36.

38 Cuando digo «iglesia» me refiero a la iglesia cristiana como totalidad, tanto en el este como en el oeste, hasta después de Jerónimo (ca. 450 d.C.), cuando en el oeste dejó de usarse la LXX y fue adoptada la Vulgata, traducida del hebreo, como su Biblia oficial.

El estudio de la LXX es muy importante para la iglesia cristiana porque es esencial para el estudio del texto de la Biblia hebrea, y también porque ayuda en la comprensión e interpretación del NT. Sidney Jellicoe afirmó esto de manera muy sucinta: «Quien se apresta a leer el NT debe saber *koiné*. Pero el que desea entender el NT debe conocer la LXX. [39] A esto debemos agregar los que dijo Julio Trebolle Barrera:

> La versión de los LXX posee un valor añadido por el hecho de que los autores del NT y los escritores cristianos encontraron en ella el arsenal de términos y conceptos en el que expresar los contenidos y símbolos de la fe cristiana. Constituye por ello el puente de unión entre los dos testamentos; esta relación se pone de relieve de modo particular en las citas que el NT hace del AT a través de la versión de los LXX.[40]

El impacto de la LXX sobre el NT puede ser considerado en aspectos diferentes y en niveles distintos:

1. La LXX conformó el lenguaje del NT. En gran medida el léxico, la terminología religiosa y las interpretaciones teológicas del NT se derivan de la LXX. Es innegable que «el vocabulario especial del NT fue creado en la LXX».[41]

2. Muchas de las citas textuales en el NT provienen de la LXX; ésta se convirtió en la fuente de información y guía para los autores del NT. Los semitismos en el NT provienen básicamente de la LXX o de alguna de las otras versiones griegas. Se trata más bien no de semitismos, sino de «septuagintismos».[42]

---

[39] Jellicoe (1968a): 199.

[40] Trebolle (1993): 315-316.

[41] Tov (1999): 258.

[42] Sin entrar en el debate sobre el lenguaje de la LXX, me permito remitir a los lectores interesados a algunos autores con diferentes puntos de vista sobre este tema: Swete (1914): 298, habla sobre el griego semitista y coloquial en la LXX; Conybeare/Stock (1905): 21, concuerda esencialmente con Swete y dice que el griego de la LXX es hebreo disfrazado; Thackeray (1909): 26-29, piensa que el griego de la LXX no era más que el griego usado en Alejandría, pero acepta que tuvo una fuerte influencia semítica; véase también Horrocks (1997): 57.

3. No debemos olvidar que la LXX fue realmente el libro que preparó el camino para la expansión del evangelio – fue el *Preparatio Evangelica*. Cuando Pablo predicaba en las sinagogas del Asia Menor, junto con los judíos que hablaban griego y que llegaban a adorar en esas sinagogas, él encontraba a prosélitos que se habían convertido del judaísmo gracias a la lectura de la LXX. [43]

Si tomamos en consideración el hecho de que durante los primeros cinco siglos de la era cristiana, la iglesia usó la misma Biblia, entonces podríamos decir que tanto los judíos helenizados como los cristianos usaron la LXX como su Biblia por más de siglo y medio, antes de que la rechazaran las autoridades religiosas judías y la remplazaran por la traducción de Aquila. Esto lo corroboran aún más otros dos eventos:

1. En Qumrán y en otros lugares del desierto de Judea se han descubierto manuscritos en griego del AT—los más famosos son los manuscritos en griego de los Doce profetas menores (9Hev XII gr). [44] No todos los manuscritos de Qumrán fueron copiados en ese lugar; muchos fueron llevados desde muy diversos puntos de Palestina. Sin duda estos manuscritos fueron utilizados por ciertos sectores de la sociedad judía.

2. En las cartas del apóstol Pablo a las iglesias del Asia Menor y Europa, así como en la Carta a los Hebreos, escrita a judíos cristianos en Jerusalén y Palestina, aparecen citas de la LXX; esto indica que la LXX era por lo menos conocida y, hasta cierto punto, usada entre judíos helenizados y parcialmente cristianizados que vivían en Palestina y en la diáspora.

No cabe la menor duda de que manuscritos griegos de la Torá y otras partes del AT circulaban en Palestina en los comienzos de la era cristiana. Si tales manuscritos eran utilizados en las sinagogas o no, se mantiene como una pregunta abierta. Puesto que es fragmentaria la evidencia que confirma o niega el uso de la LXX en la liturgia judía de las sinagogas helenísticas; es mejor ser pacientes y no sacar

---

[43] Véase Hch 2.10; 6.5 y 13.43.
[44] Manuscrito griego de Natal Haver, 8HevXIIgr, se los Profetas menores, Tov (1990).

conclusiones apresuradas. Sería una conclusión prematura el negar que sí fuera utilizado. Dependería de cuán numerosos e influyentes eran los judíos helenizados que habitaban en Palestina y también en la diáspora. Solamente contamos con evidencia indirecta. Surge entonces la pregunta: ¿Por qué las autoridades religiosas judías rechazaron totalmente la LXX hacia el final del siglo II d.C.?

Las razones para el rechazo de la LXX

No sabemos si la LXX alguna vez fue aprobada oficialmente por las más altas autoridades religiosas de Jerusalén. Pudo ser que ellos calladamente consintieron su uso o que tácitamente la aprobaron. Como fuera, la evidencia disponible es fragmentaria. A continuación presentaremos algunas de las tradiciones concernientes a la aprobación tácita:

En *La Misná*, *Meguilá* I, 8 leemos:

«Los libros (de la Sagrada Escritura) se diferencian de las filacterias y de las hojitas de las puertas (*mesusá*) en que los libros se pueden escribir en toda lengua, mientras que las filacterias y las hojitas de las puertas solo se pueden escribir en hebreo.»

Rabí Simeon ben Gamaliel (*La Misná, Meguilá* I, 8) dice:

«. . . no permitieron que los libros (sagrados) fueran escritos sino en griego.»

En el *Talmud Babilónico* 9a encontramos las palabras del Rabí Yejudá:

«Cuando nuestros maestros autorizaron el Griego, solo lo hicieron con un rollo de la Torá, porque los 72 traductores convocados por el rey Tolomeo introdujeron cambios en beneficio del rey.»

Finalmente, en el *Midrás Beresit Rabá* encontramos una tradición de interpretación de Génesis 9.27 donde leemos: «Engrandezca

Dios a Jafet, y habite en las tiendas de Sem.» De acuerdo con Bar Qappara (ca 200 d. C.):

> «Este versículo quiere decir que las palabras de la Ley podrían ser leídas en el idioma de Jafet, es decir, en griego, en las tiendas de Sem, es decir, por los judíos. El rabí Yudá (ca. 300 d. C.) dice que lo entendemos de este versículo es que es permitida la traducción (de los libros sagrados).» [45]

Las siguientes son las razones para el rechazo de la LXX por parte de las autoridades religiosas judías. Las discutiremos en el orden ascendente de importancia, según mi criterio.

El Surgimiento del cristianismo y la apropiación de la LXX como su Biblia

Algunos eruditos opinan que el surgimiento de otras recensiones judías—tales como Aquila, Símaco y Teodocio—y el rechazo de la LXX se debieron al hecho de que la iglesia cristiana había adoptado la LXX como su propia Biblia. Esto fue seguido por controversias sobre la correcta interpretación de las Escrituras, que condujeron a una feroz polémica entre cristianos y judíos. Tal es la opinión del erudito Sidney Jellicoe:

> Dos eventos que tuvieron lugar en las primeras décadas de nuestra era iban a tener un profundo y trascendental efecto en el texto de la LXX y la historia de la transmisión de ese texto: (1) el nacimiento de la iglesia cristiana con su empresa misionera agresiva; (2) la desaparición de Jerusalén como metrópolis del judaísmo a causa de las acciones bélicas de Vespasiano, Tito y Adriano. [46]

G. Veltri, ante la misma pregunta, ha escrito un libro completo sobre este tema. Él indica, en primer lugar, que el rechazo de la

---

[45] Véase también Harle, Dorival & Munich: 121.
[46] Jellicoe (1968): 74.

LXX no se debió a la apropiación de esta traducción por parte de la iglesia cristiana. En segundo lugar, tampoco cree que se debió al hecho de que el rey Tolomeo la hubiera enviado a traducir como parte de su campaña por helenizar todo el mundo antiguo. [47] Sea cual fuere la razón del rechazo, la apropiación de la LXX como Biblia de la iglesia no debe considerarse como la causa más determinante.

En la cita anterior anotamos que Jellicoe menciona una segunda razón: «la desaparición de Jerusalén como metrópolis del judaísmo a causa de las acciones bélicas de Vespasiano, Tito y Adriano.» Este dato es ciertamente más significativo y abarca un número de otros factores. Retomaremos este punto más adelante en la sección «El factor romano. . .».

El surgimiento de gentiles en el liderazgo de la iglesia

Una segunda razón a la hostilidad judía y su rechazo de la LXX es el veloz incremento de elementos no judíos en la iglesia y en su liderazgo. Fue este liderazgo gentil el que asumió la defensa del cristianismo y de la LXX, lo cual resultó intolerable para los líderes religiosos judíos. Pero tampoco debemos considerar ésta como la principal razón para el rechazo de la LXX; es, como la anterior, una entre otras razones.

El Surgimiento del partido de los fariseos

Los dos puntos anteriores no pueden considerarse como las razones fundamentales para el rechazo de la LXX—en el mejor de los casos fueron solamente de importancia secundaria. Sin duda, los acontecimientos señalados por Jellicoe revisten importancia, pero otros eruditos agregan a la anterior, una segunda y más fundamental razón, la cual sí puede ser considerada como una de las más importantes causas detrás del rechazo de la LXX: se trata del surgimiento del partido de los fariseos, su llegada al poder hacia el siglo I d.C., [48] y el cambio en la filosofía de traducción seguida en

---

[47] Veltri (1994).

[48] Hengel (2002): 43, 89; Harl, Dorival & Munich: 119-125.

la tradición judía como resultado del trabajo de los rabinos que pertenecían a ese partido.

Antes del surgimiento del liderazgo fariseo, no existía una forma singular y unificada de judaísmo. El NT nos informa que en aquella época, existía entre los judíos un buen número de partidos político-religiosos que competían por el poder: los fariseos, los saduceos, los celotes, los esenios, y los que P.R. Davis llama «los seguidores del calendario enóquico, responsables de los documentos del Qumrán».[49] Como Enoc era considerado un personaje importante, los judíos celebraban el canon enóquico. El libro de Enoc parece haber tenido mucha mayor influencia que otros libros no canónicos, y su eco está presente en el mismo NT.[50]

Con la construcción del tempo herodiano, Jerusalén se convirtió en el centro indiscutible de la vida cultural y religiosa de los judíos, siendo el templo el punto convergente. Los Fariseos mantuvieron el control del templo. Eventualmente, su influencia se extendió más allá de los límites de Jerusalén, hacia todos los centros judíos, controlados a través del templo y de las peregrinaciones a Jerusalén que realizaban los judíos de la diáspora. El control de los centros de poder judío, permitió a los fariseos que también controlaran el texto sagrado, su canon y también la filosofía que regía su traducción.

Cambio en la política judía de traducción

Habría sido bueno poder observar en sentido amplio la perspectiva de la traducción en el mundo antiguo, pero no nos lo permiten las presentes restricciones de tiempo y espacio. Solamente mencionaremos que hasta el tiempo de de Cicerón (106-143 a.C.) no existían claras formulaciones filosóficas y prácticas en materia

---

[49] Davis, "The Jewish Scriptural Canon," en McDonald and Sanders: 48-49.

[50] Véase Harrington (2002): 197, y más adelante en pp. 22-23, punto 4). El libro de Judas cita como parte de su texto algunos trozos del libro pseudoepígrafo de Enoc.

de traducción en el mundo grecorromano. Cicerón fue el primero en establecerlas.

Hubo dos actitudes y maneras de comprender la traducción: una era para la traducción de obras literarias y la otra para la traducción de documentos legales, comerciales y gubernamentales. Las traducciones literarias eran muy libres en su naturaleza, y en algunos casos es difícil entender si realmente son traducciones o son nuevas composiciones. Cicerón criticó a los traductores que traducían *Verbum e verbo*—es decir, «palabra por palabra»—cuando se trataba de obras literarias. Él solía decir que él traducía *ut orador*—es decir, que traducía el significado.[51]

Jerónimo mismo fue seguidor de la filosofía de traducción de Cicerón cuando tradujo obras literarias. Jerónimo decía que él traducía *sensus de sensu* – es decir, "significado por significado" como Cicerón. Pero cuando estuvo frente a documentos legales y oficiales, frente a las Escrituras Sagradas, donde el orden de las palabras contiene significado,[52] Jerónimo pensó que lo correcto era seguir la filosofía de traducción *Verbum e verbo*.

El Pentateuco era tanto una obra literaria como un texto legal. ¿Cómo debería ser traducido? Para los traductores y revisores judíos, el ideal para la traducción bíblica era transcribir el texto literalmente, palabra por palabra – *verbum e verbo*.[53]

Cambio en la comprensión de las técnicas de traducción

En todo esto no debemos dejar de lado el asunto de las «técnicas de traducción». A lo anterior agreguemos el hecho de que en la LXX se usaron muchos morfemas y expresiones del griego para expresar lexemas—palabras «completas»—del hebreo. Estos morfemas griegos

---

[51] Brock, en Brooke y Lindars: 310.

[52] *Ibid 311*. Quiero agradecer al Dr. Noss por llamar mi atención a este punto.

[53] Sebastian Brock señala que los traductores del Pentateuco buscaron llevar a sus lectores al texto, y no el texto a los lectores, porque los traductores estaban concientes de que estaban traduciendo un texto sagrado. Brock (1972): 17; Pietersma (2002): 345.

expresaron bien el sentido original del hebreo, de acuerdo con el uso en el siglo III a.C. Pero estos morfemas y expresiones del griego ya no fueron aceptables para las autoridades religiosas judías del siglo II d.C., porque su contenido semántico había cambiado y había adquirido nuevos componentes de significado:

1. Antes de considerar cualquier pérdida o cambio en contenido semántico, debemos recordar el hecho de que estos lexemas tenían connotaciones y denotaciones asociadas con el uso filosófico griego y con prácticas religiosas paganas de los griegos, lo cual era abominable para los rabinos ortodoxos que vivían en Palestina durante los siglos I y II d.C.

2. En el transcurso de cuatro a cinco siglos, los apologistas cristianos no judíos usaron constantemente la LXX en sus controversias con los judíos, y basaron su exégesis en las palabras griegas, cuyo significado fue cambiando con el tiempo o adquiriendo nuevos componentes semánticos; esto llegó a causar gran bochorno a los líderes religiosos judíos.

3. A lo anterior debemos agregar el hecho de que el texto de la Biblia hebrea con el cual comparaban los rabinos la LXX, durante los primeros dos siglos de la era cristiana, no era el mismo texto fuente (*Vorlage)* en el que se había basado la LXX. Esto explica la gran confusión que hubo.

Los judíos acusaban a los cristianos de desvío en la traducción y los cristianos acusaban a los judíos de cambio de texto. Como consecuencia, entre las autoridades religiosas judías y los líderes cristianos gentiles se dio un «diálogo de sordos».[54] Estas controversias forzaron a los judíos a impulsar la producción de nuevas traducciones y revisiones de la Biblia hebrea para el uso de sus fieles, tanto en Palestina—la tierra natal—como en la diáspora.

Cambio y confusión entre los Padres de la iglesia

Esta confusión afectó no solo a los rabinos, sino también a los Padres de la iglesia –por ejemplo Orígenes y Jerónimo. Orígenes

---

[54] Véase más adelante la discusión bajo en la sección: «Las supuestas modificaciones introducidas en LXX».

buscó el acercamiento entre la LXX y la *Hebraica veritas*,[55] sin preguntarse si el texto hebreo habría sufrido revisiones editoriales durante los 350 años transcurridos entre la traducción de la *Torá*, en Alejandría en el 250 a.C., y la finalización y canonización del texto hebreo durante el siglo II d.C.[56]

Es importante entender la mentalidad detrás del trabajo de Orígenes, porque es representativo del estilo que tanto los judíos como muchos de los cristianos siguieron en su acercamiento a la LXX. Orígenes explicó que el propósito de la preparación de la *Héxapla* era establecer el texto correcto de la LXX para el uso de la iglesia cristiana. Era importante definir este texto «correcto» para la exégesis y la apologética—para la dinámica de argumentación con los judíos. En su correspondencia con Africano, Orígenes dice:

> Y hacemos todo lo posible por no ignorar los que pertenece a ellos; de tal modo que cuando dialoguemos con los judíos no les citemos lo que no se encuentra en sus manuscritos. Esto lo hacemos para que podamos usar lo que esos libros muestran aunque no lo encontremos en los nuestros. [57]

En cada columna de los manuscritos de la LXX, Orígenes vio que el griego tenía palabras, cláusulas y oraciones que no se

---

[55] El dogma de la *Hebraica veritas* iniciado en la antigua tradición rabínica considera que el texto hebreo nunca ha cambiado ni cambiará; es decir está por siempre libre de resenciones o ediciones. Josefo quizá ofrece el primer testimonio escrito de este dogma: «Los hechos demuestran cómo nos acercamos nosotros a nuestras propias escrituras: a pesar de haber transcurrido tanto tiempo, nadie se ha atrevido a añadir, suprimir o cambiar nada de ellas. En el ser de todos los judíos está implícita desde su nacimiento la creencia de que esos libros contienen el dogma divino, y de que hay que respetarlos y morir con alegría por ellos si fuera necesario» (*Contra Apión*, I.42). Véase, Frank M. Cross, "The Text behind the Text of the Hebrew Bible» en *Approaches to the Bible*: 151.

[56] Más adelante enfocaré también el tema del cambio en la actitud del judaísmo rabínico bajo el punto «El factor romano. . .»

[57] Origen, *Ep. Ad Afr.* 5; Marcos: 209; Harl, Dorival & Munnich: 164-165.

encontraban en el texto hebreo; y que había otras palabras y oraciones presentes en el texto hebreo, pero ausentes en el griego. Más aún, el orden de eventos y párrafos no eran correspondientes en las dos lenguas. Finalmente, el significado de ciertas partes del griego no concordaba con sus contrapartes en el texto hebreo vigente. En lugar de atribuir los errores a los exegetas judíos, Orígenes acusó a los escribas cristianos por su audacia en tratar de corregir lo que ellos consideraron erróneo. Además los acusó de copiar los manuscritos de forma descuidada. En su comentario sobre Mateo, Orígenes dice:

> Hubo una gran diferencia en los manuscritos debido a la negligencia de los escribas, a la audacia perversa de otros . . . a quienes les encanta agregar u omitir lo que se les antoja cuando corrigen.[58]

Diferencias entre la LXX y el texto hebreo

Este punto constituye una tercera y más fundamental razón para el rechazo de la LXX. Se trata de la existencia de diferencias entre el texto rabínico hebreo y el texto fuente o *Vorlage* de la LXX. Las autoridades judías en Palestina vigilaban constantemente el texto de la LXX, cotejando su fidelidad textual con el original. Ellos se consideraban los custodios responsables de alinear la LXX con el texto hebreo, al cual se aferraban. Notamos que hubo constantes revisiones de la LXX, incluso antes del surgimiento del cristianismo, por el prurito que se tenía de mantener a LXX en línea con su *Vorlage*.

Sabemos que entre el siglo I a.C. y el siglo I d.C. se hicieron diferentes tipos de correcciones y revisiones de la LXX. Eso trajo, como era de esperarse, marcadas e importantes diferencias en cada uno de los textos que surgían de esas revisiones. El trabajo de Orígenes fue a fin de cuentas el que logró una mayor uniformidad en el texto. Este tipo de alineamiento con el texto hebreo se refleja en *4QLXXLeva* y en el manuscrito griego de los Profetas Menores (*8HevXIIgr*), el cual ha sido estudiado por Emanuel Tov.

---

[58] Origen, *Comm. In Matth.* XV 14; Marcos: 208.

Conviene citar lo que Hanhart dice sobre este tema en la introducción al libro de Hengel citado en la bibliografía:

> La LXX, como traducción de escritos ya canonizados, tuvo valor canónico tanto para el judaísmo como para la iglesia cristiana. Su valor canónico se deriva de la autoridad canónica del hebreo original. Eso explica por qué la traducción griega y sus recensiones fueran una y otra vez sujetas a verificaciones a la luz del texto hebreo original.[59]

Las supuestas modificaciones introducidas en la LXX

Las autoridades judías acusaron a los traductores de la LXX de introducir modificaciones en la *Torá* para complacer al rey Tolomeo. Las tradiciones rabínicas hablan de 15 versículos en la *Torá* donde tales modificaciones fueron introducidas.[60] Las siguientes citas contienen esas modificaciones: Gen 1.1; Gen 1.26; Gen 2.2; Gen 5.2; Gen 11.7; Gen 18.12; Gen 49.6; Ex 4.20; Ex 12.40; Ex 24.5; Ex 24.11; Nm 16.15; Dt 4.19; Dt 17.3;[61] Lv 11.6(5); Dt 14.7

Estos pasajes citados supuestamente son una retro traducción de la LXX. Pero si comparamos el texto hebreo con el griego, según aparece en la LXX, notaremos que nueve de los quince son diferentes de la LXX, cinco concuerdan con la LXX (Gn 2.2; Ex 4.20; Ex 24.5; Nm 16.15; Lv 11.5[5] Dt 14.7) y uno de los pasajes es cercano (Ex 12.40). Probablemente los nueve pasajes, indicados al principio, provinieron de una versión griega diferente—pudo haber sido la forma original de la LXX la cual ya no está a nuestro alcance.

Cuando los cristianos oyeron y leyeron las acusaciones y las compararon con el texto de la LXX que tenía en sus manos, vieron

---

[59] Hanhart, "Introduction", en Hengel (2002): 5.

[60] Los cambios fueron 22 de acuerdo con *Abot, Rabi Natán* B 37.13 (de hecho 14) en *Sefer Torá* I.9 en *Maseket Soferim* I.8 y *Mekilta Rabi Yismael* 12, 40.15, de acuerdo con el *Talmud Babilónico Megilla* 9a; y las modificaciones fueron 18 de acuerdo con *Exodo Rabat* 5.5 and *Midras ha-Gadol* en Dt 4.19. Véase Harle, Dorival & Munich: 121; Tov (1999): 1-20.

[61] Tov: 3ss.

que estas acusaciones carecían de fundamento, porque la LXX era igual al texto hebreo en, por lo menos, nueve de los quince casos. Ellos no pudieron entender la razón de tales acusaciones contra ellos. Los judíos y los cristianos se acusaron mutuamente de falsificación y mala interpretación. Algunos Padres de la iglesia incluso llegaron a afirmar que el texto griego reflejaba la verdadera forma de la palabra de Dios—por ejemplo, Justino Mártir.[62] Irineo (murió hacia el 200 d.C.) continuó el argumento en la misma línea de Justino Mártir y afirmó que la LXX fue ciertamente inspirada.

Algunas de estas diferencias pudieron haber sido introducidas por los traductores, pero dudo que todas fueran introducidas por ellos. Es probable que la mayoría de estas diferencias se hayan debido a otras causas más que simples alteraciones—tales como: un diferente texto hebreo base, diferentes técnicas de traducción, y pudo incluso deberse a una lectura errada, o error en la interpretación de las vocales. Sería necesario contar con más tiempo y espacio para discutir todos los quince pasajes mencionados. Me limitaré a considerar únicamente el último caso.

Sobre Levítico 11.6, la nota de los rabinos es la siguiente: «los traductores [de la LXX] escribieron para él [Tolomeo] "de andar joven", y no escribieron la palabra "liebre" porque el nombre de la esposa de Tolomeo era *Arnebet* ("liebre" en hebreo)».[63] En el argumento se dice que los traductores no quisieron que el rey dijera: «los judíos pusieron el nombre de mi esposa en la Torá para burlarse de mí».

El factor romano: cambio en la actitud religiosa del judaísmo rabínico

Además de lo que ya hemos dicho en las secciones anteriores, debemos agregar otro dato histórico: el emperador Adriano creó una nueva realidad política al convertir la ciudad de Jerusalén

---

[62] Justin Martyr, *Dialogue with Trypho*, 3.1; Irenaeus, *Adversus haereses*, iii 21; Eusebius, *Historia ecclesiastica* 5.8, 11-15. Véase también Benoit (1963) 169-187; Hengel (2002): 35ss, 47; Müller (1996): 68-72.
[63] Tov (1999): 7.

en *Aelia Capitolina* y prohibir a los judíos la entrada en ella. Ahora podemos entender mejor la actitud de rechazo de la LXX de parte de los rabinos.

Con la pérdida de Jerusalén y de su tierra, emergió una nueva ideología en la nación judía, para contrarrestar el peligroso desafío con el cual se veían confrontados. Vemos un cambio en la actitud religiosa del judaísmo rabínico: de una religión centrada en el templo, a una religión centrada en el libro.[64] Esto forzó a los rabinos a mirar más de cerca lo que debería ser considerado como las «Escrituras». Ellos debían establecer una forma del texto, la que tenían en sus manos, y terminar con la diversidad de textos. Ellos consideraban que la «profecía» había cesado durante el período del Segundo Templo.

El liderazgo rabínico trataba de sobrevivir a la tremenda invasión griega y a la hegemonía militar romana. Ellos se esforzaron por levantar una «nueva muralla» para proteger su existencia nacional. Esta muralla fue constituida por dos elementos: la Biblia hebrea y la lengua hebrea en la cual se había revelado Dios a sus ancestros. Notamos que los Asmoneos procuraron mantener la unidad de su dominio, y una de las maneras para establecer esa unidad fue mediante la promoción del uso de la lengua hebrea; esto podemos constatarlo en el uso del hebreo en sus monedas.[65] El concepto global de una decisión político-religiosa es descrito por P.R. Davis, aunque solo parcialmente, porque él habla solamente sobre la situación antes de la destrucción del templo y de la ciudad de Jerusalén—los dos fundamentos de la existencia religiosa y nacional. Davis describe la situación previa a la destrucción de la siguiente manera:

Para poder vivir en su territorio «davídico» y revivir la monarquía israelita, los Asmoneos. . . son considerados los principales responsables de la instauración de una lista oficial

---

64 Véase, Ulrich, "Notion and ... Canon," in McDonald and Sanders 24; (1999)

65 Véase Davis, "The Jewish Scriptural Canon..." en McDonald and Sanders: 50.

de escritos judíos, de un canon para todos, de los parámetros para la devoción y la educación, de un recurso cultural para definir al recién instaurado estado judío independiente, de una respuesta al totalitarismo del idioma griego, de academia y la literatura.[66]

Como resultado de este cambio en su actitud religiosa, las autoridades judías prohibieron la lectura de cualquier literatura considerada sectaria o herética—tal fue el caso de los libros Pseudoepigráficos, y, peor aún, de la literatura cristiana que empezaba a emerger. Esta actitud no podía tolerar la existencia de la LXX, la cual se había convertido en una brecha en «la muralla» que protegía a la nación, después de la caída de Jerusalén y la destrucción del templo.

La intransigencia en las manos de los dirigentes del partido de los Fariseos causó la desaparición de todos los demás grupos religiosos y partidos judíos—tales como los Saduceos, los que pertenecieron a la «ideología mesiánica», los «movimientos apocalípticos» y los belicosos Celotes, quienes fueron totalmente derrotados por los romanos. Y ya que, por razones prácticas, las traducciones eran necesarias—en arameo o en griego—los Fariseos exigieron que dichas traducciones se apegaran estrictamente al texto más original que ellos poseían, y fueran tan literales como el texto lo permitiera.[67]

La LXX no calzó en esta nueva situación política. No logró satisfacer las demandas de la nueva escuela de hermenéutica judía. No correspondía con el texto bíblico hebreo que ellos usaban. Fue así como los judíos remplazaron la LXX con una «nueva Biblia griega» que representara exactamente a su texto hebreo. Esta Biblia vendría a ser la contraparte de la «Biblia rabínica hebrea», algo así como la «Biblia rabínica griega». Tenía que ser literal en extremo, siguiendo la estructura gramatical del idioma fuente, con una

---

[66] McDonald and Sanders: 50.

[67] Véase lo que se dice al respecto en la sección «Cambio en las técnicas de traducción».

traducción palabra por palabra. No era de sorprenderse que el trabajo de Aquila obtuviera gran aceptación en los círculos rabínicos.

La iglesia cristiana, tanto en el Oriente como en el Occidente, continuó usando la LXX durante dos siglos más. Pero cuando Jerónimo tradujo del hebreo el AT (la versión conocida como La Vulgata), la iglesia de Occidente abandonó la LXX, quedando nada más la iglesia del Oriente como la única usuaria del AT griego.

La Biblia de la iglesia no es el AT en griego, aunque comenzó siendo la primera Biblia de la iglesia. Pronto se agregó al AT otra colección de libros que posteriormente recibió el nombre de NT, y juntas estas dos colecciones llegaron a constituirse en la Biblia de la iglesia cristiana. Fue así como, con la adición del NT a la LXX, la ruptura entre la iglesia y la sinagoga se convirtió en total e irreversible.

El Antiguo Testamento en el Nuevo

La mayoría de los libros en el NT contienen muchas referencias y citas textuales, directas e indirectas, del AT. Una lista de ellas puede encontrarse al final del *Novum Testamentum Graece,* Nestle-Aland.[68]

Las citas textuales de los autores de los evangelios a veces concuerdan con el texto Proto-Masorético y no con la LXX, otras veces concuerdan con la LXX y no con el texto Proto-Masorético, y en otros casos concuerdan con los Targumes. [69] Encontramos algunas referencias, alusiones y citas provenientes de los libros Deuterocanónicos, e incluso las hay de los libros Pseudoepígrafos—como el libro de Enoc.[70] Tomemos algunos ejemplos para ver de dónde proceden estas citas.

---

[68] En la edición 27, las citas textuales directas del AT griego se indican con letras itálicas (Stuttgart 1998) *Loci citati vel allegati*, 770-800. Es importante señalar que en las Cartas Juaninas no se encuentra ninguna cita textual del AT, y que son muy escasas las que se encuentran en las otras Epístolas Católicas.

[69] Evans (2002): 191-194.

[70] Véase la lista en el NT Nestle-Aland, pp. 800-806.

1. Mateo 1.23 cita Isaías 7.14; texo en el que se habla del «nacimiento virginal» de Jesús. Cuando comparamos estos dos pasajes, encontramos que el texto griego de Mateo cita textualmente la LXX. El punto álgido es la traducción del lexema hebreo *ha-'almá* («joven», muchacha en edad casadera») por *je partenós* («la virgen»), donde la palabra griega *neanis* habría sido una mejor traducción del hebreo. El equivalente hebreo para «virgen» es *betuláh*.[71]

2. El sermón de Pedro en el día de Pentecostés argumenta que la extraña conducta de los Apóstoles no se explicaba como el resultado de embriaguez, sino por ias palabras del profeta Joel (2.28-32[3.1-5] Hch 2.17-21). De ahí arranca Pedro para empezar a proclamar la muerte, resurrección y ascensión de Jesús, lo cual apoya con una prueba textual citando el Salmo 16[15].8-11 Hch 2.25-28. La versión griega de las palabras de Joel, así como las palabras de David, son citadas palabra por palabra en el pasaje de Hechos. La argumentación de Pedro es clara: Cuando David dice: *Porque no dejarás mi alma en el Hades, ni permitirás que tu Santo vea corrupción* (Hch 2.27), se refiere a Cristo, porque todos saben que David murió (2.29). De acuerdo con Pedro, David debió haber hablado como profeta, y sus palabras se refieren de hecho a Jesús.

Al comparar la cita textual de Hechos con el texto griego del Salmo, notamos que Hechos hace una cita directa del Salmo 15.10 en la LXX, pero encontramos una diferencia significativa con el texto hebreo de Sal 16.10. En hebreo *sajat* significa «fosa», «tumba».[72] Pero cuando leemos la letra hebrea *shin* con la vocal larga *qametz'*, en lugar de la vocal cora *patah* en el tema verbal hebreo *nif'al*, puede también significar «estar corrompido», «estar infestado», «estar podrido», que es la forma y sentido que parece haber

---

71 Sobre las controversias entre los judíos y los cristianos en este tema, véase Justino, *Dialogo con Trifo* 71, 84; Ireneo, *Adversus haereses* iii 21.1. Al parecer solo las versiones de Aquila, Símaco and Teodocio tienen «joven» en griego en lugar de «virgen».

72 Alonso-Morla: 758.

73 Alonso-Morla: 757.

elegido la LXX cuando tradujo la palabra hebrea como *diafdorán*.[73] Esta exégesis abre toda clase de posibilidades en cuanto a la interpretación, y le facilita a Lucas la aplicación de ese versículo a la resurrección de Jesús.

3. El discurso de Santiago en el Concilio de Jerusalén (Hch 15.13-21). En este discurso el Apóstol cita a Amós 9.11-12, para afirmar que en el proyecto de Dios siempre estuvieron incluidos los gentiles como parte del pueblo de Dios. Al comparar el texto hebreo con el texto griego de la LXX, notamos que hay una diferencia significativa. Ocurrió que el traductor de la LXX leyó la palabra hebrea *Edom* como si fuera la palabra hebrea *Adam* «ser humano/hombre». Como es probable que la letra hebrea «*waw*» o «*vav*» no estuviera presente en la palabra «Edom» del texto hebreo fuente de la LXX, la forma hebreo resulta ser la misma. Existe además una diferencia en la lectura de las vocales—el cambio de *Edom* a *Adam*—; es por eso que la LXX tradujo por «el resto de los **hombres**» en lugar de «el resto de **Edom**». Hay también unas cuantas diferencias editoriales menores y adaptaciones entre la LXX y la cita en Hechos, pero son realmente secundarias. La cita en Hechos es obviamente tomada de la LXX y no del TM.

4. La cita de Judas tomada del libro pseudoepígrafo de Enoc. En Judas 14-15 encontramos palabras y temas compartidos con el libro de Enoc. [74] Enoc es un escrito apocalíptico, procedente del siglo II a.C., escrito en griego.[75] La cita de Judas procede de varios pasajes de *Enoc* (1.9; 5.4; 27.2; y 60.8). Judas trata de interpretar las

---

[74] En contraste con los libros «apócrifos» o «deuterocanónicos», los «pseudepígrafos» nunca llegaron a ser parte del canon del AT.

[75] Durante mucho tiempo la única copia completa del libro de Enoc estaba en Etiopía, pero en 1866, un manuscrito en papiro fue encontrado en Akmim, Egipto, el cual contiene los primeros 32 capítulos del libro. También se descubrió una copia de Enoc en una de las cuevas de Qumrán (4QEn). Esa copia data del siglo I a.C.; es decir de una época muy cercana al tiempo de su composición. Los Padres de la iglesia tomaron la cita de Judas como una garantía de la inspiración del libro de Enoc. Jerónimo lo llamó «apócrifo», pero Tertuliano lo consideró inspirado. Tiempo después, la canonicidad de Judas fue puesta en duda precisamente por su cita de un libro pseudoepígrafo. Finalmente, Judas quedó incluido en el canon del NT.

narraciones bíblicas a la luz de la situación que está viviendo la iglesia en ese momento; y usa fórmulas comunes y familiares, así como vocabulario vigente en esa época.[76]

Judas 14-15a: *De éstos también profetizó Enoc, séptimo desde Adán, diciendo: "He aquí, vino el Señor con sus santas decenas de millares, para hacer juicio contra todos, y dejar convictos a todos los impíos de todas sus obras **impías** que han hecho **impíamente**, y de todas las cosas duras que los pecadores **impíos** han hablado contra él."*

Enoc 1.9 «He aquí que llegará con miríadas de santos para hacer justicia, destruir a los **impíos** y contender con todos los mortales por cuanto hicieron y cometieron contra él los pecadores e **impíos**» (Diez Macho-IV: 40).

Podemos ver fácilmente la cercanía de estos pasajes en Judas y Enoc.

Conclusiones

La primera conclusión que podemos sacar razonablemente es que los judíos de la diáspora, así como los que vivían en Palestina y en Jerusalén, habían sido extensamente helenizados. Con la helenización en pleno apogeo, el griego era usado en ciertas sinagogas, y era hablado en las calles, en las aldeas y ciudades de Palestina, junto con el arameo.

La segunda conclusión que podemos sacar de todo cuanto hemos dicho es que hubo una amplia variedad de textos en hebreo, que circulaban y se usaban en diferentes estratos de la población judía de Palestina, en el mismo momento en que se realizaba la traducción al griego de diferentes libros. A esto lo hemos llamado la «pluriformidad» del texto hebreo.

La tercera conclusión que podemos sacar es que la LXX se diferencia de la Biblia hebrea en varios aspectos: el número de libros en la LXX es mayor que los del canon hebreo; el orden y acomodo

---

[76] El autor de 2 Pedro parece haber conocido la carta de Judas, pues incorporó buena parte de Judas en su capítulo 2.

de los libros es diferente; y en el texto griego hay adiciones en ciertos libros, que no existen en el texto hebreo.

La cuarta conclusión es que hubo múltiples razones para el rechazo de la LXX por parte de las autoridades judías. Estas razones fueron: el surgimiento del cristianismo y la apropiación de la LXX como la Biblia de la iglesia cristiana; el surgimiento del partido de los Fariseos, con todos los cambios que esto implicó en la filosofía rabínica y la técnica de la traducción, así como en la actitud religiosa judía que pasó de estar centrada en el templo a centrarse en el libro.

A causa de su miedo a desaparecer, ellos impusieron su Biblia rabínica griega, como contraparte de su Biblia rabínica hebrea.

La quinta conclusión que podemos sacar es el hecho de que el texto hebreo usado por los traductores de la LXX, parece que a veces no tuvo vocales, y en consecuencia, encontramos lecturas diferentes de las vocales en la LXX, con lo cual cambió totalmente el significado del texto. Esto también se refleja en las citas textuales encontradas en el NT. Las discrepancias resultantes condujeron al rechazo de la LXX, tal como lo señalamos en la conclusión anterior.

La sexta conclusión que podemos sacar es el hecho de que, durante el período grecorromano, no parecía haber todavía un canon establecido de la Biblia hebrea, como tampoco había una forma única y uniforme de judaísmo. Es por eso que las citas textuales que aparecen en el NT provienen de los libros deuterocanónicos, e incluso de los pseudoepígrafos o apócrifos como le llaman en la tradición católico romana.

Apéndice I

Esta es la lista de los libros del AT como se encuentran en el TM, la LXX y la Vulgata Latina.[77]

TEXTO MASORÉTICO	SEPTUAGINTA	VULGATA LATINA
La Ley (*Torá*)	**El Pentateuco**	**El Pentateuco**
1 - Génesis	1 - Génesis	1 - Génesis
2 - Éxodo	2 - Éxodo	2 - Éxodo
3 - Levítico	3 - Levítico	3 - Levítico
4 - Números	4 - Números	4 - Números
5 - Deuteronomio	5 - Deuteronomio	5 - Deuteronomio
Los Profetas (Nebiim)	6 - Josué	6 - Josué
(Nebiim Rishonim)	7 - Jueces	7 - Jueces
6 - Josué	8 - Rut	8 - Rut
7 - Jueces	9 - I Reyes (I Samuel)	
8 - Samuel (I & II Samuel)	10 - II Reyes (II Samuel)	9 - Samuel (I & II Samuel)
9 - Reyes (I & II Reyes)	11 - III Reyes (I Reyes)	10 - Reyes (III & IV Reyes)
(Nebiim Aharonim)	12 - IV Reyes (II Reyes)	11 - Crónicas (I & II Crónicas)
10 - Isaías	11 - III Reyes (I Reyes)	12 - Esdras (Esdras & Nehemías)
11 - Jeremías	12 - IV Reyes (II Reyes)	13 - Tobías "A"
12 - Ezequiel	13 - I Crónicas	14 - Judit "A"
13 - Doce Profetas	14 - II Crónicas (+ Oración de Manasés "A")	15 - Ester
Oseas	15 - I Esdras (Vulgata 3 Esdras "A")	16 - Job
Amós	16 - II Esdras (Esdras & Nehemías)	17 - Salmos
Miqueas	17 - Salmos	**Libros de Salomón**
Joel	18 - Proverbios	18 - Proverbios
Abdías	19 - Eclesiastés	19 - Eclesiastés
Jonás	20 - Cantar de los Cantares	20 - Cantar de los Cantares
Nahum	21 - Job	
Habacuc	22-Sabiduría de Salomón "A"	21 - Sabiduría de Salomón "A"

[77] Los libros marcados con "A" en la LXX y en la Vulgata son los Libros Deuterocanónicos o Apócrifos.

Sofonías	23 - Eclesiástico "A"[78]	22 - Eclesiástico "A"
Hageoi	24 - Ester (adiciones "A")	23 - Isaías
Zacarías	25 - Judit "A"	24 - Jeremías
Malaquías	26 - Tobías "A"	25 - Lamentaciones
Los Escritos (Ketubim)	**Los Doce Profetas**	26 - Baruc "A"
14 - Salmos	27 - Oseas	27 - Ezequiel
15 - Job	28 - Amós	28 - Daniel +Susana (cap. 13)"A" +Bel y el Dragón (cap.14) "A"
16 - Proverbios	29 - Miqueas	**Los Doce Profetas**
17 - Rut	30 - Joel	29 - Oseas
18 - Cantar de los Cantares	31 - Abdías	30 - Amós
19 - Eclesiastés	32 - Jonás	31 - Miqueas
20 - Lamentaciones	33 - Nahum	32 - Joel
21 - Ester	34 - Habacuc	33 - Abdías
22 - Daniel	35 - Sofonías	34 - Jonás
23 - Esdras (+ Nehemías)	36 - Hageo	35 - Nahum
24 - Crónicas (I & II Crónicas)	37 - Zacarías	36 - Habacuc
	38 - Malaquías	37 - Sofonías
	39 - Isaías	38 - Hageo
	40 - Jeremías	39 - Zacarías
	41 - Baruc "A"	40 - Malaquías
	42 - Lamentaciones	41 - I Macabeos "A"
	43 - Carta de Jeremías "A"	42 - II Macabeos "A"
	44 - Ezequiel	
	45 - Daniel	
	46 - + Susana "A"	
	47 - + Bel y el Dragón "A"	
	48 - I Macabeos "A"	
	49 - II Macabeos "A"	
	50 - III Macabeos "A"	
	51 - IV Macabeos "A"	

---

[78] El Libro de Jesús Ben Sirach.

Apéndice II

Los títulos y números de los manuscritos griegos encontrados en Qumrán

Numeración de Rahlfs	Nombre DJD	Texto Bíblico
801	4QLXXLeva or 4Q119	Lv 26.2-16
802	4QpapLXXLevb or 4Q120	Lv 2—5 con lagunas
803	4QLXXNum or 4Q121 Num	3.30—4.13 con lagunas
805	7QpapLXXExod or 7Q1 Ex	28.4-7
819	4QLXXDeut or 4Q12284 Deut	11.4

Bibliografía

Inglés

Astour, M. C.
     1965 Hellenosemitica, An Ethnic and Cultural Study in West
     Semitic and Mycenaean Greece. Leiden: E. J. Brill.

Barthélemy, Dominique.
     1978 *Étude d'histoire du text de l'Ancien Testament,* Orbis
     Biblicus et Orientalis 21. Fribourg: Éditions universitaires;
     Göttingen: Vandenhoeck & Ruprecht.

Beckwith, Roger T.
     1985 *The Old Testament Canon of the New Testament Church
     and its Background in Early Judaism*. Grand Rapids: Eerdmans,
     Publishing Co.

Bickerman, E. J
     1950 "Some Notes on the Transmission of the Septuagint," en
     Alexander Marx Jubilee Volume. New York: The Jewish
     Theological Seminary of America. Pp.149-178.
     1959 "The LXX as a Translation," in *Studies in Jewish and
     Christian History.* Leiden: E. J. Brill. 1976) I, 167-201.

Bigg, C.
     1901 *The Epistles of St. Peter and St. Jude*. The International
     Critical Commentary. Edinburgh: T. & T. Clark.

Brock, S.P.
     1972 "The Phenomenon of the Septuagint." Old Testament
     Studies 17: 11-36.

1992 "To Revise or not to Revise: Attitudes to Jewish Biblical Translation," en Brooke and Lindars: 301-338.

Brooke, G. J. and Lindars, B.
1992 *Septuagint, Scrolls and Cognate Writings*, Papers Presented to the International Symposium on the Septuagint and its Relations to the Dead Sea Scrolls and Other Writings. Atlanta: Scholars Press.

Conybeare, Frederick Cornwallis and Stock, St. George
1905 *Grammar of Septuagint Greek*. Grand Rapids: Zondervan, publishing House.

Cross, Frank M.
1994 "The Text behind the Text of the Hebrew Bible" en *Approaches to the Bible: The Best of Bible Review, Volume I*. Ed. por Harvey Minkoff. Washington: Biblical Archaeology Society, 1994. Pp. 148-161.

Davis, Philip R.
2002 "The Jewish Scriptural Canon in Cultural Perspective," en McDonald and Sanders: 36-52.

Evans, Craig.
2002 "The Scriptures of Jesus and His Earliest Followers," en Mcdonald and Sanders: 185-195.

Field, F.
1875 *Origenis Hexaplorum*, Quae Supersunt, Tomus II. Oxonii.

Fitzmyer, J. A.
1970 "The Languages of Palestine in the First Century A.D.," *CBQ* 32: 501-518.

Freudenthal, J.
1875 *Alexander Polyhistor und die von ihm erhaltenen Reste judaischer und samaritanischer Geschichtsweke.* Breslau.

Goodenough, Erwin
1953 *Jewish Symbols in the Greco-Roman Period*, in 13 vols. New York: Pantheon Books.

Harl, Marguerite; Dorival, Gilles and Munnich, Oliver
1994 *La Bible Grecque des Septante, du Judaïsme Hellénistique, au Christianisme ancien*. Paris: Éditions du CERF.

Harrington, D. J.
2002 "The Old Testament Apocrypha in the Early Church and Today," en McDonald and Sanders: 196-210.

Horrocks, G.
1997 *Greek: A History of the Language and Its Speakers.* New York: Longman.

Hengel, Martin
2001 The Septuagint as Christain Scripture: Its Prehistory and the Problem of Its Canon. Edinburgh: T & T. Clark.

Jellicoe, S.
1968 *The Septuagint and Modern Study.* Oxford: Oxford University Press.
1968a "Septuagint Studies in the Current Century". *JBL* 88: 191-199.

Jobes K. H and Silva, Moises
2000 *Invitation to the Septuagint.* Grand Rapids: Eerdmans Publishing Co.

Kahle, P.
1915 "Untersuchungen zur Geschichte des Pentateuchtextes." *Theologische Studien und Kritiken*, (TSK) 88. Hamburg-Berlin.

Lieberman, Saul
1950 *Hellenism in Jewish Palestine: Studies in the Literary Transmission of Beliefs and Manners of Palestine in the I Century B.C.E – IV Century C.E.* New York: Jewish Theological Seminary of America.

Lightstone, J. N
2002 "The Rabbis' Bible: The Canon of the Hebrew Bible and the Early Rabbinic Guild," en McDonald and Sanders: 163-184.

Marcos, N. F.
2000 *The Septuagint in Context*. Traducido por W. G. E. Watson. Leiden: E. J. Brill.

Mason, Steve
2002 "Josephus and His Twenty-Two Book Canon," en McDonald and Sanders: 110-127.

McDonald, Lee Marvin
1995 *The Formation of the Christian Biblical Canon*. Rev. ed. Peabody: Hendrickson Publishers.

McDonald, Lee Martin and Sanders, James A.
2002 *The Canon Debate*. Peabody: Hendrickson Publishers.

Müller, M.

1996 *The First Bible of the Church, a Plea for the Septuagint.*
Sheffield: Sheffield Academic Press: 13-17.

Neusner, Jacob

1973 *From Politics to Piety: The Emergence of Pharisaic
Judaism.* Englewood Cliffs: Prentice-Hall.

Pietersma, A.

2002 "A New Paradigm for Addressing Old Questions: The
Relevence of the Interlinear Model for the Study of the
Septuagint," in *Bible and Computer*, ed J. Cook. Leiden: E. J.
Brill: 337-364.

Schürer, E.

1986 *The History of the Jewish People in the Days of Jesus
Christ.* Edinburgh: T. & T. Clark.

Seeligmann, J. L.

1948 *The Septuagint Version of Isaiah:* a discussion of its
problems. Leiden: E. J. Brill.

Skehan, P. W.

1957 "The Qumrán MSS. And Textual Criticism," *VTSup* 4.

Sundberg, C.

1964 *The Old Testament of the Early Church*, Harvard
Theological Studies 20 (Cambridge: Harvard University Press:
58-59.

Sundberg, Albert.

2002 "The Septuagint: The Bible of Hellenistic Judaism," en
McDonald and Sanders: 68-90.

Swete, H. B.

1914 Swete, *An Introduction to the Old Testament in Greek*,
rev. R. R. Ottley (1989), Appendix "The Letter of Aristeas," por
H. St. J. Thackeray. Peabody: Hendrickson Publishers.

Thackeray, H. St. J.

1909 *A Grammar of the Old Testament in Greek* (Cambridge:
Universtiy Press _____
1914 En Swete.

Trebolle Barrera, Julio

2002 "Origins of a Tripartite Old Testament Canon," en
McDonald and Sanders: 128-145.

Tov, Emmanuel

1990 *The Greek Minor Prophets Scroll from Nahal Hever. DJD 8* (Oxford: Oxford University Press.

1999 *The Greek and the Hebrew Bible.* Collected Essays on the Septuagint. Leiden: E. J. Brill.

2001 *Textual Criticism of the Hebrew Bible.* 2nd rev. ed. Minneapolis: Fortress Press.

2002 "The Status of the Masoretic Text in Modern Text Editions of the Hebrew Bible: The Relevance of Canon", en McDonald and Sanders: 234-251.

Ulrich, Eugene

1992 "The Septuagint Manuscripts from Qumran: a Reappraisal of Their Value." Brooke y Lindars: 49-80.

1992 "Pluriformity in the Biblical Text, Text Groups, and Questions of Canon," en Proceedings of the International Congress on the Dead Sea Scrolls – Madrid, 18-21 March 1991. Editado por Julio Trebolle Barrera y L. Vegas Montaner, STDJ 10: 1.23-41.

1992 "The Canonical Process, Textual Criticism, and Latter Stages in the Composition of the Bible," en *Sha'arei Talmon: Studies in the Bible, Qumrán, and the Ancient Near East Presented to Shemaryahu Talmon.* Editado por Michael Fishbane and Emanuel Tov with W. W. Fields. Winona Lake: Eisenbrauns: 267-291.

1999 "The Community of Israel and the Composition of the Scriptures," in *The Dead Sea Scrolls and the Origins of the Bible, Studies in the Dead Sea Scrolls and Related Literature.* Leiden: E. J. Brill: 3-16.

2000 The Qumrán Biblical Scrolls-The Scriptures of Late Second Temple Judaism," en *The Dead Sea Scrolls in Their Historical Context.* Editado por T. H. Lim et.al. Edinburgh: T. & T. Clark: 67-87.

2000 "The Dead Sea Scrolls and Their Implications for an Edition of the Septuagint Psalter," en *Der Srptuaginta-Psalter und seine Tochterübersetzungen,* Symposium in Göttingen 1997, ed por A. Aejmelaeus y Udo Quast, Mitteilung des Septuaginta-Unternehmens XXIV. Göttingen: Vandenhoeck & Ruprecht.

2002 "The Notion and Definition of Canon," en McDonald and Sanders: 21-35.

VanderKam, J. C.

2002 VanderKam, "Questions of Canon Viewed through the Dead Sea Scrolls," in McDonald and Sanders: 91-109.

Veltri, G.
1994 *Eine Tora für den König Talmai – Untersuchungen zum Übersetzungsverständnis in der jüdisch-hellenistischen und rabbinischen Literatur*, in Texte und Studien zum Antiken Judentum 41 (Tübingen 1994).

Williams, R.
"Inscriptions," en *IDB*-II: 706-712.

Español

Alonso Schökel, Luis y Morla, Victor.
1994 *Diccionario bíblico hebreo-español.* Madrid: Editorial Trotta.

La Misná. Introducción, traducción y notas de Carlos del Valle. Salamanca: Ediciones Sígueme, 1997.

Diez Macho, A.
1981-1987 *Apócrifos del Antiguo Testamento.* Cinco tomos. Madrid: Ediciones Cristiandad.

González Echegaray, Joaquín
1990 «Geografía y arqueología bíblicas». En *Introducción al estudio de la Biblia: 1. La Biblia en entorno*. Estella: Editorial Verbo Divino. Pp. 19-117.

Trebolle Barrera, Julio
1993 *La Biblia judía y la Biblia cristiana: Introducción a la historia de la Biblia.* Madrid: Editorial Trotta, 1993.

El griego del Nuevo Testamento

Plutarco Bonilla A.

[*Nota preliminar*: Para facilitar la lectura del texto, se han eliminado por completo las palabras escritas con caracteres griegos. En su lugar hemos hecho lo siguiente: (1) las citadas se han transcrito con caracteres latinos (la eta, como *ē*; la omega, como *ō*; la ípsilon, unas veces como *u* y otras como *y*; la zeta como *th*; la xi como *x*; la fi como *f*; y la ji como *j*. Además, hemos eliminado los acentos y los espíritus suaves; el espíritu áspero lo señalamos con una hache inicial); y (2) cuando se han citado obras escritas en griego moderno, hemos optado por traducir al castellano tanto los títulos como la información bibliográfica complementaria, con la indicación final «gm» («griego moderno»).]

Mirada el pasado

Aunque sea una verdad de Perogrullo, por notoriamente sabido, no está demás señalar que el griego del Nuevo Testamento representa una etapa de la evolución de la lengua griega en su larga y fecunda trayectoria histórica. Conocida principalmente en el mundo de la academia por la edad de oro de la cultura helénica (la época «clásica», la de sus grandes escritores), la lengua griega ha experimentado cambios tales que los estudiosos suelen destacar en ella los siguientes períodos (enmarcados en fechas que tienen carácter sobre todo simbólico y orientador):

Período preclásico: la lengua protohelénica

A la forma más antigua de la lengua griega se la ha llamado «protohelénica». Esta «lengua protohelénica» se expresó posteriormente, en su desarrollo histórico, en varios dialectos, producto de los diversos factores propios de las diferentes regiones en las que fueron transformándose. El dialecto que se habló en Atenas (o sea, el ático) recibió el apelativo derivado del nombre de la región a la que pertenecía dicha ciudad: el Ática. Este dialecto habría de jugar un papel de suma importancia en la historia de la lengua.

Período clásico: «el griego antiguo»

Cada región del mundo griego antiguo hablaba su propio dialecto, con marcadas diferencias entre ellos. Pero con el apogeo político y cultural de Atenas en el siglo 5, comenzó a imponerse el dialecto ático. «Este se convirtió en la segunda lengua de los aliados de Atenas y después, cada vez más, de otros griegos».[1] Es el griego en que escribieron los grandes literatos, filósofos y científicos de la Grecia clásica, la del siglo de Pericles.

Período helenístico o alejandrino

La primera lengua común que se desarrolló en la Grecia antigua, inmediatamente después del período clásico, tuvo como base el dialecto ático. También tomó elementos de los otros dialectos, especialmente del jónico.[2] Se la conoce como griego helenístico, griego alejandrino o griego koiné (o, por elipsis, simplemente *koiné*). Su uso suele enmarcarse en el período que va desde el año 300 a. C.

---

[1] *Gramática del griego moderno (demótico)*. (Salónica: Universidad de Salónica, Instituto de Estudios Neohelénicos, 1991) p. 1 (gm. De aquí en adelante, citamos esta obra como GGM).

[2] GGM, p. 2.

al 300 d. C.[3], aunque algunos prefieren extenderlo «hasta el final de la Edad Antigua con Justiniano (siglo VI)».[4]

Las campañas militares planeadas y dirigidas por Alejandro requirieron reclutar tropas de todas partes del mundo helénico y aun de entre los «bárbaros». Este hecho, más las conquistas mismas y la política cultural impuesta por el Megas se constituyeron en el caldo de cultivo de esa nueva forma de la lengua que tuvo carácter popular y común. Esta nueva «forma» del griego no apareció así constituida de la noche a la mañana. No solo es «producto» de una evolución,[5] sino que en el período señalado, la *koiné* misma continuó cambiando, empujada por diversos factores de muy diversa naturaleza.

Influencias regionales afectaron la pronunciación, el léxico y la sintaxis de la lengua que se formaba, pues la *koiné* la hablaban no solo los propios griegos, que tenían sus formas dialectales, sino también los extranjeros helenizados (*xenoglōssoi*, personas cuya lengua materna era otra [extranjera o extraña]), especialmente los que habitaban en el oriente (Asia Menor, Siria, Persia e incluso Egipto), sobre todo después que esas regiones fueron sometidas primero por Alejandro y luego por los diádocos y por los romanos.[6]

Entre las transformaciones más significativas pueden mencionarse los siguientes:[7]

---

[3] Ibídem.

[4] Julio Trebolle Barrera y José M. Sánchez Caro, «Lengua y escritura bíblicas», Parte cuarta, cap. XIV de *La Biblia en su entorno* (Estella: Editorial Verbo Divino, 1992), p. 446.

[5] Aunque los lingüistas suelen evitar la aplicación de la palabra «evolución» a las transformaciones de una determinada lengua, aquí la usamos no sin aclarar que en este contexto dicha palabra no tiene, para nosotros, connotaciones axiológicas. No se trata aquí de calificar el proceso de cambio como de «mejoramiento» o «empeoramiento» de una determinada lengua, pues estas categorías salen sobrando. A veces, tal proceso va de lo más sencillo a lo más complejo; en otras ocasiones, el recorrido es a la inversa.

[6] GGM, p. 2.

[7] En esta sección, y mientras no se diga otra cosa, seguimos las observaciones hechas en el texto citado en la nota 1.

(1) **Fonéticas**: algunas vocales, consonantes y diptongos antiguos adquieren una nueva pronunciación (pronunciación que, en términos generales, va a perdurar hasta hoy), y se inicia el iotacismo, es decir, varias vocales y diptongos llegarán a pronunciarse como la iota; el acento pierde su aspecto tonal, y así deja de ser musical para convertirse en «enfático», o sea, solo indica que la sílaba acentuada es la que se pronuncia con mayor fuerza espiratoria; al haberse abandonado la distinción entre los tres diferentes acentos antiguos (agudo, grave y circunflejo) y, consecuentemente, la distinción entre vocales (o sílabas) largas y cortas, se pierde, además, el ritmo de la lengua.

(2) **Léxicas**: el vocabulario también cambia y se expande, pues al ampliarse el mundo de los helenohablantes (con la incorporación de las nuevas comunidades greco-orientales, cristianas y romanas) surgen otras realidades políticas, religiosas y culturales y se desarrollan nuevas ideas que necesitan expresarse. Estos cambios incluyen aspectos como los siguientes: palabras antiguas se vuelven obsoletas y dejan de usarse; otras pierden sus significados previos y se enriquecen con otros requeridos por los nuevos contextos; se forman nuevos términos que toman el lugar de otros que se dejan de lado; muchas palabras monosilábicas o bisilábicas ceden sus puestos a sus hipocorísticos; palabras de otros idiomas adquieren carta de ciudadanía helénica. Algunos de estos aspectos van a manifestarse más claramente en la literatura cristiana.

(3) **Morfológicas**: Se produce una tendencia a «normalizar» las formas anómalas, tanto de nombres como de verbos (de estos, formas completas de modos y tiempos dejan de ser habituales). Ejemplos de formas verbales: *akousomai* se convierte en *akousō*, *efthēn* en *efthasa*, *ēn* en *ēmēn*, *oida* se mantiene, pero regulariza las formas de las demás personas de ese tiempo (*oides* en vez de *oistha*, etc.). Se usa muy poco el optativo y llega a desaparecer. Los verbos en *-mi* terminan ahora en *-ō*. En cuanto a los nombres: *ous*, *ōtos* pasa a ser *ōtion* (regular; este es un caso de substitución de un monosílabo, en el nominativo, por su hipocorístico), se pierde finalmente el dual y las palabras de la tercera declinación comienzan a

asimilarse a las de la primera. En general, la ancestral variedad de las declinaciones se hace mucho más simple.

(4) **Sintácticas**: en términos generales, la lengua pasa de ser sintética a ser más analítica. Se utilizan más palabras que antes para expresar las ideas[8] y se hace más extenso el uso de las formas preposicionales (lo que antes se decía con una sola palabra en un determinado caso, ahora se dice con preposición).

De estos aspectos volveremos a tratar, de manera más específica, cuando nos refiramos a la koiné neotestamentaria.

En este período, en el que tantas transformaciones experimentó la lengua griega, cobra particular importancia la floreciente comunidad judía de aquel emporio cultural que fue Alejandría. En vistas de las necesidades propias de ese colectivo religioso, se promueve y se realiza la primera traducción griega de las escrituras sagradas del judaísmo, que los cristianos denominan Antiguo Testamento. Es la versión de los Setenta o Septuaginta (LXX). Allí escribió también Filón el Alejandrino (conocido así mismo como «el Judío»).

Y en ese mismo lapso de la historia nace, se desarrolla y se afirma de manera definitiva el cristianismo, que dará al mundo otra abundante serie de escritos, de los cuales los principalísimos, pero de ninguna manera únicos, son los que constituyen el Nuevo Testamento.

Puesto que tanto la LXX como el Nuevo Testamento muestran claramente las vicisitudes de este período de transición lingüística, con sus vacilaciones e inseguridades, «los escritores de la antigüedad tardía no dejaron de manifestar su aversión hacia el lenguaje utilizado» en esas obras, pues «no podía menos de parecerles muy alejado de los cánones del griego clásico».[9]

---

[8] Véase, como ejemplo extremo y a modo de curiosidad, una rarísima palabra del griego del siglo 5, que significa, ella sola, «desdichado que acude desde el amanecer a los tribunales llenos de sicofantes», de un único registro en un texto de Aristófanes (*Las avispas*, 505).

[9] Julio Trebolle Barrera, *La Biblia judía y la Biblia cristiana* (Madrid, Editorial Trotta, S.A., 1993), p. 74.

El aticismo

En el siglo primero antes de nuestra era y en los siguientes, concomitantemente con la aparición del cristianismo, surgió y se desarrolló en Atenas un movimiento literario que tuvo como meta resucitar el antiguo dialecto ático, del siglo 5 a. C., que había cedido su puesto a la lengua común alejandrina. A sus seguidores se los conoció con el apelativo de *aticistas*.

Con esta tendencia literaria aparece por vez primera, en la historia de la lengua griega, la diglosia o el bilingüismo. Con algunas excepciones (como es el caso de unos pocos escritores, del Nuevo Testamento y de escritos similares), la expresión escrita echaba mano de la lengua «aticizada» y procuraba imitar el uso literario de los escritores áticos de la época clásica. Pero en la expresión oral, al contrario, se usaba la forma evolucionada, que se había ido enriqueciendo y continuaba enriqueciéndose con muchos elementos del dialecto jónico y de otras fuentes[10] (como ya se señaló), pues el esfuerzo aticista no logró parar la renovación y el desarrollo de la lengua. Esta situación duró —no sin serias luchas y discusiones y mientras la lengua seguía transformándose— hasta la última parte del siglo 20 (aunque todavía muchas personas continúan usando lo que se ha conocido, en la historia contemporánea de la lengua griega, como *haplē katharevousa* (lengua culta en su forma sencilla).

Lo dicho en el párrafo anterior lleva implícito el hecho de que después del griego *koiné*, la lengua griega continuó transformándose. Pasa por el llamado período bizantino y desemboca, primero en la continuación de la diglosia que acaba de mencionarse, y luego, con las decisiones tomadas por el gobierno griego en la última parte del siglo 20, en la extensión general del demótico, en sus varios niveles, como sucede con toda lengua viva, y en el sistema monotónico actualmente en uso.

---

[10] Véase G. Babibiotis, «Esbozo histórico de la lengua griega», en *Sistema de enseñanza de lecciones de griego moderno* (Atenas, 1968), p. 57 (gm). Véase también el texto citado en la nota 1, p. 3-4.

El griego del Nuevo Testamento

Los cristianos han afirmado, a lo largo de los siglos, que sus escrituras sagradas han sido inspiradas por Dios (*pasa grafē theopneustos*: cf. 2 Timoteo 3.16). La doctrina incluye, por supuesto, los escritos que constituyen el Nuevo Testamento. Pero hubo cristianos que confundieron la inspiración de estos últimos libros con la inspiración del idioma en que fueron escritos. Así llegaron a considerar que el idioma del Nuevo Testamento era un griego «especial», también inspirado, en tanto tal, por el mismo Espíritu que había inspirado el contenido, y distanciado significativamente de lo que conocemos como «griego clásico».[11]

Se sabe, no obstante, que tal concepción está muy alejada de la realidad. La lectura de material contemporáneo de los escritos del Nuevo Testamento ha mostrado que el griego en que este fue escrito —el conocido como *koiné*, como se ha dicho— es el griego «común» (que es el significado de la palabra *koiné*), no el de los especialistas de la lengua. En otras palabras, es el griego que hablaba la gente y en el que escribía sus comunicaciones, como cartas personales, contratos comerciales, convenios, etc. Por eso, las cartas que son parte del Nuevo Testamento comparten características importantes con las cartas que se escribían en griego en el siglo primero.

Hay que tomar en consideración que cuando se habla del «Nuevo Testamento» no nos estamos refiriendo a un libro, en el sentido más propio que le damos a este término en nuestros tiempos. En otras palabras, no se trata de una obra unitaria. Más aún: de Perogrullo es afirmar que los diversos textos que componen eso que llamamos Nuevo Testamento fueron escritos en un lapso de varios decenios, sobrepasando, muy probablemente, el medio siglo.[12]

---

[11] Cf. Julio Trebolle Barrera, *La Biblia judía y la Biblia cristiana* (Madrid: Editorial Trotta, S.A., 1993), p. 74-75.

[12] Al afirmar esto no tomamos en cuenta los materiales «previos» que usaron los diversos escritores (tradiciones orales, *logia*, etc.). Si se concede validez a la datación tardía de algunos escritos (por ejemplo, las cartas deuteropaulinas, 2 Pedro), el lapso sería aun mayor.

El griego del Nuevo Testamento

Lo anterior nos permite destacar algunos elementos a los que deben prestarse siempre particular atención al estudiar el griego del Nuevo Testamento.

Nociones previas

(1) Puesto que existen escritos en el Nuevo Testamento respecto de los cuales no podemos tener certeza absoluta de quién o quiénes hayan sido sus autores, la afirmación general de que en ese texto hay tantos estilos como autores cobra especial relevancia. Además, debe tomarse en consideración que, en muchas ocasiones, el estilo de un mismo autor varía, incluso significativamente, de acuerdo con elementos propios de la ocasión que provoca la confección del texto: la persona o personas a quienes se dirige el escrito; el asunto que se trata y el propósito que se persigue; el carácter cronológico del documento (¿es una primera comunicación? ¿hubo varios intercambios epistolares entre remitente y destinatario?); la naturaleza de la relación personal entre el que escribe y el receptor; el mismo género literario del escrito.

(2) Al margen de las diferencias de estilo, los diversos autores muestran también diferentes habilidades en el manejo de la lengua. Esto significa que lo que, en términos generales, podría calificarse de «corrección» en el uso del griego no es uniforme entre los escritores del Nuevo Testamento. Textos hay en los que son evidentes, por ejemplo, las faltas de concordancia o la suspensión del desarrollo de la idea, que se deja inconclusa. Que tales «faltas» hayan sido cometidas a propósito, por descuido o por el conocimiento de un único código de comunicación o nivel del lenguaje es asunto de interpretación que, con frecuencia y en buena medida, depende de las posiciones teológicas del intérprete.

(3) Otro detalle que debe tomarse en cuenta, aunque estrechamente relacionado con los dos aspectos mencionados, es el nivel del lenguaje del autor, en el que influyen, por ejemplo, su cultura general, su conocimiento léxico y la complejidad de la argumentación que desarrolla. Aquí hay que incluir el uso que se hace (o no se hace) de vocabulario técnico relacionado con el tema que se está desarrollando o con el problema al que se le hace frente.

En este marco general, hay que reiterar que el griego del Nuevo Testamento *corresponde a una fase tardía del desarrollo del griego antiguo*.

Este hecho básico significa que el griego neotestamentario, como el griego en general, tiene características que lo distinguen muy marcadamente de idiomas como el castellano. No nos referimos a las formas de las letras de su alfabeto, pues es claro que usa un sistema distinto. Más importante es, por ejemplo, la estructura sintética del idioma, en contraste con las formas analíticas del nuestro. El griego establece relaciones entre las palabras (substantivos, substantivos y adjetivos, verbos y substantivos) por medio de los casos («marca flexiva que, en muchas lenguas, sirve para expresar diferentes relaciones sintácticas», según definición del *Diccionario de la Real Academia Española*. El *Diccionario de uso del español*, de María Moliner, es más claro al definir el significado del término «caso» en su uso gramatical: «Cierto accidente o posibilidad de variación que tienen algunas palabras para expresar la relación en que están con otras de la misma oración»). En castellano solo existen vestigios del sistema declinacional (que también es propio del latín) en los pronombres personales (me, a mí, te, a ti, le, la, lo; les, las, los; nos, os). El conjunto de los casos de una palabra constituye lo que se denomina «declinación».

Esto quiere decir que en el proceso de transformación de la lengua, el griego del Nuevo Testamento presenta cambios muy significativos si se lo compara con la forma clásica del idioma. Esos cambios se manifiestan en todos los aspectos de la lengua, tanto escrita como, con mayor razón, hablada (cambios que continuaron produciéndose en el decurso de los siglos posteriores al período helenístico). En este panorama, la koiné representa ya la transición a un sistema menos sintético, que se refleja con el más amplio uso de las preposiciones para expresar muchas de las relaciones que antes se expresaban por medio de los casos.

Sin perder de vista la variedad implícita en lo que se ha dicho, podemos señalar algunas características del griego del Nuevo Testamento, con referencia a aspectos específicos del idioma.

1. En el griego del Nuevo Testamento se percibe con claridad la tendencia general a la **simplificación** del idioma. Dentro de esa tendencia se enmarca la inclinación más analítica a la que hemos hecho referencia.

Tal simplificación se expresa en los diversos campos desde los cuales puede estudiarse la lengua. Por ejemplo:

(1) En **fonética** se produce el fenómeno conocido como iotacismo, según el cual hay una asimilación de la pronunciación de varias vocales o combinaciones de vocales al sonido de la iota. Este fenómeno explica el hecho de que en los manuscritos griegos del Nuevo Testamento sea tan común la confusión entre los pronombres personales de primera y segunda personas del plural.

El hecho de que tanto le eta como la ípsilon, al igual que los diptongos con iota (menos ai), llegaran a pronunciarse exactamente igual que la iota, produjo, en muchas ocasiones, cierta confusión a la hora de copiar textos. En efecto, resultaba muy fácil que los copistas confundieron palabras que, aunque se escribían de distinta manera (heterógrafas), se habían vuelto completamente homófonas (es decir, no se distinguían en la pronunciación). Tal sucede con *hēmeis* y *hymeis* (y con todas las diferentes formas del plural). La epístola a los colosenses presenta varios casos en los que diferentes manuscritos registran, para la misma palabra, una u otra forma de este pronombre; por ejemplo, los siguientes: 1.7 (*hymōn* y *hēmōn*); 1.12 (*hymâs* y *hēmâs*); 2.13 (*hymâs* y *hēmâs*); 2.13 (*hymîn* y *hēmîn*).[13]

Un caso similar se presenta con la desaparición de la distinción entre la o y la ō. Al pronunciarse ambas letras de la misma manera, no resultaba difícil que los copistas escribieran una en lugar de la otra. Un caso claro de confusión de letras por homofonía lo encontramos en Romanos 5.1: mientras unos manuscritos dicen: «tenemos paz» (*ejomen eirēnēn*), otros dicen: «tengamos paz» (*ejōmen eirēnēn*). Ambas formas del verbo (presente de indicativo y presente de subjuntivo, respectivamente) se pronunciaban igual; y cada una representa un diferente matiz semántico de lo dicho

---

[13] No siempre el contexto permite determinar con absoluta seguridad cuál fue la forma original.

por el autor. Como se desprende de estos ejemplos, casos como estos no representan «errores» ortográficos propiamente dichos, sino confusión al tomar una palabra por otra. En algunos casos, el cambio de la palabra podría significar que el copista corrige a propósito el texto del que copia (probablemente al considerar que el copista anterior se había equivocado).[14]

(2) En **morfología** nos encontramos con hechos como estos:

El sistema verbal se simplifica. Algunos tiempos verbales muestran claros indicios de ir desapareciendo. El caso más evidente es el del optativo: «...entre todos los verbos neotestamentarios solo figuran 35 formas diferentes de el [sic] optativo. [...] Aparece así como en germen, la desaparición del optativo, que se operará en época posterior».[15]

Guerra Gómez incluye, en la obra que hemos citado, estadísticas del uso en el Nuevo Testamento de algunas formas verbales y muestra como algunas de ellas son, en efecto, de uso relativamente restringido,[16] lo que es indicio del proceso de pérdida.

La rigurosidad con que se distinguía en las conjugaciones verbales lo que se ha llamado «aspecto verbal» tampoco se aplica de la misma manera. Así, por ejemplo, la distinción entre el aoristo y el perfecto no siempre se mantiene.

El dual (número gramatical que tienen algunas lenguas –como el griego clásico– para palabras que se aplican a dos cosas) también ha desaparecido.

En otro orden, muchos diminutivos pierden su significado propiamente diminutivo y terminan siendo equivalentes a la forma regular de la palabra (*ōtarion* deja de significar «oidito» y pasa a designar sencillamente el «oído»: Juan 18.10; *kynarion* ya no es «

---

[14] Como es natural, los cambios fonéticos continuaron y han afectado también a la ortografía. En griego moderno, este fenómeno se percibe con claridad en la pérdida de ciertas vocales largas de formas subjuntivas que han sido substituidas por las formas diptongadas del indicativo.

[15] Manuel Guerra Gómez, *El idioma del Nuevo Testamento* (Burgos: Ediciones Aldecoa, 1981), p.75.

[16] Op. cit, p. 73-76. En griego moderno, el infinitivo ha desaparecido totalmente y ha sido substituido por el subjuntivo.

perrillos», sino «perros»: Marcos 7.27, aunque puede ser que, en este caso, conserve, un cierto matiz hipocorístico o afectivo); la *ni* final de la tercera persona de ciertas formas verbales comienza a caer; muchas formas irregulares de palabras se van regularizando.

2. El **léxico** se va a transformar y enriquecer de manera muy particular por el contexto propio (interno y externo) de los textos que conforman el Nuevo Testamento.[17] Por «contexto interno» nos referimos concretamente al hecho de que la inmensa mayoría de esos escritos fueron producidos por personas bilingües pero de mentalidad y formación semíticas: escribían en griego pero pensaban en arameo y ello hace que en las mismas palabras griegas se introduzcan nuevos significados o nuevos matices de los significados propios (esto se ve, por ejemplo, en el uso neotestamentario de palabras como *agapē*, *doxa*, *hypostasis*, *jaris*, *parousia*, *pistis*, *sarx* y muchísimas otras); y por «contexto externo» nos referimos al fenómeno similar y paralelo que consiste en la incorporación de nuevos significados a términos establecidos, como consecuencia del intercambio con otras personas o comunidades cuya lengua materna no era el griego y que procedían de otras culturas (con sus distintas lenguas, costumbres, etc.).

En el primer caso, tenemos, además, la inclusión en el Nuevo Testamento de muchas palabras que proceden directamente del hebreo o del arameo. Entre ellas, nombres propios (de personas o lugares), que quizás sean las más evidentes. En la transcripción griega de nombres propios, tal como puede verse, por ejemplo, en las genealogías de Mateo 1 ó de Lucas 3, no se observan las normas ortográficas comunes, por lo que encontramos muchos vocablos con terminaciones consonánticas que no son propias del griego clásico. En este, son consonante final la *ni*, la *ro* y la *sigma*, más las consonantes dobles *ksi* y *psi*. La *kappa* como consonante final es una excepción (en la preposición *ek* y en el

---

[17] «De las 5436 palabras distintas del N. Testamento, las cuatro quintas partes, circa de 4000 pertenecen al griego clásico, c. 1000 al griego inmediatamente postclásico o helenístico» (Manuel Guerra Gómez, *op. cit.*, p. 20).

adverbio *ouk*). En las genealogías mencionadas tenemos nombres con terminaciones en beta, delta, dseta, theta, kappa, lambda, mi, tau, fi, ji.[18] Pero no se trata solo de nombres propios, pues también se incorporan al texto del Nuevo Testamento otro tipo de palabras de origen hebreo o arameo, tomadas de las Escrituras hebreas. Muchas de ellas (como *aleluya*, *hosana*, *amén*, *sábado, satanás*) se han incorporado incluso a las lenguas que se hablan actualmente en muchas partes del mundo.

De los idiomas del Antiguo Testamento también tenemos, en el Nuevo, expresiones o breves oraciones completas que han sido transliteradas, como se ve, por ejemplo, en estos textos: *Talita cumi* (Marcos 5.41, del arameo); *Efata* (Marcos 7.34, del arameo); *Eloi, Eloi, ¿lama sabactani?* (Marcos 15.34, del arameo; y su paralelo: Mateo 27.46, que cita del hebreo la primera parte [*Elí, Elí*] y del arameo la segunda [*¿lama sabactani?*]).[19]

3. Donde más se evidencian ciertas peculiaridades del griego del Nuevo Testamento es en la **sintaxis**, pues intervienen varios factores.

Por una parte, también en este aspecto se manifiesta el proceso de simplificación de la lengua y se tiende a suprimir las dificultades; «se prefiere frecuentemente la coordinación a la subordinación; las frases se hacen más breves; el estilo directo; [se asume] una cierta libertad que permite licencias lingüísticas».[20]

Pero además de esta tendencia general de la época, hay peculiaridades en el griego del Nuevo Testamento que se deben a la presencia abundante de semitismos (hebraísmos o arameísmos). Estos no se limitan a los aspectos léxico y ortográfico que ya hemos mencionado,

---

[18] Algo semejante sucede en castellano cuando se mantienen grafías como «Abraham», con una eme final que no es propia de nuestra lengua. De ahí que traducciones contemporáneas del texto bíblico escriban «Abrahán»; y de ahí también que se hayan hecho intentos de «castellanizar» la grafía de toda la onomástica bíblica (tarea por demás muy compleja).

[19] Hemos conservado las transcripciones de la edición de Reina-Valera, revisión de 1960.

[20] Valerio Mannucci, *La Biblia como palabra de Dios. Introducción general a la Sagrada Escritura* (Bilbao: Desclée de Brouwer, S.A., 1995⁴), p. 86

sino que incluyen también ciertas estructuras sintácticas que son ajenas al griego clásico.

La presencia de estos semitismos en el Nuevo Testamento es asunto indiscutible; pero su extensión sí se debate. Según J. N. Birdsall, «mucho de lo que parecía curioso a los entendidos de otras épocas, y que se atribuía a hebraísmos, resultó ser, como ha podido verse desde el descubrimiento de los papiros, el griego popular de este período. Pero todavía existen rasgos en torno a los cuales el debate continúa».[21]

A modo de ejemplo pueden mencionarse estos pocos casos, que mostramos en la traducción literal castellana:[22] «y abriendo su boca les enseñaba, diciendo» (Mateo 5.2); «y respondió diciendo» (Marcos 5.9); «De cierto te bendeciré bendiciendo, y multiplicando te multiplicaré» (Hebreos 6.14, que es traducción literal de Génesis 22.17); y compárese esa última forma de expresión con esta otra: «del juramento que juró» (Lucas 1.73).

También se encuentran en el Nuevo Testamento no solo palabras tomadas directamente del latín sino además construcciones que están calcadas de ese idioma (por ejemplo: *to hicanon poiein* [satisfacer], copiado del *satisfacere* latino); y, aunque muy escasos, también hay préstamos de otros idiomas.[23]

---

[21] «Lengua del Nuevo Testamento», en *Nuevo diccionario bíblico* (primera edición basada en la segunda edición inglesa del *New Bible Dictionary*, 1982). (Buenos Aires: Ediciones Certeza, 1991), p 802..

[22] Para percibir este fenómeno son útiles traducciones como la Reina-Valera, que procuran mantener la forma de la expresión del idioma original («traducción por equivalencia formal») y reproducen así, en nuestro idioma los semitismos a las que nos referimos. Esta utilidad se ve menoscabada a veces en las revisiones que, para hacer el texto más natural de acuerdo con los cánones de la lengua a la que se traduce, eliminan algunos aspectos como este que comentamos. Las referencias que se mencionan son, precisamente, de la revisión de la Reina-Valera hecha en 1960, excepto las referencias de Hebreos y Lucas, que están tomadas de la revisión de 1909.

[23] Véase la siguiente obra en relación con el uso, en el Nuevo Testamento de palabras, sufijos y traducciones de origen latino: F. Blass y A. Debrunner, *A Greek Grammar of the New Testament and Other Early Christian Literature*, traducida por Robert W. Funk (Chicago: The University of Chicago Press, 1961), p. 4-6.

Nota final

El griego del Nuevo Testamento es, pues, una expresión particular de la koiné del siglo primero. Pero hay que añadir que, como otras formas del griego helenístico, sufrió influencias de otros idiomas. Por razones muy diversas (el que los escritores hayan sido todos o casi todos de habla aramea; el hecho probable de que algunos textos hayan existido primero en arameo; la influencia de la LXX, con su carga semítica[24]), el griego novotestamentario es un griego hasta cierto punto semitizado. Sin embargo, no toda esa influencia semítica fue exclusiva de los escritores de ese texto.

Hay que tomar en consideración, además, que al ser el Nuevo Testamento una obra de muchos autores, cada uno de ellos tiene sus características peculiares. El nivel del lenguaje, la calidad estilística, la preocupación por las formas, etc., varía de autor a autor. Por esa razón, las afirmaciones generales que se han hecho tienen luego, en el estudio particular de cada uno de los libros que componen el Nuevo Testamento, que matizarse, en conformidad con los aspectos que hemos mencionado y algunos otros. «En un extremo de la escala, tenemos el basto griego del Evangelio de Marcos o del Apocalipsis; en el otro, los pulidos períodos del autor de la Epístola a los Hebreos», ha dicho el profesor George Milligan; y continúa con una cita de Jülicher relativa a las epístolas de Pablo: «Estas epístolas, a pesar de que siempre se toman como escritos del momento dirigidos a un reducido círculo de lectores, han alcanzado, no obstante, la posición propia de obras literarias independientes mucho más que el promedio de las cartas de grandes hombres de nuestro tiempo... Sin saberlo o pretenderlo, Pablo se convirtió, con sus cartas, en el creador de la literatura cristiana».[25]

---

[24] Por ejemplo, al darles a un buen número de palabras griegas los significados que eran propios de las «correspondientes» palabras hebreas o arameas.

[25] G. Milligan, en la «Introducción general» (escrita en 1904) a la siguiente obra: James Hope Moulton y George Milligan, *The Vocabulary of the Greek Testament* (Grand Rapids, Michigan: Wm. B. Eerdmans Publishing Company, 1930 [primera edición en un solo volumen]), p. xix.

Apéndice: La Septuaginta (LXX)

Entre las primeras grandes obras del período helenístico se encuentra la traducción al griego de las Escrituras hebreas llevada a cabo por sabios judíos en Alejandría. Marcada por la leyenda de que la obra fue realizada por exactamente setenta de esos sabios, esta traducción se conoce con los nombres de Septuaginta o Versión de los Setenta, y se suele referir a ella, en textos escritos, con el número setenta en caracteres romanos (LXX).

Los orígenes de la LXX es tema que se debate en la actualidad, pues se han propuesto diversas teorías, ninguna de las cuales es totalmente satisfactoria. Además, debe tomarse en cuenta que no existe un único texto de esa monumental obra, sino varios, que no coinciden totalmente entre sí.

Uno de los aspectos que le dan a este texto importancia fundamental es el hecho de que "antes y después de la adopción de la LXX por los cristianos [...] fue un importante documento en círculos helenísticos. Autores judíos antiguos que escribían en griego, como Filón (c. 30 d.C.), Pablo (c. 50 d.C.) y Josefo (c. 80 d.C.) alegorizaron, expandieron y citaron el texto ampliamente. Los sermones y comentarios de los Padres de la Iglesia griega y latina muestran evidencias de que usaban la Biblia griega y no la hebrea».[26]

La influencia de la LXX en los escritores del Nuevo Testamento es, ciertamente, variada y se muestra más intensamente en unos que en otros. En algunos autores, las citas que se hacen de las Escrituras hebreas no se toman del texto hebreo sino de esta traducción griega. A veces, tal traducción es corregida a la luz del texto hebreo. «El influjo de la LXX, evidente a lo largo de todo el NT, se manifiesta sobre todo en el evangelio de Lc y en conceptos hebreos de las cartas paulinas, como los de justificación o propiciación».[27]

En cuanto al griego de esta traducción, el autor que acabamos de citar sostiene que «en la actualidad se observa más bien una

---

[26] Melvin K. H. Peters, «Septuagint», en *The Anchor Bible Dictionary*, David Noel Freedman, editor jefe (Nueva York: Doubleday, 1992), vol. 5, p. 1102.

[27] J. Trebolle, «El texto de la Biblia», en *La Biblia en su entorno*, p. 447.

tendencia a explicar el griego de los LXX como un fenómeno derivado de la traducción. El hecho de que se trate de una versión justifica el significado extraño dado a algunos términos, el uso indiscriminado de términos poéticos o de la prosa, la acuñación de neologismos, etc.».[28]

Como dato curioso señalemos que Manuel Guerra Gómez sostiene que «de las 5.436 palabras diferentes del N. Testamento c. 1053 (el 19,4%) no figuran en la versión de los LXX»;[29] o sea, que comparten algo más del 80% del vocabulario del Nuevo Testamento.

Bibliografía sucinta

Birdsall, J. N., «Lengua del Nuevo Testamento», en *Nuevo diccionario bíblico* (primera edición basada en la segunda edición inglesa del *New Bible Dictionary*, 1982). Buenos Aires: Ediciones Certeza, 1991

Blass, F. y A. Debrunner, *A Greek Grammar of the New Testament and Other Early Christian Literature*, traducida por Robert W. Funk. Chicago: The University of Chicago Press, 1961

Dautzenberg, Gerhard, «Lenguaje y forma de los escritos del Nuevo Testamento», en *Forma y propósito del Nuevo Testamento*, dirigida por Josef Schreiner. Barcelona: Editorial Herder, 1973

Guerra Gómez, Manuel, *El idioma del Nuevo Testamento*. Burgos: Ediciones Aldecoa, 1981

Mannucci, Valerio, *La Biblia como palabra de Dios. Introducción general a la Sagrada Escritura*. Bilbao: Desclée de Brouwer, S.A., 1995[4]

Trebolle Barrera, Julio, *La Biblia judía y la Biblia cristiana*. Madrid, editorial Trotta, S.A., 1993

Trebolle Barrera, Julio y José M. Sánchez Caro, «Lengua y escritura bíblicas», Parte cuarta, cap. XIV de *La Biblia en su entorno*. Estella: Editorial Verbo Divino, 1992

Zerwick, Maximiliano, *El griego del Nuevo Testamento*. Estella, Navarra: Editorial verbo Divino, 1997

---

[28] Ibídem.
[29] Obra citada, p. 21. (Bruce M. Metzger, en *Lexical Aids for Students of New Testament Greek* [Princeton, 1955], p. 1, sostiene que según el léxico de Thayer, el Nuevo Testamento griego usa 5.594 palabras).

El texto del Nuevo Testamento

Roger L. Omanson

Propósito de la crítica textual

La crítica textual del Nuevo Testamento es el estudio de los textos bíblicos y de los manuscritos antiguos que se escribieron a mano. El fin de este estudio es determinar el texto exacto de los escritos originales (llamados «autógrafos») antes de que los copistas introdujeran cambios y errores en las copias que hicieron de los escritos del Nuevo Testamento.

Obsérvese claramente que lo anterior no habla de la inspiración del Nuevo Testamento, y que no se trata de si los escritos originales contenían errores o no. Los manuscritos originales no existen. Todo lo que tenemos hoy día son copias de copias. El manuscrito más antiguo de todo el Nuevo Testamento es un fragmento de papiro que contiene solo unos cuantos versículos del Evangelio según San Juan, y es un fragmento del año 125 d.C., aproximadamente.

Los materiales y los escribas

Cada uno de los libros del Nuevo Testamento se escribió a mano en algún momento de la última parte del siglo I o a principios del siglo II d.C. Se escribieron en papiros y en el idioma griego. El papiro se extraía de la médula de una planta llamada papiro. La médula del papiro se cortaba en finas tiras y se prensaba para formar páginas. A inicios del siglo IV d.C., las copias se empezaron a hacer en pergamino, material que se hacía con la piel de animales. Las copias de estos escritos eran costosas de producir, debido no solo al precio del material sino, también, a la cantidad de tiempo que requería una persona para escribir a mano un libro completo. Un manuscrito del Nuevo Testamento, en pergamino de tamaño promedio, requería la piel de por lo menos cincuenta o sesenta ovejas o cabras.

Las primeras comunidades cristianas que recibieron los escritos originales probablemente hicieron copias para los cristianos de pueblos cercanos. Quizá cuando varias comunidades cristianas se reunían en diferentes hogares, en la misma ciudad (véase Ro 16.5), cada una deseaba tener su propio ejemplar de un evangelio o carta de Pablo. Cuando se hicieron las primeras copias de estos escritos, los copistas, también llamados escribas, no consideraban estos escritos como escrituras sagradas. Según ellos, simplemente hacían copias de cartas de Pablo, o de Pedro, o de un evangelio que había escrito algún cristiano igual que ellos. Esto significa que a veces hicieron cambios deliberados, añadieron o incluso cometieron errores. Fue gradualmente, a partir del siglo II, que los cristianos empezaron a tomar conciencia de que estos escritos eran Escritura, en un sentido equivalente a las Escrituras hebreas que la Iglesia había recibido del judaísmo.[1]

Los manuscritos griegos. Se escribieron los primeros manuscritos sobre papiro y en idioma griego; pero a principios del siglo IV se utilizó el pergamino, hasta que en el siglo XII el papel empezó a reemplazarlo. La clase de escritura que se usó hasta el siglo IX fue la uncial o escritura en mayúsculas. Desde el siglo IX hasta que se empezó a imprimir el Nuevo Testamento a máquina, se empleó la escritura minúscula o cursiva. Casi todos los manuscritos griegos que todavía existen hoy son manuscritos en minúscula (unos 2800), y constituyen la mayor cantidad de documentos que datan del siglo XI al XIV.

---

[1] Véase de Plutarco Bonilla, el capítulo «El canon del Nuevo Testamento».

Hasta principios del siglo XX solo se conocían nueve papiros. Hoy día, se conocen noventa y cuatro manuscritos en papiro, aunque muchos de ellos están muy fragmentados y contienen pocos versículos. Los manuscritos unciales suman 274, aunque únicamente un poco más del tercio de los mismos se ha perpetuado en dos hojas de texto, o menos. Estos manuscritos bíblicos en griego, especialmente los papiros y los unciales, revisten una inmensa importancia en la búsqueda por recobrar lo que escribieron originalmente los escritores del Nuevo Testamento.

Manuscritos en otros idiomas. Ya a partir del siglo II, el Nuevo Testamento fue traducido al siríaco, al latín y al copto. En los siguientes siglos se hicieron traducciones también a otros idiomas como el gótico, el armenio, el etíope y el georgiano. De estas traducciones, las más útiles para recobrar la forma más antigua de los escritos neotestamentarios en griego son las versiones en siríaco, latín y copto.

Manuscritos del leccionario griego. Además de los 3000 o más papiros ya mencionados, existen aproximadamente 2200 manuscritos de leccionarios. Estos manuscritos contienen pasajes colocados en orden, a manera de lecciones, que se leían a lo largo del calendario litúrgico de la iglesia.

Escritos de los primeros Padres de la Iglesia. Los grandes líderes de la Iglesia (Padres) de los siglos II—V, escribieron en griego o en latín, y muchas veces citaron versículos del Nuevo Testamento. Es difícil saber, sin embargo, si en realidad citaron los versículos palabra por palabra, o si solamente hicieron alusión a los mismos. Y si los citaron, no sabemos si lo hicieron de memoria, incorrectamente, o a partir de una copia escrita que tuvieran ante sí. Más aún, a veces los escribas al copiar los textos de los Padres, los modificaban cambiando palabras para que coincidieran con otras más conocidas por ellos. Por eso, muchas veces es difícil saber lo que escribieron originalmente los Padres.

El problema

Al comparar los múltiples manuscritos, se descubre que hay innumerables diferencias en el texto griego. Sin embargo, la mayoría de las diferencias no son realmente importantes; por ejemplo, palabras mal escritas o sustituciones de palabras por sinónimos. Pero hay otras diferencias que son más importantes, tales como las omisiones o adiciones de palabras, frases y versículos completos.

¿Cómo puede un crítico textual, es decir, un erudito que intenta determinar cuál es el texto original, decidir qué escribieron los autores originalmente? ¿Debe basarse completa y únicamente en el mejor manuscrito, aun si éste contiene errores obvios? ¿Y cómo puede saber cuál es el mejor manuscrito? ¿Debe basarse en un grupo particular de manuscritos más que en otro grupo? A la búsqueda de apoyo en aspectos tales como el estilo, el vocabulario o la teología de un escritor del Nuevo Testamento, en lugar de buscar apoyo en ciertos manuscritos «mejores», se le conoce como apoyo en la «evidencia interna».

¿Cómo ocurrieron a lo largo de los siglos, errores y cambios a la hora de copiar los manuscritos? La respuesta a esta pregunta le permite al crítico textual establecer ciertos criterios para acercarse lo más posible al texto original.

Cambios intencionales. Cuando los escribas copiaban escritos del Nuevo Testamento, hacían cambios en el texto. Algunos cambios fueron deliberados, con el fin de mejorar el estilo o la gramática. Otros cambios deliberados se hicieron para que el texto de un evangelio coincidiera con el de otro evangelio, o para que lo que Pablo había escrito en una carta coincidiera con lo que había escrito en otra. Compárese, por ejemplo, la versión más corta de 1 Tesalonicenses 1.1, que utiliza DHH (*su gracia y su paz*), con la versión más larga del mismo versículo, que utiliza RVR (*gracia y paz...de Dios nuestro Padre y del Señor Jesucristo*).

Compárese también el Padrenuestro de Lucas 11.2–4 en RVR y DHH. Muy a principios en la historia de la iglesia, el Evangelio según San Mateo era el evangelio más popular de los cuatro, y el Padrenuestro, según Mateo 6.9–13, llegó a ser la oración más citada en la adoración de la iglesia. Aunque originalmente el texto del Padrenuestro en Lucas 11.2–4 era diferente a la misma oración que aparece en Mateo, un escriba desconocido cambió la forma de Lucas para que coincidiera con la forma más conocida del Evangelio según San Mateo. Esta forma modificada y más larga de la oración en Lucas es la que aparece en el *Textus Receptus* (más adelante hablaremos acerca de este texto), el cual hasta este siglo ha servido de base para la traducción de RVR y de casi todas las traducciones del mundo. Casi todas las traducciones modernas (véanse las versiones DHH, BA, NBJ, BL, LPD, BP, NVI y TLA) usan en Lucas la forma corta del Padrenuestro, es decir, una forma diferente al Padrenuestro de Mateo.

También se hicieron cambios deliberados para «mejorar» la teología de ciertos versículos. Por ejemplo, Lucas 2.41–43 dice que cuando Jesús tenía doce años de edad, se quedó en Jerusalén después de la fiesta de la Pascua, en lugar de volver a casa con el grupo de peregrinos. Los mejores manuscritos dicen en el versículo 43 que Jesús se quedó sin que «sus padres» se dieran cuenta. Como José no era el padre biológico de Jesús, un escriba cambió «sus padres» a «José y su madre», probablemente para proteger la doctrina del nacimiento virginal de Jesús. RVR dice *José y su madre*, con base en el *Textus Receptus*, pero la mayoría de las traducciones recientes se basan en mejores manuscritos y utilizan *sus padres* (DHH, BA, NBJ, BP, LPD, NVI y TLA).

Cambios no deliberados. Hubo cambios que no fueron deliberados, sino resultado de una mala lectura o de la mala memoria. Los escribas cometían errores porque se saltaban una letra, o una palabra, o incluso una línea completa, con lo cual omitían en forma accidental una o varias palabras. Otras veces leían mal el texto, y copiaban la letra o palabra equivocadas, o bien, repetían por error una o varias palabras.

En ocasiones, varios escribas trabajaban juntos en el mismo recinto, copiando uno mientras el otro leía el texto en voz alta. En esos casos, a veces los escribas oían mal y escribían incorrectamente alguna palabra. Por ejemplo, la segunda parte de 1 Juan 1.4 dice en RVR: *para que vuestro gozo sea cumplido*. Sin embargo, casi todas las traducciones modernas dicen: *para que nuestro gozo sea cumplido*. En griego, las palabras «vuestro» y «nuestro» se componen de cuatro letras cada una y se diferencian entre sí únicamente por la primera. Pero cuando se pronuncian, ambas palabras suenan igual. Dado que «vuestro» y «nuestro» tienen sentido dentro del contexto, aparentemente algunos escribas escribieron una forma mientras que otros escribieron la otra. Los editores de la cuarta edición del *Nuevo Testamento Griego* de las Sociedades Bíblicas Unidas (1993; véase más adelante) usan «nuestro» en el texto, dándole una calificación de «A» para indicar que están seguros de que el manuscrito original de 1 Juan decía «nuestro».

Fueron muchos los factores causantes de que los escribas cometieran errores: el frío, la poca luz, problemas físicos de la vista, la fatiga. Algunas veces, el manuscrito que estaban copiando había sido parcialmente dañado, y le faltaban algunas líneas al principio o al final de la página, o bien, los insectos habían dañado alguna parte de la página. A veces la página se había mojado y la tinta se había corrido, por lo que el escriba debía adivinar lo que se había escrito originalmente.

Dado que los escribas fueron haciendo cambios deliberados o no deliberados, cada vez hubo más manuscritos diferentes entre sí. Algunas veces, los escribas tenían acceso a varios manuscritos y se daban cuenta de las diferencias al compararlos. En esos casos, algunos escribas escogían la lectura de un manuscrito en lugar de la de otro, mientras que otros conservaban ambas lecturas.

Como lo muestra el diagrama, algunos manuscritos se copiaron directamente de otros. Otros manuscritos se copiaron de dos manuscritos diferentes, y otros fueron «corregidos» por otros manuscritos. Como se hicieron muchas copias, se empezaron a desarrollar familias o tipos de textos.

Autógrafo

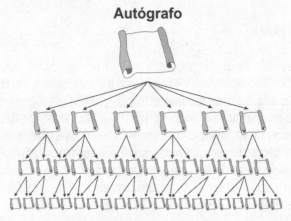

Lucas 24.53. Este versículo es un buen ejemplo de aquellos casos en que los escribas, al hallar en un manuscrito una palabra que era diferente a otra en otro manuscrito, optaban por conservar ambas lecturas. RVR dice: *Y estaban siempre en el templo, alabando y bendiciendo a Dios*. DHH dice: *Y estaban siempre en el templo, alabando a Dios*. Los mejores y más antiguos manuscritos solo dicen: «alabando a Dios». Un manuscrito uncial en griego y varios manuscritos en latín dicen: «bendiciendo a Dios». Esta segunda lectura probablemente fue un error de algún escriba que escribió «bendiciendo» en lugar de «alabando». Luego otro escriba que conocía ambas lecturas incluyó las dos en el manuscrito que estaba copiando, y esa nueva lectura pasó a ser la que se encuentra en los textos manuscritos bizantinos.

Los críticos textuales emplean el término técnico «lecturas variantes» para hacer referencia a diferentes lecturas que ocurren en el mismo lugar en un versículo dado. En el ejemplo anterior, «alabando», «bendiciendo» y «alabando y bendiciendo» son lecturas variantes. No se ha hecho un conteo exacto de todas las lecturas variantes que se conocen de los manuscritos existentes del Nuevo Testamento, pero un famoso crítico textual calcula que hay más de trescientas mil.

Principios para determinar la lectura original

Tipos de texto

Después de analizar cuidadosamente cientos de manuscritos y un sinnúmero de errores hechos por los escribas, los críticos textuales han llegado a desarrollar criterios para seleccionar cuáles manuscritos y grupos de manuscritos son los más confiables, sin olvidar nunca que todos contienen errores (obsérvese una vez más que los críticos textuales *no* manejan manuscritos originales; solo estudian las copias de las copias). La mayoría de los manuscritos se puede agrupar, en términos generales, en una de tres familias, las cuales reciben el nombre de «tipos de texto». Cuando algunos manuscritos coinciden una y otra vez en lecturas variantes donde otros manuscritos muestran dos o más lecturas diferentes, se dice que pertenecen al mismo tipo de texto.[2]

El *tipo de texto alejandrino*, representado por la mayoría de los manuscritos en papiro y por varios manuscritos unciales de los siglos IV y V, es el que los eruditos hoy día consideran que es la forma de texto más cercana a los escritos originales. Los manuscritos que tienen este tipo de texto se consideran los mejores. Claro está, incluso estos manuscritos no son idénticos entre sí en todos los versículos, y todos ellos contienen errores.

Los manuscritos que componen la familia textual *occidental* preservan a veces la lectura correcta en partes donde otros tipos de texto no lo hacen. Esta forma de texto parece haber sido el resultado de cambios bastante libres en la tradición de los manuscritos, pues los copistas hicieron muchísimos cambios.

El *tipo de texto bizantino* está formado por aproximadamente el ochenta por ciento de los manuscritos minúsculos o cursivos, y por casi todos los leccionarios. A esta familia de textos se le considera la menos valiosa para la crítica textual, aunque algunos eruditos cuestionan esto, como se comentará más adelante. Retomando las lecturas variantes ya mencionadas en este capítulo, las siguientes lecturas aparecen en manuscritos de texto bizantino: (a) «gracia y paz de Dios nuestro Padre y del Señor Jesucristo» [1 Ts 1.1]; (b) la forma larga del Padrenuestro en Lucas 11.2–4; (c) «José y su madre» [Lc 2.43]; (d) «vuestro gozo» [1 Jn 1.4]; (e) «alabando y bendiciendo» [Lc 24.53].

Pautas para escoger entre las diferentes lecturas

Para determinar cuál es la mejor lectura, los críticos textuales han desarrollado ciertos principios que también se conocen como

---

[2] Al respecto, la obra de Heinrich Zimmermann, *Los métodos histórico-críticos en el Nuevo Testamento* (pp. 31–38) es de gran ayuda. Aquí, se agrupan los manuscritos por familias o tipos, y además se indica su fecha y el lugar donde se encuentran guardados el día de hoy.

«cánones», los cuales se dividen en dos categorías: evidencia externa y evidencia interna.

Evidencia externa. (a) Los manuscritos más antiguos son los que probablemente preservan la lectura original. (b) Las lecturas variantes que se conocen en zonas geográficas bastante distanciadas, probablemente son más originales que las que se conocen en una sola zona geográfica. (c) Una lectura que cuente con el respaldo de una gran mayoría de manuscritos existentes no necesariamente es la mejor lectura, ya que esos manuscritos pueden provenir de un mismo antecesor. Por tanto, los manuscritos deben «pesarse» (evaluarse) en vez de solo enumerarse para ver cuántos respaldan ciertas variantes.

Evidencia interna. (a) La lectura más breve probablemente es la original. En la mayoría de los casos, los escribas no le quitaban palabras al texto, sino que se las añadían. (b) Es mejor utilizar la lectura más difícil de comprender, ya que los escribas solían alterar los textos difíciles para hacerlos más sencillos, y no a la inversa. (c) La lectura que mejor se ajuste al estilo y al vocabulario del escritor, probablemente es la original. (d) De igual manera, debe preferirse la lectura que mejor se ajuste al contexto.

Se pueden mencionar muchas otras pautas y también algunas modificaciones a las que ya se han mencionado. Esas reglas guían a los críticos textuales en su búsqueda por determinar qué fue lo que originalmente escribió el autor del texto. Claro está, esta metodología es en parte ciencia y en parte arte. Algunos investigadores se basan más fuertemente en la evidencia externa, mientras que otros se apoyan en la evidencia interna. La mayoría de los críticos textuales de hoy reconocen que es necesario lograr un equilibrio entre las consideraciones de ambas clases de evidencia.

Historia del Nuevo Testamento Griego

Antes de su impresión

Durante los tres primeros siglos después de Cristo, los escribas hicieron muchísimos cambios en el texto del Nuevo Testamento Griego porque aún no estaban sujetos a controles estrictos que garantizaran copias exactas. Debido a que los escribas de los primeros siglos siguieron haciendo copias de copias, algunos manuscritos empezaron a tener los mismos cambios y errores; es decir, las mismas lecturas variantes que tenían otros manuscritos. Algunos, por ejemplo, incluían en Mateo 6.13 las palabras: «porque tuyo es el reino, y el poder, y la gloria por todos los siglos. Amén», mientras que otros no lo hacían. De esta forma, algunos manuscritos llegaron a compartir las mismas lecturas variantes. Estas semejanzas entre los manuscritos permiten que los críticos textuales los clasifiquen o agrupen según diferentes tipos o familias de texto. También se dio la mezcla de textos porque los escribas «corregían» los manuscritos basándose en otros manuscritos que contenían otras lecturas; es decir, utilizaban manuscritos pertenecientes a otras familias textuales (véase el diagrama anterior). Conforme los cristianos se fueron dando cuenta poco a poco de que estos escritos eran escritura sagrada, los escribas fueron perdiendo la libertad de cambiar el texto cuando lo copiaban.

Para el año 200 d.C., en la parte occidental del Imperio Romano se usaban manuscritos en latín; en Egipto, manuscritos en copto; y en Siria, manuscritos en siríaco. En la parte oriental del Imperio Romano se siguió empleando principalmente el griego. En realidad, hoy día existen más de ocho mil manuscritos de la Vulgata, muchos más que todos los conocidos en griego. Para fines del siglo VII, el Nuevo Testamento se leía en griego solo en una pequeña parte de la iglesia, a saber, la Iglesia Ortodoxa Griega, cuyo patriarcado principal estaba en la ciudad de Constantinopla. La forma de texto griego que se empleó allí fue el tipo bizantino. Otras regiones del mundo que habían leído el Nuevo Testamento en griego usaban en ese tiempo Nuevos Testamentos traducidos a sus idiomas locales. Por ejemplo, los manuscritos griegos de la familia textual alejandrina, que se habían usado antes en Egipto, fueron reemplazados por traducciones a los diversos dialectos del copto. Para el tiempo en que se inventó la imprenta, la única forma en griego del Nuevo Testamento que todavía estaba en uso era el texto bizantino.

Debemos decir algo más sobre lo anterior. Algunos cristianos insisten hoy día en que el texto bizantino es más cercano a los escritos originales, porque existen más copias de esta familia de textos que de la familia textual alejandrina. Su razonamiento es que Dios no habría permitido que las lecturas correctas se preservaran en un tipo de texto que tuviera menos manuscritos griegos que otro tipo de texto. Este razonamiento no solo ignora los cambios históricos de que los idiomas locales reemplazaron al griego en casi todo el Imperio Romano, sino que también refleja una idea ingenua de cómo se relaciona Dios con el mundo.

El Nuevo Testamento Griego impreso

El primer Nuevo Testamento en griego que se imprimió fue editado en 1516 por el humanista holandés Erasmo, e impreso por el suizo Froben, de Basilea. Erasmo solo tuvo acceso a seis manuscritos griegos escritos a mano, que en su mayoría databan de los siglos XII y XIII. No es de sorprenderse, entonces, que todos, excepto uno, tuvieran el texto bizantino. Ese Nuevo Testamento Griego que se basó en manuscritos del tipo bizantino, en los siguientes cien años fue editado varias veces y se le hicieron cambios pequeños; se le llegó a conocer como *Textus Receptus* (TR), expresión latina que quiere decir «texto recibido».

Durante los siguientes doscientos años, hubo dos grandes desarrollos en relación con el *Textus Receptus*. En primer lugar, en los siglos XVII y XVIII los eruditos de Inglaterra y Alemania empezaron a comparar los textos de los manuscritos que hasta ese entonces se conocían, con el *Textus Receptus*. Se preocuparon, sobre todo, por identificar y registrar las lecturas variantes que diferían, por supuesto, con las del *Textus Receptus*. A raíz de lo anterior, los investigadores empezaron a cuestionar de si muchos de los versículos del *Textus Receptus* eran los mismos que habían usado originalmente los escritores del Nuevo Testamento.

En segundo lugar, en los siglos XVIII y XIX, los eruditos empezaron a formular principios o cánones (ya discutidos anteriormente) que sirvieron para concluir que el *Textus Receptus* no representaba el mejor testimonio textual.

Al respecto, debemos decir que los millares de diferencias existentes entre el *Textus Receptus* y las ediciones críticas modernas del Nuevo Testamento (más adelante se examinarán en detalle), carecen de mayor importancia. En la mayoría de los versículos, el *Textus Receptus* concuerda con las ediciones modernas del Nuevo Testamento Griego. Las diferencias tienen que ver con la ortografía, los tiempos verbales, o el uso de palabras diferentes que tienen el mismo significado. Esas diferencias, y muchas otras, no son muy importantes respecto al mensaje del Nuevo Testamento. Ninguna doctrina fundamental de la fe cristiana se ve afectada por las diferencias textuales.

Los investigadores europeos Lachmann, Tischendorf, Mill, Bentley, Wettstein, Semler y Griesbach desempeñaron una importante función en el «derrumbe» del *Textus Receptus*. Pero fueron dos eruditos británicos los que influyeron más directamente en eso, a saber, F. J. A. Hort y B. F. Westcott, quienes en 1881 publicaron *The New Testament in the Original Greek*, en dos volúmenes. Basaron su texto principalmente en manuscritos con textos de la familia alejandrina, y rechazaron el texto bizantino por no considerarlo como fuente fidedigna para recobrar el texto original.

En el siglo XX el Nuevo Testamento Griego ha sido editado tanto por eruditos católicos como por eruditos protestantes. Las siete ediciones que más se usaron en la primera mitad de este siglo son las de (1) Tischendorf, octava edición, 1869–72, (2) Westcott-Hort, 1881, (3) von Soden, 1902–13, (4) Vogels, cuarta edición, 1955, (5) Bover, quinta edición, 1968; (6) Nestle-Aland, vigésima sexta edición, 1983; y (7) Merk, décima edición, 1984. Una comparación de estas siete ediciones revela que las de von Soden, Vogels, Merk y Bover coinciden más frecuentemente con el texto bizantino que las de Tischendorf, Westcott-Hort y Nestle-Aland, que se acercan más a los manuscritos del texto alejandrino. Sin embargo, a pesar de esas diferencias, «en casi dos tercios del texto del Nuevo Testamento, las siete ediciones del Nuevo Testamento Griego... concuerdan plenamente, sin diferencia alguna más que en detalles ortográficos».[3]

---

[3] Aland, p. 29.

El estado actual de las cosas

Hay un reducido número de investigadores que sigue arguyendo que el texto bizantino se acerca más a los escritos originales. Z. C. Hodges y A. L. Farstad rechazan los métodos y conclusiones de Westcott y Hort. Por lo tanto, editaron *The Greek New Testament According to the Majority Text* (1982) con base en la tradición de los textos bizantinos. Casi todos los especialistas del Nuevo Testamento disienten no solo con los supuestos, sino también con la metodología de Hodges y Farstad. Los Aland, por tanto, tienen razón al afirmar: «Se puede suponer que toda persona que trabaje con el Nuevo Testamento Griego en el día de hoy, usará probablemente una copia de la tercera edición del *Nuevo Testamento Griego* que publicaron las Sociedades Bíblicas Unidas (GNT[3] 1975 [la cuarta edición se publicó en 1993]) o la edición vigésimosexta del *Novum Testamentum Graece* de Nestle-Aland (N-A[26], 1979)». [4]

GNT[4] y N-A[26]. Estos dos Nuevos Testamentos Griegos que editó un equipo internacional de eruditos, tienen exactamente el mismo texto, y difieren solo rara vez en aspectos de puntuación, ortografía y delimitación de párrafos (véanse las muestras de Efesios 1, al final de este capítulo). La cuarta edición del *Nuevo Testamento Griego* de las SBU, publicada en 1993, es para uso de los traductores de la Biblia en todo el mundo, mientras que la edición del N-A[26] es para uso de estudiantes, maestros y expositores del Nuevo Testamento. Ambas ediciones tienen un extenso «aparato crítico» al pie de cada página, donde se mencionan, usando códigos apropiados, las diferentes variantes textuales presentes en los diversos manuscritos existentes. N-A[26] posee muchísimas más variantes que GNT[4], de las SBU. Este último solo tiene las variantes de manuscritos griegos que son consideradas importantes para los traductores.

Por ejemplo, N-A[26] indica que las palabras «en Éfeso», en Efesios 1.1, no se encuentran en los siguientes manuscritos: el manuscrito en papiro P[46] (principios del siglo III), los manuscritos

---

[4] Aland, (edición de 1987) p. 218.

unciales «א» (Sinaítico, siglo IV) y «B» (Vaticano, siglo IV), los manuscritos minúsculos «6» (siglo XIII) y «1739» (siglo X). N-A[26] indica también que en otros manuscritos en griego, latín, copto, siríaco, gótico y armenio sí aparece la frase «en Éfeso» en el texto. Como esta variante es importante para los traductores del *Nuevo Testamento Griego* de las SBU, se incluye también en el aparato crítico. Tanto el texto de Nestle-Aland[26] como el de las SBU incluyen «en Éfeso» dentro de corchetes, para indicar que los editores tienen serias dudas de que estas palabras sean las originales. (Véanse más adelante otros comentarios de esta variante.)

Traducciones modernas

Los lectores de las traducciones modernas al español hallarán notas como éstas al pie de las páginas:

«Algunos mss. añaden...»

«El texto entre corchetes falta en algunos mss.»

«Algunos mss. dicen...»

«Falta en algunos mss.»

«Algunos mss. omiten este versículo».

Estas notas indican que, en los lugares donde los manuscritos tenían diferencias, los traductores se basaron más en un grupo que en otro.

Hay tres razones generales que explican por qué las traducciones modernas son a veces diferentes:

1.- *Mateo 6.19*. Algunas diferencias se deben a que los traductores han traducido en forma diferente el mismo texto griego. O sea, se trata de una diferencia de estilo a nivel del lenguaje empleado. Compárense, por ejemplo, las siguientes dos traducciones de Mateo 6.19: (a) «santificado sea tu nombre» (RVR, DHH), y (b) «proclámese que tú eres santo» (NBE).

2.- *1 Tesalonicenses 4.4*. Algunas diferencias se deben a distintas interpretaciones del mismo texto en griego. BLA traduce literalmente del griego: «que cada uno de vosotros sepa cómo poseer su propio vaso en santificación y honor». La palabra que BLA traduce como «vaso», Pablo la expresa en un sentido figurado, cuyo significado debaten los eruditos. Compárense, por ejemplo, las tres siguientes traducciones de este versículo: (a) «que cada uno sepa portarse con su propia esposa» (DHH, RVR, BL); (b) «que sepa cada cual controlar su propio cuerpo» (NBE, LPD); y (c) «que cada uno sepa portarse en los negocios» (traducción alternativa en una nota de pie de página de DHH).

3.- *Mateo 27.17.* Pero algunas diferencias ocurren porque los traductores se han basado en diferentes manuscritos griegos que contienen lecturas variantes. Compárese la traducción de Mateo 27.17 en RVR (»...a Barrabás, o a Jesús, llamado el Cristo?») y en DHH (»...a Jesús Barrabás, o a Jesús, el que llaman el Mesías?»). Es probable que el escriba creyera que un criminal como Barrabás no podía tener el mismo nombre del Señor Jesús, por lo que omitió el nombre «Jesús» en el texto cuando lo copió. Muchas traducciones modernas a otros idiomas se basan también en los manuscritos que dicen «Jesús Barrabás» (como por ejemplo, las versiones GNB, NRSV, REB, GeCL y TOB).

La traducción que hace RVR de este versículo se basa en el *Textus Receptus*, que hoy día casi todos los eruditos consideran inferior porque es básicamente el mismo texto de los manuscritos de la familia textual bizantina. La mayoría de las traducciones al español, como DHH y TLA se basan en manuscritos mejores y más antiguos que los que utilizó la tradición de RVR. Y puesto que los Nuevos Testamentos Griegos de Nestle-Aland[26] y de SBU se basan en esos mismos manuscritos, hay pocas diferencias entre las traducciones modernas al español y esas dos ediciones del Nuevo Testamento. Sin embargo, dado que los críticos textuales y los traductores pesan en forma diferente la evidencia externa e interna versículo por versículo, seguirá habiendo diferencias menores en las ediciones impresas del Nuevo Testamento Griego y en las traducciones al español y a otros idiomas.

El aparato crítico del Nuevo Testamento Griego[4] *de las SBU*

La práctica de la crítica textual demanda que se conozcan bien las lenguas antiguas, la historia de la iglesia de los primeros siglos, la interpretación bíblica y los manuscritos antiguos. Pocas personas poseen tanto conocimiento. Frente a la vasta cantidad de lecturas variantes que contiene el aparato crítico de cualquier Nuevo Testamento Griego impreso, y frente a las listas complejas de manuscritos que respaldan cada variante, casi todos los traductores se sienten abrumados. Sin embargo, aunque nadie espera que los traductores sean expertos en crítica textual, sí deben tener algún conocimiento en este campo de estudio.

Los traductores del Nuevo Testamento descubren muy pronto las diferencias que existen entre las traducciones al español que usan como base para la traducción a su idioma nativo. Los que leen inglés, portugués y otros idiomas también descubrirán diferencias en las traducciones a esos idiomas. Como se indicó antes, algunas de esas diferencias existen porque los traductores de las versiones modernas se basaron en diferentes textos griegos. En realidad, la mayoría de los traductores a lenguas indígenas quedan confundidos y frustrados frente a esas diferencias. Si no leen griego, ¿qué traducción deben seguir en los casos en que las varias versiones castellanas emplean diferentes lecturas variantes, como ocurre en Mateo 27.17? ¿Deben imitar a RVR, a DHH, TLA o a NBJ? Si leen griego, ¿cuál edición del Nuevo Testamento Griego deben utilizar? ¿La de SBU? ¿La décima edición del *Novum Testamentum Graece Et Latine* de Merk (1984)? ¿Y qué deben hacer si el Nuevo Testamento Griego que están usando acepta una variante textual que difiere de la que aparece en las traducciones al español que más se utilizan en el área del lenguaje receptor?

2 Tesalonicenses 2.13. En el griego, por ejemplo, la palabra que se traduce como «los primeros» se escribe casi exactamente igual que las dos palabras griegas que se traducen como «desde el principio». Como los manuscritos griegos más antiguos no tienen divisiones entre las palabras, fue fácil que los escribas confundieran una de estas palabras por la otra. En 2 Tesalonicenses 2.13 algunos manuscritos dicen: «porque Dios os ha escogido *desde el principio* para la salvación» (base para las versiones RVR, BLA, BJ, BL, LPD y NVI); mientras que otros dicen: «porque Dios los escogió *para que fueran los primeros* en alcanzar la salvación» (base para las versiones DHH y NBE). El *Nuevo Testamento Griego* de SBU tiene «los primeros» en el texto, y coloca «desde el principio» como variante en el aparato crítico.

Hechos 8.37. Algunos manuscritos de Hechos tienen las siguientes palabras después del versículo 8.36: «Felipe dijo: Si crees de todo corazón, bien puedes. Y respondiendo, dijo: Creo que Jesucristo es el Hijo de Dios» (base para las versiones RVR, BLA y BL). Estas palabras forman el versículo 37. Casi todas las traducciones más recientes (DHH, BJ, LPD, NBE, NVI) excluyen estas palabras del texto. Como afirma la nota en BJ: «El v. 37 es una glosa muy antigua conservada en el texto occidental y que se inspira en la liturgia bautismal». Aunque BLA incluye estas palabras en el texto, en una nota afirma que «los mss. más antiguos no incluyen el v. 37».

Efesios 1.1. Como ya se dijo, las palabras «en Éfeso» no aparecen en unos de los mejores y más antiguos manuscritos. Los editores de la cuarta edición del *Nuevo Testamento Griego* de SBU ponen esas palabras dentro de corchetes, y le dan una calificación de «C» para indicar que hay muchas dudas de que sean las palabras originales. Se ha recurrido a las siguientes soluciones en las traducciones al español: (1) Incluir las palabras «en Éfeso» sin una nota que indique que no aparecen en algunos manuscritos (RVR, DHH, BL); (2) incluir las palabras «en Éfeso» en el texto, e indicar en una nota que «algunos mss. antiguos no incluyen: 'en Éfeso'» (BLA, NVI, VPEE); (3) omitir las palabras «en Éfeso», con una nota aclarando la razón (BJ y NBE). LPD también omite estas palabras y aclara en un prefacio que «muchos manuscritos antiguos omiten el nombre de los destinatarios».

Variantes seleccionadas. Dado que los traductores requieren ayuda para poder darle sentido a los cientos de lecturas variantes que existen en las ediciones impresas del Nuevo Testamento Griego y en las diferentes traducciones a idiomas receptores, las Sociedades Bíblicas Unidas publicaron en 1966 una edición del *Nuevo Testamento Griego* que fue editada por cinco críticos textuales de renombre internacional. Muchas lecturas variantes de los manuscritos son valiosas para comprender por qué ocurrieron los cambios textuales en el proceso de copiado y transmisión, pero la mayoría de las variantes no son esenciales para los traductores. Por ejemplo, las palabras con errores ortográficos en los manuscritos griegos, no son importantes para los traductores. Los editores del *Nuevo Testamento Griego* de SBU seleccionaron las variantes que consideraron como las más importantes para los traductores; es decir, las que representan una verdadera diferencia en el significado.

El aparato crítico de la cuarta edición (1993) del *Nuevo Testamento Griego* de SBU se ha modificado considerablemente. Se omitieron algunas variantes que incorporaba la tercera edición de 1975, cuando éstas no tenían realmente un significado diferente a la hora de traducirse. Por ejemplo, si Pablo, en Romanos 15.23, dice: «desde hace muchos años estoy queriendo visitarlos», o si dice: «desde hace considerable tiempo estoy queriendo visitarlos», para los traductores carece de vital importancia, pues el significado es el mismo. Por eso, esta variante y otras semejantes fueron omitidas en la edición de 1993, mientras que otras, que no se habían incluido en las primeras tres ediciones, sí se incorporaron en la cuarta edición.

Evaluación de variantes y recomendaciones para los traductores. Además de seleccionar las lecturas variantes de importancia, los editores del *Nuevo Testamento Griego* de SBU les dieron a esas lecturas una calificación de «A», «B», «C» o «D». La calificación «A» indica certeza de que el texto refleja el texto original y la «D» significa que los editores tienen muchísimas dudas en cuanto a si el texto es el correcto o no. En la cuarta edición (1993), los editores usan casi siempre las calificaciones «A», «B» y «C», y muy rara vez califican con «D».

Ahora es el momento de responder a las preguntas formuladas antes: ¿Cuál versión deben usar los traductores en los casos en que las traducciones aceptan una lectura de ciertos manuscritos griegos frente a otras que se basan en manuscritos griegos con una lectura diferente? ¿Qué deben hacer los traductores cuando las traducciones al español no concuerdan con el texto del Nuevo Testamento Griego que estén usando?

La solución que se recomienda es la siguiente: Que los traductores sigan el texto del *Nuevo Testamento Griego* de SBU en los casos en que los editores hayan calificado con «A» o «B» las palabras del texto. Esto debe hacerse, sobre todo, cuando una versión castellana como RVR se haya basado en una variante que difiere de la variante del *Nuevo Testamento Griego* de SBU. El texto griego calificado con las letras «A» y «B» tiene precedencia sobre la variante textual reflejada en RVR. No debe olvidarse que RVR se basa en manuscritos pertenecientes a la familia textual bizantina, considerada por la mayoría de los críticos textuales como el texto menos confiable.

Los editores han calificado con «C» o «D» las lecturas donde no están seguros de la lectura original. En esos casos, los traductores deben sentirse con más libertad de traducir las lecturas variantes del aparato crítico en vez de las del texto. Entre los editores de la cuarta edición del *Nuevo Testamento Griego* de SBU hubo católico-romanos, protestantes y ortodoxos griegos, de manera que los traductores pueden estar tranquilos de que el texto de esa edición no refleja preferencias o prejuicios de una denominación o grupo confesional.

Ejemplos prácticos. Veamos unas cuantas lecturas variantes y analicemos las elecciones que podrían hacer los traductores.

1.- *1 Corintios 13.3*. Algunos manuscritos dicen (a) «si entrego mi propio cuerpo para ser quemado», mientras que otros dicen (b) «si entrego mi propio cuerpo para poder enorgullecerme». En griego, la diferencia entre ambos verbos radica en la forma de escribir una sola letra. Los editores de la cuarta edición del *Nuevo Testamento Griego* de SBU usan «para poder enorgullecerme» en el texto (y la califican con «C»), y dentro del aparato crítico incluyen la lectura variante: «para ser quemado». Esta es la variante que siguen RVR, DHH, BLA, BJ, LPD, NBE y NVI). VPEE y BL se basan en la lectura del *Nuevo Testamento Griego* de SBU. Como los editores de este último califican con «C» la lectura de su texto («para poder enorgullecerme»), los traductores bien pueden decidir utilizar la lectura más conocida entre los lectores hispanohablantes, a saber, «para ser quemado».

2.- *Mateo 27.16–17.* El *Nuevo Testamento Griego* de SBU usa el nombre «Jesús Barrabás», y pone «Barrabás» entre corchetes, dándole una calificación de «C». A causa de la incertidumbre de los especialistas, los traductores están en libertad de basarse en los manuscritos que dicen «Jesús» o «Jesús Barrabás». A diferencia de la situación anterior en 1 Corintios 13.3, donde casi todas las traducciones al español coinciden, en Mateo 27.16–17 las traducciones más importantes en español están divididas: (a) RVR, LPD y NVI omiten «Jesús», y ni siquiera mencionan el problema textual en una nota; (b) BJ omite «Jesús», pero indica en una nota que algunos manuscritos dicen «Jesús Barrabás»; (c) DHH incluye «Jesús» y pone una nota diciendo que «algunos mss. solo dicen *Barrabás*»; y (d) NBE usa «Jesús» sin una nota textual. Cualquiera que sea la lectura que empleen los traductores en el lenguaje receptor, será importante que incluyan una nota indicando que algunos manuscritos tienen el nombre «Jesús», mientras que otros dicen «Jesús Barrabás».

Comentarios finales

El Nuevo Testamento Griego de SBU ahora tiene como acompañante un libro que explica las razones por las cuales los editores usaron ciertas variantes en el texto e incluyeron otras en el aparato crítico. Este volumen, titulado *Comentario textual del Nuevo Testamento* ha sido publicado por las Sociedades Bíblicas Unidas (2005), y lo editó Bruce M. Metzger, uno de los editores del *Nuevo Testamento Griego* de SBU. Su adaptación al castellano estuvo a cargo de nuestro colega Alfredo Tepox.

Libros recomendados

Abreu, José María. «Texto del Nuevo Testamento», *Diccionario Ilustrado de la Biblia*. Buenos Aires y San José: Editorial Caribe, 1977.

Báez-Camargo, Gonzalo. *Breve Historia del Texto Bíblico*, 2a. ed. revisada y ampliada. México, D.F.: Sociedades Bíblicas Unidas, 1984.

Carrez, Maurice. *Las lenguas de la Biblia. Del papiro a las Biblias impresas*. Trad. del francés por Alfonso Ortiz García. Estella: Editorial Verbo Divino, 1984.

Neill, Stephen. *La interpretación del Nuevo Testamento*. Trad. del inglés por José Luis Lana. Barcelona: Ediciones Península, 1967.

Trebolle Barrera, Julio. «El texto de la Biblia». *Introducción al estudio de la Biblia. 1. La Biblia en su entorno*. Estella: Editorial Verbo Divino, 1990.

Zimmermann, Heinrich. *Los métodos histórico-críticos en el Nuevo Testamento*. Trad. del alemán por Gumersindo Bravo. Madrid: Biblioteca de Autores Cristianos, 1969.

El canon del Antiguo Testamento

Samuel Pagán

Introducción

La iglesia cristiana, muy temprano en su historia, sintió la necesidad de especificar los libros con los cuales Dios comunicó su voluntad .a la humanidad. Esa necesidad se fundamenta en la creencia de que si Dios ha roto el silencio de los tiempos para entablar un diálogo con los seres humanos, debe haber alguna forma adecuada de saber con seguridad dónde se encuentra esa revelación. El canon de la Biblia delimita los libros que los creyentes han considerado como inspirados por Dios para transmitir la revelación divina a la humanidad; es decir, establece los límites entre lo divino y lo humano: presenta la revelación de Dios de forma escrita.

En la tradición judeocristiana, el canon tiene un propósito triple. En primer lugar, define y conserva la revelación a fin de evitar que se confunda con las reflexiones posteriores en torno a ella. En segundo lugar, tiene el objetivo impedir que la revelación escrita sufra cambios o alteraciones. Y en tercer lugar, brinda a los creyentes la oportunidad de estudiar la revelación y vivir de acuerdo con sus principios y estipulaciones.

Es fundamental, para la comprensión cristiana del canon, tomar en consideración la importancia que la comunidad apostólica y los primeros creyentes dieron a la teología de la inspiración. Con la certeza de que se escribieron ciertos libros bajo la inspiración de Dios, los creyentes seleccionaron y utilizaron una serie de libros, reconociéndoles autoridad ética para orientar sus vidas y decisiones. Esos libros alimentaron la fe de la comunidad, los acompañaron en sus reflexiones y discusiones teológicas y prácticas, y, además, les ofrecieron una norma de vida. Los creyentes, al aceptar el valor inspirado de un libro, lo incluían en el canon; en efecto, lo reconocían como parte de la revelación divina.

El término griego *kanon* es de origen semítico, y su sentido inicial fue el de «caña». Posteriormente, la palabra tomó el significado de «vara larga» o listón para tomar medidas, utilizado por albañiles y carpinteros. El hebreo *qaneh* tiene ese significado (Ez 40.3, 5). El latín y el castellano transcribieron el vocablo griego en «canon». La expresión, además, adquirió un significado metafórico: se empleó para definir las normas o patrones que sirven para regular y medir.[1]

Desde el siglo II de la era cristiana, el término *kanon* se empleó para referirse a «la regla de fe»,[2] al ordenamiento religioso (se empleaba su forma plural «cánones eclesiásticos»)[3] y a la parte invariable y fija de la liturgia. En la Edad Media los libros jurídicos de la iglesia se identifican como los «cánones». La Iglesia Católica, además, llama «canon» al catálogo de sus santos, y «canonización» al reconocimiento de la veneración de algunas personas que han llevado vidas piadosas y consagradas al servicio cristiano.

---

[1] En Alejandría, la colección de obras clásicas que podía servir de modelo literario se identificaba con la palabra «canon». Cicerón, Plinio y Epicteto utilizaban el mismo vocablo para designar algún conjunto de reglas o medidas. Véase A. Paul, *La inspiración y el canon de las Escrituras* (Estella: Editorial Verbo Divino), 1985, p. 45.

[2] Los Padres de la iglesia emplearon la palabra *kanon* para designar «la regla de la tradición» (Clemente de Roma), «la regla de fe» (Eusebio de Cesarea), «la regla de verdad» (Ireneo) y «la regla de la iglesia» (Clemente de Alejandría y Orígenes). Véase la obra citada en la nota anterior.

[3] De ese uso lingüístico se deriva la designación de «canónigos» para identificar a los religiosos que vivían en comunidad la «vita canonica»; es decir, vivían de acuerdo con el ordenamiento eclesiástico establecido.

En el siglo IV se empleó la palabra «canon» para determinar no solamente las normas de fe, sino también para referirse propiamente a las Escrituras. El «canon» de la Biblia es el catálogo de libros que se consideran normativos para los creyentes y que, por lo tanto, pertenecen, con todo derecho, a las colecciones incluidas en el Antiguo Testamento y en el Nuevo. Con ese significado específico la palabra fue utilizada posiblemente por primera vez por Atanasio, el obispo de Alejandría, en el año 367.[4] A fines del siglo IV esa acepción de la palabra era común tanto en las iglesias del Oriente como en las del Occidente, como puede constatarse en la lectura de las obras de Gregorio, Prisciliano, Rufino, San Agustín y San Jerónimo.[5]

El canon de la Biblia hebrea

De acuerdo con los diversos relatos evangélicos, Jesús utilizó las Escrituras hebreas para validar su misión, sus palabras y sus obras (véase Mc 1.14; Lc 12.32). Los primeros creyentes continuaron esa tradición hermenéutica y utilizaron los textos hebreos—y particularmente sus traducciones al griego—en sus discusiones teológicas y en el desarrollo de sus doctrinas y enseñanzas. De esa forma la iglesia contó, desde su nacimiento, con una serie de escritos de alto valor religioso.

De particular importancia es el uso que Jesús hace del libro del profeta Isaías (61.1–2), según se relata en Lucas 4.18–19. El Señor, luego de leer el texto bíblico, afirmó: *Hoy se ha cumplido esta Escritura delante de vosotros* (Lc 4.21, RVR). Este relato pone de manifiesto la interpretación cristológica que los primeros cristianos hicieron de las Escrituras hebreas. El objetivo primordial de los documentos judíos, desde el punto de vista cristiano, era corroborar la naturaleza mesiánica de Jesús de Nazaret (Lc 24.27). De esa forma la Biblia hebrea se convirtió en la primera Biblia cristiana. Con el

---

[4] F. F. Bruce, *The Canon of Scripture* (Downers Grove: InterVarsity Press, 1988), p. 17.

[5] J. C. Turro y R. E. Brown, «Canonicidad», *Comentario Bíblico de San Jerónimo-V* (Madrid: Ediciones Cristiandad, 1972), p. 56.

paso del tiempo, la iglesia le dio el nombre de «Antiguo Testamento», para poner de manifiesto la novedad de la revelación de la persona y misión de Cristo.[6]

Los libros de la Biblia hebrea son 24,[7] divididos en tres grandes secciones:

La primera sección, conocida como *Torah* («Ley»), contiene los llamados «cinco libros de Moisés»: Génesis, Éxodo, Levítico, Números y Deuteronomio.

La segunda división, conocida como *Nebi'im* («Profetas»), se subdivide, a su vez, en dos grupos: (a) «Los profetas anteriores»: Josué, Jueces, Reyes y Samuel; (b) «Los profetas posteriores»: Isaías, Jeremías, Ezequiel y el Libro de los Doce.[8]

La tercera sección de la Biblia hebrea se conoce como *Ketubim* («Escritos»), e incluye once libros: Salmos, Proverbios y Job; un grupo de cinco libros llamados *Megilot* («Rollos»)—Cantar de los Cantares, Rut, Lamentaciones, Eclesiastés y Ester—; y finalmente Daniel, Esdras-Nehemías y Crónicas.

Con las iniciales de *Torah*, *Nebi'im* y *Ketubim* se ha formado la palabra hebrea *Tanak*, nombre que los judíos usan para referirse a la Biblia hebrea, nuestro Antiguo Testamento.

Los 24 libros de la Biblia hebrea son idénticos a los 39 que se incluyen en el Antiguo Testamento de las Biblias «protestantes»; es decir, las que no contienen los libros deuterocanónicos. La diferencia en numeración se originó cuando se empezó a contar, por separado, cada uno de los doce profetas menores, y cuando se separaron en dos las obras siguientes: Samuel, Reyes, Crónicas y Esdras-Nehemías.[9]

---

[6] Bruce, pp. 28, 63–67.

[7] Al unir el libro de Rut al de Jueces y el de Lamentaciones al de Jeremías se cuentan 22 libros, como letras tiene el alfabeto hebreo. Esto explica por qué en la literatura judía se dice que el canon hebreo contiene 22 libros.

[8] «El libro de los Doce» se conoce también como «Los profetas menores» debido a la extensión, no a la calidad o importancia de sus escritos.

[9] Josefo, el historiador judío, en el primer volumen de su tratado *Contra Apión*, alude a 22 libros que contienen la historia judía. Esos libros son los mismos 24 de la Biblia hebrea en un orden un poco diferente: en la primera sección incluye los cinco libros de Moisés; en la segunda agrupa

Proceso de «canonización»

La teoría, tradicionalmente aceptada,[10] de que las secciones del canon hebreo representan las tres etapas en el proceso de su formación es seriamente cuestionada en la actualidad. Aunque esta hipótesis parezca lógica y razonable, no hay evidencias que la respalden en el Antiguo Testamento o en otros documentos judíos antiguos.

De acuerdo con esa teoría, la *Torah* fue la primera en ser reconocida como canónica, luego del retorno de los judíos a Judá, al concluir el exilio de Israel en Babilonia (ca. siglo V a.C.). Posteriormente los *Nebi'im* fueron aceptados en el canon, posiblemente al final del siglo III a.C. Y finalmente, los *Ketubim*—que representan la última sección de la Biblia hebrea—fueron incorporados al canon al final del siglo I d.C., al concluir el llamado «Concilio» de Yamnia.[11]

El reconocimiento de la autoridad religiosa de algunas secciones de las Escrituras hebreas puede verse en el Antiguo Testamento (Ex 24.3–7; Dt 31.26; 2 R 23.1–3; Neh 8.1–9.38). Sin embargo, ese reconocimiento de textos como «Palabra de Dios» no revela que la comunidad judía pensara en un cuerpo cerrado de escritos

---

13—posiblemente al añadir 5 libros a los 8 de la división tradicional: Job, Ester, Daniel, Crónicas y Esdras-Nehemías—; los cuatro libros en la sección final pueden ser Salmos, Proverbios, Eclesiastés y Cantar de los Cantares. Flavio Josefo, *Autobiografía - Contra Apión* (Madrid: Editorial Gredos, 1994): 1.38–41.

10 Esta teoría fue popularizada por H. E. Ryle en 1892; véase Bruce, p. 36.

11 Luego de la destrucción del Templo y el colapso de la comunidad judía en Jerusalén, en el año 70 d.C., un grupo de judíos, liderados por el rabino Yohanan ben Zakkai, se organizó al oeste de Judea en una comunidad conocida como Yamnia (o Yabne). El objetivo principal del grupo era discutir la reorganización de la vida judía sin las instituciones religiosas, políticas y sociales relacionadas con el Templo. En Yamnia los rabinos no introdujeron cambios al canon judío; únicamente revisaron la tradición que habían recibido. Bruce, pp. 34–36; J. P. Lewis, «What do we mean by Jabneh?» *JBR* 32 (1964), pp. 125–132; R. T. Beckwith, *The Old Testament Canon of the New Testament Church* (London: 1985), pp. 278–281.

que sirviera de base para el desarrollo religioso y social del pueblo. Incluso algunos profetas reconocían la autoridad y el valor de mensajes proféticos anteriores ([1]f. Jer 7.25 y Ez 38.17). Pero la idea de agrupar las colecciones de dichos y mensajes proféticos en un cuerpo de escritos tomó siglos en hacerse realidad. Posiblemente la primera referencia a una colección de escritos de esa naturaleza se encuentra en Daniel 9.2. Allí se alude a la profecía de Jeremías, referente a la duración del exilio en Babilonia, que encontró entre un grupo de «libros» (Jer 25.11–14).

La documentación que reconoce la división tripartita del canon de la Biblia hebrea es variada. En primer lugar, el *Talmud Babilónico*[12] acepta la autoridad religiosa y la inspiración de los 24 libros de las Escrituras judías. Además, discute el orden de tales libros.

En el prólogo a la traducción del Eclesiástico[13]—también conocido como la Sabiduría de Jesús ben Sira—el nieto de ben Sira, traductor del libro, indica que su abuelo era un estudioso de «la Ley y los Profetas, y los otros libros de nuestros padres». Si esos «otros libros de nuestros padres» son los *Ketubim*, la obra reconoce, ya en el 132 a.C., el ordenamiento tradicional de la Biblia hebrea.

En el Nuevo Testamento hay otras alusiones a la división de la Biblia hebrea en tres secciones. En uno de los relatos de la resurrección de Jesús, el Evangelio según San Lucas (24.44) indica que el Señor les recordó a los discípulos en Jerusalén lo que de él decían «la ley de Moisés, los profetas y los Salmos». Es importante recordar que los Salmos constituyen el primer libro de los *Ketubim*, la tercera sección de la Biblia hebrea. Otras referencias a las Escrituras judías en el Nuevo Testamento aluden a «la ley y los profetas» (Mt 7.12; Ro 3.21) o simplemente a «la ley» (Jn 10.34; 1 Co 14.21).

El descubrimiento de numerosos manuscritos cerca del Mar Muerto ha arrojado gran luz en el estudio y la comprensión de la

---

[12] *Baba Batra*, 14b-15a.

[13] El prólogo de esta obra, que se incluye entre los libros Deuterocanónicos, posiblemente se redactó luego de que el nieto del autor emigrara de Palestina a Alejandría, en el año 132 a.C. Véase: Alexander A. Di Lella, «Wisdom of Ben-Sira», *ABD-6*: 936.

cuestión del canon entre los judíos de los siglos I a.C. y I d.C. Entre los manuscritos encontrados existen copias de todos los libros de la Biblia, con la posible excepción de Ester.[14] Aunque la gran mayoría de los documentos bíblicos se han encontrado en forma fragmentaria, se han descubierto también varios documentos bíblicos casi completos.

Lamentablemente los miembros de la comunidad de Qumrán no dejaron documentación escrita que nos indique con claridad cuáles de los libros que mantenían en sus bibliotecas constituían para ellos parte del canon. Sin embargo, al evaluar las copias de los textos encontrados y analizar sus comentarios bíblicos, podemos indicar, con cierto grado de seguridad, que el canon en Qumrán incluía: la *Torah*, los *Nebi'im* y los Salmos (posiblemente con algunos salmos adicionales); incluía también los libros de Daniel y de Job.[15]

Posiblemente ya para el comienzo de la era cristiana había un acuerdo básico entre los diferentes grupos judíos respecto a los libros que se reconocían como autoritativos. Lo más probable es que, con relación al canon judío, durante el siglo I d.C. se aceptaban como sagrados los 24 o 22 libros de la *Tanak*—acrónimo formado a partir de las tres divisiones de la Biblia hebrea: *Torah*, *Nebi'im* y *Ketubim*—, pero la lista no se fijó de forma permanente hasta el final del siglo II o a comienzos del III de la era cristiana.

Es muy difícil determinar con precisión los criterios que se aplicaron para establecer la canonicidad de los libros. Algunos estudiosos han supuesto que entre los criterios se encontraban el carácter legal del escrito y la idea de que fueran inspirados por Dios.

---

[14] La ausencia del libro de Ester entre los documentos hasta ahora encontrados en el Mar Muerto puede ser accidental; aunque puede revelar también la percepción que la comunidad tenía de ese libro: además de no contener el nombre de Dios y destacar la fiesta de Purim, presenta cierta afinidad con los ideales de Judas Macabeo, que entre los miembros de la comunidad eran rechazados; Turro y Brown, p. 67.

[15] Aunque en Qumrán se han descubierto fragmentos de libros Deuterocanónicos (Carta de Jeremías, Tobit y Eclesiástico) y Pseudoepígrafos (por ejemplo, Jubileos y Enoc) es muy difícil determinar con precisión si eran reconocidos con la misma autoridad con que se aceptaban los libros «bíblicos»; Bruce, pp. 39–40; Turro y Brown, p. 67.

Otros, sin embargo, han indicado que cada libro debía aceptarse de acuerdo con la forma que celebraba o revelaba la manifestación de Dios. Ese criterio brindaba al libro la posibilidad de ser utilizado en el culto.[16]

La Septuaginta: el canon griego

Uno de los resultados del exilio de Israel en Babilonia fue el desarrollo de comunidades judías en diversas regiones del mundo conocido.[17] En Alejandría, capital del reino de los Tolomeos,[18] el elemento judío de la población de habla griega era considerable. Y como Judea formaba parte del reino hasta el año 198 a.C., esa presencia judía aumentó con el paso del tiempo.

Luego de varias generaciones, los judíos de Alejandría adoptaron el griego como su lengua cotidiana, dejando el hebreo para cuestiones cúlticas. Para responder adecuadamente a las necesidades religiosas de la comunidad, pronto se vio la necesidad de traducir las Escrituras hebreas al idioma griego. La Torá—o «Pentateuco» como se conoció en griego—fue la primera parte de las Escrituras en ser traducida; posteriormente se tradujeron los Profetas y el resto de los Escritos.

Una leyenda judía, de la cual existen varias versiones,[19] indica que 70 ó 72 ancianos fueron llevados a Alejandría desde Jerusalén para traducir el texto hebreo al griego. Esa leyenda dio origen al nombre «Septuaginta» (LXX), con el que generalmente se identifica y conoce la primera traducción al griego del Antiguo Testamento.

En un documento conocido como la «Carta de Aristeas» se alude y se expande la leyenda. Dicha carta describe cómo los ancianos

---

[16] Turro y Brown, pp. 64–65.

[17] Sobre la «diáspora» judía, los siguientes libros pueden orientar al lector: John Bright, *La historia de Israel: Edición revisada y aumentada* (Bilbao: Descleé de Brouwer, 2003⁴?), pp. 521-585; S. Hermann, *Historia de Israel: En la época del Antiguo Testamento* (Salamanca: Sígueme, 1985).

[18] Fundada por Alejandro el Grande en el 331 a.C.

[19] Ernst Würthwein, *The Text of the Old Testament: An Introduction to the Biblia Hebraica* (Grand Rapids: W.B. Eerdmans Publishing Co., 1979), pp. 49–53.

de Israel finalizaron la traducción del Pentateuco en sólo 72 días; el documento indica, además, que produjeron la versión griega luego de comparaciones, diálogos y reuniones.

Posteriormente se añadieron a la leyenda—en círculos judíos y cristianos—nuevos elementos. Se incorporó la idea de que los ancianos trabajaron aisladamente y, al final, produjeron 72 versiones idénticas. Filón de Alejandría, el famoso filósofo judío, relata cómo los traductores trabajaron de forma independiente y escribieron el mismo texto griego palabra por palabra.[20]

Aunque Filón y Josefo indican que solamente la Torá o el Pentateuco se tradujo al griego, los escritores cristianos añadieron a la leyenda de la Septuaginta la traducción de todo el Antiguo Testamento, contando entre ellos libros que no formaban parte de las Escrituras hebreas. Pseudo-Justino, en el siglo III, incluso indica que vio personalmente las celdas en las cuales trabajaron, por separado, cada uno los traductores de la Septuaginta.[21] Estas adiciones a la antigua leyenda judía revelan el gran aprecio que la iglesia cristiana tenía de la Septuaginta.

De la leyenda judía se desprenden algunos datos de importancia histórica. El Pentateuco fue la primera sección en ser traducida. Los trabajos comenzaron a mediados del siglo III a.C., y es lógico pensar que la traducción se efectuara en Alejandría, lugar que concentraba a la comunidad judía más importante de la diáspora.

El orden de los libros en los manuscritos de la Septuaginta difiere del que se presenta en las Escrituras hebreas. Al final del capítulo se encuentra un diagrama donde se pueden comparar ambas listas. Posiblemente ese orden revela la influencia cristiana sobre el canon.[22] No fueron los judíos de Alejandría los que fijaron el canon griego, sino los cristianos.[23]

---

[20] Filón, *Vida de Moisés*, 2.37.

[21] Citado por Würthwein, p. 50.

[22] Würthwein, pp. 51-68.

[23] Los primeros intentos por fijar el canon en la iglesia revelan las dificultades y conflictos teológicos entre judíos y cristianos durante el siglo II. Tanto Justino como Tertuliano fueron conscientes de las diferencias entre los textos hebreos y la traducción griega. Posteriormente, la iglesia Occidental

Con respecto a los libros y adiciones que se encuentran en la Septuaginta, la nomenclatura en los diversos círculos cristianos no es uniforme. La mayoría de los protestantes denomina esa sección de la Septuaginta como «Apócrifos»;[24] la Iglesia Católica los llama «deuterocanónicos».[25] «Apócrifos», para la comunidad católica, son los libros que no se incluyeron ni en el canon hebreo ni en el griego. Los protestantes los conocen como «pseudoepígrafos».[26]

Los libros deuterocanónicos son los siguientes: Tobías, Judit, Sabiduría, Eclesiástico (Sabiduría de Jesús ben Sira), Baruc, 1 y 2 Macabeos, Daniel 3.24–90; 13; 14 y Ester 10.5—16.24. La mayor parte de estos textos se conservan únicamente en manuscritos griegos.

El Antiguo Testamento griego

La Septuaginta hizo posible que los judíos de habla griega—en la diáspora y, también, en Palestina—tuvieran acceso a los textos sagrados de sus antepasados, en el idioma que podían entender. Además, el texto griego dio la oportunidad a grupos no judíos de estudiar las Escrituras hebreas (Hch 8.26–40).

---

aceptó un número fijo de libros del Antiguo Testamento, entre los que se incluyeron algunos deuterocanónicos; los teólogos orientales estaban a favor del canon elaborado por los judíos. Turro y Brown, pp. 69–70; Bruce, pp. 68–97.

[24] La palabra griega *apokrypha* tenía como sentido básico la idea de «cosas ocultas»; particularmente el de «libros ocultos» o «secretos». En la comunidad judía, el término no tenía ningún sentido peyorativo: se utilizaba para identificar a los libros que por estar en mal estado debían retirarse. El sentido negativo de la palabra surgió en la comunidad cristiana, en relación con las disputas y contiendas contra los herejes. Los libros gnósticos y los de las religiones de misterio eran «apócrifos»; sin embargo, como con frecuencia esos libros eran heréticos—desde la perspectiva cristiana—, la voz «apócrifo» se convirtió en sinónimo de «herético», «falso» o «corrompido». A. Paul, pp. 46–47.

[25] Sixto de Siena, en el 1556, fue posiblemente la primera persona en utilizar los sustantivos «protocanónicos» y «deuterocanónicos» para designar dos categorías de escritos en el Antiguo y el Nuevo Testamento. A. Paul, p. 46; Bruce, p. 105.

[26] James H. Charlesworth, «Pseudepigrapha, OT», *ABD-5*: 537–540.

La iglesia cristiana se benefició sustancialmente de la traducción de la Septuaginta: la utilizó como su libro santo y lo llamó «Antiguo Testamento».[27] El texto en griego les dio la oportunidad a los cristianos de relacionar el mensaje de Jesús con pasajes de importancia mesiánica (Hch 7; 8); les brindó recursos literarios para citar textos del canon hebreo en las discusiones con los judíos (Hch 13.17–37; 17.2–3); y jugó un papel fundamental en la predicación del evangelio a los paganos (Hch 14.8–18; 17.16–32).

El Nuevo Testamento es testigo del uso sistemático de la Septuaginta en la educación, predicación y apologética de los primeros creyentes (cf. Ro 8.20 y Ec 1.2; 12.8 gr.).[28] Es importante señalar, además, que en las Escrituras cristianas también hay citas y alusiones a las adiciones deuterocanónicas de la Septuaginta (cf. Ro 1.18–32 y Sab 12–14; cf. Ro 2.1–11 y Sab 11–15; cf. Heb 11.35b-38 con 2 Mac 6.18–7.41 y 4 Mac 5.3–18.24). El Nuevo Testamento también contiene referencias o alusiones a libros que ni siquiera se encuentran en la Septuaginta (cf. Jud 14–16 y 1 Enoc 1.9).[29]

La gran aceptación de la Septuaginta entre los primeros cristianos hizo que la comunidad judía, con el paso del tiempo, rechazara esa traducción griega como una versión adecuada de las Escrituras hebreas. En discusiones teológicas en torno al nacimiento de Jesús, los cristianos citaban el texto griego de Isaías para indicar que la «virgen», no «la joven», «daría a luz» (cf. Mt 1.23 e Is 7.14 gr.). Además, algunos manuscritos de la Septuaginta incluso

---

[27] Melitón de Sardis (ca. 170) utilizó la expresión «Antiguo Testamento» para identificar las Escrituras judías; Eusebio de Cesarea. *Historia eclesiástica*. Traducción de Argimiro Velasco Delgado (Madrid: B.A.C., 1973), 4.26. Posteriormente Tertuliano (ca. 200), al referirse a las Escrituras cristianas, las llamó «Nuevo Testamento». Bruce, pp. 84–86; Turro y Brown, pp. 88–89.

[28] La edición de 1979 del Nuevo Testamento en griego de Nestle-Aland (pp. 897–904), incluye una lista de citas del Antiguo Testamento en el Nuevo. Esa lista identifica las citas y las alusiones a la Septuaginta y a otras versiones griegas del Antiguo Testamento. Véase, además, Robert G. Bratcher, ed., Old Testament Quotations in the New Testament, London: UBS, 1967.

[29] Bruce, pp. 48–52.

contienen adiciones cristianas a textos del Antiguo Testamento (por ejemplo, Sal 13; 95).[30]

Cuando las discusiones teológicas entre judíos y cristianos demandaron un análisis exegético riguroso, la Septuaginta—que en algunas secciones demostraba un estilo libre en la traducción y que, además, se basaba en un texto hebreo antiguo—fue relegada y condenada en los círculos judíos. Posiblemente ese rechazo judío explica el por qué la mayoría de los manuscritos de la Septuaginta que se conservan el día de hoy provienen de grupos cristianos.[31]

Una vez que la comunidad judía rechazó la Septuaginta, se necesitó una versión griega que la sustituyera. Entre esas nuevas traducciones de las Escrituras hebreas al griego se pueden identificar tres: las versiones de Áquila y Símaco, y la revisión de Teodoción. En la famosa Hexapla de Orígenes se encuentran copias de estas traducciones al griego.[32]

Áquila, que era un discípulo del gran rabí Ákiba, produjo una versión extremadamente literal de los textos hebreos.[33] Aunque el vocabulario usado revela dominio del griego, la traducción manifiesta un literalismo extremo y un apego excesivo a las estructuras lingüísticas del texto hebreo. Posiblemente por esas mismas características esta traducción griega sustituyó a la Septuaginta y fue muy popular en círculos judíos por el año 130 d.C.

La traducción de Símaco (c. 170 d.C.)[34] se distingue no por su fidelidad al texto hebreo, sino por el buen uso del idioma griego. De acuerdo con Eusebio y San Jerónimo, Símaco era un judío cristiano ebionita.[35]

---

[30] Würthwein, p. 53.

[31] Bruce, pp. 45–46.

[32] Orígenes era un teólogo cristiano de Alejandría que, durante los años 230–240 d.C., compiló diversos textos de las Escrituras hebreas en columnas paralelas. El orden de las versiones en la Hexapla es el siguiente: (1) el texto hebreo; (2) el texto hebreo transliterado al griego; (3) Áquila; (4) Símaco; (5) la Septuaginta; (6) Teodoción.

[33] Würthwein, p. 53; Bruce, p. 53.

[34] Würthwein, pp. 53–54.

[35] Según Epifanio, Símaco era un samaritano convertido al judaísmo.

Teodoción, de acuerdo con la tradición eclesiástica,[36] era un prosélito que revisó una traducción al griego ya existente, basada en los textos hebreos. Algunos estudiosos piensan que la traducción revisada fue la Septuaginta; otros, sin embargo, opinan que el texto base de Teodoción fue anterior a la versión de los Setenta.[37]

La iglesia y el canon

Una vez que finalizó el período del Nuevo Testamento, la iglesia continuó utilizando la Septuaginta en sus homilías, reflexiones y debates teológicos. Una gran parte de los escritores cristianos de la época utilizaban libremente la Septuaginta y citaban los libros que no se encontraban en el canon hebreo.

La iglesia Occidental, a fines del siglo IV, aceptó un número fijo de libros del Antiguo Testamento, entre los cuales se encuentran algunos deuterocanónicos que aparecen en la Septuaginta. Los teólogos orientales, por su parte, seguían el canon hebreo de las Escrituras. Tanto Orígenes como Atanasio insisten en que se deben aceptar en el canon únicamente los 22 libros del canon judío; y San Jerónimo, con su traducción conocida como «Vulgata Latina», propagó el canon hebreo en la iglesia Occidental.[38]

A través de la historia, la iglesia ha hecho una serie de declaraciones en torno al canon de las Escrituras. Al principio, estas declaraciones se hacían generalmente en forma de decretos disciplinares;[39] posteriormente, en el Concilio de Trento, el tema del canon se abordó de forma directa y dogmática.

El Concilio de Trento se convocó en el año 1545 en el contexto de una serie de controversias con grupos reformados en

---

[36] Würthwein, p. 54.

[37] Leonard J. Greenspoon, «Theodotion, Theodotion's version», en *ABD* vol. 6, pp. 447–448.

[38] Turro y Brown, pp. 69–70.

[39] Entre los concilios que hicieron declaraciones importantes referentes al canon se pueden identificar los siguientes: El Concilio de Laodicea (c. 360); el Concilio de Roma (382); y el Concilio de Florencia (1442). A. Paul, pp. 52–54.

Europa.[40] Entre los asuntos considerados se encontraba la relación de la Escritura con la tradición y su importancia en la transmisión de la fe cristiana.

En el Concilio de Trento se discutió abiertamente la cuestión del canon, y se promulgó un decreto con el catálogo de libros que estaban en el cuerpo de las Escrituras y tenían autoridad dogmática y moral para los fieles.[41] Se declaró el carácter oficial de la Vulgata Latina, y se promulgó la obligación de interpretar las Escrituras de acuerdo con la tradición de la iglesia, no según el juicio de cada persona. Además, el Concilio aceptó con igual autoridad religiosa y moral los libros protocanónicos y deuterocanónicos, según se encontraban en la Vulgata.[42]

Entre los reformadores siempre hubo serias dudas y reservas en torno a los libros deuterocanónicos. Finalmente, los rechazaron por las polémicas y encuentros con los católicos.[43]

Lutero, en su traducción de 1534, agrupó los libros deuterocanónicos en una sección entre los dos Testamentos, con una nota que indica que son libros «apócrifos», y que aunque su lectura es útil y buena, no se igualan a la Sagrada Escritura. La Biblia de Zürich (1527–29), en la cual participó Zuinglio, relegó los libros deuterocanónicos al último volumen, pues no los consideró canónicos. La Biblia Olivetana (1534–35), que contiene un prólogo de Juan Calvino, incluyó los deuterocanónicos como una sección aparte del resto de los libros que componen el canon. La Iglesia Reformada, en sus

---

[40] Justo L. González, *La era de los Reformadores* (Miami: Caribe, 1980), pp. 65–75.

[41] Este decreto tenía una importancia histórica particular: en los prefacios a su Nuevo Testamento de 1522, Lutero había descartado los libros Deuterocanónicos y había cuestionado la inspiración de Hebreos, Santiago, Judas y Apocalipsis. A. Paul, p. 53. Hans Küng, *La Iglesia* (Barcelona: Herder, 1975), pp. 375–380, 425, 501. Ludwig Hertling, *Historia de la Iglesia* (Barcelona: Herder, 1989), pp. 330–347.

[42] Las copias de la Vulgata contienen frecuentemente los libros de 1 y 2 Esdras y la Oración de Manasés; sin embargo, estos no fueron aceptados por el Concilio.

[43] En el resumen de las respuestas reformadas a la situación del canon seguimos a Turro y Brown, pp. 71–73.

confesiones «Galicana» y «Bélgica» no incluyó los deuterocanónicos. En las declaraciones luteranas se prestó cada vez menos atención a los libros deuterocanónicos.

En Inglaterra la situación fue similar al resto de la Europa Reformada. La Biblia de Wyclif (1382) incluyó únicamente el canon hebreo. Y aunque la Biblia de Coverdale (1535) incorpora los deuterocanónicos, en «Los Treinta y Nueve Artículos» de la Iglesia de Inglaterra[44] se dice que esa literatura no debe emplearse para fundamentar ninguna doctrina. La versión «King James» (1611) imprimió los deuterocanónicos entre los Testamentos.[45]

La traducción al castellano de Casiodoro de Reina—publicada en Basilea en 1569—incluía los libros deuterocanónicos, de acuerdo con el orden de la Septuaginta. La posterior revisión de Cipriano de Valera—publicada en Amsterdam en 1602—agrupó los libros deuterocanónicos entre los Testamentos.

La Confesión de Westminster (1647) reaccionó al Concilio de Trento y a las controversias entre católicos y protestantes: afirmó el canon de las Escrituras hebreas. En su declaración sobre el canon, la Confesión indica que los deuterocanónicos—identificados como «Apócrifa»—, por no ser inspirados, no forman parte del canon de la Escritura y, por consiguiente, carecen de autoridad para la iglesia. Indica, además, que pueden leerse únicamente como escritos puramente humanos.[46] De esa forma se definió claramente el canon entre las comunidades cristianas que aceptaban la Confesión de Westminster.

El problema de la aceptación de los apócrifos o deuterocanónicos entre las comunidades cristianas luego de la Reforma se atendió básicamente de tres maneras: (1) Los deuterocanónicos se mantenían en la Biblia, pero separados—alguna nota indicaba que estos libros no tenían la misma autoridad que el resto de las Escrituras—; (2) de acuerdo con el Concilio de Trento, tanto los libros

---

[44] Bruce, pp. 105–106.

[45] Samuel Pagán, «La Revisión Valera de la Traducción Reina...», *La Biblia en las Américas* (1989): 10–11.

[46] Bruce, pp. 109–111; Turro y Brown, p. 72.

deuterocanónicos como los protocanónicos se aceptaban en la Biblia con la misma autoridad; (3) basados en la Confesión de Westminster, se incluía en las ediciones de la Biblia únicamente el canon hebreo, que contiene los únicos libros aceptados como autoridad.[47]

Luego de muchas discusiones teológicas y administrativas, la «Sociedad bíblica británica y extranjera» decidió, en 1826, publicar Biblias únicamente con el canon hebreo del Antiguo Testamento.[48] La versión Reina-Valera se publicó por primera vez sin los deuterocanónicos en el 1850.[49]

En torno a los apócrifos o deuterocanónicos, las iglesias cristianas han superado muchas de las dificultades que las separaban por siglos. Ya la polémica y la hostilidad han cedido el paso al diálogo y la cooperación interconfesional. En la actualidad, grupos católicos y protestantes trabajan juntos para traducir y publicar Biblias.[50] Esta literatura, lejos de ser un obstáculo para el diálogo y la cooperación entre creyentes, es un recurso importante para estudiar la historia, las costumbres y las ideas religiosas del período que precedió al ministerio de Jesús de Nazaret y a la actividad apostólica de los primeros cristianos.

---

[47] G. Báez-Camargo, p. 27.

[48] Bruce, pp. 111–114.

[49] Báez-Camargo, p. 77.

[50] *Normas para la cooperación interconfesional en la traducción de la Biblia* (Roma: Imprenta Políglota Vaticana, 1987).

Cánones judíos y cristianos de las Escrituras

Biblia hebrea (BH)	Septuaginta (LXX)	Vulgata (Vlg)
Torá: Génesis Éxodo Levítico Números Deuteronomio	Pentateuco: Génesis Éxodo Levítico Números Deuteronomio	Pentateuco: Génesis Éxodo Levítico Números Deuteronomio
Nebi'im: Profetas Anteriores: Josué Jueces Samuel (2) Reyes (2)	Libros históricos: Josué Jueces Rut Reinados: Samuel (2)	Libros históricos: Josué Jueces Rut Samuel (2) Reyes (2)
Nebi'im: Profetas Posteriores: Isaías Jeremías Ezequiel Los Doce: (=Oseas, Joel, Amós, Abdías, Jonás, Nahúm, Miqueas, Habacuc, Sofonías, Ageo, Zacarías, Malaquías)	Libros históricos: Reyes (2) Paralipómenos (2) [Crónicas (2)] Esdras (4) *I Esdras II Esdras (=Esdras) III Esdras (=Nehemías) Ester *(con adiciones griegas) *Judit *Tobit Macabeos (4).51 *Macabeos (2) III, IV Macabeos	Libros históricos: Crónicas (2) Esdras Nehemías Tobit Judit Ester Macabeos (2) **III Esdras **IV Esdras
Ketubim: Escritos Salmos Job	Libros poéticos: Salmos52 **Odas	Libros poéticos: Job Salmos

---

51 El contenido básico de los libros de los Macabeos es el siguiente: 1 Mac relata la persecución y la resistencia de los judíos por los años 175–164 a.C., desde una perspectiva macabea; 2 Mac incluye parte de la misma historia de persecución y resistencia, pero desde el punto de vista fariseo; 3 Mac describe la amenaza a la comunidad judía de Alejandría por los años 221–203 a.C.; 4 Mac presenta una meditación piadosa de los martirios descritos en 2 Mac. Estos libros se incluyen como un apéndice al final de la Septuaginta.

52 El libro de los Salmos contiene un salmo adicional que no aparece en el canon hebreo: el 151, del cual existen copias tanto en griego como en hebreo. Véase, J. A. Sanders, *The Psalms Scroll of Quram Cave 11. Discoveries in the Judean Desert, Oxford,* 1965.

Proverbios Rut Cantar de los Cantares Qohelet (=Eclesiastés) Lamentaciones Ester Daniel 1-12 Esdras-Nehemías Crónicas (2)	Proverbios Eclesiastés (=Qohelet) Cantar de los Cantares Job *Sabiduría de Salomón *Sabiduría de Jesús ben Sira (=Sirácida) **Salmos de Salomón	Proverbios Eclesiastés (=Qohelet) Cantar de los Cantares Sabiduría Eclesiástico (=Sirácida)
	Libros proféticos: Los Doce: (=Oseas, Amós, Miqueas...)	Libros proféticos: Isaías Jeremías Lamentaciones
* Deuterocanónicos o Apócrifos **Pseudoepígrafos	Libors proféticos: Isaías Jeremías *Baruc 1-5 Lamentaciones Carta de Jeremías (=Baruc 6) Ezequiel *Susana (=Daniel 13) Daniel 1-12. *Bel y el Dragón (=Daniel 14)	Baruc 1-6 Ezequiel Daniel 1-14 Los Doce: (=Oseas, Joel, Amós....

Libros recomendados

Archer, Gleason L. *Reseña crítica de una introducción al Antiguo Testamento*. Trad. del inglés por A. Edwin Sipowicz. Chicago: The Moody Bible Institute of Chicago, 1981.

Báez-Camargo, Gonzalo. *Breve historia del canon bíblico*. México: Sociedades Bíblicas Unidas, 1983.

Trebolle Barrera, Julio. *La Biblia judía y la Biblia cristiana*. Madrid: Editorial Trotta, 1993.

Turro, James C. y Brown, Raymond E. «Canonicidad». *Comentario Bíblico «San Jerónimo»*. Tomo 5. Trad. del inglés por Alfonso De la Fuente Adánez. Madrid: Ediciones Cristiandad, 1972. [1]

El canon del Nuevo Testamento

Plutarco Bonilla Acosta

Introducción

La Biblia es el libro sagrado del cristianismo

De las páginas de ese Libro han bebido los creyentes a lo largo de los siglos. Alabada por los cristianos y despreciada por sus detractores; traducida a muchas lenguas y prohibida su lectura por peligrosa; impresa por millones de ejemplares y distribuida por organismos como Sociedades Bíblicas Unidas, y perseguida, a veces con saña, por personas y regímenes que han visto en ella un formidable enemigo digno de ser atacado; estudiada con sacrificio y ahínco por millones de discípulos de Jesucristo y de adoradores del Dios altísimo, y abandonada en un polvoriento rincón de la casa o del despacho por muchos que se llaman a sí mismos cristianos, la Biblia ha capeado todas las tempestades. Y cada día es mayor el número de quienes ansían descubrir en sus páginas el mensaje de esperanza que no han podido encontrar en teorías ni en ideologías, en ciencias ni en instituciones religiosas, en el activismo político ni en la entrega apasionada al activismo hedonista que tanto caracteriza a este mundo en desesperación.

Religión y texto sagrado

El sentimiento religioso es una experiencia de carácter prácticamente universal. Ya lo señaló un pensador antiguo: puede uno recorrer los pueblos del mundo y se encontrará con que muchos de ellos no han construido teatros ni coliseos; otros no han desarrollado las artes o algunas de ellas; aun en otros faltan instituciones que ya existían en pueblos que les eran contemporáneos. Sin embargo—decía el filósofo e historiador Plutarco, del siglo II de la era cristiana—, que no se conocían pueblos en los que no existiera alguna forma de expresión del sentimiento religioso, por muy primitivos que tanto este como aquella pudieran ser.

Como parte de esa expresión—y de manera muy particular en las religiones que lograron alcanzar un determinado grado de desarrollo—aparecen también los libros sagrados: el conjunto de aquellos textos que una determinada comunidad religiosa considera que son de particular interés y valor para ella, y, como consecuencia, poseedores de una autoridad tal que ningún otro texto comparte. Por eso existen los *Vedas* y *El libro de los muertos*, *El Corán*, *El libro de Mormón* y los libros de Russell. Las diferentes comunidades religiosas interpretan de diversa manera el origen y el significado de su propio conjunto de libros sagrados.[1]

En el cristianismo no podía ser de otra manera. Por una parte, hereda del judaísmo una colección de libros sagrados—la *Biblia hebrea*—que, con el tiempo, pasó a denominar con la expresión «Antiguo Testamento».[2] Y, por otra, su propia experiencia y desarrollo le

---

[1] Sobre el tema de los textos sagrados y las religiones del mundo, consúltese el interesante estudio de Harold Coward, *Sacred Word and Sacred Text* (Maryknoll, N.Y.: Orbis Books, 1988). Algunos han señalado que por lo menos dieciocho religiones, desde la antigua religión egipcia a la Iglesia de los Mormones (comienzos del s. XIX), consideran determinados libros como «Sagrada escritura». Véase, a este respecto, Antonio M. Artola y José Manuel Sánchez Caro, *Biblia y Palabra de Dios* (Estella, Navarra: Editorial Verbo Divino, 1992), especialmente el capítulo 3 de la Parte segunda.

[2] Hay que recordar que nuestro AT tiene también autonomía propia, en el sentido de que es valioso por sí mismo, aun cuando los cristianos veamos

hace producir una serie de textos que también se van incorporando al conjunto de libros tenidos como de especial valor y autoridad.

La historia del texto, la transmisión del texto y la formación del canon

¿Cómo se formó el canon del Nuevo Testamento? [3]

Es obvio que no se trata de que a alguien se le hubiera ocurrido reunir en un solo volumen un cierto conjunto de obras—muy dispares, por cierto, en cuanto a extensión y contenido—y hubiera proclamado, porque así le pareció bien, que esos libros eran sagrados.

Tampoco se trata de que Dios le haya soplado a alguien en el oído y le haya dictado, libro por libro, la lista completa de los que habrían de componer el Nuevo Testamento.

El proceso fue muy distinto. Mucho más complejo, mucho más rico y mucho más interesante. Y no exento de dificultades.

En primer lugar, hay un estrechísimo nexo entre la formación del canon y la formación del texto. Ambos desarrollos no pueden identificarse, pero tampoco pueden separarse sin hacer violencia a uno de los dos.[4]

---

en el NT la plenitud de su significado. Por ello es saludable llamar a ese grupo de libros *La Biblia hebrea*, que es, además, una manera de reconocer que no somos ni los «dueños» ni los únicos depositarios de ese texto sagrado.

[3] Puesto que a este precede otro capítulo sobre el canon del AT, allí remitimos al lector para ver el significado de la palabra «canon» y su uso cristiano. Véanse también los primeros párrafos del breve artículo de Samuel Pagán, «Formación del canon y del texto», (en *Taller de ciencias de la Biblia* [San José, Costa Rica: Sociedad Bíblica de Costa Rica, 1991], p. 21 y 22). Para información adicional, véase Philipp Vielhauer, *Historia de la literatura cristiana primitiva*. Traducción de Manuel Olasagasti, Antonio Piñero y Senén Vidal (Salamanca: Sígueme, 1991), cap. XI, sección 64 («El problema de la formación del canon»).

[4] En los primeros párrafos del artículo sobre «El texto del NT», en esta misma obra, se describe brevemente parte del proceso de la formación del texto. Aquí añadimos unos pocos detalles complementarios que permitirán al lector '¡así al menos esperamos!' percibir más claramente la íntima relación que existe entre la escritura y difusión del texto sagrado y la formación del canon. En efecto, uno no se comprende bien sin la comprensión del otro.

Como es de sobra conocido, los escritos del Nuevo Testamento son escritos ocasionales. Con ello queremos decir que hubo una «ocasión» (o unas «ocasiones») que, de hecho provocaron su formación. O, dicho de otra manera: Esos textos no aparecen simplemente porque sus autores un día se levantaron con ganas de escribir y luego tuvieron la brillante idea de que sería «bonito» poner por escrito lo que les había venido a la mente. Al contrario. No es extraño el caso de un determinado autor bíblico que escriba angustiosamente, y que habría preferido no tener que escribir lo que estaba escribiendo. Eso es, en efecto, lo que a veces le pasaba a Pablo apóstol. Oigámoslo cuando escribe estas palabras: «Porque por la mucha tribulación y angustia de corazón os escribí con muchas lágrimas, no para que fueseis contristados... Porque aunque os contristé con la carta, no me pesa, aunque entonces lo lamenté...» (2 Co 2.4; 7.8a).[5]

Fueron muy diversas las «ocasiones» o circunstancias que movieron a los diferentes autores del Nuevo Testamento a poner en papiro (que era el papel de la época) sus pensamientos, exhortaciones, esperanzas, oraciones, etc. El material que se incluye en esa obra global es variado: hay predicaciones (u homilías), cuentos que Jesús contaba (eso son las parábolas, y Jesús era un consumado e inigualable narrador), relatos de acontecimientos, oraciones, exhortaciones, visiones proféticas y apocalípticas, escritos polémicos, cartas personales, secciones poéticas... En cada caso, fue el problema o situación particular que el autor quería enfrentar y las características propias de sus lectores lo que determinó la naturaleza de cada escrito.

Por supuesto, mucho de lo anterior también se encuentra en la Biblia hebrea y, de alguna manera, ella sirvió de modelo para los escritores neotestamentarios. A ese modelo ellos agregaron su

---

[5] Como estos textos, podrían mencionarse otros, incluso algunos en los que el tono que emplea el autor muestra su angustia y preocupación, o su enojo. Véanse, a modo de ejemplo, los siguientes: Gl 3.1–5; 4.11–20; Col 2.1, 4; 2Ts 2.1-2. En este trabajo, cuando transcribimos textos bíblicos lo hacemos de la versión de Reina-Valera, revisión de 1960, excepto cuando se indique otra cosa.

propia creatividad y ciertos detalles que eran característicos de la época en la que se formó el Nuevo Testamento.[6] Hay, sin embargo, en el desarrollo de la comunidad cristiana de los primeros tiempos y en su producción literaria, una diferencia fundamental respecto de los escritos heredados del judaísmo. Veamos:

· Cuando Pablo, Pedro, Juan o Judas, pongamos por caso, se sentaban a escribir, ya fuera por propia mano o, como solía hacer Pablo, por la interpósita mano de un secretario, lo que querían hacer era responder a la situación específica que se les había presentado: pleitos entre hermanos, inmoralidad en la congregación, penetración en la comunidad cristiana de ideas extrañas que negaban tanto la eficacia de la obra de Jesucristo como la eficacia de la fe, gozo por la fidelidad de los hermanos y por la expresión de su amor, necesidad de recibir aliento en momentos de dificultad y prueba... o lo que fuera. Y esas autoridades de la iglesia escribieron, habiendo buscado la dirección de Dios, en su calidad de tales: apóstoles, obispos (en el sentido neotestamentario), pastores y dirigentes de la comunidad cristiana en la diáspora.

· Cuando ellos escribían, ni siquiera soñaban que aquello que producían tenía, o llegaría a tener, la autoridad de los escritos sagrados que leían en la sinagoga y en las primeras congregaciones de cristianos. Puede decirse que en el Nuevo Testamento, quizás con la excepción del *Apocalipsis*—por su naturaleza particular—, no hay indicios de que sus autores creyeran que lo que estaban escribiendo iba a ser parte de «La Escritura».[7] Pero, por proceder esos escritos de quienes procedían, por la autoridad que representaban sus autores y por considerar que, de alguna manera, eran testimonio de primera mano y fidedigno de «las cosas que entre nosotros

---

[6] El ejemplo más obvio es lo que podríamos llamar «género *evangelio*», característico del cristianismo, pues nació con él. Otro aspecto es el género epistolar: aunque había cartas en el AT (por ejemplo, en Esd 4.11b-16; 4.17b-22; 5.7–17; 7.12–26), puede decirse que en el NT se presenta como género literario específico, bien desarrollado ya en la época cuando este estaba siendo compuesto.

[7] Al parecer fueron los gnósticos los primeros en tratar como «Escrituras» algunos de los escritos del NT.

han sido ciertísimas» (Lc 1.1), los grupos cristianos no sólo guardaron y releyeron los textos que directamente ellos habían recibido sino que, además, comenzaron a producir muchas copias y a distribuirlas entre otras tantas comunidades hermanas.[8] Poco a poco, los cristianos fueron reconociéndoles a esos textos autoridad privilegiada[9] para la vida de la Iglesia y, con ello, reconocieron la inspiración divina en su producción, y en fecha posterior elaboraron la doctrina correspondiente.[10]

Nos hemos referido hasta ahora a libros del Nuevo Testamento que se escribieron, en su mayoría, «de corrido». La situación se torna más compleja cuando tratamos de textos como los de los evangelios, cuya composición siguió otro camino.

En efecto, a Jesús no lo seguían estenógrafos que iban tomando notas de todo lo que él hacía y enseñaba, y que luego «se sentaron a escribir un libro».

De la palabra hablada a los textos escritos

La primera etapa de la transmisión del material que se incluye en los cuatro evangelios corresponde a la «tradición oral»: los apóstoles y demás discípulos de Jesús contaron a sus nuevos hermanos en la fe todo lo que podían recordar de su experiencia con su Señor y salvador.

---

[8] Véase, en el vol. III, el capítulo sobre las «Traducciones castellanas de la Biblia», y lo que allí decimos acerca del por qué se hicieron muy pronto traducciones del texto del NT.

[9] Debe indicarse que en el propio NT tenemos unos pocos testimonios en los que, junto a dichos del AT (Dt 25.4), se ponen dichos de los evangelios (Lc 10.7). Tal es el caso de 1Ti 5.18. Probablemente algo similar ocurra con la referencia que a los escritos de Pablo se hace en 2P 3.15–16.

[10] El desarrollo de la doctrina de la inspiración ha sido muy importante en la historia de la iglesia. Aquí no tratamos ese tema. Sí es bueno acentuar la distinción entre inspiración y autoridad. Y, en cuanto a esta última, también debe distinguirse entre la autoridad propia del texto y el hecho de que la comunidad cristiana inviste de autoridad, por su recepción y por su uso, a ese mismo texto. Esta distinción no implica la más mínima contradicción: la definición del primer aspecto corresponde a la teología; la del segundo es parte del desarrollo de las comunidades cristianas del primer siglo.

Muy pronto comenzaron a hacerse colecciones escritas de los dichos de Jesús.[11] Quizá nos parezca que algunos dichos de nuestro Señor que encontramos en los evangelios canónicos están como «descolgados» de su contexto literario. Probablemente se deba ello a que hayan sido tomados de alguna de esas colecciones.

De los textos que han llegado hasta nosotros, y por los testimonios de escritores antiguos, sabemos, además, que los seguidores de Jesús y de sus apóstoles también hicieron, en fecha posterior, otras colecciones de libros sagrados. Textos favoritos de esas colecciones parecen haber sido los escritos de Pablo.[12]

Cuando los autores de los evangelios que son parte del Nuevo Testamento se pusieron a redactar en forma final sus escritos,[13] echaron mano del material que tenían a su disposición, e incluso

---

[11] Los descubrimientos de Nag Hammadi (1945) pusieron a nuestra disposición una gran biblioteca de extraordinario valor. Ha habido mucha discusión acerca de la naturaleza de los textos allí encontrados y en la actualidad se están revisando algunas posiciones que se habían tomado, quizás, apresuradamente. Por ejemplo, hoy se considera que no todos los textos encontrados son gnósticos (por ejemplo, y obviamente, el del libro VI de *La República*, de Platón) y que, con mucha probabilidad, la comunidad a la que la biblioteca pertenecía tampoco era gnóstica. De todos modos, lo que interesa ahora destacar es que allí se encontró un evangelio, de tendencias gnósticas (según unos autores, aunque otros rechazan esta clasificación), que es una colección de dichos atribuidos a Jesús. Se trata del *Evangelio de Tomás*. Véase, sobre este tema, el excelente libro de James H. Charlesworth, *Jesus within Judaism* (N. Y.: Doubleday, 1988), especialmente el cap. 4: «Jesus, the Nag Hammadi Codices, and Josephus». En cuanto al *Evangelio de Tomás*, hay traducción castellana, por Manuel Alcalá: *El evangelio copto de Tomás* (Salamanca: Sígueme, 1989).

[12] En la *Primera carta a los corintios*, de Clemente de Roma, en la *Carta a los efesios*, de Ignacio y en la *Carta de Policarpo a los filipenses* se mencionan las «cartas de Pablo». El texto neotestamentario de 2P 3.15 indica otro tanto. (En la carta de Policarpo también se hace referencia a una colección de las cartas de Ignacio, obispo de Antioquía y mártir.)

[13] Recordemos que ninguno de los cuatro evangelios da el nombre de su autor. La asignación a los cuatro «evangelistas» es unos cuantos años posterior a los mismos evangelios y corresponde a la tradición oral de la que tenemos testimonio escrito a partir del s. III.

buscaron más información por su propia cuenta. De ello da claro testimonio el propio Lucas, al comienzo de su evangelio.

Ahora bien, ni los cuatro evangelistas fueron los únicos que escribieron obras de ese género literario que llamamos «evangelio», ni Lucas fue el único que escribió un libro como el de *Hechos*, ni las epístolas del Nuevo Testamento fueron las únicas epístolas cristianas que circularon en el mundo antiguo, ni nuestro *Apocalipsis* es el único libro cristiano de ese tipo que se escribió en la antigüedad.

¿Qué queremos decir con lo anterior?

Sencillamente que, dada la naturaleza del cristianismo, su expansión y la diversidad que había entre los cristianos de los primeros siglos (sin olvidar las desviaciones que se llamaban a sí mismas cristianas), fueron muchos los que se dedicaron a escribir «evangelios», «hechos», «epístolas» y «apocalipsis».[14] Relativamente pronto, la iglesia comenzó a discriminar entre unos y otros, aunque, en algunos casos, la discriminación no resultaba muy fácil.

Además, en la etapa inmediatamente posterior a los apóstoles hubo cristianos—entre los que se contaban algunos que con su sangre habían sellado la genuinidad de su testimonio y de su vida, como Ignacio, Obispo de Antioquía, o como Justino, de sobrenombre Mártir o el Filósofo—que escribieron obras muy importantes, ya sea para defensa de la fe o para la edificación de los cristianos. Algunas de esas obras resultaron ser sobremanera apreciadas por

---

[14] Para mayor información sobre estos aspectos, véase la siguiente obra: Julio Trebolle Barrera, *La Biblia judía y la Biblia cristiana. Introducción a la historia de la Biblia* (Madrid: Editorial Trotta, 1993). En las páginas 258–263 se encuentra una lista de las obras canónicas y no canónicas (o apócrifas), organizadas por sus géneros (evangelios, hechos, etcétera), y seguida por una breve explicación de las segundas. Se añade, además, una lista de «interpolaciones cristianas», escritos de los Padres apostólicos y tratados doctrinales y morales. Véanse también: M.G. Mara, «Apócrifos», en: *Diccionario patrístico y de la antigüedad cristiana* (Salamanca: Sígueme, 1991), 2 volúmenes; y A. Sánchez Otero, *Los evangelios apócrifos* (Madrid: B.A.C., 1956).

muchas comunidades cristianas, donde se leían con verdadera veneración y respeto. De entre ellas, unas, como la *Primera epístola de Clemente de Roma a los corintios*, la *Carta de Bernabé*, *El Pastor*, de Hermas, la *Didajé* y otras, llegaron a ser consideradas por muchos cristianos, y por las comunidades a las que ellos pertenecían, como obras canónicas y, por tanto, como escritos sagrados investidos de autoridad para la iglesia.

El canon

La situación interna de la iglesia

Desde el primer siglo—y de ello tenemos testimonio en los escritos del Nuevo Testamento—los dirigentes cristianos hubieron de enfrentarse a problemas que tenían que ver no con aspectos prácticos de la vida cristiana personal y comunitaria (cuestiones morales y de relaciones personales), sino también con desviaciones doctrinales, resultado de la incomprensión—o de la distorsión intencionada—del significado del evangelio. En varios libros del Nuevo Testamento podemos detectar esta lucha de aquellos primeros escritores cristianos.

Con el pasar del tiempo, los problemas fueron creciendo y haciéndose cada vez más agudos. El acelerado crecimiento del cristianismo contribuyó también a ello, además de otros factores. Entre estos podemos mencionar los siguientes: el natural proceso de transformación desde un movimiento con «mística» y visión hasta una institución que tenía que gastar gran cantidad de energía en resolver sus asuntos internos (el menor de los cuales no era la administración) y en cuidar su supervivencia; el tránsito desde una comunidad perseguida a una comunidad primero tolerada, luego protegida y finalmente asimilada al poder político y capaz de perseguir[15] (o, en otros términos, el paso del cristianismo a la cristiandad); la incorporación a

---

[15] Se nos ocurre pensar que es el recorrido, pero a la inversa, que siguió Pablo. Este, de perseguidor se convierte en perseguido. Esto fue parte de su «conversión». La iglesia, por su lado, de perseguida se convierte en perseguidora. ¿Será esa su «desconversión?».

la nueva fe, durante los primeros siglos, de muchas personas que, antes de su conversión, habían sido muy bien formadas de acuerdo con la cultura helenística dominante, no cristiana; la carencia del instrumental ideológico y técnico (además del lexicográfico) para profundizar y expresar, desde adentro de la fe, la inteligencia de esa misma fe; la «oferta» que le hacía al cristianismo el contexto sociocultural, del instrumental ideológico, técnico y lexicográfico provisto por la prevaleciente cultura helenística (sobre todo en el oriente cristiano, donde se elabora, en su primera etapa, la teología cristiana); la entrada al cristianismo (sobre todo en la época constantiniana) de gran número de personas que lo hicieron por razones no «teológicas», sin que hubiera realmente conversión.

Surgieron entonces las controversias doctrinales, en algunas de las cuales se vio envuelto todo el mundo cristiano. Por supuesto, no todas suscitaron el mismo interés (algunas estaban circunscritas a una región) ni tenían igual importancia. Pero desde el principio se vio una necesidad imperiosa: la de contar con un *corpus* propio de libros sagrados que pudieran servir como punto de referencia y como fuente y criterio a la hora de tomar decisiones doctrinales. En otras palabras: hacía falta establecer un canon.

Como es de esperar, la conciencia de esta necesidad no fue algo que irrumpió repentinamente en los círculos cristianos. Es más, los cristianos de los primeros siglos, como ya se indicó, llegaron a considerar que algunos libros que actualmente no forman parte de nuestro Nuevo Testamento sí eran parte del canon. Este hecho es fundamental para entender el panorama que hoy se nos presenta en el marco general del cristianismo, pues no todos los cristianos aceptan el mismo conjunto de libros canónicos.

En líneas anteriores mencionamos algunos de esos libros que fueron citados como fuentes de autoridad por los escritores cristianos. A este respecto, es necesario ampliar nuestra comprensión de aquel período. Esos mismos cristianos, incluidos los autores de los libros que componen el Nuevo Testamento, se sentían en libertad de citar, en sus obras, escritos que no eran parte del canon del Antiguo Testamento, tal como este se acepta hoy por la mayoría de las iglesias protestantes. En efecto, encontramos en el Nuevo Testamento alusiones a textos o historias que pertenecen a los libros deuterocanónicos; aún más, como fuente importante, y no como mero adorno literario, hay citas de libros que pertenecen al grupo de los llamados pseudoepígrafos (o apócrifos, según otra nomenclatura).[16]

Esta libertad de uso, junto al hecho de que los libros sagrados de la primera comunidad cristiana eran los que habían recibido del judaísmo, explica que cuando empiezan a hacerse las primeras listas de los nuevos libros admitidos por la iglesia aparezcan en ellas algunos de los que hoy nos extrañamos... y no aparezcan otros que todas las comunidades cristianas de nuestra época aceptan como canónicos. Veamos, a vuelo de pájaro, los siguientes hechos:

Recepción de los libros y autoridad conferida

Los escritos de los apóstoles y de los otros seguidores de Jesús (especialmente la mayoría de aquellos escritos que luego se incluyeron en el conjunto que llamamos Nuevo Testamento) gozaron desde muy temprano de una calurosa recepción y se convirtieron en fuente de autoridad para los escritores cristianos de los años subsiguientes. Cuando se leen los escritos de los Padres apostólicos[17]

---

16 No debieran identificarse los dos términos (*deuterocanónico* y *apócrifo*). Desafortunadamente, no ha habido acuerdo para su uso, y este ha cambiado, sobre todo en la tradición protestante. En efecto, la misma palabra «apócrifo» ha variado su significado, y hoy se maneja, al menos en círculos populares evangélicos, con un sentido básicamente peyorativo. Respecto de las alusiones y referencias que a algunos de estos libros se hace en el Nuevo Testamento, véase el «Index of allusions and verbal parallels», *The Greek New Testament*. Fourth revised edition. Edited by Barbara Aland, Kurt Aland, Johannes Karavidopoulos, Carlo M. Martini and Bruce M. Metzger (Stuttgart, Germany: Deutsche Bibelgesellschaft, United Bible Societies, 1993), p. 891–901. En las p. 900 y 901 se registran ciento dieciséis de esas «alusiones y paralelos verbales» de libros deuterocanónicos y apócrifos (apócrifos y pseudoepígrafos, respectivamente, según la terminología más usada entre los protestantes) en el NT. Además se señalan tres (o quizá cuatro) casos, en el NT, tomados de «otros escritos» del mundo antiguo.

17 Se llama así al conjunto de escritores y textos cristianos que aparecen en la etapa inmediatamente posterior a la de los apóstoles. Conocemos los

puede notarse la presencia, en ellos, de la enseñanza apostólica, tal como la conocemos por los libros ahora canónicos. Hay citas, en esos escritos, de todo el Nuevo Testamento, con excepción de los siguientes libros: *Filemón*, *2 de Juan* y *3 de Juan*. Los siguientes se citan muy poco: *2 de Pedro*, *Santiago* y *Judas*.

Algunos tratados de los Padres apostólicos—tratados fundamentalmente pastorales—, por la naturaleza de su contenido, por la autoridad de su autor y por su cercanía temporal y temática a la enseñanza de los apóstoles, gozaron de gran simpatía, prestigio y aceptación. Aun cuando se basaban en lo que habían transmitido los discípulos de Jesús (de ahí el recurrir a las citas de las obras de estos últimos), muy pronto esos mismos escritos comenzaron a ser citados como libros de igual autoridad: los miembros de la comunidad los leían como si fueran parte de las «escrituras cristianas».

Los Padres de la iglesia

El período inmediatamente posterior al de los Padres apostólicos se conoce como el de los «Padres de la iglesia». Algunos dividen este período, a su vez, en tres etapas (que no tienen necesariamente secuencia cronológica): la etapa apologética (los Padres apologistas), la polémica y la científica. Fue entonces cuando recrudecieron los problemas doctrinales, tanto por los ataques externos de los enemigos del cristianismo como por dificultades internas, causadas por el sano deseo de profundizar en la inteligencia de la fe y en la comprensión de la enseñanza. De hecho se trató, en este último aspecto, de reducir cada vez más el ámbito del misterio; o sea, se intentó «explicar» todo aquello que pudiera ser explicable, incluso después de aceptar la irrupción del misterio o del milagro. Por

nombres de los autores de muchas de esas obras. Otros escritos de la época resultan anónimos. Se cuentan, entre los Padres apostólicos, los siguientes: Clemente Romano, *La Didajé*, Ignacio de Antioquía, Policarpo de Esmirna, Papías de Hierápolis, La *Epístola de Bernabé*, *El Pastor*, de Hermas, la *Epístola* (o *Discurso*) *a Diogneto*. Véase, para los textos: *Padres apostólicos*. Introducción, notas y versión castellana de Daniel Ruiz Bueno (Madrid: B.A.C., 1967)?[2]; y para información sobre esos libros: las obras ya citadas de Justo L. González y de Philipp Vielhauer.

ejemplo, aceptada, como hecho y como milagro, la encarnación, se buscó explicar cómo se unen las dos naturalezas (humana y divina) en la persona de Jesús. Lo mismo, respecto de la persona y la voluntad. Y otro tanto en relación con la doctrina de la Trinidad.

Los esfuerzos fueron múltiples, y variadas las soluciones propuestas. Desafortunadamente, las nuevas relaciones entre el cristianismo y el imperio romano hicieron que intereses políticos no se mantuvieran ajenos a las controversias teológicas.[18]

No es de extrañar, dadas esas circunstancias, que este período nos ofrezca una gran riqueza de producción literaria: amplia y variada, en la que están representados los diferentes bandos teológicos en pugna.[19]

Marción

En el siglo II apareció un personaje de cuya vida tenemos muy pocos datos: Marción. Al parecer, fue excomulgado de la iglesia por su propio padre (quien debió, por tanto, ser obispo). Luego se afilió a la comunidad cristiana de Roma, y también de allí lo expulsaron (probablemente en el 144 d.C.).[20] Influido por creencias

---

[18] Quizás el ejemplo más dramático haya sido el de Atanasio, quien experimentó en carne propia las vicisitudes de la intromisión del poder político en las discusiones doctrinales de los cristianos. No hay que olvidar, incluso, que durante mucho tiempo fue el emperador el único que tenía la autoridad para convocar los concilios. Véase: Justo L. González, *Historia del pensamiento cristiano* (Buenos Aires: Methopress, 1965), vol. I, especialmente los capítulos VI y XIII. «Un hecho notable en los concilios antiguos es el papel importante que ejercía el emperador: él los convoca, fija el orden del día, confirma sus decisiones; al ratificarlos, da valor de leyes imperiales a las decisiones conciliares, ya que los ciudadanos tienen que profesar la fe ortodoxa, y confía a la justicia coercitiva secular a los que se oponen a ella» (Ch. Munier, «Concilio», *Diccionario patrístico*, vol. I, p. 462).

[19] Aunque hay que reconocer, con tristeza, que muchas de las obras de autores que llegaron a ser considerados «heterodoxos» fueron luego destruidas, como también algunos volúmenes contra el cristianismo escritos por autores «paganos». De lamentar es la desaparición de los libros de Porfirio (segunda parte del s. III).

[20] J. L. González, p. 160–165.

El canon del Nuevo Testamento

no cristianas, consideró que el Dios de quien habla el Antiguo Testamento no es el Dios verdadero, por lo que rechazó, en bloque, todos los libros de la *Biblia hebrea*. Por aquel entonces no se había establecido en la iglesia ningún canon, y por eso bien puede afirmarse que fue Marción el primero que definió un canon de libros cristianos. Según él, estaba constituido por el *Evangelio de Lucas* y por diez de las epístolas paulinas (todas menos las cartas pastorales; *Hebreos* no cuenta). Aun en esos libros que aceptó, Marción hizo recortes, pues consideraba que la iglesia había manipulado el texto y lo había pervertido.

La acción de Marción fue muy significativa. Muchos escritores cristianos lo atacaron. Fue condenado en el 144 d.C. Pero su atrevimiento dio inicio, en cierto sentido, a un proceso que llevaría a la definición de un canon «cerrado». «La polémica contra las pretensiones de los gnósticos de disponer de tradiciones secretas y contra las de Marción de escoger y corregir los textos, rechazando además las Escrituras hebreas, contribuyó a reforzar la conciencia del privilegio que tenían los escritos juzgados como apostólicos, en función de la acogida que obtuvieron entre las principales iglesias y teniendo en cuenta los criterios internos de seriedad y ortodoxia».[21]

Ya por el año 200 d.C. se había aceptado la idea del canon y se había compilado una buena parte de su contenido; sin embargo, no había unidad de criterio en cuanto a la totalidad de los libros que lo constituirían. Este hecho se percibe muy bien por las dudas y variaciones presentadas en las listas que surgieron en diversos lugares donde el cristianismo se había desarrollado.

Taciano

Antes de finales del siglo II, Taciano—que había sido discípulo de Justino Mártir—escribió su *Diatessaron* (c.170 d.C.), que es una armonía de los cuatro evangelios. Este hecho muestra que, para

---

[21] J. Gribomont, «Escritura (Sagrada)», *Diccionario patrístico*, p. 742. Véase, en Philipp Vielhauer, *Historia de la literatura...*, pp. 817–821, la presentación de las hipótesis que intentan explicar cuál fue el motivo por el que se formó un canon del NT.

esa fecha, ya se consideraba que los evangelios canónicos eran esos cuatro.

El Fragmento Muratori

De finales del siglo II o principios del III, este manuscrito contiene una lista de libros del Nuevo Testamento, escrito en latín, conocido como el Fragmento Muratori, por el nombre del anticuario y teólogo que descubrió el documento: Ludovico Antonio Muratori.[22]

En el Fragmento Muratori se mencionan, como libros aceptados, 22 de los que componen nuestra versión del canon del Nuevo Testamento. Faltan los siguientes: *Hebreos, Santiago, 1 y 2 de Pedro, 3 de Juan*. Pero se añaden, como aceptados, otros dos libros: *Apocalipsis de Pedro* y *Sabiduría de Salomón*. Además, se da una lista de obras que fueron rechazadas por la iglesia, por diversas razones.

Orígenes

Por su parte, el gran Orígenes (quien murió alrededor del año 254 d.C.), indica que son aceptados veintiún libros del actual canon de veintisiete; pero hay otros que él cita como «escritura», como la *Didajé* y la *Carta de Bernabé*. Luego menciona entre los textos acerca de cuya aceptación algunos dudaban, los siguientes: *Hebreos, Santiago, Judas, 2 de Pedro, 2 y 3 de Juan*, además de otros libros (como la *Predicación de Pedro* o los *Hechos de Pablo*).[23]

---

[22] La historia de este fragmento, sus posibles interpretaciones y su significado, así como los problemas de determinación de su fecha están explicados en el capítulo doce («The Muratorian Fragment») de la obra de F. F. Bruce, *The Canon of Scripture* (Downers Grove, Illinois: InterVarsity Press, 1988).

[23] Eusebio de Cesarea, *Historia eclesiástica*. Traducción de Argimiro Velasco Delgado (Madrid: B.A.C., 1973), VI, 25, 3–14; G. Báez Camargo, *Breve historia del canon bíblico* (México: Ediciones «Luminar», 1982)?[2]; F. F. Bruce, *The Canon of Scripture*, pp.192–195.

Eusebio de Cesarea

Eusebio de Cesarea nos presenta, en su *Historia eclesiástica*, una síntesis de la situación a principios del siglo cuarto, en cuanto al status de los libros sagrados dentro del cristianismo. Dice así el padre de la historia eclesiástica:

«En primer lugar hay que poner la tétrada santa de los *Evangelios*, a los que sigue el escrito de *Hechos de los Apóstoles*.

»Y después de este hay que poner en lista las *Cartas* de Pablo. Luego se ha de dar por cierta la llamada *1 de Juan*, también la de *Pedro*. Después de estas, si parece bien, puede colocarse el *Apocalipsis de Juan*, acerca del cual expondremos oportunamente lo que de él se piensa.

»Estos son los que están entre los admitidos [griego: *homolo- goumena*]. De los libros discutidos [*antilegomena*], en cambio, y que, sin embargo, son conocidos de la gran mayoría, tenemos la *Carta* llamada *de Santiago*, la *de Judas* y la *2 de Pedro*, así como las que se dicen ser *2 y 3 de Juan*, ya sean del evangelista, ya de otro del mismo nombre.

»Entre los espurios [*noza*] colóquense [...] aun, como dije, si parece, el *Apocalipsis de Juan*: algunos, como dije, lo rechazan, mientras otros lo cuentan entre los libros admitidos».[24]

---

[24] Eusebio, *Historia eclesiástica*, III, 25,1-4. El grupo de los espurios (*noza*) está formado por libros que también son discutidos, como «*Hechos de Pablo*, el llamado *Pastor* y el *Apocalipsis de Pedro*», entre otros. Eusebio menciona, además, otros libros que «han propalado los herejes»; y añade: «Jamás uno solo entre los escritores ortodoxos juzgó digno de hacer mención de estos libros en sus escritos». De esos mismos libros dice que son «engendros de herejes» (*haireticon andron anaplasmata*) y «absurdos e impíos» (*atopa kai dyssebe*) (III, 25,4 y 6–7).

Resumen

¿Qué nos enseña todo este proceso?

Primero, que el camino de la recepción y aceptación como libros privilegiados de un determinado número de textos a los que se les reconoció especial autoridad en las comunidades cristianas fue un proceso propio y natural de esas mismas comunidades. No fue resultado de una decisión consciente, de tipo jerárquico o conciliar. Las comunidades cristianas recibieron con alegría, respeto y hasta reverencia las comunicaciones (epístolas, por ejemplo) de los apóstoles o de otros dirigentes de la iglesia, y las aceptaron como documentos que poseían autoridad. Las leían y releían y las compartían con otras comunidades hermanas. Movida por su impulso misionero,[25] la iglesia muy pronto comenzó a sacar copias de esos mismos textos y a repartirlas a las nuevas comunidades que se iban constituyendo a lo largo y ancho del Imperio y aun más allá de sus fronteras.

Segundo, que los demás escritores cristianos, predicadores, teólogos, etc., utilizaron esos escritos y los citaron con frecuencia, en su esfuerzo por comprender mejor la enseñanza cristiana y compartirla con sus lectores.

Tercero, que así se fue reuniendo un conjunto de libros que gozaban del mismo privilegio de aceptación. Este proceso de colección no fue uniforme en todo el territorio en que había presencia cristiana. Por una u otra razón, algunos libros eran aceptados por unas comunidades y rechazados por otras. Fue esa precisamente la causa de que no hubiera una única e idéntica lista de libros «canónicos» en todas partes.

Cuarto, que el fenómeno que acabamos de explicar no se limitó, de manera exclusiva, a variaciones dentro del conjunto de libros que hoy aceptamos como canónicos. No algunos de estos fueron rechazados por algunas comunidades, sino que otros libros extraños a esa lista fueron aceptados, quizás por esas mismas comunidades.

---

[25] Véase el capítulo sobre «Traducciones castellanas de la Biblia», en el vol. III.

Quinto, que las listas de los siglos II y III que han llegado hasta nosotros representan, fundamentalmente, la posición de los grupos cristianos que las confeccionaron (o a los cuales pertenecían las personas que las confeccionaron). Por ejemplo, el «canon» de Muratori (o sea, la lista de libros que aparece en el fragmento de ese nombre) es, con toda probabilidad, el «canon» de la comunidad cristiana de Roma.

Sexto, que la variedad que se produjo se dio, en términos generales, dentro de un marco determinado, con excepción de los «cánones» que se fueron formando en comunidades que estuvieron al margen de la iglesia (como es el caso de la iglesia marcionita).

Séptimo, que no fue sino a partir del siglo IV cuando comenzaron a tomarse decisiones conciliares respecto de la composición del canon. Al principio se trató solo de concilios locales o regionales. Muy posteriormente fue asunto de los concilios generales o ecuménicos.

Octavo, que esas decisiones conciliares confirmaron la tendencia manifestada en los siglos precedentes y que, poco a poco, fue consiguiéndose un consenso orientado al cierre del canon de los veintisiete libros, en las iglesias cristianas mayoritarias. Desde el siglo IV en adelante, los concilios publicaron listas de los libros componentes del Nuevo Testamento. Algunos de los libros tenidos por «dudosos» pasaron a engrosar la lista del canon. Otros, quedaron fuera para siempre. A veces, las circunstancias religiosas de una región pudieron afectar la aceptación definitiva de un determinado libro. Por ejemplo, en el Oriente se tardó más tiempo en aceptar el *Apocalipsis de Juan* porque este libro fue usado por algunos para apoyar ideas que se consideraban heterodoxas. Por otra parte, se siguió dudando, hasta el día de hoy, de la paternidad literaria paulina de *Hebreos* (o de la petrina de *2 de Pedro*). Pero los actuales veintisiete libros canónicos son los que la iglesia cristiana en su gran mayoría ha aceptado y acepta.

Hay que destacar que la aceptación definitiva del canon del Nuevo Testamento no se debió a las decisiones de los concilios. Lo que estos hicieron no fue sino reconocer y ratificar lo que ya estaba sucediendo en las diversas comunidades cristianas que formaban la iglesia universal.

Nos toca, como cristianos, agradecer a Dios por el don especial de estos libros que son «un libro», abrir sus páginas para descubrir en ellas su palabra, para recibir inspiración y corrección, y para comprender mejor su voluntad. «... conoces las sagradas Escrituras, que pueden instruirte y llevarte a la salvación por medio de la fe en Cristo Jesús. Toda Escritura está inspirada por Dios y es útil para enseñar y reprender, para corregir y educar en una vida de rectitud, para que el hombre de Dios esté capacitado y completamente preparado para hacer toda clase de bien» (2 Ti 3.15–17, DHH).

Libros recomendados

Báez-Camargo, Gonzalo. *Breve historia del canon bíblico*. México: Ediciones «Luminar», 1982.

Eusebio de Cesarea. *Historia eclesiástica*. Traducción de Argimiro Velasco Delgado. Madrid: B.A.C., 1973.

Gerhardson, Birger. *Prehistoria de los evangelios*. Santander: Sal Terrae, 1980.

González, Justo L. *Historia del pensamiento cristiano*. Buenos Aires: Methopress, 1965.

Gribomont, J. «Escritura (Sagrada)». *Diccionario patrístico y de la antigüedad cristiana*. Dirigido por Angelo Di Berardino. Trad. de Alfonso Ortiz García y José Manuel Guirau. Salamanca: Sígueme, 1991. 2 volúmenes.

Muñoz Iglesias, S. «Canon del NT». *Enciclopedia de la Biblia*. Dirección Técnica: Alejandro Díez Macho y Sebastián Bartina. Barcelona: Ediciones Garriga, S.A., 1969?2?. 6 volúmenes.

Trebolle Barrera, Julio. *La Biblia judía y la Biblia cristiana*. Madrid: Editorial Trotta, 1993.

SEGUNDA PARTE:

CONTEXTOS DE LA BIBLIA

Arqueología de la época del Antiguo Testamento

Edesio Sánchez Cetina

La arqueología es una búsqueda constante,
jamás una conclusión; es un viaje de nunca acabar.
Todo es tentativo, nada es final.
Paul Bahn

Introducción:
¿Qué es arqueología, sus objetivos, aportes y limitaciones?

En este capítulo, nos interesa estudiar la arqueología como parte de los estudios bíblicos; es decir, como una ciencia auxiliar—entre otras—para el estudio de la Biblia, su contexto y su mensaje. Una definición general, como punto de arranque, nos dice que la arqueología tiene como propósito descubrir, excavar, recolectar, registrar y estudiar los restos o residuos materiales que dejaron pueblos y culturas del pasado: construcciones en general, utensilios, recipientes, escritos, residuos de comidas, de animales, de plantas y de seres humanos.

Circunscrita a los estudios bíblicos, la arqueología, en su primera época tuvo como objetivo, en primer lugar, recolectar «reliquias» (*realia*) para los grandes museos y adinerados coleccionistas;

en segundo lugar, «demostrar que los datos bíblicos son verídicos». Es decir, al arqueólogo le interesaba excavar un montículo o *tell* (árbe; en hebreo: *tel*) con el propósito de confirmar que tal o cual aseveración histórica o factual de la Biblia era veraz. En otras palabras, la arqueología era «sierva» de la teología o postura doctrinal cuya intención era «salvaguardar» la verdad o veracidad de la Biblia. Tal como señala Thomas W. Davis (2004: viii), para esos arqueólogos, comúnmente norteamericanos y pertenecientes al movimiento llamado «teología bíblica», «la fe bíblica, tanto cristiana como judía, depende de la realidad histórica de los eventos que mostraban la mano de Dios. Si los eventos que la Biblia interpreta como intervención divina no tienen base en la realidad—y la arqueología, según ellos, proveía de innumerables ejemplos para apoyarla—, entonces no existe base para creer en el testimonio bíblico.» Para una crítica y evaluación de este acercamiento arqueológico, véase Carolina Aznar Sánchez (2004: 15-105).

A este tipo de tarea arqueológica le interesaban más que nada descubrir artefactos y restos de edificaciones que demostraran la veracidad del dato bíblico. El éxito más grande consistiría en «descubrir los muros de Jericó derribados» o «restos del arca de Noé», «la casa de Pedro», «la cruz de Jesús», «el osario de Santiago, hermano de Jesús», «el nombre de Israel esculpido en una estela de tal o cual faraón», «manifestación de destrucciones masivas por fuego y guerra de ciudades citadas en el libro de Josué», etcétera.

Pues bien, la arqueología bíblica entendida de esa manera ha sido puesta en el «banquillo de los acusados», y encontrada «culpable». A partir de la década de los 60's del siglo pasado, surge una nueva actividad arqueológica llamada ya no «arqueología bíblica», sino «arqueología siro-palestina» o «arqueología del mundo bíblico». El propósito no es la «comprobación», sino el «arrojar luz», iluminar el contexto de vida del pueblo o individuo que habitó tal o cual lugar y tiempo del denominado «mundo de la Biblia». Se habla más bien de «etnoarqueología». Ya no es el objeto o artefacto lo que interesa, sino de qué manera nos ayudan los descubrimientos y estudios arqueológicos para conocer mejor cómo vivió el campesino del siglo XII a.C. en la región montañosa de Palestina *vis a vis* el estilo de vida de quien vivió en una ciudad-estado. ¿Qué papel ocupó la mujer en la época del establecimiento de Israel en tierras cananeas? Este nuevo acercamiento hecha mano de las ciencias sociales y de la antropología cultural.

La arqueología sigue siendo «ciencia auxiliar», pero su objetivo no es el de comprobar, sino ayudar a una mejor comprensión del texto bíblico, su mensaje y sus contextos históricos, sociales y culturales.

Esta «nueva arqueología» ha desenmascarado la parcialidad con la que los arqueólogos bíblicos orientaron su trabajo y sus conclusiones. Carol Meyers (1997: 6) la llama «arqueología elitista». Los arqueólogos concentraron sus investigaciones en los centros urbanos donde vivió la élite. Por eso, sus trabajos revelan las grandes construcciones (palacios, templos, muros, fortalezas) y los objetos o reliquias de las clases dominantes (joyas, estatuas, armamentos, vasijas y ornamentos lujosos, etc.). Esa arqueología se concentró en el 10 % de la población que se apropió de más del 80 % de la tierra y de los bienes, pero ignoró al 90% de la población israelita que por lo general fue campesina y vivió no en las ciudades protegidas sino en las minúsculas aldeas de la zona montañosa.

A partir de los estudios de la «nueva arqueología» unidos a las ciencias sociales y antropológicas, podemos ahora entender mejor la dinámica de la ocupación israelita o hebrea de la Tierra prometida cuando en Palestina las ciudades-estado dominaban la política, la economía y la religión, y se encontraban de manera especial en la «llanura costera». Podemos entender, también, por qué la mayoría de la población israelita se estableció en la región montañosa central y por qué fueron más bien campesinos y moraron en pequeñas aldeas desprotegidas.

Ahora podemos conocer no solo cómo se estructuraban los centros urbanos, qué contenían y quiénes vivían en ellos, sino también a toda esa población que vivió fuera de ellos. Nos enteramos de la vida en la Palestina rural y de la dinámica que se daba entre las ciudades y las aldeas. Cuando hablamos de la familia, del papel de la mujer en la sociedad y en la religión, del lugar que ocupó el niño, de las profesiones marginales como la prostitución, la carnicería, el curtido y teñido de pieles, etc., ahora podemos—con la ayuda de la sociología y la antropología social—entender las interrelaciones de las clases sociales y el rol del individuo perteneciente a cada uno de los estratos sociales.

El acceso a la Biblia y a su mundo se ha ampliado enormemente, y esas «puertas abiertas» nos permiten ahora ver al testimonio bíblico y su contexto desde una «multitud de lentes». Lo que sigue es una mirada global a la arqueología del mundo del Antiguo Testamento que recoge los aportes tanto de la arqueología clásica (previa a la década de los 60's del siglo pasado) y de la denominada «nueva arqueología».

Logros y aportes de la arqueología clásica

Los grandes nombres y épocas

Antes de la primera guerra mundial, la arqueología de las tierras bíblicas era practicada, por lo general, por investigadores europeos, sobre todo de Inglaterra. De esa época, los principales nombres son:

1. Henry Layard (1817-1894), inglés, y Hormuzd Rassam (1826-1910), cristiano de origen caldeo y amigo de Layard, trabajaron sobre todo en el montículo perteneciente a la antigua Nínive, capital del imperio asirio. Como resultado de esas excavaciones, se descubrieron el palacio de Asurbanipal, el de Salmanasar II y el de Tiglat-Piléser. Tiempo después se descubrió el palacio de Senaquerib. Además de esas edificaciones, se descubrieron varios cilindros y prismas con escritura cuneiforme que ofrecen información importante de los anales de Asurbanipal y las campañas guerreras de Senaquerib. Allí se encontraron, también, las famosas tablillas de la biblioteca de Asurbanipal. Esas tablillas, como eran de esperarse, fueron a parar, en su mayor parte, al Museo Británico. El dato más sobresaliente de este descubrimiento y los estudios posteriores de las tablillas, es que George Smith, investigador de aquel museo, dio a conocer al mundo un relato del diluvio que contenía importantes paralelos con el relato bíblico. Este y otros descubrimientos y desciframientos similares despertaron el interés por la arqueología en el mundo bíblico, conocido como el antiguo Cercano Oriente.

2. Edward Robinson (1794-1863), norteamericano, fue el que revolucionó la arqueología y el conocimiento de la topografía palestina. A él se debe, sobre todo, la identificación de docenas de lugares bíblicos nunca antes ubicados. De acuerdo con Thomas W. Davis (2004: 4), «todo estudio de campo realizado en Palestina debe empezar con Robinson, porque toda investigación arqueológica subsiguiente le debe mucho a él».

3. Sir Flinders Petrie (1853-1942) es reconocido como el «padre de la arqueología palestina». A él se deben las técnicas de campo arqueológicas más importantes: la estratigrafía (diferentes niveles de un montículo) y la tipología cerámica. Fue él quien señaló que los objetos encontrados—de manera especial la cerámica—en un estrado podían asociarse a un periodo concreto de ocupación. Trabajó sobre todo en el montículo correspondiente a la antigua ciudad de Laquis. Con este arqueólogo se estrenó la «edad de oro» de la arqueología palestinense, la cual se extendió hasta el estallido de la primera guerra mundial. A ese periodo pertenecen las excavaciones en Guezer (1902-1909), Jericó (1907-1909) y Meguido (comenzó en 1903). En esa época, se formaron varias importantes sociedades nacionales de arqueología: la Palestine Exploration Fund de Inglaterra (1865), la American Palestine Society (1870), la Deutscher Palestina-Verein (1878) y la École Biblique francesa (1890).

4. George Andrew Reisner (1867-1942, de los Estados Unidos) ocupa un lugar importante en la práctica de la arqueología por haber sido uno de los pioneros en el desarrollo de esta ciencia. Reisner fue el primero en «descubrir» al *tell* o montículo como producto de la actividad humana y no simplemente como «productor» simple y llanamente de artefactos y monumentos arquitectónicos. El arqueólogo, decía Reisner, no era un simple buscador de «reliquias» y edificios, sino un estudioso y analista de la actividad humana cuyo producto era el montículo bajo estudio. Para Reisner lo más importante en el *tell* o montículo no eran tanto los residuos arquitectónicos sino los que no tenían nada que ver con esas construcciones: residuos geológicos, residuos de materiales de construcción, residuos producto del deterioro y la putrefacción, sedimentos y todo

tipo de desechos y basura. Ese residuo no arquitectónico compone por lo general el 90 % de un montículo y forma la base del estudio sistemático de cada estrato del *tell*.

5. Clarence Stanley Fisher (1876-1941, de Estados Unidos), un insigne arquitecto, es el creador del método estratigráfico: «planeación cuidadosa y sistemática; estudio topográfico del terreno y nivelación; excavación de áreas más que zanjeo; dibujo completo y exacto de toda la cerámica encontrada sobre papel milimétrico; registro sistemático en tarjetas de fichero y en un libro de registro para asegurar que todo objeto y dato se colocara en el orden en que aparecía durante la investigación». Para evitar la fragmentación de los estratos o niveles, Fisher excavaba nivel por nivel. Dividía el nivel o estrato investigado por «cuadrículas» cuidadosamente etiquetadas, y solo se excavaba una cuadrícula a la vez. Fisher enriqueció su trabajo sistemático con la metodología de Reisner. Los trabajos arqueológicos subsiguientes a menudo seguían el método llamado: «método Reisner-Fisher».

Al período clásico o «interbélico» pertenecen los siguientes arqueólogos:

6. Kathleen Kenyon (1906-1978, del Reino Unido) pertenece al periodo comprendido entre 1918-1940, conocido como «interbélico» o «época de oro de la arqueología bíblica». En esta época las principales excavaciones fueron auspiciadas por las sociedades nacionales. Esta arqueóloga concentró su trabajo en Jericó. A ella se debe la un nuevo avance en la ciencia de la excavación, pues aplicó el análisis estratigráfico sistemático siguiendo el método de las zanjas que antes había ideado Sir Mortimer Wheeler. Este método consiste en hacer la excavación por medio de zanjas o cuadrículas, para asegurar el registro y observación del tipo de suelo (color, textura, composición), y los objetos y residuos encontrados en cada estrato.

7. William Foxwell Albright (1891-1971, de Estados Unidos) fue realmente el genio de este periodo. Se le considera el «decano de los arqueólogos norteamericanos». Con él se llegó al dominio del análisis y de la tipología cerámica, y de la comprensión estratigráfica de los yacimientos—Albright siempre dijo que

en trabajo arqueológico seguía las técnicas aplicadas por el método Reisner-Risher. Respecto de ese método, Albright escribió (1959: 49):

> El arqueólogo sistemático se ve forzado a emplear dos principios divergentes, casi a cada paso de su labor: estratigrafía, o sea el estudio de la relación de los objetos con las capas o depósitos en que se encuentran y las relaciones de estos depósitos unos con otros; tipología, o sea la clasificación de objetos según tipos, de acuerdo con métodos taxonómicos y la comparación mutua entre los objetos que pertenecen a un mismo tipo, con el fin de establecer relaciones cronológicas, geográficas y técnicas. . .En un primer estadio de la investigación arqueológica en un país determinado, el estratígrafo lleva la ventaja. En un estadio más avanzado, el tipólogo se verá cada vez más ocupado, y puede ser que el tipólogo perito llegue a adquirir preeminencia sobre el estratígrafo mecánico, excepto cuando se trate de depósitos vírgenes.

Al trabajo de Albright se debe el establecimiento del marco cronológico de las edades Bronce y Hierro del mundo bíblico. Además de sus aportes en la arqueología, Albright fue también en gran filólogo y lingüista. Innumerables escritos, propios y ajenos, manifiestan su gran contribución en la traducción de inscripciones y documentos antiguos de diferentes idiomas del entorno bíblico (por ejemplo, las cartas de Amarna, las cartas de Laquis, el calendario de Guezer), la traducción de varios títulos y nombres de Dios y de otras deidades, etc.). Su influencia, en estos y otros campos, nos llega hasta el día de hoy a través de sus alumnos sobresalientes como George Ernest Wright (arqueología bíblica, teología bíblica), John Bright (historia de Israel), George Mendenhall (formas de alianza y nueva teoría de la ocupación de Canaán) y Frank M. Cross (inscripciones y documentos de Qumrán), entre otros. En el mundo de la arqueología, Wright, más que ningún otro, fue quien recibió «la doble porción del espíritu» de Albright. A ambos les tocó ser figuras estelares de la «edad de oro» del movimiento conocido como «arqueología bíblica», entre las dos guerras mundiales. Albright, a pesar de haber sido una de las figuras estelares de la arqueología sirio-palestina, prefirió darse a conocer como «orientalista». De los muchos libros y artículos que escribió, sus dos obras más conocidas y estudiadas son: *Arqueología de Palestina* y *De la edad de piedra al cristianismo*.

8. George Ernest Wright (1909-1974, de Estados Unidos), ha sido, junto con su maestro, William F. Albright, figura estelar de la arqueología bíblica; de hecho es considerado su «arquitecto». Además de su liderazgo en esta rama, Wright es también considerado el «padre» del movimiento llamado «teología bíblica». Su obra, *El Dios que actúa: teología bíblica como narración*, es la obra fundamental de ese movimiento. La arqueología, según Wright, era considerada el andamiaje que sostenía la teología bíblica. G. Ernest Wright fue por más de una década el presidente de la American School of Oriental Research (ASOR), bajo cuyo auspició se han llevado a cabo una gran cantidad de expediciones arqueológicas por toda Siria y Palestina. Las excavaciones en Siquem son el mejor ejemplo del grado de sofisticación científica que alcanzó este gran arqueólogo. La aplicación metodológica aplicada en esas excavaciones ha sido catalogada como «una conversación entre la estratigrafía y el análisis de la cerámica». A él le cupo el honor de ser pionero de una era y de servir de «puente» hacia otra, la de la nueva arqueología. Al final de su carrera, Wright insistió en la necesidad de hacer de la arqueología dedicada al estudio del mundo bíblico una realidad interdisciplinaria.

Hoy por hoy, un importante número de arqueólogos, dedicados al estudio del mundo bíblico, fueron discípulos de Wright. Ellos han continuado con la herencia del maestro, y a la vez marcado un nuevo derrotero para la investigación arqueológica siro-palestina. Tal como ya insistía Wright en la etapa final de su carrera, la característica más importante de la nueva arqueología es la multidisciplinaridad: arqueozología, arqueobotánica, arqueoetnología, geología, antropología, sociología, epigrafía, arquitectura, etc.

A esta nueva arqueología se le conoce como «arqueología procesual», es decir, un trabajo investigativo que no se concentra en un hecho o evento concreto (caída de los muros de Jericó, los establos del rey Salomón), sino en el proceso seguido en un asentamiento humano, el tipo de sociedad y cultura que allí se consolidaron, etc.

Métodos de excavación

En párrafos anteriores se ha hablado de la estratigrafía como método para el estudio sistemático de los *tells* o montículos. La presencia de estos montículos en la región siro-palestina ha sido el principal y más apreciado punto de partida de la labor arqueológica en el mundo bíblico. Esos montículos son formaciones artificiales creadas por asentamientos humanos a través de largos periodos históricos. Su forma es peculiar: una elevación en forma de colina truncada. Véase la siguiente ilustración:

lecho de roca
o suelo virgen

La altura y extensión varían de acuerdo con la cantidad de estratos o capas de asentamientos que existan, y del tamaño de esos asentamientos. Por ejemplo el montículo que corresponde a la ciudad de Meguido tiene 20 capas o estratos, y es conocido como «Tel Meguido» o «Tell el-Muteselim» (del árabe: «el montículo del gobernador»). Tiene de altura unos treinta metros y de superficie unos 300 x 230 m. Como no existen dos montículos exactamente iguales, cada uno debe estudiarse considerando sus características peculiares. Cada estrato se asocia con restos relacionados con un asentamiento humano ubicado en un periodo histórico definido. Sin embargo el arqueólogo siempre debe estar consciente de alteraciones producidas por circunstancias ajenas al asentamiento humano respectivo: animales que construyen madrigueras y provocan que varios materiales de ocupaciones más tardías se mezclen con materiales de épocas anteriores, o viceversa. La construcción de pozos, cisternas, zanjas y otras excavaciones hechas por asentamientos tardíos se introducen en niveles de épocas anteriores y las invaden, haciéndose que se mezclen materiales de diferentes épocas. La erosión causada por el viento o por el agua también producen mezclas y cambios que se necesitan considerar al estudiar un montículo.

Por supuesto, el *tell* no es la única fuente de información arqueológica. Algunos de los más importantes descubrimientos se han hecho como resultado de la pura casualidad. Ese es el caso de los famosos «rollos del Qumrán». Dos jóvenes beduinos dan con los rollos por buscar una cabra extraviada. En un buen número de circunstancias, las excavaciones en Israel son de carácter urgente. Surge la imperiosa necesidad de hacer el trabajo debido a que las excavaciones para una nueva carretera o la construcción de nuevos edificios obligan una pronta «misión arqueológica». Los arqueólogos necesitan realizar el trabajo en forma veloz para evitar la destrucción permanente de un rico yacimiento con valor arqueológico.

Preparación de la excavación de un tell

Antes del trabajo de excavación, propiamente hablando, la futura expedición arqueológica se prepara de la siguiente manera. Sobre los siguientes puntos véase principalmente Andre Parrot (1977: 65-99), William F. Albright (1962: 5-21) y John Laughlin (2001: 25-41):

Daremos por sentado que ya se ha ubicado el montículo que será excavado, y que se tienen los fondos y permisos correspondientes para la realización del trabajo. Este paso, como señala Albright (1962: 7-10) es engorroso y humillante, pero imprescindible. Salvado esos primeros escollos, el trabajo propiamente requiere de los siguientes pasos antes de su inició: (1) La formación del equipo o los miembros de la misión arqueológica; no importa cuál será el número total de los trabajadores, el equipo director debe contar, por lo menos, de un jefe de misión, un arqueólogo asistente, varios arquitectos-dibujantes; un fotógrafo, un epigrafista, un jefe de yacimiento y un inspector—este último es nombrado por el gobierno en cuyo territorio se realiza la excavación. (2) El siguiente paso consiste en conseguir las herramientas básicas para la realización de la misión: un teodolito o taquímetro, brújula, mira, cinta métrica, nivel, alidada o regla de carpintero, plancheta, cámara fotográfica, trípode, material de dibujo de primera calidad. Además de este equipo para el trabajo científico, también son imprescindibles: el pico, la pala y la canasta; también, un tamiz, una polea, brochas, escarbadientes, pinzas, barrenas, mazas y hasta bombas para extraer agua. Esto, sin contar con los equipos indispensables para uso del personal.

Trabajo de campo y métodos de excavación de un tell

Como es de esperarse, los métodos de excavación han variado desde que apareció la arqueología como ciencia de investigación hasta nuestros días. Los primeros intentos, por la falta de experiencia y desarrollo de métodos realmente científicos, causaron grandes destrucciones y pérdida de información para el conocimiento de pueblos y culturas antiguas. Al principio, debido a que la intención era la recolección de «piezas de museo» lo que se hacía era propiamente un saqueo. No se conocían las características de los montículos, y por lo tanto se hizo caso omiso de los varios niveles de formación y de la manera más apropiada para su excavación. Una buena cantidad de veces la excavación se hizo de manera horizontal, con la consecuente destrucción de niveles completos sin considerar su aporte particular de cada nivel.

No fue sino hasta la aparición del método conocido como «estratigrafía», diseñado en primera instancia por Clarence Stanley Fisher (véase el párrafo «5» de la sección «*Los grandes nombres y épocas*»), que ya se entra propiamente a una aplicación científica del método arqueológico. A la estratigrafía se agregó, más tarde, el método de las zanjas, ideado por Sir Mortimer Wheeler y sistematizado en Israel por la arqueóloga inglesa Cathlen Kenyon (véase el párrafo «6» de la sección «grandes nombres»). Este método consiste en hacer la excavación por medio de zanjas o cuadrículas, para asegurar el registro y observación del tipo de suelo (color, textura, composición), y los objetos y residuos encontrados en cada estrato.

Tal como señala Albright (véase el párrafo «7» de la sección indicada previamente), a la estratigrafía hay que añadir el método de la «tipología», es decir, la clasificación de objetos según tipos, de acuerdo con métodos taxonómicos y la comparación mutua entre los objetos que pertenecen a un mismo tipo, con el fin de establecer relaciones cronológicas, geográficas y técnicas. Este método, tal como demostraron el mismo Albright y su estudiante Wright, es el más aceptado para la datación de los «periodos arqueológicos» (véase más adelante). A respecto, George Wright dice (2002: 121):

> [La tipología]. . .es sencillamente la clasificación de los varios tipos de objetos descubiertos y el estudio de su historia. Una joya, una punta de flecha, una lámpara o una jarra pueden pertenecer a un determinado tipo o clase, y es necesario recoger de las demás excavaciones cuantos datos sea posible sobre la historia de este tipo o sobre cómo su estilo varió y evolucionó durante su historia. En posesión de este conocimiento, el excavador puede observar las clases de objetos que se encuentran en un estrato dado y datar el conjunto, dado que sus formas peculiares aparecen solamente dentro de un determinado período.

El trabajo de cada día queda registrado tanto en la bitácora de los encargados de cada sección o tarea como en las fotografías e ilustraciones. Estos registros son imprescindibles no solo para la futura publicación, sino también para futuros estudios e investigaciones del lugar.

Tal como se ha señalado varias veces, en el transcurso de este ensayo, la aplicación de métodos, como los antes descritos, no tienen otro objeto que ayudar al arqueólogo a ofrecer a los estudiosos de la Biblia de información necesaria para una mejor interpretación y comprensión del mensaje bíblico. El descubrimiento de reliquias, edificaciones, ciudades y aldeas enteras lleva, a fin de cuentas, a conocer mejor a la gente que las usó, que se benefició de ellas y vivió en ellas. Los métodos antes expuestos, y cualquier otro que se haya practicado o se practique, se quedan cortos si no se practica un acercamiento multidisciplinario. Los biólogos prestan atención a los residuos botánicos y zoológicos para notar cambios en el ecosistema; los etnólogos toman nota del material cultural y social de tal modo que se aprendan más de los pueblos e individuos, y de las interacciones humanas, más que de edificios, objetos y reliquias.

Como parte de la metodología de investigación, la moderna práctica arqueológica no permite la excavación de todo un montículo o sitio. Además de las razones financieras, de personal y de tiempo, se da por un hecho que las futuras generaciones de arqueólogos tendrán mejores técnicas y herramientas para un estudio más científico del lugar. Esta decisión es ya en sí un argumento más para afirmar que no hay investigación arqueológica que pueda dar una palabra final sobre un sitio o proyecto.

Las dos secciones siguientes se presentan como ejemplo del trabajo de la arqueología clásica y de la nueva arqueología.

Periodos arqueológicos

Tal como vimos en la sección sobre «métodos de excavación», el arqueólogo del mundo de la Biblia busca, en primer lugar, como su punto de partida un *tell* o montículo. Los diferentes estratos que nos revela ese montículo vienen a ser, en términos generales, la indicación de los periodos arqueológicos medidos, como es de esperarse, por el lapso de años que duraron. En el caso del tiempo del Antiguo Testamento, hablamos de años transcurridos «antes de la era cristiana».

La nomenclatura usada para hablar de los periodos arqueológicos está directamente relacionada con el principal material utilizado para la fabricación de herramientas, armas y todo tipo de recipiente de uso cotidiano en el hogar: piedra, bronce y hierro.

1. EDAD DE PIEDRA
    1.1 Paleolítico   (1200000—18000)
    1.2 Mesolítico   (18000—8000)
    1.3 Neolítico   (8000—4200)
        1.3.1 Neolítico precerámico (8000—6000)

1.3.2 Neolítico cerámico   (6000—4200)

1.4 Calcolítico   (4200—3300)

2. EDAD DE BRONCE

    2.1 Bronce antiguo   (3200-2200)

    2.2 Bronce medio   (2200-1550)

    2.3 Bronce tardío   (1550-1200)

3. EDAD DE HIERRO

    3.1 Hierro antiguo   (1200-900)

    3.2 Hierro tardío   (900-587)

Para poder entender de manera menos abstracta la nomenclatura y el porqué los arqueólogos hablan de estos períodos o edades, vamos a concentrar el estudio en un solo *tell* o montículo que «narra» la historia arqueológica de una de las ciudades más importantes de Palestina; se trata de Meguido. Las investigaciones arqueológicas muestran que esta ciudad ya existía como asentamiento humano a partir del neolítico. La ciudad de Meguido se encuentra ubicada en el valle de Jezreel o planicie de Esdrelón, muy cerca del Monte Carmelo, en el territorio de la tribu de Manasés.

El montículo es conocido como «Tel Meguido» o «Tell el-Muteselim» (del árabe: «el montículo del gobernador»). Tiene de altura unos treinta metros y de superficie unos 300 x 230 m. Como la mayoría de los montículos de la zona, el de Meguido tiene en sus inmediaciones dos fuentes de agua. Además de estas importantes fuentes de agua, Meguido estaba rodeado por un extenso valle muy fértil, y cerca pasaba una vía de comercio internacional. Es por demás decir que Meguido fue una de las ciudades más importantes del territorio israelita.

Las primeras excavaciones de Meguido fueron realizadas por «La Sociedad alemana para el estudio de Palestina». Gottlieb Shumacher fue quien dirigió las excavaciones (1903-1905 d.C.). En 1925, el «Instituto oriental de la Universidad de Chicago» siguió con el proyecto de excavación bajo la dirección de J. H. Breasted. El proyecto del Instituto tuvo como objetivo principal dejar a la vista toda una capa habitada, por medio de la excavación horizontal, hasta agotar todos los niveles o estratos. La falta de relación vertical, importante en la arqueología, trajo muchos problemas en la interpretación de los descubrimientos. De 1925 a 1927 las excavaciones estuvieron a cargo de Clarence S. Fisher. De 1927 a 1934 el director fue P. L. O. Guy; y de 1934 a 1939 la dirección estuvo a cargo de Gordon Loud. La Segunda Guerra Mundial frenó el proyecto, y solo se pudo retomar al inicio de la década de los 60's. Yigael Yadín, profesor de la Universidad Hebrea de Jerusalén fue quien continuó con las excavaciones desde 1960 hasta 1972; y en 1974 Avraham Eitan, de la misma Universidad, se hizo cargo del trabajo. En 1992 se inicio un proyecto de estudio sistemático del montículo. El trabajo fue realizado bajo la dirección de Israel Finkelstein, David Ussishkin y Baruch Halpern; los dos primeros de la Universidad de Telaviv, y Halpern de la Universidad Estatal de Pensilvania.

La siguiente lista muestra, en forma cronológica, los diferentes estratos, el periodo arqueológico al que pertenecen (todos son del tiempo a.C.), los años que duraron esos periodos y algunos datos de importancia:

Estratos 20-19	Neolítico cerámico a Bronce antiguo (6000-2950)
Estratos 18-15	Bronce antiguo (2950-2200)
Estrato 14	Bronce antiguo (2200-2000) Tumbas cavadas
Estratos 13-12	Bronce medio (2000-1800)
Estratos 11-10	Bronce medio (1800-1550)
Estratos 10-7	Bronce tardío (1550-1130)
Estratos 6	Hierro antiguo (1130-1000)
Estratos 5-4b	Hierro antiguo (1000-930) Reinados de David y Salomón

Estrato 4a	Hierro tardío (930-734)
	Monarquía dividida
Estratos 3-2	Hierro tardío (734-600)
	Imperio asirio
Estrato 1	Babilonia y Persia (600-332)
	Conquistada por Alejandro

Estratos 20-19'

En **el estrato 20**, perteneciente al neolítico cerámico, se encontraron ruinas de paredes, pisos, pozos y fogones de piedra y ladrillo. Se encontraron también dientes de hoz y fragmentos de cerámica. En el mismo estrato, pero perteneciente a los períodos Calcolítico y Bronce antiguo se muestra una cerámica de engobe rojo y negro bien bruñida. En lo que se refiere a edificaciones, se encontraron dos edificios rectangulares con esquinas redondeadas. En **el estrato 19**, en pleno Bronce antiguo, se encontró un doble templo con dos habitaciones anchas, y frente a ellas plataformas o altares. Ese fue el primer templo construido en Meguido, y sobre él se construyeron otros pertenecientes a periodos sucesivos. En este periodo, Meguido es un asentamiento no fortificado.

Estratos 18-14

En **el estrato 18** aparece ya, perteneciente al Bronce temprano, una muralla de unos 4 a 5 m. de ancho y de unos 4 m. de alto (en el estrato 17 la muralla muestra una ampliación de 8 metros de ancho). Esa muralla no rodeaba todo el asentamiento, por lo que al parecer no era muralla de protección contra ataques, sino muro de contención para sostener el edificio que se había construido cerca de la ladera. **Al estrato 17**, también del Bronce temprano, pertenece el altar redondo de ocho m. de diámetro y 1.5 m. de alto. Siete gradas llevan a la parte superior del altar. El altar fue cercado con una pared, y allí se encontraron gran cantidad de huesos y cerámica. **El estrato 15** muestra la construcción de tres templos. El que está adyacente al altar circular se construyó primero. Los otros dos siguen la misma estructura del primero. Estos templos fueron dedicados, al parecer, a tres deidades diferentes. En **el estrato 14**, siempre en el Bronce antiguo, el asentamiento humano muestra un descenso. A estos estratos pertenecen también una gran cantidad de entierros o sepulturas. La cerámica es característica del norte de Siria: gris bruñida.

Estratos 13-10

A estos estratos pertenece lo que se conoce como «*ciudad cananea*», es decir el periodo en que Meguido pertenece al tiempo y cultura propiamente cananea. Estamos en pleno periodo del Bronce medio. En esta época, Meguido es una centro urbano fortificado, es decir, una «ciudad-estado». Esta ciudad cananea persistió sin interrupción hasta su destrucción en el **estrato 7**, ya en pleno periodo del Bronce tardío. Nos referimos a una gran cantidad de años: del siglo XXI a.C. al siglo XII a.C. Durante todo este tiempo se muestra una clara influencia egipcia. En efecto, para el imperio egipcio, el dominio sobre Meguido era clave para asegurar su hegemonía en todo Canaán.

En este periodo se inició la construcción del «sistema de muros» de unas tres paredes que le dieron el tremendo espesor que tuvo la muralla. En el Bronce medio también se construyó una acrópolis real; esto y la presencia de tres tumbas de piedra muestran que en la ciudad-estado de Meguido existió una bien establecida clase noble. El área de las construcciones religiosas, donde está el altar y el primer templo, siguió en servicio durante este periodo. A este periodo también pertenecen varias construcciones de uso doméstico, cuyos ocupantes pertenecían, sin duda, a una clase social elevada. La cerámica propia de la época también aparece en grandes cantidades: adornadas con bandas de color rojo y negro.

Estratos 9-7

Estos estratos coinciden con el periodo de Bronce tardío. Seguimos con lo que se conoce como «la ciudad cananea de Meguido». Al final de este tiempo se marca la destrucción de la ciudad cananea en manos de los egipcios; concretamente, del faraón Tutmosis III. Egipto acababa de expulsar a los Hicsos, dinastía de origen semítico que reinó sobre Egipto por largo tiempo. Varios especialistas señalan que esa época coincide con la llegada de José al gobierno de Egipto y gran parte del tiempo que los israelitas se establecieron en esa nación. La conquista egipcia de Meguido debió de haber ocurrido más o menos en 1479 a.C. Sobre la campaña militar, véase Pritchard (205-214) y Matthews-Benjamin (134-136). De los anales de los triunfos de Tutmosis III, esculpidos en los muros del templo de Karnak, se extracta lo que sigue (Pritchard: 212-213):

> [Lista del botín que el ejército de su majestad tomó en la ciudad de] Megiddo: 340 prisioneros vivos, y 83 manos; 2041 caballos, 191 burros, 6 garañones y... potros; 1 carro de guerra de oro labrado, con *cuerpo* de otro perteneciente a aquel enemigo... y 829 carros pertenecientes a su perverso ejército—total: 924; 1 bella cota de malla de bronce perteneciente a aquel enemigo... y 200 armaduras [*de cuero*] pertenecientes a su perverso ejército; 502 arcos; y 7 postes de madera de *meru* ataraceados con plata, de la tienda de aquel enemigo... El ejército de su majestad tomó [*ganado*]: 387... ; 1929 vacas, 2000 cabras y 20 500 ovejas.

Los **estratos 9-8** revelan el evento de la conquista, pero no manifiestan destrucción masiva de la ciudad. Esto va de acuerdo con los anales que no mencionan destrucción alguna de Meguido. En la época del faraón Amenehotep IV (1391-1353 a.C.), unas ocho cartas escritas en grafía cuneiforme, y procedentes de Amarna, expresan la lealtad del gobernante de Meguido, Biridiya, e informan de los ataques de Labaya, gobernante de Siquem, cuya intención era apoderarse de la ciudad de Meguido. La carta número 244 dice así (Pritchard: 312):

> Al rey, mi señor y mi dios Sol, dice: Así Biridiya, el leal siervo del rey. A los dos pies del rey, mi señor y mi dios Sol, siete veces y siete veces caigo. Sepa el rey que desde que los

arqueros regresaron (¿a Egipto?), Labaya lleva a cabo hostilidades contra mí, y que no podemos trasquilar la lana, y que
no podemos pasar de la puerta en presencia de Labayu, desde
que supo que no has dado arqueros; y ahora su rostro se dis-
pone a tomar Magiddo, pero el rey protegerá su ciudad para
que Labayu no se apodere de ella. En verdad, la ciudad es destruida por la muerte a consecuencia de pestilencia y *enfermedad*. Conceda el rey cien tropas de guarnición para guardar la
ciudad, a fin de que Labayu no la tome. Intenta destruir Megiddo.

Al final del periodo del Bronce tardío, correspondiente al **estrato 7**, Meguido sigue firmemente bajo el poder de Egipto en tiempos del faraón Ramsés II. En esta época el palacio real ya no ocupa el
centro de la ciudad sino que se encuentra en su parte norte. Además del palacio, el mapa del Meguido cananita muestra a cuatro edificios superpuestos en la misma parte norte de la ciudad. Esos
edificios se encontraron en los **estratos 9-7**. El palacio pertenece al
estrato 8. Las construcciones que están inmediatamente a la derecha del palacio y los edificios muestran la puerta de acceso a la ciudad y todo un sistema relacionado con ellas. Este sistema pertenece
al **estrato 9**. La entrada de la ciudad estaba compuesta de tres recintos. El edificio que está junto al sistema de acceso a Meguido, y que
tiene un salón en forma rectangular, pertenece a los **estratos 8 y 7**.
El templo que se encuentra al este de la ciudad fue reconstruido en
el **estrato 7**. Tiempo después ese templo fue destruido por fuego.
En el templo se encontraron dos figuras de barro en forma de híga-
dos y tres figuras de bronce representando a tres deidades. Una de
ellas estaba cubierta de oro. Estas piezas forman parte de un sinnúmero de objetos sagrados encontrados en el templo y en sus alrede-
dores (sellos en forma de cilindro, objetos de bronce, vasijas,
amuletos, objetos de oro y joyas de oro). También se encontró en el
mismo lugar una tablilla con escritura cuneiforme que contiene parte del relato de la Épica de Gilgamesh.

La destrucción de la ciudad, tal como era según **el estrato
siete,** ocurrió más o menos el año 1130 a.C.

Estrato 6

Sobre la ciudad destruida, **estrato 7,** aparece un asentamiento humano de humildes proporciones. Así lo manifiesta la porción «b» **del estrato 6.** Sin embargo, la porción «a» del estrato ya muestra un asentamiento de mayores proporciones y mucho más esplendoroso. Este segundo asentamiento difiere de manera sustancial respecto del Meguido del **estrato 7.** El templo, el palacio real y la entrada de la ciudad no fueron reconstruidos. Este asentamiento del **estrato 6** fue destruido por fuego. En este estrato tampoco se encontraron murallas. La mayoría de las edificaciones de este estrato son habitaciones domésticas de ladrillos con fundamentos de piedra.

Al final del periodo de Bronce y, sobre todo, entre **los estratos 7-6** se manifiestan tres datos históricos de capital importancia para el estudio de la historia de Israel: (1) el declive de las ciudades-estado cananeas y el fin de la hegemonía egipcia en Canaán; (2) la llegada y establecimiento de los «pueblos del mar»—los filisteos—; (3) el asentamiento de las tribus israelitas en territorio cananeo. Esto que aquí se aplica a Meguido puede también decirse de las ciudades de Bet-san y Laquis. En Josué 12.21 el rey de Meguido es mencionado junto con otros reyes cananeos derrotados por Israel. Sin embargo tanto en Josué 17.11-12 como en Jueces 1.27 se dice que los cananeos siguieron viviendo en Meguido hasta que fueron sometidos totalmente por la tribu de Manasés. Este estrato muestra también una clara influencia filistea, con amplio trabajo metalúrgico en bronce. La cerámica también deja ver la influencia filistea.

Estratos 5-4b

A partir del **estrato 5,** Israel es ya una ciudad israelita, y estamos en pleno periodo del **Hierro antiguo.** En esta época, la ciudad de Meguido fue considerada como una ciudad de segundo nivel, es decir, un centro administrativo muy importante. Aunque en la primera mitad del siglo X a.C. no era una ciudad amurallada, si era un centro administrativo y burocrático—dos edificios de enormes dimensiones confirman tal aseveración. Nos referimos al palacio con un enorme patio, el edificio contiguo y un palacio cerca de la entrada de la ciudad al norte. Sin embargo, todavía el 75 % del territorio era utilizado para casas de habitación. Hablamos aquí, con mucha probabilidad de la época del rey David. Para la segunda parte del siglo X ya Meguido aparece como ciudad amurallada con un sistema de acceso de seis cuartos. A diferencia del Meguido de la primera parte del siglo X, esta ciudad amurallada ya no «protegía» la población propiamente hablando, sino a los «valores» materiales de la burocracia administrativa; el 80 % del espacio amurallado—que era por cierto la totalidad de la ciudad—era ocupado por edificios administrativos: el sistema de acceso a la ciudad, la muralla, el palacio real, 17 bodegas reales (probablemente establos), extensos terrenos baldíos para los mercaderes que llegaban con sus tiendas o para el ejército, y un elaborado depósito de agua (Ze'ev Herzog, "Cities", *ABD-1*: 1040). Las pocas familias que vivían en la protección de las murallas pertenecían a la clase adinerada y gobernante: jerarcas políticos, religiosos, militares, comerciantes y nobleza.

La ciudad del **estrato 4** es la Meguido de la época salomónica. 1 Reyes 9.15 informa lo siguiente: *Ahora bien, el motivo del trabajo obligatorio que impuso el rey Salomón para construir el templo del Señor, su propio palacio, el terraplén y las murallas de Jerusalén, además de las ciudades de Hasor, Meguido y Guézer*. El texto bíblico no se refiere a la construcción de la ciudad a partir de «cero», sino de las grandes estructuras administrativas revelados por la excavación del estrato.

Los edificios de esta época muestran la presencia de un tipo de albañilería que usaba piedras extraídas y labradas.

En la sección «a» del **estrato 4**, aparece una ciudad muy diferente a la anterior. Esto se explica porque ahora Meguido ejerce una función diferente al de la época salomónica. Hablamos ahora del Meguido de la ***monarquía dividida***. La ciudad se convirtió en una plaza fuerte en lugar de un centro administrativo o distrital. Por ello, los palacios ya no eran necesarios y muchos edificios fueron desmantelados para utilizar sus materiales para otro tipo de construcciones.

En este nivel, la muralla aparece más gruesa debido a la superposición de paredes. Otra de las características de esta época es la construcción de «caballerizas». Esas caballerizas permitían mantener cerca de 500 caballos. Originalmente se consideraron de la época salomónica, pero excavaciones e investigaciones recientes las colocan en la época de la monarquía dividida.

Como era de esperarse, la cantidad de agua para mantener a esa cantidad de caballos era enorme. El depósito de agua medía siete metros de profundidad y siete de diámetro. Los descubrimientos arqueológicos de estos estratos muestran a Meguido como «plaza fuerte» o guarnición. Eso explica en parte la falta de habitaciones familiares en la ciudad.

Varios sellos reales fueron encontrados en este nivel. Uno de piedra de jaspe tiene una inscripción que dice: «propiedad de Shemá, siervo de Jeroboam», refiriéndose sin duda a Jeroboam II, rey de Israel.

Estratos 3-2

Revelan a la ciudad asiria de Meguido. Es decir, Meguido había sido conquistada por Tiglat-Pileser III, rey de Asiria, y totalmente reconstruida.

Meguido se convirtió en la capital de la provincia asiria llamada *Maguidu*. La ciudad asiria se caracteriza por una red muy ordenada de calles. Una tercera parte de la cuidad fue ocupada por enormes palacios rodeados por amplios patios. La elevada presencia de construcciones manifiesta que Meguido fue diseñada para ser residencia de altos funcionarios de la administración asiria (*ABD-1*, Herzog: 1042). Los muros de la ciudad continuaron en uso durante este periodo. Los edificios al lado izquierdo de la entrada a la ciudad fueron construidas en esta época, y muestran elementos arquitectónicos asirios: el patio o jardín central. No se sabe si estos edificios fueron de uso administrativo o residencias.

La ciudad continuó más o menos igual en **el estrado 2**, solo que en este periodo o quizá en **estrato 1**, la muralla ya prácticamente no existía. En esta época, el faraón Necao (609 a.C.) se dirigió a Meguido, en apoyo a Asiria contra los babilonios, y ejecutó al rey judío Josías en esa ciudad (véase 2 R 23.29-30, DHH):

> *En su tiempo, el faraón Necao, rey de Egipto, se dirigió hacia el río Éufrates para ayudar al rey de Asiria. El rey Josías le salió al encuentro; pero en Meguido, en cuanto Necao lo vio, lo mató. Sus oficiales pusieron su cadáver en un carro y lo llevaron desde Meguido a Jerusalén, donde lo enterraron en su sepulcro. La gente del pueblo tomó entonces a Joacaz, hijo de Josías, y lo consagraron como rey en lugar de su padre.*

Estrato 1

Aquí se muestra el último periodo de ocupación de Meguido. Es la época de la hegemonía babilonia y persa. El abandono total de la ciudad ocurrió en siglo IV, muy probablemente después de que Alejandro el Grande conquistara Palestina en el año 322 a.C. Las ruinas de este nivel muestran un asentamiento muy pobre y de ínfimas dimensiones: una serie de casas muy pequeñas, tres bodegas cerca de la entrada del asentamiento y tumbas de piedra. Ya en pleno periodo de ocupación romana, el lugar muestra, entre otras edificaciones, dos lugares de cremación. Se cree que en ellos se cremaban a soldados de la VI legión romana.

La familia en el Israel premonárquico

La «nueva arqueología» junto con la etnología y la antropología cultural son las ciencias auxiliares que más nos ayudan a estudiar a la familia del Hierro I, es decir del siglo XII al XIII a.C. Carol Meyers es la arqueóloga que más aportes ha hecho sobre el tema, con un enfoque más detallado al papel de la mujer en ese periodo formativo de Israel.

Geografía

Cuando hablamos de los habitantes de Israel en esta época, nos referimos a la mayoría del pueblo de la alianza que se estableció en lo que se conoce como «Cisjordania» o «cordillera montañosa central». El 90 % de la población israelita—también conocida como hebrea en esta época—se estableció en esa región. En realidad muy pocos israelitas pudieron ocupar ciudades o pueblos de la «llanura costera», es decir la franja plana frente el mar Mediterráneo.

Ninguna ciudad de importancia existía o se construyó en esa zona. Ya los filisteos y otras naciones se habían adueñado de las principales ciudades y tierras de la llanura. Eso explica por qué los enemigos de Israel se refirieran al «dios de Israel» como dios o dioses de la montaña:*Los dioses de los israelitas son dioses de las montañas; por eso nos han vencido. Pero si luchamos contra ellos en la llanura, con toda seguridad los venceremos* (1 R 20.23). Al respecto, Jueces 1.19 es también importante: *Con la ayuda de Dios, la tribu de Judá se apoderó de la zona montañosa, pero no de la llanura, porque los habitantes de esa región tenían carros de hierro. No pudieron conquistar Gaza ni Ascalón ni Ecrón, ni tampoco los territorios vecinos* (TLA).

La zona montañosa fue para los israelitas su lugar principal de asentamiento, pero a la vez la zona más inhóspita para el desarrollo de una nación y una cultura. La región montañosa no ofrecía tierra para el desarrollo de la agricultura ni tenía recursos naturales envidiables. Así se entiende mejor por qué cuando los hebreos «llegaron» a Canaán encontraron la llanura ocupada pero no la montaña. Los que llegaron primero ocuparon las tierras que sí ofrecían muchos recursos y permitían el desarrollo de la agricultura.

La pregunta surge: ¿Por qué las grandes potencias de la época (Egipto, Asiria, Babilonia, etc.) Lucharon por controlar esta parte de la geografía? La respuesta no es el interés por los recursos naturales, sino el lugar estratégico de la misma. Por ella pasaba una importante ruta internacional para el comercio y el paso de los ejércitos. Quizá la expresión «Tierra que fluye leche y miel» no deba entenderse como una tierra con incontables recursos naturales, sino tierra a través de la cual «fluían» los bienes materiales que acarreaban los mercaderes y ejércitos conquistadores.

El terreno no se reconoce como particularmente fértil, y lo escarpado del terreno hace muy difícil la retención del agua de lluvia, que es prácticamente la única manera de tener acceso al precioso líquido. Cualquier lector asiduo de la Biblia recordará de las muchas referencias en las que se habla de las épocas de sequía y hambruna que se experimentó en tierras palestinas.

Lo variado del terreno, los complejos factores climáticos, la dificultad de retención de agua obligaron a los «campesinos» israelitas a desarrollar una estrategia agrícola tripartita: (1) las cosechas principales fueron las de la cebada y el trigo; (2) el recurso de los olivos que sobrevivían a las largas temporadas se sequía; (3) las vides que, debido a sus raíces profundas, se dan bastante bien en los terrenos escarpados (véase Oseas 2.8: *pero ella no reconoció que era yo quien le daba el trigo, el vino y el aceite.* DHH). Estos cultivos, por supuesto, no fueron los únicos. La dieta del israelita común fue enriquecida con otros productos agrícolas tales como: higos, dátiles, granadas, algarrobos, varios tipos de vegetales, condimentos (cilantro o culantro, eneldo, comino, etc.) y hierbas, cebollas, legumbres (chícharos o arvejas, garbanzos, habas), varios tipos de semillas (linaza, ajonjolí o sésamo), frutas secas (almendras, nueces, pistachos) y bayas.

La geografía del terreno también impuso para el israelita común un tipo particular de animales domésticos. Las cabras y una raza particular de ovejas (awasi de cola gruesa) que se desarrollan bien en las serranías. Las cabras, de manera especial, eran buenas productoras de leche, carne y pelaje para el vestido. Para el trabajo, el burro fue el animal más apreciado.

Asentamientos humanos

La mayoría de los asentamientos humanos en el Israel antiguo (principio de la Edad de Hierro) fueron pequeñas aldeas rurales. Es decir, la vida familiar por lo general se desarrolló en el ambiente rural, no el urbano.

Para poder tener una perspectiva más adecuada y clara del tamaño de esas aldeas, se pueden comparar al tamaño de un campo de fútbol. La mayoría de las aldeas eran más pequeñas que un campo de fútbol. Las aldeas de mayor tamaño llegaban a cubrir la superficie de hasta dos campos de fútbol.

El tamaño minúsculo de la aldea dictaba, como es lógico, el número de gente que vivía en ella. Por lo general, la cantidad de habitantes fluctuaba entre 50 y 150 personas—de acuerdo con los descubrimientos arqueológicos, cerca del 80 por ciento de la población de la Edad de Hierro antiguo vivía en aldeas con menos de 100 habitantes. Los miembros de cada familia sumaban no más de quince personas. Las familias incluían, además de los miembros consanguíneos, a inmigrantes (más bien exiliados) procedentes de otras latitudes.

Las investigaciones arqueológicas permiten distinguir tres tipos de aldeas: (1) villas en forma de anillo, (2) villas con caseríos aglomerados sin una estructura determinada, y (3) al estilo de los «cascos de hacienda» (una edificación central rodeada por pequeñas construcciones). Al parecer, en la época bíblica, la aldea más común fue la de tipo circular. A estas aldeas, de acuerdo con estudios sociológicos de la época, son las que la Biblia define como *mispajah* (grupo unido por lazos de parentesco).

La casa

El estudio de las casas en las aldeas del Israel antiguo es tema muy nuevo en los estudios arqueológicos. Todavía no se ha encontrado una nomenclatura apropiada para describirla desde el punto de vista estructural. De las varias que se han ensayado, la que más se usa es «casa con pilares».

La división la marcan dos hileras de pilares de piedra, con un amplio cuarto o espacio como parte de la misma estructura. Eran realmente pequeñas edificaciones de dos niveles. El más alto servía como lugar para el descanso nocturno. La parte inferior para resguardar a los animales, sobre todo en la noche, para las diversas actividades cotidianas (artesanía doméstica y preparación de alimentos). Los hornos y espacios para cocina, aunque se han encontrado en el interior de varias casas, por lo general se ubicaban fuera de las casas. De hecho, la mayor parte de las actividades cotidianas se realizaban fuera de los recintos habitacionales. Los descubrimientos arqueológicos muestran la existencia de pequeños patios en el especio que formaban grupos de dos o tres casas.

La convivencia era de esperarse en un poblado en el que sus habitantes tenían lazos de parentesco y estos conglomerados de casas unían, por lo general, a una familia extensa o clan familiar.

La familia

De acuerdo con el testimonio bíblico, (Jos 7.14-18 es considerado como el *locus clasicus* para entender el uso de la terminología hebrea sobre la familia; véase también Jue 17—18), el clan familiar patriarcal estaba formado de la siguiente manera: el núcleo familiar formado por la pareja principal, extendiéndose hacia abajo con los hijos y los nietos, generación junto a la cual se extiende de manera lateral la familia extensa de los hermanos y sus esposas. Las hermanas casadas no se consideran parte de este clan familiar. A esta familia se anexaban otras personas que se unían por motivos de desastres familiares, por ser cautivos de guerra, exiliados y asalariados.

Las regulaciones legales tan precisas de la Torá (véase de manera especial Lv 18 y 20) sobre el incesto y relaciones de género se aclaran mejor cuando se colocan en el contexto de este tipo de vida familiar y la conformación de la aldea.

En las familias del Israel antiguo (Edad de Hierro I)—las que formaron los primeros asentamientos humanos a la «llegada» de los hebreos a Canaán—los roles que jugaron sus miembros no estaban tan diferenciados. Hombres y mujeres de entre los 12 y los 30 años se dedicaban a las tareas más importantes y duras, mientras que los niños y ancianos ayudaban en labores menos pasadas. Lo difícil del terreno, el clima y el momento de establecimiento hicieron que la vida de estos «pioneros» hebreos fuera muy dura. No eran ni las inclinaciones vocacionales, ni los sueños de superación los que dictaban las labores de los miembros de la familia, sino elementos físicos y climáticos; en el Israel antiguo, la vida familiar era dirigida por las tareas que demandaban el ambiente, el cambio de estaciones y los constantes avatares creados por guerras, epidemias y desastres naturales. Se trabajaba literalmente de «sol a sol»: sembrando, limpiando el terreno, cosechando, fabricando y dándole mantenimiento a las herramientas y utensilios, confeccionando ropa y textiles para diversos usos, cocinando y construyendo cuanto espacio fuera necesario para vivienda, corrales y resguardos.

Por lo general, los varones adultos se dedicaban a la preparación de los terrenos para el sembrado, a la limpieza de espacios para edificación de viviendas, a la construcción de casas, cisternas y las muy necesarias terrazas o gradas para el cultivo y el mejor uso del agua; es decir todo lo relacionado con el inicio del establecimiento de una aldea. Este tipo de trabajo quedaba por lo general en manos de los varones debido a que exigían el distanciamiento del hogar que no se esperaba de la mujer que por lo general necesitaba estar cerca los infantes, niños y ancianos que dependían de su cuidado.

En el resto de labores y responsabilidades no había realmente diferenciación. De hecho, cuando se evalúa más de cerca la participación de la mujer en la sociedad rural de la época, las «fronteras» del mundo de la mujer no se diferenciaban tanto de la de los hombres. A la hora de la cosecha y otras tareas agrícolas toda mano, de hombre o de mujer, que pudiera aprovecharse era demandada. El cuidado de los olivares y viñedos, la ordeña y la manipulación de los productos animales no hacían distinción de género o edad.

En la sociedad rural del antiguo Israel, la mujer no solo se preocupaba por su embarazo y el cuidado y alimentación infantes y niños, sino que también se dedicaba a la preparación de comidas y su preservación, del cultivo de la huerta, del cuidado y alimentación de animales domésticos, de la producción de textiles y fabricación de ropa y otros productos del hilado. Debido a que los cereales fueron la base principal de la alimentación, todo lo concerniente a su procesamiento (limpieza, molienda, preparación de la harina para la confección de pan), incluyendo la preparación de los hornos y la recolección de leña, todo eso, estuvo bajo la responsabilidad de la mujer. Además, prácticamente todo el trabajo que requería precisión y artesanado fino fue hecho por las mujeres: hilado, cosido, tintura de telas, producción de cerámica y varias clases de vasijas y canastas. En otras palabras, el trabajo de la mujer no solo era más variado que el del hombre, sino que requería un mayor grado de destreza y de pericia.

Bibliografía

Albright, William F.
1959 *De la edad de piedra al cristianismo: El marco histórico y cultural de la Biblia*. Santander: Editorial Sal Terrae.
1962 *Arqueología de Palestina*. Barcelona: Ediciones Garriga.

Aznar Sánchez, Carolina
2002 "Introducción arqueológica: estado de la cuestión a los cuarenta años de la publicación de este libro". Véase la entrada bibliográfica bajo el nombre de Wright, George Ernest.

Davis, Thomas W.
Shifting Sands: The Rise and Fall of Biblical Archaeology. Oxford: University Press.

Díez Fernández, Florentino
1998 *Reseña biblia* (Invierno, 1998) No, 20): *Arqueología bíblica*. Revista publicada por Verbo Divino.

Laughlin, John C. H.
2001 *La arqueología y la Biblia*. Barcelona: Editorial Crítica.

Matthews, Victor H. y Banjamin, Don C.
2004 *Paralelos del Antiguo Testamento: Leyes y relatos del Antiguo Oriente Bíblico*. Santander: Sal Terrae.

Meyers, Carol
1997 "The Family in Early Israel" en *Families in Ancient Israel*. Louisville: Westminster John Knox Press. Pp. 1-47.

Parrot, André
1977 *¿Qué es la arqueología?* Buenos Aires: Editorial Universitaria de Buenos Aires (EUDEBA).

Pritchard, James B.
1966 *sabiduría del Antiguo Oriente: Antología de textos e ilustraciones*. Barcelona: Ediciones Garriga.

Wright, George Ernest
2002 *Arqueología bíblica*. Madrid: Ediciones Cristiandad. Esta es la segunda edición en castellano (la primera data de 1975). Esta segunda edición ha sido actualizada por Carolina Aznar Sánchez del *Instituto Español Bíblico y Arqueológico*.

Ussishkin, David'T'"Megiddo" en *ABD-4*. El mismo autor escribió el artículo correspondiente en *ANE-3*. Estos dos artículos han sido de vital importancia para la sección titulada «periodos arqueológicos».

Arqueología
del Nuevo Testamento

Néstor O. Míguez

La ciencia arqueológica y el Nuevo Testamento.

La arqueología científica comienza a desarrollarse a partir del Siglo XIX. Las investigaciones sobre los remanentes de civilizaciones anteriores pronto atrajeron también a los investigadores bíblicos, y ya en 1838 comienzan las primeras excavaciones en el territorio en que ocurrieron los eventos históricos narrados en la Biblia. Estas búsquedas han sido particularmente interesantes para la historia del Antiguo Testamento y su interpretación. De hecho, la arqueología bíblica se centró en los restos del Antiguo Israel, y los textos sobre la arqueología del Antiguo Testamento son mucho más numerosos y extensos que la arqueología relacionada con el Nuevo Testamento. Los hallazgos arqueológicos fueron interpretados de distinta manera según las tendencias teológicas. No pocas polémicas se han suscitado en torno al uso de la arqueología en la interpretación de los textos de la Biblia Hebrea y el sentido de sus hallazgos. Al darse un desarrollo paralelo con la aparición de los así llamados «métodos histórico-críticos» en la exégesis bíblica, las divisiones se hicieron muy fuertes y la forma de tratar la arqueología bíblica tomó rumbos bastantes diversos.

En el caso del Nuevo Testamento la situación es distinta. Al haber transcurrido los hechos de los cuales nos hablan las Escrituras cristianas en un período de tiempo relativamente corto (unos

100 años cuando mucho), que además fue estable en los hechos históricos (todo ocurre bajo el dominio del Imperio Romano), la discusión sobre eventos y tiempo es mucho más limitada, y los aportes que puede dar la arqueología en este sentido, mucho menos determinante. Por ello, la contribución de la ciencia arqueológica en el estudio e interpretación del Nuevo Testamento tiene que buscarse por caminos distintos a los que se dan para el Antiguo.

La vida de Jesús pasó relativamente desapercibida para la gente de su tiempo, con la excepción de sus seguidores. Apenas si hay menciones en los documentos extrabíblicos de la época, y ellas son ocasionales y dudosas. Un campesino criado en una aldea marginal de Galilea, que se muestra como un predicador itinerante durante un período máximo de tres años y muere crucificado en las afueras de una capital provincial no deja restos arqueológicos significativos. La búsqueda de rastros materiales de la vida histórica de Jesús de Nazaret ha estado más dominada por los coleccionistas de reliquias que por investigadores arqueológicos. Los sitios identificados en las peregrinaciones a «Tierra Santa» como los lugares donde Jesús nació, se crió, actuó, predicó, o fue crucificado y sepultado, o los sitios de las apariciones del Resucitado son producto de tradiciones o especulaciones, y por cierto no hay certeza alguna de ello. Tanto es así que para muchos casos se propone más de un sitio (hay más de un lugar probable de su bautismo, más de un Monte Calvario, más de una propuesta tumba de Jesús). Desde el relato bíblico podemos saber que estas cosas ocurrieron, y los lugares geográficos que le sirvieron de escenario (Belén, Nazaret, Capernaún, Galilea, Jerusalén), pero más precisiones que estas no resultan factibles. El tipo de acciones que Jesús realizó, sus enseñanzas, curaciones, entrevistas, discusiones no son el tipo de cosas que dejan restos arqueológicos perdurables.

Tampoco contribuye la marginalidad de los primeros seguidores de Jesús. La iglesia primitiva, especialmente durante el siglo I, fue un movimiento socialmente minoritario, conformado mayormente por gente pobre, que no dejó monumentos, que no pudo apropiarse de espacios físicos o crear su propia toponimia (darle nombre identificable a los lugares), como lo hicieron otros movimientos. En el Antiguo Testamento se ponen nombres propios a ciertos lugares (p. ej.,

Bet-el, Samaria, etc.) y la arqueología busca identificar el lugar o rastrear el paso de Israel por estos lugares. Esto está fuera de toda posibilidad para el Nuevo Testamento. Solo más tardíamente aparecerán estos rastros, pero ya serán datos para la Historia de la Iglesia más que para el estudio neotestamentario.

Por lo tanto, la contribución de la arqueología al estudio del Nuevo Testamento ha debido recorrer otros caminos. Uno ha sido la provisión de los textos neotestamentarios. Otro ha sido la reconstrucción del ambiente social, económico, cultural que acompaña la formación de las primeras comunidades cristianas. En muchos casos esto depende de textos e informes de la época, pero la ciencia arqueológica ha contribuido a cualificar los textos, ubicarlos en fecha y lugar, a crear un adecuado marco interpretativo, así como también a mostrar dimensiones de la vida cotidiana que no aparecen en los escritos. Estas dos contribuciones son las que examinaremos a continuación.

Contribuciones a la reconstrucción del texto del Nuevo Testamento.

Una de las consecuencias de la precariedad económica, social y político-legal de las condiciones en que surgió el cristianismo es que no se conservan originales de ninguno de los escritos que conforman hoy su Escritura Sagrada. Lo que tenemos son copias de copias de copias, las más tempranas (con una sola excepción) se remontan a finales del siglo II, o sea más de 100 años, cuando menos, de los escritos primarios. Muchos de estos restos son fragmentos y obras incompletas. Copias de versiones más o menos completas de los escritos neotestamentarios aparecen a partir del siglo IV.

Las consecuencias de esto es que no tenemos un único «texto del Nuevo Testamento», dado que los copistas fueron introduciendo errores, o formas diferentes, que luego pasaron a los documentos siguientes, hasta darnos una cantidad impresionante de variantes (más de 250.000). Si bien la mayoría de ellas son de detalles menores, que no afectan al núcleo del mensaje de la fe, otras sí pueden tener cierta importancia a la hora de interpretar algunos pasajes. Por ello, la búsqueda y clasificación de los textos más antiguos ha tomado una gran importancia. Esto es necesario para poder reconstruir un texto neotestamentario lo más cercano posible a los originales, a la forma como los autores bíblicos compusieron sus textos.

Algunos escritos han aparecido en las excavaciones y búsquedas arqueológicas en terreno, pero curiosamente muchos otros han aparecido en investigaciones desarrolladas en museos, bibliotecas y otras colecciones ya existentes, en monasterios, iglesias, etc. Pergaminos, papiros y códices envejecidos, fueron conservados como reliquias en apartados monasterios antiguos (aunque sin estudiarlos en su contenido), o arrumbados en bibliotecas o dejados como material «fuera de circulación» o poco atractivo para la exposición pública en los museos. Pero cuando fueron revisados con mayor detenimiento por ojos expertos y con criterio científico resultaron ser valiosos documentos neotestamentarios de gran antigüedad. La crítica textual, que busca reconstruir el texto neotestamentario, se ha valido de estos materiales y los ha clasificado según diferentes criterios.

Un caso típico de esto es uno de los textos más importantes del Nuevo Testamento, el llamado *Codex Vaticanus*. Se sabe que se encuentra en la Biblioteca del Vaticano desde el año 1475, por lo menos. Pero en 1809 Johann Leonard Hug se fijó en la antigüedad e importancia de este texto y así comenzó el estudio detallado del mismo. Ha venido a ser uno de los más antiguos y valiosos manuscritos del Nuevo Testamento, si bien le faltan algunas páginas: la totalidad de las epístolas pastorales, Filemón, el Apocalipsis y parte de la Epístola a los Hebreos. No sabemos si estas formaron parte alguna vez del texto, que data del Siglo IV, y se perdieron, o porque no fueron incluidas en su edición.

Algo similar ocurrió con otro de los textos antiguos de mayor importancia, también del siglo IV. El *Codex Sinaiticus* fue descubierto por el estudioso Constantin von Tischendorf en sus visitas entre 1849 y 1859 al monasterio de Santa Catalina en el monte Sinaí (de ahí el nombre que lo identifica). Comprado originalmente por el Zar de Rusia, luego pasó al Museo Británico. Presenta signos evidentes de retoques posteriores, probablemente del siglo IX, pero en cambio nos muestra un texto más completo, que incluye el Apocalipsis. Estas cosas son importantes tanto para la historia del texto como para la historia del canon.

En otros casos, especialmente los papiros, los escritos han surgido de trabajos arqueológicos. Estos textos, despreciados al principio, han resultado muy importantes. El más antiguo, el llamado papiro P[52] data aproximadamente del año 125, y contiene unos pocos versículos del capítulo 18 del Evangelio de Juan. Si bien desde el punto de vista del texto no es determinante, sí demuestra que ya había un texto más o menos fijo circulando en las comunidades cristianas en fecha tan temprana. Pero es una excepción. Los siguientes textos son de fines del siglo II: (1) Algunos de los llamados *Papyri Bodmer*, por el investigador que los coleccionó. Los más antiguos de ellos contienen los textos de los Evangelios de Lucas y de Juan (incompletos), y de las Epístolas de Judas y 2 Pedro. (2) También son importantes los papiros de la colección *Chester Beatty*, que contienen textos de los cuatro evangelios canónicos y el Libro de los Hechos, las cartas de Pablo (aunque faltan 2 Ts, Flm y las Pastorales) y el Apocalipsis incompleto. Si bien los textos presentan lagunas y dificultades para su lectura, han contribuido notablemente a establecer el texto del Nuevo Testamento e ilustrarnos sobre la formación del canon neotestamentario. Para un estudio detallado de estos textos remitimos a la bibliografía, especialmente al libro de K. Aland y B. Aland.

Las modernas técnicas de investigación fotográfica, desarrolladas en algunos casos para la investigación astronómica (cromatografía, fotografía infrarroja o ultravioleta, etc.) también han influido en el estudio de los textos, por la posibilidad de recuperar escritos anteriores. Los mismos papiros y códices de pergamino ya mencionados, sometidos a estas técnicas, pueden mostrar los textos originales que existían previos a los retoques y correcciones de las que fueron objeto. Estas técnicas, aplicadas en los palimpsestos, han resultado muy productivas. Los palimpsestos son pergaminos que contenían textos antiguos, que, por la escasez de material, algunos siglos después fueron borrados (raídos con abrasivos) para sobrescribirlos. Así, hay textos bíblicos, en algunos casos libros enteros, que como no se usaban fueron sobrescritos con biografías de los fundadores de un convento, u otras cosas que hacían al interés del momento. Estas técnicas han permitido leer, al menos parcialmente, los rastros de los textos primitivos sin borrar el segundo. Así se han recuperado antiguas versiones de algunos escritos bíblicos, especialmente traducciones al siríaco y copto. Todo este material se usa en la continua revisión de las versiones bíblicas y su traducción.

Textos fuera del Nuevo Testamento.

A veces los hallazgos de material arqueológico surgen por hechos puramente casuales, como ocurrió con los manuscritos de *Qumrán*, hallados por un pastor de cabras cuando pastoreaba su ganado cerca de unas cuevas en las inmediaciones del Mar Muerto. Los papiros de *Nag Hammadi* también se hallaron en unas cuevas, en Egipto, en las cuales buscó refugio un beduino que quería escapar de una venganza por cuestiones familiares. Los primeros, los célebres «Rollos del Mar Muerto» no aportan específicamente nada sobre el Nuevo Testamento (a pesar de que algunos han querido encontrar textos vinculados). Su importancia para el Nuevo Testamento radica en que nos ilustran sobre ciertas tendencias y creencias de algunos sectores del pueblo judío en la época del surgimiento de la fe cristiana, lo cual nos permite descubrir diferencias y similitudes de esa comunidad, probablemente esenia, con el movimiento de Jesús.

Entre los escritos de *Nag Hammadi* no se ha encontrado nada anterior al siglo II, aún así son textos importantes para la historia de la Iglesia especialmente para conocer el desarrollo de las tendencias gnósticas. Un texto de los encontrados en ella tiene particular importancia, pues presenta una versión completa en copto del Evangelio de Tomás, que es muy antigua. Este apócrifo nos permite hacer comparaciones con los evangelios canónicos y nos ayuda a ver la diversidad de fuentes y tradiciones que existían en el cristianismo primitivo. La búsqueda por nuevos textos que nos ilustren sobre el surgimiento del Nuevo Testamento continúa.

La mayoría de los textos antiguos que se conservaron en bibliotecas y colecciones, que se copiaron y reprodujeron, fueron las obras literarias y tratados de los renombrados autores de la antigüedad y las cartas de importantes personajes. Pero, ¿cómo se expresaba la gente común, cómo eran las cartas no oficiales, los textos religiosos populares, las recetas mágicas que el pueblo consumía?

(cf. Hch 19.19). De allí la importancia, para la comprensión de los textos del Nuevo Testamento, de contar con textos que respondieran a este otro nivel. Estos textos menores nos eran desconocidos, hasta que ciertos hallazgos arqueológicos revelaron datos que nos permiten comenzar a responder estas preguntas. Un primer aporte en este sentido lo han dado los llamados *Papyri de Oxyrhynchus*, hallados en Egipto hacia el final del siglo XIX. Entre ellos hay algunos fragmentos neotestamentarios del S. III, pero lo más significativo son los otros textos. En esta y otras colecciones han surgido cartas, horóscopos, recetarios, sílabos escolares, documentos personales y archivos oficiales que nos permiten entrever aspectos de la vida cotidiana en el primer siglo cristiano, así como las formas de comunicación y el lenguaje no literario de la época. Hoy se calculan en más de 25.000 los papiros encontrados que pertenecen al período del dominio romano.

El estudioso alemán Adolf Deissmann, en su obra *Licht vom Osten* fue el primero en repasar estos textos y comparar el griego de los escritos bíblicos con el griego no literario de los papiros, y la forma de las cartas bíblicas con la correspondencia de la vida cotidiana que se encontró en estos hallazgos. Su conclusión es que, con pocas excepciones, la literatura neotestamentaria se parece más al lenguaje de la gente no instruida y los textos de la cultura popular grecorromana, que a los textos literarios de la misma época. Por lo tanto, hay que considerar a los cristianos de los primeros siglos, incluso Pablo y los autores de los Evangelios, como personas con un bajo perfil cultural. Si bien las tesis de Deissmann han sido discutidas y siguen siendo objeto de revisión, la importancia de estos textos no bíblicos para la interpretación del cristianismo del Nuevo Testamento y su ambiente ha resultado de extrema importancia.

Arqueología de la vida cotidiana.

La otra contribución importante para el Nuevo Testamento desde la arqueología nos la brindan estudios que no necesariamente están orientados a la arqueología bíblica. Ello está vinculado con un cambio de énfasis en el estudio de la historia en general. En otras épocas «estudiar historia» era recordar fechas, batallas, héroes, grandes hechos políticos. Pero han surgido nuevas corrientes históricas que quieren reconstruir la vida cotidiana: cómo vivía el pueblo, cuáles eran sus costumbres, cuáles eran sus relaciones y trabajos, cómo resolvían, no ya los grandes conflictos de las naciones, sino las situaciones que se presentaban en el vivir de cada día. Estas pasaron a ser las preguntas de los investigadores. Junto a los grandes monumentos que fijan los hitos políticos, comenzaron a tener importancia también la búsqueda de herramientas, cacharros de cocina, utensilios de la vida cotidiana. Las historias de los trabajadores, de las mujeres, de los esclavos y esclavas también tienen su importancia. Esto nos permite recrear el ambiente de las casas, de la vida de las ciudades y aldeas en las cuales se fue trasmitiendo el mensaje cristiano.

En el estudio de las condiciones en que se desarrolló el movimiento de Jesús y las tradiciones que luego fueron escritas en los evangelios que conocemos, se requiere, por lo tanto, la interiorización de estos elementos. La investigación arqueológica en tiempos recientes ha obligado a repensar algunos supuestos con los que se han interpretado los textos hasta ahora. Así, la conformación demográfica de la Galilea de Jesús nos muestra dos grandes ciudades (Séforis y Tiberías), fuertemente helenizadas. Pero su influencia no necesariamente se extiende al área rural, que justamente resiste la imposición política, económica y cultural que estos centros representan. En cambio, las aldeas y poblados que visita Jesús se muestran como pequeñas poblaciones que reúnen cincuenta o sesenta familias, en casas de adobe consistentes en una o dos piezas de tres por cuatro metros, con un patio común donde se encuentra la cisterna y un horno de barro. En el medio de esos conjuntos de casas hay un descampado que actúa como plaza. No se encuentran edificios públicos. Se estima que había más de doscientas de estas aldeas rurales en la región.

Algunos de estos sitios muestran una mayor presencia de una élite gobernante rica que contrasta con los caseríos humildes mayoritarios. Por ejemplo, el descubrimiento de restos arqueológicos que indican la presencia de un importante asentamiento de influencia romana (baños al estilo romano) en Cafarnaúm nos permite valorar la referencia a la presencia de un centurión que hace edificar una sinagoga en el lugar (Lc 7.5). El número de pobladores en Cafarnaúm oscila entre quienes dan una cifra de 15.000 y los que apenas calculan su población en 1500. Si las fuentes literarias apuntan al primer número, las evidencias arqueológicas inclinan la balanza hacia el número menor. El estudio de los restos de la sinagoga de Cafarnaúm, que data de varios siglos después (V d.C.), muestra el substrato de un edificio público anterior (siglo I d.C.). ¿Se trata del mismo edificio al que se refieren los dirigentes en el pasaje aludido? No podemos saberlo con certeza, pero en todo caso, confirma la práctica del clientelismo romano, que solía, mediante dádivas, ganarse la simpatía de los sectores dirigentes de los pueblos conquistados para hacer más fácil su control. Además, se ve que a poca distancia se estableció un campamento de soldados (podrían ser herodianos), por si esa política no diera los frutos deseados y hubiera que usar un mayor poder policial y de represión. Restos de campamentos de soldados romanos en la región ayudan a dar crédito a las prácticas abusivas que refleja el discurso de Juan el Bautista (Lc 3.14).

También la numismática hace un significativo aporte. El hallazgo y estudio de monedas antiguas es importante pues las monedas suelen indicar su fecha de acuñación, y así se facilita la posibilidad de datar el nivel en el que se encuentran. La significación simbólica y social de la moneda es importante. Para la antigüedad, encontrar monedas en áreas rurales suele significar la presencia de funcionarios o soldados, que recibían su pago en metálico, mientras que los pobladores locales vivían del trueque y pagaban sus impuestos y deudas en mercancía—en la parábola de Lc 16.1-7 las notas de deuda se encuentran en especie. Además de ayudarnos a entender las prácticas económicas las monedas, con sus efigies y lemas, constituyen un valor simbólico importante, como lo demuestra la discusión de Jesús con los fariseos en torno a la moneda del impuesto (Lc 20.19-26). Monedas encontradas con el lema *Divus Caesar* («Divino César») hacen más punzante la interpretación de este texto de Jesús. Lo mismo se puede decir de la expresión de Pablo en 1 Ts 5.3, ya que *Pax et securitas* (o en griego, *eirene kai asfaleia* «paz y seguridad») se ha encontrado como lema en monedas que circulaban en la zona griega del Imperio. ¿A quiénes, pues, se refiere Pablo cuando dice que los que dicen «paz y seguridad» recibirán repentina destrucción?

Si es importante lo que se encuentra, también es importante lo que no se encuentra. Así, en toda Galilea no se han encontrado vestigios de edificios de sinagogas anteriores al siglo III. Ello indicaría que las sinagogas que Jesús visita en las aldeas no son edificios, sino asambleas abiertas, probablemente en la plaza de cada aldea, donde la gente se reunía los sábados para resolver los temas comunes, a la vez que para expresar su culto a Dios. Podemos asumir que no había un ritual elaborado o exigencias sacerdotales en las sinagogas, y eso explica la libertad de Jesús para predicar, enseñar o curar en las mismas, aunque a veces pueda entrar en conflicto con los líderes locales, que se sienten amenazados en su autoridad.

Por otro lado, a diferencia de la arqueología veterotestamentaria que tiene sitios preferidos, la extensión del cristianismo por todo el mundo mediterráneo ya en el primer siglo hace que el espacio de búsqueda sea mucho más indeterminado y totalmente superpuesto con el que estudian los arqueólogos de las culturas mediterráneas en general. Para poder comprender los movimientos de Pablo, las condiciones de sus viajes, o algunas de las expresiones enigmáticas que aparecen en las cartas a las Iglesias del Asia Menor en Apocalipsis, la arqueología del Nuevo Testamento se ve obligada a salir del espacio que habitaron Jesús y sus primeros discípulos. El estudioso cristiano inglés, Sir William Ramsay, fue uno de los pioneros en la tarea de ir recorriendo la cuenca mediterránea para ubicar la vida de Pablo en su contexto histórico con base en investigaciones arqueológicas. Su obra *The cities of Saint Paul* (Las ciudades de San Pablo, 1908) fue una de las primeras en tratar estos temas, producto de sus propias exploraciones y hallazgos. Hoy contamos, aunque desgraciadamente no en nuestro idioma, con muchas otras obras que han profundizado en estos estudios. Y además podemos valernos de trabajos no orientados específicamente a los estudios bíblicos, pero que nos ayudan a conocer el mundo de la antigüedad grecorromana en la que surgió el Nuevo Testamento.

Pensemos que ya hay cristianos en Roma en la primera mitad del siglo I, y que Pablo escribe a esa iglesia su célebre carta apenas unos años después. ¿Tenemos elementos de esa comunidad en aquél tiempo que puedan ser estudiados por la arqueología? La respuesta, hasta ahora, es no. Pero, en cambio, sí se ha podido reconstruir hasta cierto punto cómo era la vida en Roma, cómo estaban organizados sus barrios y su población, los distintos estratos sociales, ciertas formas de vida y comercio, ritos, costumbres, fiestas y demás prácticas que conforman la vida cotidiana que aquellos cristianos compartían con el resto de los habitantes de la gran capital imperial. Y entonces los textos de Pablo pueden leerse contra un trasfondo mucho más completo, y nos es posible entender algunas referencias específicas acerca de la vida y conducta de los habitantes de la capital imperial, las pruebas que enfrentan los cristianos en ella, y su modo de dar testimonio.

Estudios similares se han desarrollado en otros lugares, con mayor o menor fortuna. El hecho de que toda la cuenca mediterránea se encontrara bajo un mismo dominio político e influencia cultural permite comparar más fácilmente los indicios que se encuentran, y complementar hallazgos de diferentes lugares. Pero ello también tiene su riesgo, pues puede llevar a desconocer las diferencias regionales, las modificaciones que sufren las mismas instituciones del mundo grecorromano cuando se implementan en ambientes que tienen características culturales distintas. Por ejemplo, el culto a la diosa Afrodita en la ciudad de Corinto, ¿era lo mismo que ese culto en Éfeso, donde se la veneraba con el nombre Diana, o que en Filipos, donde había un trasfondo cultural tracio? A simple vista, se trata de la misma deidad. Pero un estudio sobre la forma como era representada en estatuas, frescos, altares, monumentos, etc. mostrará que se presentan características distintas según los diferentes trasfondos culturales: en una aparece como una diosa vinculada con el amor, en otra como protectora, en la tercera como cazadora. Esto se debe a los sincretismos de la cultura grecorromana dominante con las culturas anteriores sometidas. Episodios como los ocurridos en el relato de Hechos 14.8-23 muestran la necesidad de poder reconocer estas prácticas y ver las características particulares que adquirieron en cada lugar. Más en este caso, donde se muestra que el idioma vernáculo anterior al griego (licaonio) seguía siendo el principal vehículo cultural y de comunicación.

La arqueología tiene como tarea investigar con cuidado cada uno de los sitios, y revelar las prácticas culturales que se muestran en el diseño de las ciudades, sus mercados y plazas, edificios públicos, pero también sus casas humildes, talleres, utensilios de trabajo o cocina. ¿Cómo era la vida en el taller de Aquila, Priscila y Pablo cuando cosían carpas para ganarse la vida en Corinto (Hch 18.3)? Ese oficio determinaba su disponibilidad económica, las personas con las que entraban en contacto, la consideración alta o baja en que serían puestos por los otros miembros de la comunidad, incluso las condiciones de salubridad—horas encorvados cosiendo a mano pesadas lonas y cuero, generalmente con muy mala luz, con instrumentos rudimentarios, dejan sus marcas en el cuerpo y en la apariencia física de las personas. Para poder responder a preguntas como esta, importantes para la interpretación bíblica, la arqueología provee indicios y datos que luego son estudiados, en forma interdisciplinaria, por la antropología cultural, la sociología, la historia social, y otras ciencias afines. Todas ellas, en conjunto, nos ayudan a tener una visión del ambiente en el que se desarrolló la fe cristiana. Véanse los tres ejemplos siguientes: (a) la descripción que hace Pablo de la comunidad de Corinto con los términos que aparecen en 1 Corintios 1.26-28; (b) la justificación de por qué dice que su apariencia personal es débil (2 Co 10.10); o (c) por qué insinúa problemas en la vista (Gl 4.15).

El cristianismo primitivo no tuvo, no podía tener, por su situación legal de religión no permitida, templos significativos o monumentos, que solo aparecen tras su reconocimiento como religión del Imperio. Sus reuniones, como nos lo muestran los relatos del Nuevo Testamento, se realizaban en las casas o al aire libre. De manera que la vida de la casa era importante. De hecho, los dos restos arqueológicos más importantes de edificios que se consideran asiento del cristianismo primitivo, son la llamada «casa de Pedro» en Cafarnaúm y la «iglesia de Dura Europos», antigua ciudad sobre el río Éufrates, en lo que hoy es Siria. En ambos casos se trata de casas de familia adaptadas para albergar grupos mayores.

La «casa de Pedro» es una casa del primer siglo, sobre la cual se construyeron, posteriormente, edificios de iglesia. De allí que la tradición la ha identificado como un primitivo lugar de reunión cristiano y adjudicado su pertenencia al apóstol, por su ubicación, cercana al lago y frente a la sinagoga de Cafarnaúm. Lo único comprobable es que se trata de una casa de familia más bien pobre, de tamaño más o menos regular, adaptada para reuniones al ser derribado un muro que separa dos habitaciones. No se encontraron en ella otros datos que puedan remontarse al siglo I para confirmar su origen, identidad o uso.

Más clara resulta la identificación de la llamada «iglesia de Dura-Europos», pues en este caso sí se pueden ver las adaptaciones que sufrió una casa de familia bastante grande (ocho habitaciones) para transformarse en iglesia (adaptación de varias habitaciones para formar un lugar de reunión más grande y el establecimiento de un baptisterio). También esto puede apreciarse en su decoración, donde aparecen claros símbolos cristianos. Pero la casa es tardía, del siglo III. Nos sirve, en este caso, para confirmar la tradición de las casa-iglesias que encontramos en el Nuevo Testamento y notar la existencia de símbolos del cristianismo primitivo.

Es casi seguro que no encontremos otros elementos porque es probable que los cristianos se diferenciaran del resto de sus contemporáneos por su fe, su conducta, sus actitudes, pero no por sus utensilios, trabajos, ropas, etc.; lo que llamamos «cultura material». Quizás los datos más significativos para la época neotestamentaria provengan justamente de los restos artísticos hallados. La presencia de símbolos cristianos en graffiti (catacumbas de Roma), en sarcófagos y en inscripciones, nos muestra la presencia de creyentes en diferentes lugares. Solo allí donde podían expresarse mediante el arte quizás pudieran quedar algunos vestigios de su presencia, y esto es lo que la arqueología bíblica procura identificar. El pez y la imagen del buen Pastor aparecen como los dos símbolos cristianos más característicos de la primera época. Sin embargo, nuevamente, debemos decir que tales expresiones son siempre posteriores a la segunda mitad del siglo II (quizás con la excepción de algunos graffiti romanos), cuando los textos neotestamentarios ya estaban completos y circulaban entre las comunidades.

Con todo, y a pesar de estas limitaciones, la tarea de los arqueólogos que investigan temas relacionados con el Nuevo Testamento debe ser reconocida con gratitud por todo amante de las Escrituras. Las dificultades que van desde conseguir fondos para los estudios, hasta la necesidad de enfrentar las burocracias estatales para los permisos, cuando no el tener que enfrentarse con gobiernos hostiles o situaciones de guerra, son verdaderos escollos previos a la tarea en sí. A veces las excavaciones en lugares habitados supone la necesidad de crear verdaderas estructuras portátiles que permitan buscar en los cimientos sin afectar construcciones de la superficie, u otros desafíos similares. Luego es necesaria la paciente tarea de ir rastreando el terreno palmo a palmo, distinguir sucesivos estratos para datar acertadamente los objetos encontrados, e interpretar su sentido y significación. Estos procesos suelen llevar años. Por otro lado, las distintas tendencias teológicas y escuelas arqueológicas discutirán estos resultados, y los insertarán en la historia de su tiempo, o le darán diferente valor hermenéutico. En todo este esfuerzo siempre se enriquecerá nuestra comprensión de la palabra bíblica.

Bibliografía indicativa

Aland, B y Aland, K. *Il testo del Nuovo Testamento*. Editrice Marietti, Génova, 1987 (original alemán de 1982. hay traducción al inglés publicada por la editorial Eerdmans).

Arens, Eduardo *Asia Menor en tiempos de Pablo, Lucas y Juan*. Ediciones El Almendro, Córdoba, España, 1995.

Crossan, John D. *The Historical Jesus. The Life of a Mediterranean Jewish Peasant.* Harper San Francisco 1991. (Hay edición castellana de Editorial Planeta, Buenos Aires-México).

Deismann, Adolf *Licht vom Osten*. J.C.B. Mohr (Paul Siebeck), Tübingen, 1909.

Horsley, Richard *Archeology, History and Society in Galilee.* Trinity Press International, Valley Forge, Pennsylvania, 1996.

Snyder, Graydon F. *Ante Pacem. Archaelogical Evidence of Church Life Before Constantine.* Mercer. Peeters.

Kenyon, Katleen M. *Arqueología en la tierra santa.* Barcelona :
Ediciones Garriga , 1963.

Parrot, André *Las rutas de San Pablo en el oriente griego* Barcelona :
Ediciones Garriga , 1962.

McRay, John *Archaeology and the New Testament.* Grand Rapids :
Baker Book House , 1991.

Para continuar la lectura

Albright, William F. *Arqueología de Palestina.* Barcelona: Ediciones
Garriga, 1962. Véase de manera especial el capítulo XI.

González Echegaray, Joaquín *Arqueología y evangelios.* Estella: Editorial
Verbo Divino, 1994. Esta y la que sigue son dos excelentes obras
que amplían el tema presentado en este capítulo.

_____*Jesús en Galilea: aproximación desde la
arqueología.* Estella: Editorial Verbo Divino, 1999.

Wright, George Ernest *Arqueología bíblica.* Madrid: Ediciones
Cristiandad, 2002. Esta nueva edición tiene una introducción de
más de cien páginas que actualizan el estudio hecho por al autor
hace más de tres décadas. Véanse de manera especial los
capítulos XIII y XIV.

Los rollos del Mar Muerto

Edesio Sánchez Cetina

Introducción

Entre 850 y 900 manuscritos o fragmentos fueron encontrados cerca de un wadi (vado de un río) llamado Qumrán, a unos 15 kilómetros al sur de Jericó, en las inmediaciones de las ruinas de Qumrán, y diseminados en once cuevas. Esto sucedió en 1947, y desde ese año los investigadores han estado estudiando y traduciendo esos manuscritos—una cuarta parte está formada por textos bíblicos. Desde esa época se formó un equipo internacional e interconfesional que ha asumido la tarea de traducir y de asignar los manuscritos para su traducción. Aunque la tarea ha sido ardua, ya el trabajo de clasificación y traducción está en su etapa final. La mayoría del trabajo ya se puede conseguir a través de publicaciones sobre todo en idioma inglés.

Antes de hablar de los manuscritos y de su contenido, diremos algunas palabras sobre el lugar conocido como Qumrán y la comunidad que vivió allí.

La comunidad de Qumrán

Su historia y organización

Los investigadores—el principal fue el P. Roland de Vaux, arqueólogo francés, director de la *École Biblique* de Jerusalén—

coinciden casi unánimemente en afirmar que la comunidad de Qumrán fue la secta judía de los **esenios**.

En las excavaciones que se hicieron durante los años 1951 y 1956, se encontraron diversas construcciones: sistema de acueductos, depósitos de agua, pilas para el baño ritual, cocina, comedores, bodega para despensas, talleres de alfarería y hornos para la cocción de las vasijas, salas de escritura y bodegas.

Los esenios vivieron en Qumrán entre los años 200 a. C. y 100 d. C.; es decir, unos trescientos años. Fueron descendientes espirituales del movimiento revolucionario de los Macabeos (167 a. C.). Los esenios están directamente relacionados con la rama asidea de esa revolución. Cuando se descubrió que los macabeos tenían aspiraciones políticas y querían usurpar el sumo sacerdocio de los sadoquitas, los asideos (forma hebrea) o esenios (forma griega) se retiraron al área del Mar Muerto para fundar su propia comunidad, bajo el liderazgo del **Maestro de Justicia**.

La admisión a la comunidad estaba estrictamente regulada. El período de iniciación duraba por lo menos un año. Durante ese tiempo los novicios no participaban ni en los banquetes solemnes ni en los ritos purificatorios de la comunidad. Solo al final de los dos años se llegaba a ser miembro con plenos derechos. Quien era aceptado como miembro en pleno de la comunidad, hacía votos de pobreza y celibato. Los bienes pasaban a la comunidad y el nuevo miembro hacía el siguiente juramento: «Solo amaré a los miembros de mi comunidad, y odiaré a todos los hijos de las tinieblas. ¡Y no revelaré nada sobre la comunidad a los de afuera!». Había otro tipo de miembro de la comunidad. A éstos no se les exigía deshacerse de todos sus bienes, ni se les imponía el celibato.

Para los miembros en pleno los castigos eran severos:

Por dar indicaciones falsas sobre los bienes que se poseen, al ingresar en la comunidad, el castigo es de un año de expulsión y la reducción vitalicia de la ración de alimentos en un cuarto. Hay castigo de medio año de expulsión por mentir, por encolerizarse con un miembro de la comunidad, o por andar desnudo. Hay castigo de un mes de expulsión por indisciplinas en las asambleas comunitarias, por ejemplo, cuando uno se ausenta sin permiso, cuando se escupe durante una asamblea, o cuando uno se ríe a carcajadas.[1]

Los miembros de la comunidad debían someterse a constantes ritos de purificación o baños rituales. Cada vez que el miembro iba a ser expuesto a todo aquello considerado como sagrado, le era necesario practicar las abluciones. Uno de los castigos más comunes era el de prohibir los baños de purificación a quienes rompían con los preceptos de la comunidad. Tanto las comidas como las oraciones estaban estrictamente reguladas.

Los siguientes párrafos de *La Regla de la Congregación* (1QS VI.2-8) resume muy bien la idea de la vida en común:

> De esta manera se portarán en todas las casas de preparación cuantos viven en ellas. Que el inferior obedezca al superior en asuntos de trabajo y de dinero. Que tomen sus alimentos en común y también así reciten las bendiciones, y que se consulten mutuamente.

> En todo lugar donde haya hombres de la alianza, que no falte un sacerdote. A continuación de él tomarán los demás sus lugares, y por ese orden se consultarán en todas las cosas.

> Cuando esté preparada la mesa para comer o la bebida para beber, que sea el sacerdote el primero en extender la mano para bendecir las primicias del pan y del vino.

> Que no falte tampoco, en el lugar donde haya por lo menos diez miembros de la comunidad, el hombre que escrute la ley continuamente, de noche y de día, con miras a la

---

[1] Gerde Theissen, *La sombra del galileo* (Salamanca: Ediciones Sígueme, 1989), p.64. Para una lista más completa de las sanciones puede verse M. Jiménez y F. Bonhomme, *Los documentos de Qumrán* (Madrid: Ediciones Cristiandad, 1971), pp.39-40 (1QS VI, 24—VII,25).

común perfección. Que los «grandes» velen juntos un tercio de la noche durante todo el año. En ese tiempo leerán el libro, estudiarán las prescripciones y recitarán las bendiciones en común.

Después de la muerte del Maestro de Justicia, la comunidad se organizó bajo la autoridad de un "presidente" o "supervisor" y un concilio de doce laicos y tres sacerdotes.

Sus creencias

Los esenios creían que formaban la única y verdadera comunidad escatológica y mesiánica. Es decir, con ellos se abría el período de los últimos acontecimientos antes de la consumación del reino de Dios. El establecimiento de la comunidad en el desierto señala que para los esenios el desierto tenía un sentido escatológico. El éxodo final tendría lugar en el desierto. La congregación de los justos en una sola comunidad era la señal de que en ellos Yahvé había iniciado el tiempo final y la ruptura concreta y radical entre los hijos de la luz y los hijos de las tinieblas.

Junto con la idea escatológica aparece la idea de las figuras mesiánicas. No es muy claro, a partir de los escritos de Qumrán, cuántos serían los mesías esperados. Comúnmente se ha hablado de tres figuras mesiánicas: el mesías sacerdotal (la figura más importante para los esenios), el mesías laico o davídico y el mesías profeta. En algunos de los escritos menores, pareciera ser que el Maestro de Justicia personificaba toda la expectación mesiánica de la comunidad.

En el espíritu de la escatología y el mesianismo, surgieron las creencias dualistas de la comunidad. La humanidad estaba dividida en dos grupos: los hombres malvados, quienes viven en las tinieblas y siguen las órdenes de Belial y los hombres justos, quienes viven en la luz y obedecen al espíritu de Dios. Este dualismo se manifiesta en varios niveles: moral, religioso, cósmico y antropológico. El siguiente trozo (1QS III, 19b-26) presenta una imagen parcial de esa idea:

De la fuente de la certidumbre proceden las generaciones de la verdad y de la fuente de las tinieblas las generaciones de la iniquidad. En las manos del Príncipe de las luces se encuentra el gobierno de los hijos de la justicia. Ellos caminarán por los caminos de la luz. En las manos del ángel de las tinieblas se encuentra todo el gobierno de los hijos de la iniquidad. Ellos caminarán por los caminos de las tinieblas. Al ángel de las tinieblas son debidos todos los extravíos de los hijos de la justicia; todos sus pecados, todas sus obras culpables, se deben a su poder.

Está en las manos de Dios cuándo esto llegará a su término, pero entre tanto todas las pruebas y todas las opresiones son efecto de la persecución del ángel de las tinieblas. Listos están los espíritus de su partido para hacer caer a los hijos de la luz. Pero el Dios de Israel, con su ángel de verdad, viene en auxilio de todos los hijos de la luz. El creó los espíritus de la luz y los espíritus de las tinieblas; con esto se propone toda obra y toda acción. A uno solo de éstos Dios ama por todos.

Los documentos

Los escritos bíblicos

Como se indicó al principio, los manuscritos bíblicos representan la cuarta parte de los escritos encontrados en las once cuevas. Varios de esos manuscritos fueron copiados en el seno de la comunidad; sin embargo, un buen número de ellos, fueron entregados a la comunidad por sus antiguos propietarios. La mayoría de los manuscritos bíblicos proviene de la cueva cuatro. El material sobre el cual fueron escritos era especialmente piel de cabras o de ovejas de diferente grosor y calidad. Entre los rollos encontrados en las cuevas aparecieron todos los libros del Antiguo Testamento, excepto el libro de Ester. Su ausencia se debe, probablemente, a que los esenios no reconocían en sus fiestas a la fiesta de los Purín.La lista de los manuscritos bíblicos y del número de copias descubiertas de cada manuscrito en las cuevas del Mar Muerto relacionadas con la comunidad esenia de Qumrán, es la siguiente:

Génesis	15	Salmos	36
Éxodo	17	Proverbios	2
Levítico	13	Job	4
Números	8	Cantar de los Cantares	4
Deuteronomio	29	Rut	4
Josué	2	Lamentaciones	4
Jueces	3	Eclesiastés	3
1-2 Samuel	4	Ester	0
1-2 Reyes	3	Daniel	8
Isaías	21	Esdras-Nehemías	1
Jeremías	6		
Ezequiel	6	1-2 Crónicas	1
Los Doce	8		

Además de los libros pertenecientes al protocanon (el canon de la Biblia hebrea), en Qumrán se encontraron algunos libros deuterocanónicos: Tobías (tres manuscritos arameos y uno hebreo), el Eclesiástico o Sirácida (un manuscrito en hebreo) y la carta de Jeremías (un manuscrito en griego).

El interés y valor del hallazgo de los libros bíblicos en Qumrán se pueden resumir en los siguientes puntos:

1. Antes de los descubrimientos de Qumrán, el manuscrito más antiguo del texto completo hebreo del Antiguo Testamento provenía del siglo IX d. C. Ahora tenemos a la mano manuscritos que dan testimonio del texto hebreo del Antiguo Testamento mil años más antiguos. Con esto los especialistas en crítica textual pueden comparar y evaluar mejor los testimonios textuales provenientes especialmente de la LXX y del Texto Masorético (TM). Los textos bíblicos de Qumrán han mostrado ser una tradición textual con historia propia, pues algunas veces coinciden

textualmente con el TM y otras con la LXX. Tenemos el caso de Deuteronomio 32.43 donde el texto de Qumrán coincide más con la LXX que con el TM:

Texto masorético	Texto de Qumrán	Texto de la LXX
Alabad, naciones, a su pueblo	Exultad, cielos, con él; que le adoren todos los dioses,	¡Cielos, exultad con él, y adórenle los hijos de Dios! ¡Exultad, naciones, con su pueblo, y todos los mensajeros de Dios narren su fuerza! Porque él
porque él vengará la sangre de sus siervos, y tomará venganza de sus enemigos	porque vengará la sangre de sus hijos, y hará caer la venganza sobre sus enemigos y retribuirá a los que lo odian	vengará la sangre de sus siervos, tomará venganza de sus adversarios, dará su pago a quienes le
Y hará expiación por la tierra de su pueblo.	y purificará la tierra de su pueblo.	aborrecen y purificará el suelo de su pueblo.

En otras ocasiones, el texto de Qumrán ofrece un testimonio textual ausente tanto en el TM como en la LXX. Tenemos el caso de 1 Samuel 10.17. El TM (reflejado en DHH y RVR-60) termina el capítulo en el versículo 27 con la frase: *...y no le trajeron presente; mas él disimuló."* El texto de 1 Samuel encontrado en Qumrán (4QSam), al igual que el texto griego de Flavio Josefo, agrega un párrafo completo. Llama la atención que la NRSV ya ha incluido este texto para la lectura y uso de la iglesia:

Por su parte, Nahas, rey de los amonitas, había estado oprimiendo severamente a los gaditas y rubenitas. Nahas sacaba el ojo derecho de cada uno de ellos y no permitía que nadie salvara a Israel. Nadie, de los israelitas que vivía al otro lado del Jordán, quedó sin que Nahas, rey de los amonitas, le arrancara el ojo derecho. Sin embargo, siete mil hombres escaparon de los amonitas y se refugiaron en Jabes de Galaad.

De acuerdo con los comentaristas, este texto no debe considerarse como adición secundaria debido a que introduce material totalmente nuevo sin ningún motivo epexegético o apologético.[2]

2. Antes de los descubrimientos solo existían copias griegas de los libros deuterocanónicos. Ahora los expertos tienen acceso a manuscritos arameos y hebreos de algunos de esos libros.

3. Los descubrimientos de los textos bíblicos en Qumrán también han ofrecido gran ayuda para el estudio de la lengua hebrea. Algunos manuscritos ofrecen la grafía paleo hebrea, mientras que otros están escritos en el hebreo de grafía aramea o cuadrada.

4. En cuanto al asunto del canon, los descubrimientos de los libros bíblicos en Qumrán permiten ver que todavía en esa época no había una tradición firme o cerrada que asegurara el número y orden de los libros canónicos.

Los escritos extrabíblicos

Hay dos tipos de materiales: 1) manuscritos de libros conocidos y usados en otras tradiciones judías; 2) literatura propiamente esenia.

Del primer caso, tenemos algunos libros conocidos como *Pseudoepígrafos*. En Qumrán solo han aparecido tres: El *libro de los Jubileos*, la *Oración de Nabónides* y el *Libro de Enoc*. Los descubrimientos de estos libros en Qumrán ofrecen la oportunidad de tener acceso a manuscritos en hebreo y arameo. Las traducciones que hasta ahora se tenían dependían de textos griegos.

Del segundo caso, tenemos una lista muy importante de libros. Estos forman la base de nuestro conocimiento sobre la comunidad

---

[2] P. Kyle McCarter Jr., *1 Samuel: a New Translation with Introduction and Commentary*, The Anchor Bible No. 8 (New York: Doubleday & Company, Inc., 1980), p.199.

esenia, su organización, su historia y sus creencias. Los materiales más importantes son los siguientes:

1. *El Manual de disciplina* o *Regla de la comunidad*: Contiene dos apéndices: «Regla de la congregación» y «Colección de bendiciones». Data de los años 150-125 a. C. y proviene de la cueva 1.

2. *Himnos de acción de gracias*: proviene de las cuevas 1 y 4. Data de los años 150-125 a. C. Varios son los investigadores que han sugerido al Maestro de Justicia como su autor.

3. *Documento de Damasco* o *Documento Sadoquita*: data de los años 75-50 a. C. Contiene pistas históricas para rastrear la historia de la comunidad. Además, contiene leyes y reglas que ofrecen un cuadro de cómo vivió la comunidad después de la muerte del Maestro de Justicia. Las reglas aparecen menos severas (se habla del amor al extranjero), se suavizan las leyes sobre las posesiones y se habla de miembros casados.

4. *Regla de la Guerra* o *Guerra de los hijos de la luz contra los hijos de las tinieblas*: de los años 50 a. C. a 25 d. C. Se encontraron manuscritos en las cuevas 1 y 4. Más que libro de estrategia militar, la obra presenta planes teológicos de cómo los hijos de la luz triunfarían sobre los hijos de la maldad.

5. *Pesarim* o «Comentarios»: la mayoría de ellos son posteriores al año 50 a. C. Son comentarios a varios libros del Antiguo Testamento. En ellos se sigue el texto bíblico versículo por versículo con aplicación para la vida concreta de la comunidad. El acercamiento hermenéutico es apocalíptico. Los comentarios que se conocen ahora son:

> Comentario a las profecías de Habacuc
> Comentario sobre Melquisedec
> Comentario a Samuel
> Comentario a Isaías
> Comentario a Nahum
> Bendiciones patriarcales
> Comentario a Oseas
> Comentario a Miqueas.

6. *Testimonia* o «Testimonios mesiánicos»: es un documento que data de los años 100 a 75 a. C. y procede de la cueva 4. Algunos de los pasajes presentes son: Deuteronomio 5.28-29; 18.18-19; Números 24.15-17; Deuteronomio 33.8-11; Josué 6.26.

7. *Florilegium* o «Midrás sobre los últimos días»: la copia existente puede fecharse entre 1 y 50 d. C. Es también una serie de textos bíblicos acompañados de interpretación de carácter homilético. Los tres pasajes principales son: 2 Samuel 7.10-14; Salmo 1.1; Salmo 2.1.

8. *Génesis apócrifo*: data del siglo I a. C. Es un midrás hagádico sobre Génesis 1—15. Por medio de imaginación y folklore se da embellecimiento al relato bíblico.

9. *Rollo de cobre*: se fecha entre los años 25 y 75 d. C. El rollo enumera una lista de lugares en donde supuestamente se escondieron tesoros. El documento es importante para conocer detalles de la topografía de Palestina.

Hay otros materiales que todavía no se publican, como el *Rollo del templo* que se recuperó en 1967. En los próximos años, de seguro saldrá a la luz mucho material que todavía no ha sido puesto a disposición del público.

El valor del estudio de estos manuscritos es enorme. Se han encontrado interesantes paralelos entre las creencias de la comunidad de Qumrán y el Nuevo Testamento. De hecho, muchos son los biblistas que señalan ciertos paralelos con Juan el Bautista. Varias son las ideas teológicas del Nuevo Testamento que se iluminan con la literatura de Qumrán. Por supuesto que las diferencias son bien marcadas y el lector de los materiales deberá estar siempre atento a no hacer falsos paralelos. Además de los paralelos con Juan Bautista, algunos han señalado similitudes entre la literatura juanina y Qumrán, entre el estilo de vida de la iglesia descrita en Hechos 2—5 y la comunidad de Qumrán, entre las cartas a los Colosenses y Efesios y las enseñanzas de los esenios.

Bibliografía

Brown, Raymond. "Apócrifos, Manuscritos del mar Muerto, otros escritos judíos." *Comentario bíblico "San Jerónimo"*, tomo V. Madrid: Ediciones Cristiandad, 1971. Pp. 128-153.

González Lamadrid, Antonio. *Los descubrimientos del mar Muerto: balance de 25 años de hallazgos y estudio*. Madrid: Biblioteca de Autores Cristianos, 1973.

Jiménez, M. y Bonhomme, F. *Los documentos de Qumrán*. Madrid: Ediciones Cristiandad, 1976.

Pouilly, Jean. *Los manuscritos del Mar Muerto y la comunidad de Qumrán*. Estella (Navarra): Editorial Verbo Divino, 1987.

Geografía del mundo de la Biblia

Pedro Ortiz y José Soto

Los individuos y los pueblos no viven en el vacío. Las casas que fabrican, las actividades comerciales y las gestiones políticas que les distinguen, y aun las herramientas y armas que utilizan revelan el ambiente físico en el cual viven. El clima y el terreno determinan las labores agrícolas, la forma de vestir, el tipo de vivienda, etc. La flora y la fauna afectan los hábitos alimenticios. El comercio y el desarrollo industrial están íntimamente relacionados con la materia prima disponible y el acceso a los mercados de una región. Las industrias marítimas se relacionan con la disponibilidad de puertos y el acceso al mar. Inciusive la ubicación de las ciudades no es accidental; generalmente están ubicadas en lugares estratégicos para el comercio y la transportación. La topografía de la región afecta sustancialmente las fronteras y la administración de las ciudades. Es por todo eso que nos detenemos aquí a estudiar el mundo que está detrás de los relatos bíblicos. El conocimiento de ese mundo nos ayudará en la recta comprensión e interpretación del texto bíblico.

La geografía física del mundo de la Biblia

Ante todo debemos darnos cuenta de que el mundo de la Biblia no es solo el territorio conocido como «Tierra Santa», es decir, Palestina. Si bien es cierto que Palestina es de suma importancia en la historia bíblica, el contexto geográfico que le rodea no lo es menos. Por eso, antes de considerar la geografía de Palestina, daremos un breve vistazo a su contexto geográfico.

Naciones y territorios del entorno

Babilonia:

En un principio, el territorio de Babilonia se extendía desde el Golfo Pérsico hasta la latitud 34° norte y se encontraba rodeada a los lados por los ríos Tigris y Éufrates. Limitaba al norte con Asiria y Mesopotamia, y al sur con el Golfo Pérsico. Al este, separada por una cadena montañosa, estaba Elam, y al oeste, el desierto Arábigo. (Mapa 1)

Pero las conquistas babilónicas extendieron su territorio hasta Nínive y toda Asiria, Armenia, Palestina, Siria y Egipto.

Su privilegiada situación geográfica entre los dos ríos, Éufrates y Tigris, le dio mucha prosperidad, pues numerosos canales irrigaban su territorio y lo hacían sumamente fértil; así era alimentada una gran población y fue posible el desarrollo de una gran civilización.

Asiria:

Asiria fue en un principio una provincia de Babilonia. No se sabe con certeza cuándo se independizó, pero sabemos que ocurrió en algún momento de la vida del rey babilónico Hammurabi (1728-1686 a.C.). Su primer capital fue Asur, la que fue posteriormente sustituida por Nínive .

Asiria se encontraba en el llano de Mesopotamia. Su límite norte eran los lagos Van y Urmia; al este tenía a Media y al oeste, el río Éufrates; en el sur su límite era Babilonia (Mapa 1). Su territorio medía unos 450 km. de norte a sur, y unos 257 km. de este a oeste.

Era un territorio altamente fértil y poblado, con un gran desarrollo económico y cultural.

Siria:

Geográficamente hablando, Siria—conocida también como Aram—es toda la región comprendida entre el continente asiático y el continente africano, entre la costa del Mediterráneo y el río Éufrates. Pero políticamente la región se ha dividido en Siria, al norte—el territorio que rodea la ciudad de Damasco—, y Palestina, al sur.

Desierto de Sinaí:

Está formado por todo el territorio entre Egipto y Edom. Tiene forma de triángulo, con el Mar Rojo al oeste y el Golfo de Aqaba al este. Su área total consta de unos 51,800 Km.^{2}. Dos terceras partes de su territorio carecen totalmente de agua y su suelo es duro. Hay una franja de unos 32 km. de terreno arenoso situado entre el Mar Rojo y los lagos Amargos (al este) y varias lomas de piedra caliza (al oeste). También encontramos la Cordillera de Granito que es la parte más irrigada del desierto, y por eso constituyó la mejor región de paso entre Egipto y Edom. Luego está el valle de Arabá, entre el Mar Muerto y el Golfo de Aqaba (16 km. de ancho por 193 de largo), rodeado de montañas y con numerosos manantiales (Mapa 2).

Egipto:

Ubicado en el noreste de África. Su territorio se extiende desde la costa del Mar Mediterráneo (norte) hasta la primera catarata del río Nilo en Assuán (sur), unos 966 km. Al este sus límites son Arabia y el Mar Rojo, y al oeste está el gran desierto (Mapa 2). La población de Egipto se situó siempre alrededor del río Nilo. La fertilidad del territorio se debe al Nilo y a su inundación anual, la cual provoca las lluvias que caen en el territorio donde nace el río, en el lago Victoria y recorre cerca de 5,632 km. En Egipto prácticamente nunca llueve, el río riega toda la región manteniéndola fértil, pues la inundación deja depósitos de agua cada año.

Asia Menor:

En la época del Nuevo Testamento, el Asia Menor estaba dividida en varias provincias romanas y estados sujetos al imperio: Asia, Bitinia y Ponto, Galacia, Cilicia y Capadocia (Mapa 3). Dentro de su geografía se incluyen también varias islas cercanas: Chipre, Patmos, Rodas, Samotracia, Cos, Asón, Mitilene, Quio, Cnido. En toda la región de Asia Menor ubicamos ciudades que de una u otra forma jugaron un papel importante en la historia del Nuevo Testamento, como Tarso, Derbe, Listra, Iconio, Antioquía de Pisidia, Perge, Atalia, Hierápolis, Laodicea, Colosas, Filadelfia, Sardis, Esmirna, Tiatira, Éfeso, Pérgamo y Tróade. (Véase Mapa 4)

Palestina

Pasemos ahora a considerar el territorio donde se desarrolló la mayor parte de la historia bíblica.

Nombre: El nombre Palestina está relacionado con la palabra Filisteos, cuyo país se llamó Palesto (800 a.C.) y Palóshet (Ex 15.14; Is 14.29, 31).

Sin embargo este no es el nombre utilizado en la Biblia, surgió más bien del lenguaje administrativo del imperio romano cuando la provincia de Judea comenzó a llamarse «Siria-Palestina» o «Palestina». En el Antiguo Testamento se le llama de diferentes maneras:

«La tierra que yo, el Señor, juré dar a los antepasados de ustedes»

«Tierra prometida»

«Tierra de Canaán»

«Tierra de Israel» (el más utilizado)

«Tierra de los hebreos»

«Tierra santa»

«Siria-Palestina»

«Canaán» (Gn 12.5; Ex 15.15) es el término que se usó cuando ese territorio era solo una esperanza o una promesa para el pueblo de la alianza. Luego que los israelitas ocuparon la tierra, el término dejó de usarse. El nombre «Canaán» probablemente significa «rojo-púrpura», en alusión a un tipo de tinte que se elaboraba en la región.

Límites: Los límites de Palestina, de norte a sur, son conocidos en la Biblia así: «Desde Dan hasta Beerseba» (Jue 20.1), y en algunos textos es algo más amplia: «Desde el río de Egipto hasta el río grande, el Éufrates» (Gn 15.18; estos son conocidos como los límites ideales). Mide, más o menos, entre 320 y 380 km., desde Dan, al norte, hasta el límite sur en la península de Sinaí. La frontera norte se extendía desde Tiro, en la costa del Mar Mediterráneo, hasta Damasco. La frontera sur va desde el río de Egipto hasta la parte sur del Mar Muerto. (Véase Mapa 5)

De oeste a este, los límites van desde la costa mediterránea hasta la depresión del Jordán. La longitud varía de 50 Km. en el norte y unos 80 Km. en la zona sur del Mar Muerto. Como la meseta montañosa al este del Jordán (unos 30 Km.) en Transjordania no debería considerarse territorio israelita, toda la extensión sería de unos 23.000 Km.[2] (un poco mayor que la superficie de Bélgica y mucho menor que la de Suiza).

Palestina está claramente dividida en cuatro franjas casi paralelas que corren de norte a sur (Mapa 6). Desde el este hacia el oeste esas franjas son:

Montañas de Transjordania: Esta cordillera, situada al este de Palestina, forma una sección alta de terreno que se divide en subregiones por los ríos Yarmuk, Jaboc, Arnón y Zered (Mapa 5). La región, de acuerdo con los relatos bíblicos (Jos 18.7-10), perteneció por algún tiempo a Rubén, Gad y Manasés, durante el período de los Jueces (Mapa 7). El control israelita de esta región fue esporádico.

Los cuatro ríos que se encuentran en sus suelos señalaron, durante diversos períodos, las fronteras orientales de los pueblos vecinos de Israel. Desde el sur, el primer pueblo es Edom, que ocupaba 170 km. de territorio entre el golfo de Aqaba y el río Zered (Mapa 5 y 7). Los edomitas fueron sometidos por David (2 S 8.13-14) y, posteriormente, durante el reinado de Salomón, los israelitas explotaron sus minas de cobre y hierro. Al norte se encontraban los pueblos de Moab y Amón, cuyos dominios se extendían 130 km. entre el Zered y el Jaboc (Mapa 5 y 7). Entre estos pueblos no existía una frontera natural definida. Y finalmente, más al norte, entre el Jaboc y el Yarmuk, a unos 55 km. de distancia, se encuentra la región de Galaad: rica en bosques, ganadería y agricultura; famosa también por sus perfumes y hierbas medicinales (Jer 8.22; 46.11).

Depresión del Jordán: Es la parte geográfica más distintiva de Palestina. La depresión llega hasta 400 m. bajo el nivel del mar, y se extiende desde el norte, en Siria y el Líbano, y continúa al sur del Mar Muerto, por el desierto de Arabá, por la costa este de África.

El río Jordán, que divide la región en Cisjordania y Transjordania, recibe sus aguas de las faldas del Monte Hermón y de la región de Dan, y desemboca finalmente en el Mar Muerto. A través de su trayectoria, se producen tres lagos: el antiguo lago Huleh (Mapa 5) o «aguas de Merom» (Jos 11.5, 7)—drenado por Israel en el año1967—; el de Galilea—también conocido como Tiberíades o Genesaret, a 208 m. bajo el nivel del mar—, y el Mar Muerto—citado en la Biblia como «Mar salado» o «Mar del Arabá», a 390 m. bajo el nivel del mar—. El lago de Galilea se consideraba como el centro de la provincia de Galilea. En su lado occidental son frecuentes los remolinos, pero su agua es dulce y abundante en peces. El Mar Muerto es salobre y rico en aguas sulfurosas, y quizás contenga en sus profundidades fuentes calientes, su amargor y concentración de substancias es notable debido a la constante evaporación.

El río Jordán fluye a través de una franja geológica excepcional. Partiendo de Turquía, el valle que enmarca el río continúa a través de Siria, Líbano, Palestina y el mar Rojo; finalmente resurge en el continente africano. Es la falla geológica más profunda y larga de la tierra: su extensión es de 6,500 km. Las aguas del Jordán viajan en rápido y lodoso zig-zag. Debido a su profundidad no se puede utilizar con facilidad para el riego, pero son sus afluentes los que favorecen el riego, la humedad y las cosechas de la zona.

Montañas de Palestina o Cisjordania: Esta franja geográfica ha sido testigo de gran parte de la historia bíblica. Incluye una serie de montañas, colinas y valles entre el Jordán y el Mediterráneo. Por esta cordillera se riega la región. A un lado de sus pendientes, las aguas llegan a la llanura de la costa del Mediterráneo; y en otro lado, riegan al valle del Jordán. Esta parte central de Palestina se ha dividido en tres secciones: Galilea, al norte; al centro Samaria; y Judá, al sur. Entre Galilea y Samaria se interponen las llanuras de Esdraelón y Jezreel.

La región de Galilea se divide en dos secciones de importancia. La alta Galilea, que mantiene una altitud media de 600 m., cuenta con la cima más alta de la región: el monte Yermac o Merom con una altura de unos 1,208 m. (Mapa 5). La parte baja, cuyos montes no superan los 600 m., cuenta con el Tabor, con una altura de 588 m.

Sobre las famosas «Alturas de Golán» se levanta el monte Hermón (Mapa 5), con sus nieves perpetuas. La cadena de montañas que incluye el Monte Carmelo (Mapa 5), escenario de la gran lucha de Elías con los profetas de Baal (1 R 18.1-40), se extiende a lo largo se 24 km., y alcanza una altura de 546 m.

Luego de la llanura de Jezreel, se encuentran las montañas de Samaria, con sus montes Ebal y Gerizim (Mapa 5), cuyas cimas llegan a los 940 y 881 m. respectivamente. Hacia Jerusalén, en Baal Jasor, al norte de Betel, la altura alcanza los 1,016 m.; y el monte de los Olivos alcanza los 818 m. Finalmente, los montes de Judá se extienden, por una región de 70 km. de largo por 20 de ancho, desde Jerusalén hasta Beerseba.

Las ciudades y poblados más importantes de Palestina se encontraban en esta región de la cordillera central (Mapa 11). De norte a sur se pueden identificar, entre otras, las siguientes: Nazaret y Cafarnaúm, en la región de Galilea; Meguido, cerca del monte Carmelo; Jezreel, emplazada en las faldas de los montes Gelboé (2 R 9—10); en la región de Samaria se encuentran Siquem, Tirsa y Samaria; hacia el sur, se distinguen Silo, Betel, Mizpa, Rama, Geba, Gabaón, Gibea y Jerusalén; y, finalmente, hacia el sur de la Santa Ciudad, Belén, Hebrón y Beerseba.

Nazaret es una aldea meridional de las sierras de la Baja Galilea, sobre la llanura de Esdraelón. En ella tuvo su viña Nabot, su tierra fue testigo de las derrotas de Saúl, en ella estuvo la casa de Eliseo, se dieron los sacrificios del profeta Elías y creció Jesús como «el hijo del carpintero».

Llanura costera del Mediterráneo: Esta se encuentra en la región occidental de Palestina. De norte a sur, la llanura se presenta casi de forma rectilínea desde el golfo de Alejandreta—en la sección noreste de la cuenca—, hasta Gaza y Rafía, donde gira hacia el oeste (Mapa 8). Cruza las costas de Siria, Líbano—antigua Fenicia—y Palestina.

Por la costa, los límites naturales de Palestina son determinados por las desembocaduras del río Leontes, en el norte y del río de Egipto al sur: 340 km. de costa (Mapa 8). Sus playas no incluyen ningún puerto natural de importancia; por esa razón los habitantes de esa sección de Palestina no desarrollaron vías marítimas, cosa que sí hicieron los fenicios, sus vecinos del norte. Durante la monarquía del Antiguo Testamento el puerto principal estaba en Jafa o Jope (2 Cr 2.15; Jon 1.3).

El monte Carmelo divide la región en dos secciones: el tramo norte es estrecho; el sur se ensancha y presenta tres llanuras: la de Dor, la de Sarón y la de Filistea. En esta última llanura se encuentran las cinco ciudades o Pentápolis filisteas: Ecrón, Azoto, Ascalón, Gat y Gaza (Mapa 9).

Entre las montañas de Judá y la costa del Mediterráneo, la Biblia identifica una región con el nombre de «Sefela»—término hebreo para «tierras bajas». Es una zona intermedia entre la llanura y la montaña que incluye ciudades de importancia como Gezer, Bet-semes, Azeca, Maresá y Laqis (Mapa 9). Su fertilidad (1 R 10.27; 2 Cr 1.15; 9.27) es proverbial, y su posición estratégica le dio celebridad.

Pues bien, fue aquí donde se desarrolló la historia bíblica casi en su totalidad. Un escenario muy pequeño; de Jerusalén a Samaria solo hay 55 Km. de distancia.

A pesar de sus limitaciones físicas, Palestina ha sido una región de importancia múltiple. Desde temprano en la historia ha jugado un papel protagónico en la vida política, comercial y cultural de la región. Tiene una superficie configurada por mares, ríos, montañas y valles. En sus terrenos se encuentran la tierra de Jericó—la ciudad más baja de toda la tierra—, que es quizá el asentamiento urbano más antiguo de la humanidad; y el Mar Muerto, que es el punto más profundo del globo terráqueo.

En esa región tan pequeña, cada ciudad, cada monte y cada río tienen un importante potencial arqueológico. Y la evaluación e interpretación de los descubrimientos arqueológicos en Palestina han contribuido sustancialmente a una mejor comprensión de las culturas que vivieron en esos territorios (véanse los capítulos sobre arqueología).

La ubicación geográfica de Palestina pone de manifiesto su importancia geopolítica. La región donde se llevaron a cabo muchos de los grandes acontecimientos descritos en la Biblia está situada en el punto de confluencia entre Eurasia y África, entre Oriente y Occidente, entre los valles del Nilo y el Río Éufrates.

Clima: El clima de Palestina está determinado por la posición geográfica, la configuración de la región y la proximidad al desierto. Aunque posee variedad en el clima, la región generalmente reconoce dos estaciones básicas: el invierno, con su temporada de lluvias; y el verano, que es un período de gran sequía. Las llamadas «lluvias tempranas» llegan en el otoño, y con ellas comienza el calendario agrícola. El período de mayor lluvia en Palestina se manifiesta desde diciembre hasta marzo; y las llamadas «lluvias tardías», tan importantes para la cosecha, se producen en abril y mayo (Jer 3.3; Am 4.7).

Palestina está enclavada entre el mar y el desierto, y las lluvias se producen en las zonas cercanas al mar, desde el oeste de la región. La precipitación pluvial decrece de oeste a este, aunque ese efecto es aminorado por la altura de las montañas. La lluvia se precipita mayormente al oeste de la cordillera de Cisjordania y de Transjordania (Mapa 6). La precipitación pluvial anual en la costa y en Jerusalén es de 24-26 pulgadas; en Meguido, 16, y al sur de Hebrón, 12.

La temperatura en la costa durante los veranos es generalmente caliente, aunque en las montañas es más placentera. En la cordillera, como en Jerusalén, a veces cae nieve.

Durante el verano es común ver incendios forestales. En el desierto, arden los cardos y la hierba en varios kilómetros, lo que hace que muchos animales salgan de sus madrigueras. En el occidente, durante todo el año, soplan vientos que, con la ayuda del mar, cumplen dos funciones importantes en la vida de Palestina. En el invierno, esos vientos húmedos provenientes del mar hacen contacto con las montañas frías y dejan caer su humedad, causando las lluvias invernales. En el verano, esos vientos vienen del noroeste y, por eso, son más secos. Al entrar en contacto con el calor del verano no se producen lluvias, pero sí una brisa fresca que reduce el calor del día. Al este del Jordán y al sur del Neguev está el desierto, donde es mínima la precipitación pluvial. En esa región los cambios bruscos de temperatura producen vientos cálidos y secos que pueden tener efectos devastadores para la agricultura palestina. De particular importancia son los vientos «sirocos», que se producen al comenzar el otoño y al finalizar la primavera. Los profetas de Israel identificaron esos vientos con la ira de Dios (Is 27.8; Ez 17.10; Os 13.15).

El clima de Palestina hace de la región uno de los lugares más saludables del mundo. La temperatura promedio anual varía entre los 17° y 22° C. Los días más calientes no pasan de los 33° C, y el frío durante el invierno rara vez baja al punto de congelación. En febrero la temperatura promedio es de 8° C, sube a lo largo de marzo y abril, de 13° C a 16° C. Para mayo y junio la temperatura sube de 18° C a 25° C; en julio y agosto se mantiene cerca de los 27° C; en septiembre y octubre baja de 27° C a 22° C. Después de las lluvias de noviembre la temperatura baja casi a 17° C, y en diciembre llega a bajar hasta casi 11° C. Luego, en enero, debido a la nieve, los vientos fríos y el poco sol, la temperatura llega a bajar hasta 8° C.

Esa variación de temperatura a lo largo del año ha hecho de los habitantes de Palestina personas sumamente adaptables y resistentes. Su contextura corporal es lo bastante elástica para resistir los cambios.

Flora y Fauna: La flora de Palestina puede brevemente listarse bajo tres grandes divisiones. **Cereales**: Trigo, cebada y mijo (millo). **Frutas**: Olivos, uvas, manzanas, almendros, granados, higos, moras, nueces, plátanos y naranjas. **Árboles**: Pinos, cedros, terebintos, robles, tamariscos, sicómoros, eucaliptos y palmeras. Además de esta lista, debemos añadir una rica variedad de leguminosas (como la lenteja y el haba) y hortalizas: sésamo o ajonjolí, tomate, remolacha, puerros (poro) y cebolla.

De modo similar se puede dividir la fauna. **Animales no domesticados**: Leones, hienas, chacales, jabalíes, lobos, zorros, osos, liebres, ciervos, corzos, gacelas, cabra montés. **Aves**: avestruz, cigüeña, gavilán, halcón, águila, cuervo, perdiz, codorniz, paloma, tórtola y gran variedad de pájaros. **Peces y reptiles**: de los peces, se han contado hasta hoy 30 especies diferentes; y entre los reptiles tenemos al cocodrilo pequeño, los lagartos y los camaleones. **Insectos**: escorpiones, langostas. **Animales domésticos**: ganado vacuno, caballos, burros, cerdos, ovejas, cabras y camellos.

Geografía humana y económica

Desde la antigüedad hasta ahora, el país se ha ido empobreciendo con la presencia y acción humana. En épocas antiguas, las zonas montañosas de ambos lados del Jordán fueron bosques que, debido a la deforestación, ya no existen. Esto ha provocado la erosión de sus suelos. De hecho, el país nunca fue rico. La economía del país ha sido esencialmente pastoril y agrícola. La estepa y la montaña no le han permitido producir tanto para una población grande.

Población: En la primera parte del siglo VIII a.C. (época de prosperidad económica) había menos de 800.000 habitantes. La población del reino del Norte (Israel) no llegaba a 300.000 habitantes, y Judá era tres veces menor. Si se suma la población de Amón, Moab y Edom, nunca llegaron a más de un millón de habitantes.

Las ciudades del Antiguo Testamento eran muy pequeñas y poco pobladas. Se construían cerca de una fuente, o sobre una capa de agua subterránea, y estaban por lo general amuralladas. Las más importantes eran de unas cuantas hectáreas y algunos millares de habitantes. Jerusalén en Judá, y Samaria en Israel, eran ciudades de mayor extensión, pero no contaban con más de 30.000 habitantes. Otras poblaciones (aldeas) medían menos de una hectárea y contaban con menos de mil habitantes—véase el capítulo sobre Arqueología del AT.

En cuanto a Palestina, las regiones más pobladas eran: el borde de la llanura de Esdraelón, la baja Galilea, la vertiente oeste de la montaña de Judea, y la Sefela.

Tipos de oficio en la población: Los habitantes en su mayoría eran campesinos dedicados a la agricultura, sobre todo en la parte norte del país. Los cultivos de esta región eran trigo, cebada, olivos, uvas e higueras. Los habitantes de la parte sur eran pastores dedicados a la cría de ovejas y cabras, y poco ganado mayor.

Las irregularidades físicas de la región (clima-relieve) producen, en parte, una falta de unidad en la población. El terreno es muy quebrado—tiene elevaciones desde el nivel del mar hasta 1.000 m. de altura en una distancia de 25 km. (mapa 6) y a todo lo largo del territorio)—, por lo que ciudades y pueblos forjaron estilos de vida e intereses distintos.

Vías de comunicación: Por su ubicación entre las grandes civilizaciones que se desarrollaron entre los ríos Tigris-Éufrates y el Nilo, y por estar enclavada al sur de los reinos del Asia Menor, Palestina desempeñó un papel preponderante en la historia del Antiguo Próximo Oriente. En las caravanas de comerciantes y en los carros de guerra se transmitían valores culturales y comerciales que influyeron de forma destacada en la región. Esos intercambios culturales, comerciales y bélicos pusieron en contacto a los pueblos palestinos con sus vecinos del Antiguo Próximo Oriente.

Las relaciones entre los pueblos se efectuaban a través de una serie de caminos, de los cuales se mencionan algunos en la Biblia. Desde el cuarto milenio a.C. fue importante la influencia de la cultura mesopotámica en Egipto. La ruta comercial entre estas culturas se conoce como «el camino de la tierra de los filisteos» (Ex 13.17); los egipcios lo llamaban «el camino de Horus». Comenzaba en Zilu, Egipto, y seguía cerca de la costa, a través del desierto, para llegar a Rafia, Gaza, Ascalón, Asdod y Jope; hacia el norte cruzaba el Carmelo, por Meguido, y llegaba a la llanura de Esdraelón; proseguía al norte, hacia Damasco, por el sur del antiguo lago Huleh, o al sur del Mar de Galilea (Mapa 10).

Otra ruta de importancia se conoce como «el camino de Shur» (Gn 16.7). Nace en el lago Timsah, en dirección de Cades-barnea, desde donde prosigue hacia el norte, a través del Néguev, para llegar a Beerseba, Hebrón, Jerusalén y Siquem; también llega a la llanura de Esdraelón (Mapa 10).

La tercera de las más importantes rutas comerciales que pasaban por Palestina es «el camino real» (Nm 20.17–21). Procedente de Egipto, cruzaba Ezión-geber, al norte del golfo de Akaba, pasaba por Edom y Moab, para subir por Transjordania y llegar a Damasco (Mapa 10).

La vida en Palestina

La vida de los hebreos giraba en torno al hogar (Dt 6.4–9). Ellos se organizaban en aldeas (véase le sección correspondiente en el capítulo sobre «Arqueología en AT») y ciudades. En las zonas montañosas las casas se construían con roca caliza gris, dándoles forma cuadrangular. Pero en los valles, las casas eran de adobe cocido al sol. En los techos se almacenaban alimentos, y sobre ellos se encontraba la azotea, considerada como el lugar más fresco y con mejor vista (Mt 10.27). Era el sitio adecuado para alojar a los visitantes (Hch 10.9). Los pobres vivían en casas de un solo aposento. En general, las casas eran acogedoras y frescas, aunque escaseaba el agua. Los pobres se sentaban y dormían en esteras, y se alumbraban con lámparas de aceite (Lc 15.8). Los ricos dormían en camas, comían en mesas, y contaban con servidumbre.

Por lo general, las mujeres esquilaban la lana de las ovejas del rebaño familiar (Pr 31.13), para la confección de ropa. Los que contaban con plantas de lino se dedicaban a la fabricación de vestidos de ese material; también se usó, aunque en menor cantidad, el algodón. Estos últimos, aunque se cultivaron en Palestina, eran importados principalmente de Egipto. La ropa dependía del clima y de la condición social. La gente se vestía con mantos largos y holgados. Los más ricos se vestían de lino y lana fina (Ez 34.3). Pero en general se usaba delantal, manto y una túnica blanca que, en el caso de los hombres, llegaba hasta la rodilla, y en el de las mujeres, hasta los tobillos. Los hombres usaban un paño blanco sobre la cabeza, atado con una cuerda de pelo de camello. En la cintura se ataban una especie de cartera, que venía unida al cinturón. Las mujeres vestían igual que los hombres, salvo por la presencia de un velo de color que se podía trenzar con el cabello. Sobre las vestiduras se solía echar una capa, que en las noches frías servía de frazada (2 Ti 4.13). Las ropas, por lo general, eran de dos piezas cosidas; sin embargo, como en el caso de la túnica de Cristo, había ropas de una sola pieza y sin costuras, pero ese era un caso más bien excepcional dentro de las costumbres judías (Jn 19.22–24).

También se usó el pelo de las cabras para la elaboración de tiendas de campaña, telas gruesas (para cortinas) y bolsas o costales.

En su mayoría, los judíos andaban descalzos. Para caminatas muy largas se usaban sandalias, que no eran más que un cuero atado al tobillo y cruzado en los dedos (Is 5.27; Mc 6.9). Hombres y mujeres usaban aceites y perfumes. Algunas personas acostumbraban llevar perfume en pequeños frasquitos hechos de piedras preciosas, los cuales se ataban al cuello (Mt 26.7; Mc 14.3).

La agricultura era la labor más importante. En el otoño se hacían las eras con el arado y se lanzaban las semillas. Con las lluvias de la primavera se daba la cosecha. La paja se separaba del grano usando bueyes para desgranar lo cosechado, costumbre conocida en la Biblia como «trillar» (Dt 25.4; 2 S 17.19; 1 Co 9.10). En las tardes se aventaba el grano y volaba la paja; luego ésta era llevada al horno casero (Sal 1.4; Is 47.14; Jer 13.24). El grano se medía, y se empacaba o se almacenaba. Palestina era productora de uvas, higos, aceitunas, lentejas, frijoles, pepinos, ajos, cebollas, trigo y mostaza. El oficio de pescador no era muy gratificante: lo que se pescaba, se vendía; y si no, se salaba. Los israelitas no desarrollaron mucho la pesca, excepto en ríos y lagos, principalmente en el lago de Galilea. Puede ser que los dos hijos de Zebedeo y Simón Pedro usaran el tercer método de pesca, muy común en Palestina: la red de arrastre, con flotadores y lastre, y una serie de redes en dirección vertical que se estrechan hasta juntar la pesca (Jn 21.8; Mt 4.8; Mc 1.16). Se acostumbraba comer los pescados ahumados y salados, junto con el pan (Jn 21.9). A veces se envolvían en una masa de trigo y se asaban. Era la comida favorita. La vida del pastor de ovejas era más sacrificada. Todas las noches debía contar las ovejas, e incluso dormía en la puerta del corral para cuidar el rebaño de las acechanzas nocturnas de chacales, leones, lobos y zorros (1 S 17.34–37). El pastor cuidaba a la vez sus ovejas y sus cabras. Ambas daban carne, leche y material para abrigos, aunque las ovejas eran más apreciadas.

Dentro de la sociedad judía ocuparon importancia los artesanos, pues de ellos procedían arados, cribas, vasijas, pieles, sandalias y vestidos. Se reunían a vender en las plazas. Estos eran precisamente los lugares públicos de mayor concentración popular (2 Cr 32.6; Neh 8.1; Pr 1.20; Lc 14.21; Hch 17.17). Palestina contó con alfareros, curtidores y carpinteros. José y Jesús fueron carpinteros (Mt 13.55).

La vida matrimonial era un deber. Los matrimonios eran concertados por los padres (Gn 24.1–67), generalmente entre miembros del mismo clan familiar (*endogamia*), de preferencia primos (Gn 28.1-9). Un intercambio de regalos era señal de compromiso. El día de la boda, la novia esperaba que el novio fuera a visitarla. Los parientes contemplaban cómo la amada era conducida hacia el nuevo hogar. A veces las fiestas nupciales duraban más de una semana.

Como el matrimonio era la mejor de manera de proteger la herencia familiar y le preservación del linaje, se estimaba una calamidad la esterilidad; la felicidad era proporcional al número de la descendencia. Además del problema de la infertilidad, también la corta expectativa de vida entre las mujeres (la mayoría no llegaba a los 40 años) condujo a las prácticas de la poligamia y del levirato (Gn 28; Rut).

El nacimiento de un varón, de manera especial si era el primer hijo, era recibido con mucha alegría y acción de gracias. La razón era más de carácter económico; un hijo aseguraba que los bienes familiares, especialmente los terrenos, quedaran dentro del clan familiar paterno (*patrilinear*); eso explica por qué solo los varones heredaban las tierras. Se circuncidaba al varón a los ocho días de nacido y, si era el primogénito, los padres debían ofrecer el sacrificio correspondiente (Nm 3.13; Lc 23–24). El destete se daba a los tres años.

Las fiestas anuales eran clave para la vida religiosa del pueblo. En ellas se recordaba el favor de Dios hacia su pueblo elegido. La más importante era la fiesta de la Pascua, para celebrar la salida de Egipto (Ex 12.11; Mt 26.2). Otras fiestas eran: las de las Semanas o de Pentecostés, al inicio de las cosechas (1 Co 16.8); la de los Tabernáculos, durante la cosecha (Jn 7.2); la de la Expiación, o de Purim, para festejar la liberación de los judíos en tiempos de Ester (Est 9.1–32). Los fieles debían ir al templo tres veces al año. En situaciones especiales, se asistía por lo menos una vez. El sábado era día de reposo dedicado a honrar y agradecer a Dios su favor (Ex 20.8; 31.13). De esta manera, la vida israelita gravitaba alrededor de la presencia de Dios y de un especial reconocimiento hacia él. Estos elementos, en efecto, serían retomados en el nuevo contexto de la vida cristiana.

Teología y geografía

La Biblia es un texto de teología. Su mensaje pone de manifiesto la historia de la salvación. No es un manual de ciencias naturales, sino el recuento de la fe y de las interpretaciones teológicas de los acontecimientos históricos significativos de un pueblo. Por esa razón, cuando los pasajes bíblicos aluden a la belleza, exuberancia y fertilidad de la tierra, destacan y ponen de manifiesto los valores teológicos.

Todos los detalles geográficos que hemos discutido nos ayudan a comprender mejor la teología que hay detrás de cada mención de la geografía, la flora y la fauna de Palestina. Consideremos algunos ejemplos.

La «llanura» y la «montaña»: La descripción geográfica que hicimos de Palestina en cuatro franjas que corren de norte a sur, se puede resumir en dos expresiones simples: «Palestina de la llanura» y «Palestina de la montaña». Esta situación geográfica tiene gran importancia en la historia de Israel, pues por lógica la montaña se prestó para las guerras de infantería y la llanura para la guerra de caballería y carros. Esto hacía de las montañas el lugar más seguro para vivir, pues las naciones vecinas preferían la guerra y el comercio a través de las llanuras de Palestina. En realidad, las montañas fueron el último territorio que perdieron los israelitas frente a las invasiones de los imperios vecinos. Israel era poderoso en la montaña, pero débil en la llanura. Esto generó la idea de que el Dios de Israel era un Dios de la montaña y no de la llanura. Por eso cuando el rey sirio Ben-adad invadió Israel, fue derrotado en las montañas por Acab, rey israelita. La explicación que ante la derrota dieron los oficiales del rey Ben-adad la encontramos en 1 Reyes 20.23: *Los dioses de los israelitas son dioses de las montañas; por eso nos han vencido. Pero si luchamos contra ellos en la llanura, con toda seguridad los venceremos.*

¡Raza de víboras!: Mencionamos antes que, durante el verano, era muy común el incendio forestal, lo cual se daba mucho en el desierto. Conforme avanzaba el fuego que consumía hierbas y arbustos, salían despavoridos de sus agujeros los escorpiones y las víboras. Juan el Bautista, acostumbrado al desierto, tomó esa vívida imagen y la utilizó contra la gente que llegaba a escucharlo y a bautizarse: *¡Raza de víboras! ¿Quién les ha dicho a ustedes que van a librarse del terrible castigo que se acerca?* (Lc 3.7, DHH). «Castigo»

(DHH) o «ira venidera» (RVR) provienen de la imagen del fuego que avanza, y se vuelve así en símbolo de la ira de Dios. El ruido producido por los arbustos en llamas, y el humo, advertían a los animales. El pecado de aquella gente que llegaba a escuchar a Juan martilleaba en sus conciencias, advirtiéndoles del peligro. Así que, lejos de representar un insulto, la frase promulgada por Juan era una advertencia y una reflexión teológica.

Palestina: «Tierra prometida»: Por lo que se refiere al Antiguo Testamento, la tierra prometida es fundamental tanto para la historia del pueblo de Israel como para la teología bíblica. El sustantivo «tierra» (*erets*, en hebreo) se encuentra más de tres mil veces en el Antiguo Testamento, siendo superado únicamente por «Dios» e «hijo», si se sigue la lectura del texto hebreo. La importancia de Palestina se destaca en el Antiguo Testamento con las palabras «propiedad», «herencia», «posesión», y particularmente con los nombres «Jerusalén» y «Sión».

El tema de la tierra prometida es prioritario en el Pentateuco; da cohesión y continuidad a los relatos patriarcales y mosaicos. La historia inicial del pueblo de Israel gira en torno a la tierra. La Biblia menciona la tierra con predilección en los relatos de la promesa a los antepasados de Israel; en la liberación de Egipto; en el peregrinaje por el desierto; y, finalmente, en la entrada y conquista de Canaán.

De acuerdo con la teología del libro del Éxodo, la promesa de la tierra es el resultado de la acción liberadora de Dios. En los relatos de los patriarcas, se relaciona con otras promesas: el nacimiento milagroso de un hijo (Gn 18.10), tener una descendencia numerosa (Gn 13.16), ser de bendición a todas las familias de la tierra (Gn 12.1–3), mantener una relación especial con sus descendientes (Gn 17.7) y disfrutar de la providencia divina (Gn 28.15). Se destacan, en ambas perspectivas, diferentes aspectos de la teología de la «Tierra prometida». Por un lado, se pone de relieve la relación estrecha de Dios con su pueblo; por el otro, se subraya la importancia de la liberación.

El libro del Deuteronomio presenta la «Tierra prometida» de una forma ideal: *...buena tierra...un país lleno de arroyos, fuentes y manantiales que brotan en vegas y montes; es una tierra donde hay trigo, cebada, viñedos, higueras, granados, olivos y miel. En ese* *país no tendrán ustedes que preocuparse por la falta de alimentos, ni por ninguna otra cosa; en sus piedras encontrarán hierro, y de sus montes sacarán cobre.*» (Dt 8.7–9)

En los relatos de la conquista de Canaán o Jericó, se ve la tierra como un don de Dios. La narración de esos importantes acontecimientos de la historia bíblica comienza con la organización del pueblo y la gesta dirigida por Josué (cf. Jos 1–10), y continúa hasta las conquistas militares de David (2 S 5–10). Durante ese período, el pueblo contaminó la tierra con abominaciones y prácticas idolátricas: Israel no correspondió a la generosidad divina. Uno de los objetivos teológicos de la Historia deuteronomista—que incluye los libros de Josué hasta 2 Reyes—es responder a la interrogante: ¿Por qué el pueblo ha sido derrotado y humillado, y ha sido obligado a abandonar la tierra que Dios le había prometido y otorgado a sus antepasados?

Los profetas de Israel también utilizaron de forma destacada el tema de la tierra. Los que profetizaron antes del exilio en Babilonia anunciaron el castigo al pueblo y amenazaron con el destierro (por ejemplo, Isaías y Jeremías). El pueblo de Israel no había vivido de acuerdo con las normas dadas por el Señor para vivir en paz en la tierra prometida. El resultado de esa apostasía y desobediencia fue el exilio. Los profetas exílicos hablaron del retorno a la tierra, y presentaron ese acontecimiento de restauración nacional como un nuevo éxodo, una nueva liberación (Is 51–52). Posteriormente, los profetas posexílicos y la literatura apocalíptica destacaron los valores universales de la tierra, hablaron de una «nueva Jerusalén», e incluyeron la idea de «los nuevos cielos y la nueva tierra» (Is 65.17; 66.22; Dn 9; Joel 3).

Bibliografía

Artus, Olivier. *Geografía de la Biblia.* Estella: Editorial Verbo Divino, 2005.

Dahler, Etienne. *Los lugares de la Biblia.* México: Publicaciones Paulinas, 1994.

Gill, Emma Williams. *Vida de hogar en la Biblia*. Terrassa: CLIE, 1980.

Grollenberg, L. H. *Atlas de la Biblia*. París, 1955.

Jenkins, Simon. *Libro de mapas bíblicos.* Miami: Editorial Unilit, 1992.

Keyes, Nelson. *El fascinante mundo de la Biblia.* El Paso: Editorial Mundo Hispano, 1979.

Lion Publishing. Atlas bíblico. Estella: Editorial Verbo Divino - Ediciones Paulinas, 1983.

Packer, J. I. *La vida diaria de los tiempos bíblicos.* Miami: Editorial Vida, 1985.

Smith, G. Adam. *Clásicos de la ciencia bíblica.* Tomo III Geografía histórica de la tierra santa. Valencia: EDICEP, 1985.

Smither, Ethel L. *Vida cotidiana en la Palestina bíblica.* Buenos Aires: La Aurora, 1969.

Strange, John. *Atlas bíblico.* Miami: Sociedades Bíblicas Unidas, 1998.

Tidwell, J. B. y Pierson, Carlos C. *Geografía bíblica.* El Paso: Casa Bautista de Publicaciones, 1989.

MAPA No. 1

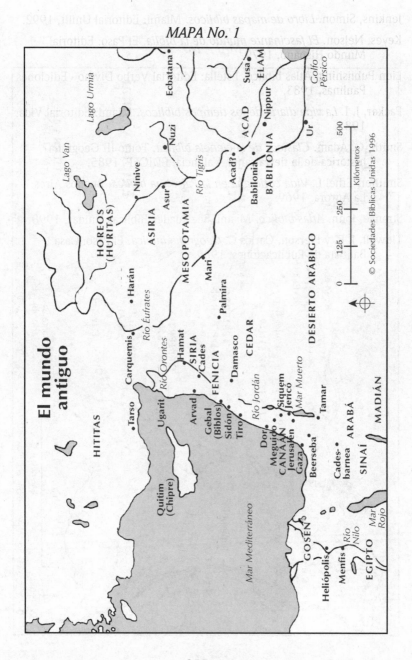

MAPA No. 2

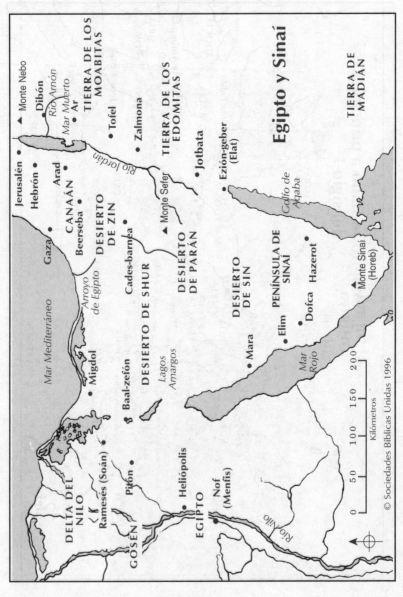

Egipto y Sinaí

Monte Nebo
Dibón
Río Arnón
Mar Muerto
Ar
TIERRA DE LOS MOABITAS

Tofel
Zalmona
TIERRA DE LOS EDOMITAS

Río Jordán

Jerusalén
Hebrón
Arad
CANAÁN
Beerseba
DESIERTO DE ZIN

Jotbata

Monte Sefer

Ezión-geber (Elat)

Gaza

Golfo de Aqaba

Cades-barnea
DESIERTO DE PARÁN

DESIERTO DE SHUR

Arroyo de Egipto

TIERRA DE MADIÁN

DESIERTO DE SIN
PENÍNSULA DE SINAÍ
Hazerot

Mar Mediterráneo

Migdol

Baal-zefón

Lagos Amargos

Mara
Elim
Dofca

Monte Sinaí (Horeb)

DELTA DEL NILO
Rameses (Soán)
Pitón
Heliópolis

GOSÉN

Nof (Menfis)

EGIPTO

Mar Rojo

Río Nilo

0   50   100   150   200
Kilómetros

© Sociedades Bíblicas Unidas 1996

MAPA No. 3

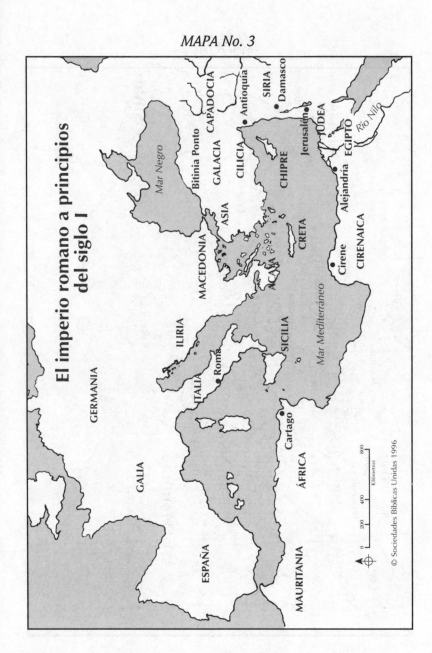

El imperio romano a principios del siglo I

© Sociedades Bíblicas Unidas 1996

MAPA No. 4

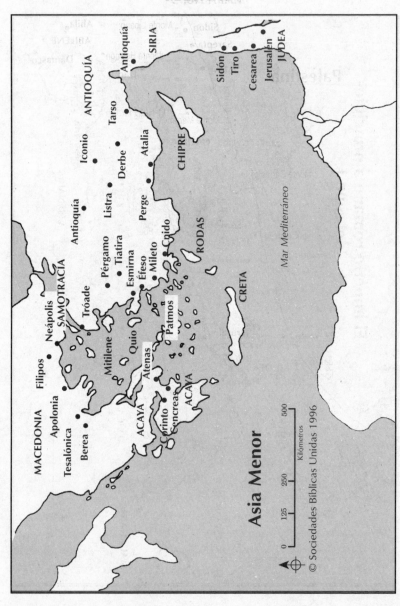

MAPA No. 5

Sidón

Monte Líbano

Abila

ABILENE

Sarepta

Monte Hermón

Damasco

Tiro

Dan

Palestina

Monte Merom

Lago Huleh

GALILEA

Lago de Galilea

Monte Carmelo

Río Yarmuk

Monte Tabor

SAMARIA

Monte Ebal

Cesarea

Monte Guerizim

Sicar

Mar Mediterráneo

Samaria

Río Jaboc

Jope

Río Jordán

Azoto

Jerusalén

Qumrán

Ascalón

Belén

JUDEA

Mar Muerto

Hebrón

Gaza

Río Arnón

Beerseba

Río de Egipto

Río Jereb

0   20   40   60   80   100

Kilómetros

© Sociedades Bíblicas Unidas 1996

MAPA No. 6

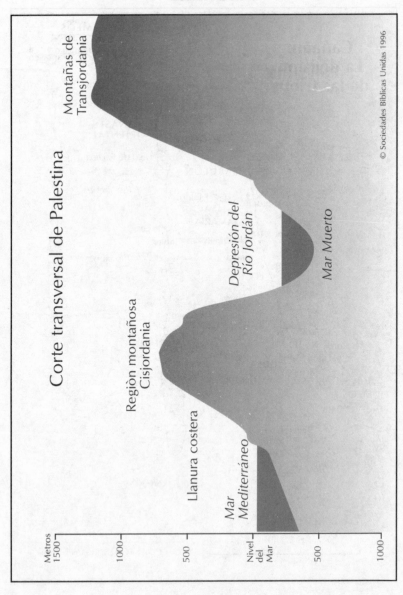

Corte transversal de Palestina

Montañas de Transjordania

Región montañosa Cisjordania

Depresión del Río Jordán

Mar Muerto

Llanura costera

Mar Mediterráneo

© Sociedades Bíblicas Unidas 1996

Metros
1500
1000
500
Nivel del Mar
500
1000

MAPA No. 7

Canaán:
La división
de las tribus

HITITAS
ARAMEOS
Sidón · SIDONIOS
Damasco ·
Mte. Hermón
Tiro ·
Dan ·
Hasor · Dan (Lais)
ASER NEFTALÍ
MANASÉS
ORIENTAL
Lago de Galilea
Monte Carmelo ·
Astarot ·
ZABULÓN
Monte Tabor
Dor ·
Meguido · Endor
Jezreel ISACAR
Ramot ·
Monte Gilboa
Mar Mediterráneo MANASÉS
Siquem · Jabes ·
Jope · GAD
Silo ·
EFRAÍN
Río Jordán
Rabá ·
DAN
Hai
BENJAMÍN · Gilgal · Bet-peor
Jerusalén Jericó
Asdod ·
Libna · Belén
Ascalón RUBÉN
· Gat? Hebrón
Gaza Laquis
FILISTEOS JUDÁ En-gadí · Mar
Muerto
· Gat?
· Beerseba MOABITAS
· Horma
SIMEÓN
EDOMITAS
EL NÉGUEV

0   20   40   60   80   100
Kilómetros

© Sociedades Bíblicas Unidas 1996

MAPA No. 8

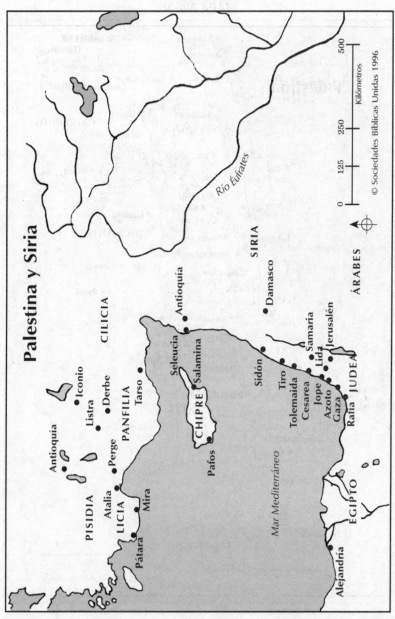

MAPA No. 9

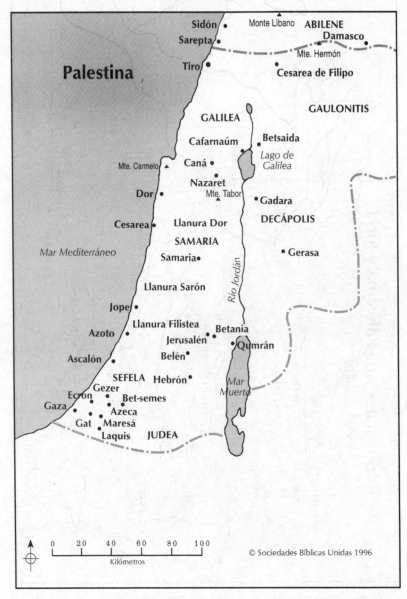

Palestina

Sidón
Monte Líbano
ABILENE
Damasco
Sarepta
Mte. Hermón
Tiro
Cesarea de Filipo

GALILEA
GAULONITIS

Cafarnaúm
Betsaida

Mte. Carmelo
Caná
Lago de Galilea

Nazaret
Mte. Tabor

Dor
Gadara

Cesarea
Llanura Dor
DECÁPOLIS

SAMARIA

Mar Mediterráneo
Samaria
Gerasa

Río Jordán

Llanura Sarón

Jope

Llanura Filistea
Betania

Azoto
Jerusalén
Qumrán

Ascalón
Belén

SEFELA
Hebrón

Gezer
Mar Muerto

Ecron
Bet-semes

Gaza
Azeca

Gat
Maresá

Laquis
JUDEA

0   20   40   60   80   100
Kilómetros

© Sociedades Bíblicas Unidas 1996

MAPA No. 10

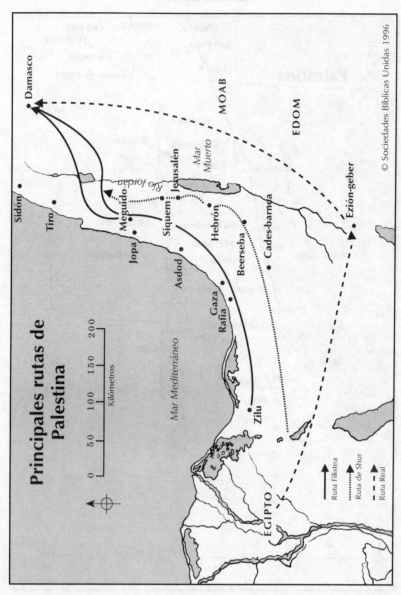

Principales rutas de Palestina

Kilómetros

0   50   100   150   200

Mar Mediterráneo

Damasco

Sidón
Tiro
Jopa
Asdod
Gaza
Rafia
Zilu

Meguido
Siquem
Jerusalén
Hebrón
Beerseba
Cades-barnea

Río Jordán

Mar Muerto

MOAB

EDOM

Ezión-geber

EGIPTO

Ruta Filistea
Ruta de Shur
Ruta Real

© Sociedades Bíblicas Unidas 1996

244

MAPA No. 11

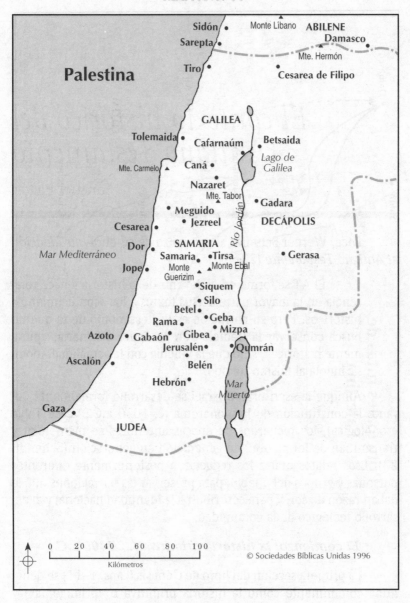

Palestina

Sidón
Monte Líbano   ABILENE
Sarepta   Damasco
Tiro   Mte. Hermón
Cesarea de Filipo

GALILEA

Tolemaida   Cafarnaúm   Betsaida
Mte. Carmelo   Caná   Lago de Galilea
Nazaret
Mte. Tabor   Gadara
Meguido   DECÁPOLIS
Cesarea   Jezreel
Dor   SAMARIA   Río Jordán
Mar Mediterráneo   Samaria   Tirsa   Gerasa
Jope   Monte Guerizim   Monte Ebal
Siquem
Silo
Betel   Geba
Rama   Mizpa
Azoto   Gabaón   Gibea
Jerusalén   Qumrán
Ascalón   Belén
Hebrón   Mar Muerto
Gaza
JUDEA

0   20   40   60   80   100
Kilómetros

© Sociedades Bíblicas Unidas 1996

245

El contexto histórico del Antiguo Testamento

Samuel Pagán

Dice, Werner Schmidt al comienzo de su obra *Introducción al Antiguo Testamento* (23):

> El AT se formó en el devenir de la historia y hace referencia en la mayor parte de sus textos a los acontecimientos históricos. Pero su narración es un testimonio de fe que no busca conservar la tradición en su figura originaria, «puramente histórica», sino que la vincula con la actualidad, modificándola al mismo tiempo.

Aunque la escritura en Israel se desarrolló formalmente durante la constitución de la monarquía (c. 1030 a.C.; véase Tabla cronológica), los recuerdos de épocas anteriores se mantenían y transmitían de forma oral, de generación en generación (Schmidt: 23). Esos relatos orales los redactaron posteriormente diferentes personas y grupos del pueblo, para preservar las narraciones que le daban razón de ser, y para contribuir a la identidad nacional y al desarrollo teológico de la comunidad.

El comienzo: la historia primitiva (... 2400 a.C.)

La primera sección del libro de Génesis (caps. 1–11) se denomina comúnmente como la historia primitiva o «primigenia», y presenta un panorama amplio de la humanidad, desde la creación del mundo hasta Abraham. El objetivo es poner de manifiesto la condición humana en la Tierra. Aunque al ser humano le corresponde un sitial de honor por ser creado «parecido a Dios mismo» (1.27[1]), su desobediencia permitió la entrada del sufrimiento y la muerte en la historia. La actitud de Adán, Eva, Caín y sus descendientes, y las naciones que quisieron edificar *una ciudad y una torre que llegue hasta el cielo* (11.4), afectó adversamente los lazos de fraternidad entre los seres humanos y, además, interrumpió la comunión entre estos y Dios. En ese marco teológico va a desarrollarse la historia de la salvación; es decir, los relatos que destacan las intervenciones de Dios en la historia de su pueblo.

Los patriarcas (2200–1700 a.C.)

En la segunda sección del libro de Génesis (caps. 12–50) se presentan los orígenes del pueblo de Israel. El relato comienza con Abraham, Isaac y Jacob; continúa con la historia de los hijos de Jacob (Israel)—José y sus hermanos—; prosigue con la emigración de Jacob y su familia a Egipto, y finaliza con la vida de los descendientes de Jacob (Israel) en ese país. En la Biblia, la historia del pueblo de Dios comienza esencialmente con los relatos de los patriarcas y matriarcas de Israel, aunque no se tienen datos precisos acerca de ese período histórico.

Los antecesores de Abraham fueron grupos arameos (Gn 25.20; 28.5; 31.17–18.20, 24; Dt 26.5) que en el curso del tiempo se desplazaron desde el desierto hacia la tierra fértil. En la memoria del pueblo de Israel se recordaba que sus antepasados habían emigrado desde Mesopotamia hasta Canaán: de Ur y Harán (Gn 11.27–31) a Palestina. Aunque los detalles históricos de ese peregrinar son difíciles de precisar, ese período puede ubicarse entre los siglos XX-XVIII a.C. Esos siglos fueron testigos de migraciones masivas en el Antiguo Próximo Oriente, particularmente hacia Canaán.

-----

[1] A menos que se indique lo contrario, las citas bíblicas se toman de la DHH.

De acuerdo con los relatos del Génesis, los patriarcas eran líderes de grupos seminómadas que detenían sus caravanas en diversos lugares santos, para recibir manifestaciones de Dios. Posteriormente, alrededor de esos lugares se asentaron los patriarcas: Abraham en Hebrón (Gn 13.18; 23.19); Isaac al sur, en Beerseba (Gn 26.23); y Jacob en Penuel y Mahanaim (Gn 32.2, 30), al este del Jordán, y cerca de Siquem y Betel, al oeste del Jordán (Gn 28.10–19; 33.15–20; 35.1).

Es difícil describir plenamente la fe de los patriarcas. Quizá consistiera en un tipo especial de religión familiar o tribal, a cuyo dios se le conocía como «el Dios de los padres», o Dios de Abraham, Isaac y Jacob (Israel) (Gn 31.29, 42, 53; 46.1). El Dios de los patriarcas no estaba ligado a ningún santuario; se manifestaba al líder familiar o tribal, y le prometía orientación, protección, descendencia y posesión de la tierra (Gn 12.7; 28.15, 20). Algunos aspectos culturales que se incluyen en los relatos patriarcales tienen paralelo con leyes extrabíblicas antiguas como el código de Hamurabi (c. 1750 a.C.). Aunque en la Biblia se destacan las relaciones de parentesco de los patriarcas, un buen número de biblistas consideran que originalmente eran «cabezas» de diferentes clanes.

Desde la época de José (c. siglo XVII a.C.) hasta la de Moisés (c. siglo XIII a.C.), no se tienen amplios conocimientos sobre el pueblo de Israel y sus antepasados. Durante esos casi cuatrocientos años, la situación política y social del Antiguo Próximo Oriente varió considerablemente. Los egipcios comenzaron un período de prosperidad y renacimiento, luego de derrotar y expulsar a los hicsos, pueblo semita que había llegado del desierto. Durante todo este tiempo, Palestina dependía políticamente de Egipto. En el Mediterráneo no había ningún poder político que diera cohesión a la zona. Mesopotamia estaba dividida: la parte meridional, regida por los herederos del imperio antiguo; la septentrional, dominada por los asirios, quienes posteriormente resurgieron como una potencia política considerable a partir del siglo XIV a.C.

Los hicsos gobernaban Egipto (1730–1550 a.C.) cuando el grupo de Jacob llegó a esas tierras. Pero en el momento en que los egipcios se liberaron y expulsaron a sus gobernantes (1550 a.C.), muchos extranjeros fueron convertidos en esclavos. La frase *más tarde hubo un nuevo rey en Egipto, que no había conocido a José* (Ex 1.8) es una posible alusión a la nueva situación política que afectó adversamente a los grupos hebreos que vivían en Egipto. Estos vivieron como esclavos en Egipto aproximadamente cuatrocientos años. Durante ese período, trabajaron en la construcción de las ciudades de Pitón y Ramsés (Ex 1.11).

Los descendientes de José no eran las únicas personas a quienes se podía identificar como «hebreos» (Vaux: 120-126). Esta expresión, que caracteriza un estilo de vida, describe a un sector social pobre. Posiblemente se refiera a personas que no poseían tierras y viajaban por diversos lugares en busca de trabajo. El término no tenía en esa época un significado étnico específico. Durante ese período, diversos grupos de «hebreos», o de «habirus», estaban diseminados por varias partes del Antiguo Próximo Oriente. Algunos vivían en Canaán y nunca fueron a Egipto; otros salieron de Egipto antes de la expulsión de los hicsos.

El éxodo: Moisés y la liberación de Egipto (1500–1220 a.C.)

Tres tradiciones fundamentales le dieron razón de ser al futuro pueblo de Israel y contribuyeron al desarrollo de la conciencia nacional. Esas tradiciones se formaron entre los siglos XV-XIII a.C.: la promesa a los patriarcas; la liberación de la esclavitud de Egipto; y la manifestación en el Sinaí. En la Escritura estos relatos se suceden en una línea histórica continua. Moisés es la figura que enlaza la fe de Abraham, Isaac y Jacob, la liberación de Egipto, el peregrinar por el desierto y la entrada a Canaán.

Según el relato de la Biblia, Dios llamó a Moisés en el desierto y le encomendó la tarea de liberar al pueblo de la esclavitud en Egipto (Ex 3). Esta misión es la respuesta concreta de Dios a la alianza (o pacto) y la promesa hecha a los patriarcas (Ex 3.1–4, 17; 6.2–7, 13; 2.24). «El Dios de los antepasados» es el Señor (*Yavé*).—«yo soy el que soy» (Ex 3.14–15)—que se reveló a Moisés. Luego del enfrentamiento con el faraón, Moisés y los israelitas salieron de Egipto. Esta experiencia de liberación se convirtió en un componente fundamental de la fe del pueblo de Israel (Ex 20.2; Sal 81.10; Os 13.4; Ez 20.5). La presencia abrumadora de acciones milagrosas afirma que Yavé y solo Yavé fue quien realizó la hazaña de liberación.

Tradicionalmente, la fecha del éxodo de los israelitas se ubicaba en c. 1450 a.C.; sin embargo, un número considerable de estudiosos modernos la ubican en c. 1250/30 a.C. El faraón del éxodo es posiblemente Ramsés II, conocido por sus proyectos monumentales de construcción. Al grupo de hebreos que salió de Egipto se añadieron grupos afines. El peregrinar por el desierto se describe en la Biblia como un período de cuarenta años (una generación), bajo el liderazgo de Moisés. Es difícil de establecer con exactitud la ruta del éxodo.

La experiencia fundamental del pueblo en su viaje a Canaán fue la alianza o pacto en el Sinaí. Esa alianza revela la relación singular entre el Señor y su pueblo (Ex 19.5–6); se describe en el Decálogo, o Diez mandamientos (Ex 20.1–17), y en el llamado Código de la alianza (Ex 20.22–23.19). En el Decálogo se hace un compendio de los preceptos y exigencias de Dios. Se incluyen los mandamientos que definen las actitudes justas del ser humano ante Dios, y las que destacan el respeto hacia los derechos de cada persona, como requisito indispensable para la convivencia en armonía.

Luego de la muerte de Moisés, Josué se convirtió en el líder del grupo de hebreos que habían salido de Egipto (c. 1220 a.C.). Según el relato de la Escritura, la conquista de Canaán se llevó a cabo desde el este, a través del río Jordán, comenzando con la ciudad de Jericó (Jos 6). Fue un proceso paulatino, que en algunos lugares tuvo un carácter belicoso y en otros se efectuó de forma pacífica y gradual. La conquista no eliminó por completo a la población cananea (Jue 2.21–23; 3.2).

Durante el período de conquista y toma de posesión de la tierra, los grandes imperios de Egipto y Mesopotamia estaban en decadencia. Canaán era un país ocupado por poblaciones diferentes. La estructura política se caracterizaba por la existencia de una serie de ciudades-estado, que tradicionalmente habían sido leales a Egipto. La religión cananea se distinguía por los ritos de la fertilidad, que incluían la prostitución sagrada. Entre sus divinidades se encontraban

Baal, Aserá y Astarté (Vaux: 137-161). La economía de la región se basaba, principalmente, en la agricultura.

Período de los jueces (1200-1050 a.C.)

El período de los jueces puede estimarse con bastante precisión entre los años 1200 y 1050 a.C. A la conquista y toma de Canaán le siguió una época de organización progresiva del territorio. Ese período fue testigo de una serie de conflictos entre los grupos hebreos—que estaban organizados en una confederación de tribus o clanes—y las ciudades-estado cananeas. Finalmente, los antepasados de Israel se impusieron a sus adversarios y los redujeron a servidumbre, aunque no los desalojaron (Jue 1.28; Jos 9).

El libro de los Jueces relata una serie de episodios importantes de ese período. Los jueces eran caudillos, más bien «portadores de la justicia divina» (Sánchez, 2005: 635); es decir, líderes militares carismáticos que hacían justicia al pueblo. No eran gobernantes sino libertadores que se levantaban a luchar en momentos de crisis (Jue 2.16; 3.9). El cántico de Débora (Jue 5) celebra la victoria de una coalición de grupos hebreos contra los cananeos, en la llanura de Jezreel.

El período de los jueces se caracterizó por la falta de unidad y organización política entre los grupos hebreos. La situación geográfica de Palestina y la falta de colaboración contribuyeron a robustecer la tendencia separatista. Los israelitas estaban en un proceso de sedentarización y cambio a nuevas formas de vida, particularmente en la agricultura. Durante ese período se fueron asimilando paulatinamente la cultura y las formas de vida cananeas. Esa asimilación produjo prácticas sincretistas en el pueblo hebreo: la religión de Yavé—el Dios hebreo identificado con la liberación de Egipto—incorporó prácticas cananeas relacionadas con Baal, conocido como señor de la tierra, quien garantizaba la fertilidad y las cosechas abundantes.

Los filisteos—que procedían de los pueblos del mar (Creta y las islas griegas), y que fueron rechazados militarmente por los egipcios c. 1200 a.C.—se organizaron en cinco ciudades en la costa sur de Palestina. Por su poderío militar y su monopolio del hierro (Jue

13–16; 1 S 13.19–23), se convirtieron en una gran amenaza para los israelitas

La monarquía unida (1050–931 a.C.)

A fines del siglo XI a.C., los filisteos ya se habían expandido por la mayor parte de Palestina; habían capturado el cofre del pacto o de la alianza, y habían tomado la ciudad de Silo (1 S 4). Esa situación obligó a los israelitas a organizar una acción conjunta bajo un liderato estable. Ante esa realidad se formó, por imperativo de la política exterior, la monarquía de Israel (1 S 8–12). Samuel fue el último de los jueces (1 S 7.2–17) y además reconocido como profeta y sacerdote. Él poseyó un liderato carismático que le dio al pueblo inspiración y unidad (1 S 1–7). Los primeros dos reyes de Israel—Saúl (1 S 10) y David (1 S 16.1–13)—fueron ungidos por él.

Saúl, al comienzo de su reinado, obtuvo victorias militares importantes (1 S 11.1–11); sin embargo, nunca pudo triunfar plenamente contra los filisteos. Su caída quedó marcada con la matanza de los sacerdotes de Nob (1 S 22.6–23) y su figura, desprestigiada en el episodio de la adivina de Endor (1 S 28.3–25). Saúl y su hijo Jonatán murieron en la batalla de Guilboa, a manos de los filisteos (1 S 31).

David fue ungido como rey en Hebrón, luego de la muerte de Saúl. Primero fue consagrado rey para las tribus del sur (2 S 2.1–4) y posteriormente para las tribus del norte (2 S 5.1–5). En ese momento había dos reinos y un solo monarca. El reino de Israel alcanzó su máximo esplendor bajo la dirección de David (1010–970 a.C.). Con su ejército, incorporó a las ciudades cananeas independientes; sometió a los pueblos vecinos—amonitas, moabitas y edomitas, al este: arameos al norte y, particularmente, filisteos al oeste—y conquistó la ciudad de Jerusalén, convirtiéndola en el centro político y religioso del imperio (2 S 5.6–9; 6.12–23). La consolidación del poder se debió no solo a la astucia política y la capacidad militar del monarca, sino a la decadencia de los grandes imperios en Egipto y Mesopotamia. Con David comenzó la dinastía real en Israel (2 S 7).

Paralelo a la institución de la monarquía surgió en Israel el movimiento profético El profetismo nació con la monarquía, pues era en esencia un movimiento de oposición a los reyes. Posteriormente, cuando la monarquía dejó de existir (durante el exilio en Babilonia), la institución profética se transformó para responder a la nueva condición social, política y religiosa del pueblo.

Salomón sucedió a David en el reino, luego de un período de intrigas e incertidumbre (1 R 1). Su reinado (970–931 a.C.) se caracterizó por el apogeo comercial (1 R 9.26–10.29) y las grandes construcciones. Las relaciones comerciales a nivel internacional le procuraron riquezas (1 R 9.11, 26–28; 10.1–21). Construyó el templo de Jerusalén (1 R 6–8), que adquirió dignidad de santuario nacional y, en el mismo, los sacerdotes actuaban como funcionarios del reino (1 R 4.2). En toda la historia de Israel ningún rey ha alcanzado mayor fama y reputación que Salomón (cf. Mt 6.29).

La monarquía dividida (931–587 a.C.)

El imperio creado por David comenzó a fragmentarse durante el reinado de Salomón. En las zonas más extremas del reino (1 R 11.14–40), se sintió la inconformidad con las políticas reales. Las antiguas rivalidades entre el norte y el sur comenzaron a surgir nuevamente. Luego de la muerte de Salomón, el reino se dividió: Jeroboam llegó a ser el rey de Israel, y Roboam el de Judá, con su capital en Jerusalén (1 R 12). El antiguo reino unido se separó, y los reinos del norte (Israel) y del sur (Judá) subsistieron durante varios siglos como estados independientes y soberanos. La ruptura fue inevitable en el 931 a.C. El profeta Isaías (Is 7.17) interpretó ese acontecimiento como una manifestación del juicio de Dios.

El reino de Judá subsistió durante más de tres siglos (hasta el 587 a.C.). Jerusalén continuó como su capital, y siempre hubo un heredero de la dinastía de David que se mantuvo como monarca. El reino del norte no gozó de tanta estabilidad. La capital cambió de sede en varias ocasiones: Siquem, Penuel (1 R 12.25), Tirsa (1 R 14.17; 15.21, 33), para finalmente quedar ubicada de forma permanente en Samaria (1 R 16.24). Los intentos por formar dinastías fueron infructuosos, y por lo general finalizaron de forma violenta (1 R 15.25–27; 16.8–9, 29). Los profetas, implacables críticos de la monarquía, contribuyeron, sin duda, a la desestabilización de las dinastías.

Entre los monarcas del reino del norte pueden mencionarse algunos que se destacaron por razones políticas o religiosas (véase la «Tabla cronológica» para una lista completa de los reyes de Israel y Judá). Jeroboam I (931–910 a.C.) independizó a Israel de Judá en la esfera cúltica, instaurando en Betel y Dan santuarios nacionales para la adoración de ídolos (1 R 12.25–33). Omri (885–874 a.C.) y su hijo Ahab (874–853 a.C.) fomentaron el sincretismo religioso en el pueblo, para integrar al reino la población cananea. La tolerancia y el apoyo al culto de Baal (1 R 16.30–33) provocaron la resistencia y la crítica de los profetas (1 R 13.4). Jehú (841–814 a.C.), quien fundó la dinastía de mayor duración en Israel, llegó al poder ayudado por los adoradores de Yavé. Inicialmente se opuso a las prácticas sincretistas del reino (2 R 9); sin embargo, fue rechazado después por el profeta Oseas debido a sus actitudes crueles (2 R 9.14–37). Jeroboam II (783–743 a.C.) reinó en un período de prosperidad (2 R 14.23–29). La decadencia final del reino de Israel surgió en el reinado de Oseas (732–724 a.C.), cuando los asirios invadieron y conquistaron Samaria en el 721 a.C. (2 R 17).

La destrucción del reino de Israel a manos de los asirios se efectuó de forma paulatina y cruel. En primer lugar, se exigió tributo a Menahem (2 R 15.19–20); luego se redujeron las fronteras del estado y se instaló a un rey sometido a Asiria (2 R 15.29–31); finalmente, se integró todo el reino al sistema de provincias asirias, se abolió toda independencia política, se deportaron ciudadanos y se instaló una clase gobernante extranjera (2 R 17). Con la destrucción del reino del norte, Judá asumió el nombre de Israel.

El imperio asirio continuó ejerciendo su poder en Palestina hasta que fueron vencidos por los medos y los caldeos (babilonios). El faraón Necao de Egipto trató infructuosamente de impedir la decadencia asiria. En la batalla de Meguido murió el rey Josías (2 Cr 35.20–27; Jer 22.10–12)—famoso por introducir una serie importante de reformas en el pueblo (2 R 23.4–20)—; su sucesor, Joacaz, fue posteriormente desterrado a Egipto. Nabucodonosor, al mando de los ejércitos babilónicos, finalmente triunfó sobre el ejército egipcio en la batalla de Carquemis (605 a.C.), y conquistó a Jerusalén (597 a.C.). En el 587 a.C. los ejércitos babilónicos sitiaron y tomaron a Jerusalén, y comenzó el período conocido como el exilio en Babilonia. Esa derrota de los judíos ante Nabucodonosor significó la pérdida de la independencia política; el colapso de la dinastía davídica (cf. 2 S 7); la destrucción del templo y de la ciudad (cf. Sal 46; 48), y la expulsión de la Tierra prometida.

Exilio de Israel en Babilonia (587–538 a.C.)

Al conquistar a Judá, los babilonios no impusieron gobernantes extranjeros, como ocurrió con el triunfo asirio sobre Israel, el reino del norte. Judá, al parecer, quedó incorporado a la provincia babilónica de Samaria. El país estaba en ruinas, pues a la devastación causada por el ejército invasor se unió el saqueo de los países de Edom (Abd 11) y Amón (Ez 25.1–4). Aunque la mayoría de la población permaneció en Palestina, un núcleo considerable del pueblo fue llevado al destierro.

Los babilonios permitieron a los exiliados tener familia, construir casas, cultivar huertos (Jer 29.5–7) y consultar a sus propios líderes y ancianos (Ez 20.1–44). Además, les permitieron vivir juntos en Tel Abib, a orillas del río Quebar (Ez 3.15; cf. Sal 137.1). Paulatinamente, los judíos de la diáspora se acostumbraron a la nueva situación política y social, y las prácticas religiosas se convirtieron en el mayor vínculo de unidad en el pueblo.

El período exílico (587–538 a.C.), que se caracterizó por el dolor y el desarraigo, produjo una intensa actividad religiosa y literaria. Durante esos años se reunieron y se pusieron por escrito muchas tradiciones religiosas del pueblo. Los sacerdotes—que ejercieron un liderazgo importante en la comunidad judía, luego de la destrucción del templo—contribuyeron considerablemente a formar las bases necesarias para el desarrollo posterior del judaísmo.

Ciro, el rey de Anshán, se convirtió en una esperanza de liberación para los judíos deportados en Babilonia (Is 44.21–28; 45.1–7). Luego de su ascensión al trono persa (559–530 a.C.) pueden identificarse tres sucesos importantes en su carrera militar y política: la fundación del reino medo-persa, con su capital en Ecbatana (553 a.C.); el sometimiento de Asia Menor, con su victoria sobre el rey de Lidia (546 a.C.); y su entrada triunfal a Babilonia (539 a.C.). Su llegada al poder en Babilonia puso de manifiesto la política oficial persa de tolerancia religiosa, al promulgar, en el 538 a.C., el edicto que puso fin al exilio.

Época persa, restauración (538–333 a.C.)

El edicto de Ciro—del cual la Biblia conserva dos versiones (Esd 1.2–4; 6.3–5)—permitió a los deportados regresar a Palestina y reconstruir el templo de Jerusalén (con la ayuda del imperio persa; véase Pagán: 51-54). Además, permitió la devolución de los utensilios sagrados que habían sido llevados a Babilonia por Nabucodonosor.

Al finalizar el exilio, el retorno a Palestina fue paulatino. Muchos judíos prefirieron quedarse en la diáspora, particularmente en Persia, donde prosperaron económicamente y, con el tiempo, desempeñaron funciones de importancia en el imperio. El primer grupo de repatriados llegó a Judá, dirigido por Sesbasar (Esd 1.5–11), quien era funcionario de las autoridades persas. Posteriormente se reedificó el templo (520–515 a.C.) bajo el liderazgo de Zorobabel y el sumo sacerdote Josué (Esd 3–6), con la ayuda de los profetas Hageo y Zacarías.

Con el paso del tiempo se deterioró la situación política, social y religiosa de Judá. Algunos factores que contribuyeron en el proceso fueron los siguientes: dificultades económicas en la región; divisiones en la comunidad; y, particularmente, la hostilidad de los samaritanos.

Nehemías, copero del rey Artajerjes I, recibió noticias acerca de la situación de Jerusalén en el 445 a.C., y solicitó ser nombrado gobernador de Judá para ayudar a su pueblo. La obra de este reformador judío no se confinó a la reconstrucción de las murallas de la ciudad, sino que contribuyó significativamente a la reestructuración de la comunidad judía postexílica (Neh 10).

Esdras fue esencialmente un líder religioso. Además de ser sacerdote, recibió el título de «maestro instruido en la ley del Dios del cielo», que le permitía, a nombre del imperio persa, enseñar y hacer cumplir las leyes judías en «la provincia al oeste del río Éufrates» (Esd 7.12–26). Su actividad pública se realizó en Judá, posiblemente a partir del 458 a.C.—el séptimo año de Artajerjes I (Esd 7.7)—; aunque algunos historiadores la ubican en el 398 a.C. (séptimo año de Artajerjes II), y otros, en el 428 a.C. (Pagán: 27-30).

Esdras contribuyó a que la comunidad judía postexílica diera importancia a la ley. A partir de la reforma religiosa y moral que promulgó, los judíos se convirtieron en «el pueblo del Libro». La figura de Esdras, en las leyendas y tradiciones judías, se compara con la de Moisés.

Época helenística (333–63 a.C.)

La época del dominio persa en Palestina (539–333 a.C.) finalizó con las victorias de Alejandro Magno (334–330 a.C.), quien inauguró la era helenista o época griega (333–63 a.C.). Después de la muerte de Alejandro (323 a.C.), sus sucesores no pudieron mantener unido el imperio. Palestina quedó dominada primeramente por el imperio egipcio de los tolomeos o lágidas (301–197 a.C.); posteriormente, por el imperio de los seléucidas.

Durante la época helenística, el gran número de judíos en la diáspora hizo necesaria la traducción del Antiguo Testamento en griego o LXX. Esta traducción respondía a las necesidades religiosas de la comunidad judía de habla griega, particularmente la establecida en Alejandría (Véase el capítulo sobre «Canon del AT»).

En la comunidad judía de Palestina el proceso de helenización dividió al pueblo. Por un lado, muchos judíos adoptaban públicamente prácticas helenistas; otros, en cambio, adoptaron una actitud fanática de devoción a la ley. Las tensiones entre ambos sectores estallaron dramáticamente en la rebelión de los macabeos.

Al comienzo de la hegemonía seléucida en Palestina, los judíos vivieron una relativa paz religiosa y social. Sin embargo, esa situación no duró mucho tiempo. Antíoco IV Epífanes (175–163 a.C.), un fanático helenista, al llegar al poder se distinguió, entre otras cosas, por profanar el templo de Jerusalén. En el año 167 a.C. edificó una imagen de Zeus en el templo; además, sacrificó cerdos en el altar (para los sirios los cerdos no eran animales impuros). Esos actos incitaron una insurrección en la comunidad judía.

Al noroeste de Jerusalén, un anciano sacerdote de nombre Matatías y sus cinco hijos—Judas, Jonatán, Simón, Juan y Eleazar—, organizaron la resistencia judía y comenzaron la guerra contra el ejército sirio (seléucida). Judas, que se conocía con el nombre de «el macabeo» (que posiblemente significa «martillo»), se convirtió en un héroe militar. En el año 164 a.C. el grupo de Judas Macabeo tomó el templo de Jerusalén y lo rededicó al Señor. La fiesta de la Dedicación, o Hanukká (cf. Jn 10.22), recuerda esa gesta heroica. Con el triunfo de la revolución de los macabeos comenzó el período de independencia judía.

Luego de la muerte de Simón—último hijo de Matatías—, su hijo Juan Hircano I (134–104 a.C.) fundó la dinastía asmonea. Durante este período, Judea expandió sus límites territoriales; al mismo tiempo, vivió una época de disturbios e insurrecciones. Por último, el famoso general romano Pompeyo conquistó a Jerusalén en el 63 a.C., y reorganizó Palestina y Siria como una provincia romana. La vida religiosa judía estaba dirigida por el sumo sacerdote, quien, a su vez, estaba sujeto a las autoridades romanas.

La época del Nuevo Testamento coincidió con la ocupación romana de Palestina. Esa situación perduró hasta que comenzaron las guerras judías de los años 66–70 d.C., que desembocaron en la destrucción del segundo templo y de la ciudad de Jerusalén.

Tabla cronológica del Antiguo Testamento

La siguiente tabla cronológica identifica las fechas de los acontecimientos más importantes de la historia bíblica. En la época monárquica, la cronología es bastante exacta, aunque aun en este período los estudiosos pueden diferir en uno o dos años. La tabla identifica, además, algunos acontecimientos importantes de la historia antigua, y destaca las fechas de la actividad de varios profetas.

I. El comienzo: Gn 1-11		
Historia antigua		*Relatos bíblicos*
Período prehistórico	...	La creación
Edad de bronce antiguo	3100-2200	Antepasados de Abraham nómadas en Mesopotamia
Cultura sumeria: Extensión del poderío militar hasta el Mediterráneo	2800-2400 2600-2500	
Egipto: Imperio antiguo: 3100-2100	2500	
Construcción de las grandes pirámides: 2600-2500		

II. Los patriarcas: Gn 12-50		
Edad de bronce medio	2200-1550	
Egipto: Imperio medio: 2100-1720	2000	
Mesopotamia: tercera dinastía de Ur: 2100-2000		Llegada de Abraham a Palestina: c. 1850
Primera dinastía babilónica (amorrea): a partir de 1900	1700	Los patriarcas en Egipto
Egipto: Ocupación de los hicsos: 1730-1550		

III. El éxodo: Moisés y Josué: Ex, Nm, Dt, Jos		
Edad de bronce reciente	1550-1200	
Egipto: Imperio nuevo.	1500	
Dinastía XVIII: 1550-1070	1300	Moisés en Egipto
Asia Menor y norte de Siria: Imperio Hitita: 1450-1090	1250	Éxodo de Egipto c.1250/30 Los israelitas vagan por el desierto. Moisés recibe las tablas de la ley en el monte Sinaí. Josué invade Palestina. Conquista y posesión de Canaán. Israel se establece como una confederación de tribus: c. 1230-120
Ramsés II: Faraón egipcio: 1304-1238	1220	

IV. Período de los jueces: Jue		
Edad de hierro I	1200-900	
Egipto: Faraón		Período de los jueces: 1200-1030
Ramsés III: 1194-1163	1150	
Los filisteos, rechazados por Ramsés III, se establecen en la costa de Palestina: 1197-1165	1100	Débora y Barac derrotan a los cananeos en Taanac: c. 1130
Mesopotamia: Tiglat-piléser I: 1115-1077		Samuel, profeta y juez de Israel: c. 1040

Decadencia de Asiria y nacimiento del reino arameo de Damasco, Rezín rey de Damasco.		

V. La monarquía: 1 y 2 S, 1 y 2 R, 1 y 2 Cr		
	1050 1000	Saúl, primer rey de Israel: c. 1030-1010
	950	David expande el reino y establece a Jerusalén como su centro político y religioso: c. 1010-970
	925	Salomón expande el imperio y construye el templo de Jerusalén: 970-931.
		Asamblea en Siquem y división del reino: 931

VI. Judá e Israel - el reino dividido 931-587			
		Reyes de Israel	*Reyes de Judá*
Edad de hierro II	900-600		
Egipto: dinastía XXII 945-725		Jeroboam I: 931-910	Roboam: 931-913
	900	Se establecen cultos en Dan y Betel	Abiam: 913-911
Damasco: Rey Ben-hadad I		Nadab: 910-909	Asá: 911-870
Asiria: Asurnasirpal: 883-859		Baasá: 909-886 Elá: 886-885	Josafat: 870-848
	850	Zimrí: 885 (7 días)	
		Omrí: 885-874	Joram: 848-841
Salmanasar III: 858-824		Ahab:874-853	
	800	Actividad profética de: Elías: c. 865	Ocozías: 841 Atalía reina de Judá: 841-835
Salmanasar V: 824-811		Ocozías: 853-852	Joás: 835-796
	750	Joram: 852-841	
Adad-nirari III: 811-783 Decadencia de Asiria: 783-745		Actividad profética de Eliseo: c. 850	Amasías: 796-781 Ozías (Azarías): 781-740
Asiria: Tiglat-pileser II: 745-727.		Jehú: 841-814	
Comienza la política de auxiliar pueblos conquistados	721	Joacaz: 814-798 Joás: 798-783	Profecías de Isaías y Miqueas: c.740
	700		Jotam: 740-736
Guerra siroefraimita	650	Jeroboam II: 783-743	Ahaz: 736-716

Israel y Siria luchan contra Judá: 734 Asiria: Salmanasar V: 726-722		Profecías de Amós y Oseas: c. 750	
		Zacarías: 743 (6 meses)	
		Salum: 743 (1 mes)	
		Menahem: 743-738	Ezequías: 716-687
Sargón II: 721-705		Pecahías: 738-737	Manasés: 687-642
Senaquerib: 705-681		Pécah: 737-732	
Esarhadón: 681-669		Oseas: 732-724	
Assurbanipal: 668-621			
		Caída de Samaria: Deportaciones, sincretismo religioso fin del reino del norte	
			Amón: 642-640
			Profecías de Sofonías: c. 630
Babilonia: Nabopolasar: 626-605	625		Vocación de Jeremías: c. 627
Destrucción de Nínive: 612			Josías: 640-609
Batalla de Carquemis: 605			Reforma religiosa que se extendió a Samaria: 622
	600		
Babilonia: Nabucodonosor: 604-562			Profecías de Nahúm: 612 Joacaz: 609 (3 meses)
	587/6		
			Joaquim: 609-598
			Sedequías: 598-587
			Comienzo de la actividad profética de Ezequiel: 593
			Caída de Jerusalén: 587/6

VII. Exilio de Israel en Babilonia: 587-538		
Edad de hierro III	600-300	Luego de la toma de la ciudad y la destrucción del templo de Jerusalén líderes judíos son desterrados de
	587/6	
Evil-merodac: 562-559		Jerusalén: 587/6

		Godolías es nombrado gobernador: 587/6
Indulto de Joaquín: 661		
Babilonia: Nabónido: 559-539		
Ciro el persa conquista Babilonia: 539		

VIII. Época persa: Restauración: 538-333		
Edicto de Ciro: fin del exilio: 538	538	Sesbasar es nombrado gobernador: 538
Persia: Cambises: 529-522		Restauración del altar de los sacrificios: 538
Darío: 522-486	500	Construcción del "Segundo Templo" en Jerusalén: 520-515
Reorganización del imperio persa: Siria y Palestina forman la 5a. satrapía del imperio.		Profecías de Hageo y Zacarías: 520
Persia: Jerjes I (Asuero): 486-465		Zorobabel nombrado gobernador;
Artajerjes I		Josué, Sumo sacerdote.
Longímano: 465-423		Misión de Esdras en Jerusalén: 458 (428 ó 398)
	400	Profecías de Malaquías;
Jerjes II: 423		Restauración de las murallas: 455-443
Darío II Notos: 423-404	350	Segunda misión de Nehemías: 432
Artajerjes II Mnemón: 404-358		
	333	
Artajerjes III Ocos: 358-338 Arsás: 338-336 Darío III Codomano: 336-331		Judea se organiza como un estado teocrático, bajo el imperio persa: c. 350
Alejandro Magno: conquista Persia (333) y Egipto (331)		

IX. Época helenística: 331-63			
Alejandro Magno: 336-323 Luego de la muerte de la muerte de Alejandro, el imperio se divide en dos grandes áreas:			*Judea*
Egipto: Imperio de los Lágidas	*Siria y Babilonia Imperio de los Seléucidas*		Judea sometida al poder de los Lágidas 323-197
Tolomeo I Soter: 323-285	Seleuco I Nicator: 312-280	300	Grupos judíos se establecen en Egipto y en Antioquía.
Tolomeo II Filadelfo: 285-246	Antíoco I Soter: 280-261 Antíoco II Teo: 261-246	250	

Tolomeo III Evergetes: 246-221	Seleuco II Calínico: 246-226		Se prepara la traducción de la Ley o Pentateuco en griego (LXX). Posteriormente se traducen otros libros del AT: 250
Tolomeo IV Filopátor: 221-205,	Antíoco III El Grande: 223-187	200	
Tolomeo V Epífanes: 205-180	Seleuco IV Filopáter: 187-175		
			Judea sometida a los Seléucidas 197-142
Luego del triunfo de Antíoco III El Grande sobre los Lágidas, Egipto no desempeñó un papel preponderante en la política de Judá.	Antíoco IV Epífanes: 175-163		
			Antíoco IV saquea el templo de Jerusalén: 169 Decreto para abolir las tradiciones Judías.
	Antíoco V Eupátor: 163-162		
	Demetrio I Soter: 162-150		
Tolomeo VI Filométor: 180-145			Se instaura el culto al dios Júpiter Olímpico en el Templo de Jerusalén: 167
			Rebelión de los Macabeos para lograr la independencia judía de los seléucidas: 166-142
			El templo es reconstruido y purificado: 164
			Muerte de Judas Macabeo
	Alejandro Balas: 150-145	150	
Tolomeo VII: 145-116	Demetrio II: 145-138 con Antíoco VI: 145-142		Independencia de Judea; triunfo de la revolución Macabea: 142 Gobierno de los Asmoneos: 142-63
	Antíoco VII Sidetes: 138-129		

Tolomeo IX: 116-109	Demetrio II Nicator: 129-125		Juan Hircano, Sumo sacerdote y etnarca: 134-104
	Antíoco VIII: 122-113 con Seleuco V: 122		
Tolomeo X: 108-89	Antíoco IX Cicico: 113-95		
		100	Aristóbulo I, Sumo sacerdote que tomó el título de rey: 140-103 Alejandro Janeo, Sumo sacerdote: 103-76
Tolomeo XI: 88-80			
	Guerras de sucesión: 95-84	63	
Cleopatra VII, reina de Egipto: 51-31	Tigrames El Armenio: 83-64		
			Alejandro Salomé: 76-67 Aristóbulo II, rey y Sumo sacerdote: 67-63
	Antíoco VII: 68-64		
Roma conquista Egipto: 31			
	Pompeyo, el general romano, conquista Jerusalén: 63		Juan Hircano II, Sumo sacerdote: 63-40 Herodes, rey de Judea: 37-4

Bibliografía

Asurmendi, Jesús y García Martínez, Félix
    1990 "Historia e instituciones del pueblo bíblico". Introducción al estudio de la Biblia. 1. La Biblia en su entorno. Estella: Editorial Verbo Divino.

Bright, John
    2003 La historia de Israel. Bilbao: Desclée De Brouwer (cuarta edición).

Meek, Theophile J.
    "El Código de Hamurabi". La sabiduría del Antiguo oriente. Barcelona: Ediciones Garriga.

Noth, Martin
    1966 Historia de Israel. Barcelona: Ediciones Garriga, S. A.

Packer, James I., Tenney, M. C. y White, Jr. W.
1985 *El mundo del Antiguo Testamento*. Miami: Editorial Vida.

Pagán, Samuel
1992 Esdras, Nehemías y Ester. Comentario Bíblico
Hispanoamericano, Miami: Editorial Caribe.

Rad, Gerhard, von
Teología del Antiguo Testamento-I. Salamanca: Ediciones
Sígueme.

Sánchez Cetina, Edesio
2005 "Jueces". Comentario Bíblico Latinoamericano-I. Estella:
Editorial Verbo Divino.

Schmidt, Werner H.
Introducción al Antiguo Testamento. Salamanca: Ediciones
Sígueme.

Seux, Marie-Joseph
Leyes del Antiguo oriente. Estella: Ediciones Verbo Divino.

Soggin, J. Alberto
1997 Nueva historia de Israel: De los orígenes a Bar Kochba.
Bilbao: Desclée de Brouwer

Vaux, Roland de
1975 Historia antigua de Israel-I. Madrid: Ediciones Cristiandad.

Wright, A. G.; Murphy, R. E. y Fitzmyer, J.
1972 "Historia de Israel". Comentario bíblico «San Jerónimo»-5.
Madrid: Ediciones Cristiandad.

El contexto histórico del Nuevo Testamento

Equipo DHH y José Soto Villegas

La mayoría de los libros del Nuevo Testamento se escribieron durante la segunda parte del siglo I d.C., y en ellos se refleja el medio histórico y cultural imperante en ese momento. Fueron tres las grandes culturas de la época en la que surgió el NT: la judía, la griega y la romana. Por ende, no es accidental el hecho de que sobre la cruz de Jesús apareciera un letrero escrito en el idioma propio de cada una de esas culturas: hebreo, griego y latín (Jn 19.19–20).

El Nuevo Testamento y el ambiente judío

Sin un conocimiento de la cultura judía del Mediterráneo del siglo I, es imposible comprender el NT. Esto es cierto porque gran parte de los personajes de esa época fueron judíos: Jesús, sus discípulos y sus apóstoles, y los primeros creyentes de la iglesia. Jesús habló, principalmente, el arameo, vivió en Galilea y Judea, y murió en Jerusalén. Hay tres aspectos del ambiente judío que son importantes destacar aquí: el religioso, el social y el literario.

Aspecto religioso

Hay una estrecha relación entre la iglesia cristiana y el pueblo judío, sobre todo en lo que a la religión respecta. En el centro de la fe judía está la afirmación de que «Yavé es el único Señor» (Dt 6.4; Mc 12.29); que sus leyes son sabias y dignas de obediencia (Sal 78.5–8), y que él ha escogido un pueblo para sí mismo. Nada de eso está ausente en la fe cristiana. En realidad, las Escrituras de Israel, donde los profetas dejaron registrado el mensaje de Dios para su pueblo, siguieron siendo las Escrituras de la iglesia cristiana. Sería mucho tiempo después cuando se agregaría el NT. Por eso en esta parte de la Biblia se ven registradas muchas de las costumbres religiosas judías y se menciona a los grupos judíos más influyentes de la época (Mt 22.23–33; Hch 23.6–8; 1 Co 15.12–58).

Por otra parte, la esperanza en la venida del Mesías significaba para los judíos el deseo de ver cumplida la justicia por la mano misma de Dios. De modo que las naciones e individuos que se oponían al pueblo judío recibirían su castigo; y el pueblo escogido y los justos tendrían su recompensa. Pero con la muerte y resurrección de Cristo los primeros cristianos entendieron que la salvación prometida y el juicio mismo incluían a todos los seres humanos de todas las épocas (Jn 3.14–18; 12.32; 1 Ti 1.15; 2.4).

Aspecto social

En la sociedad israelita de la época de Jesús había tres clases sociales: alta, media y baja. La clase alta se componía de las familias de los jefes religiosos y políticos, de los comerciantes adinerados y terratenientes, y de los recaudadores de impuestos. La clase media contaba con los medianos y pequeños comerciantes, los artesanos, los sacerdotes y los maestros de la ley. Por último, la clase pobre, la más numerosa, estaba formada por jornaleros que vivían al día (Mt 20.1–16), y por muchos otros que vivían al margen de la sociedad, como los mendigos, los leprosos y los paralíticos (Mc 10.46).

Según las leyes, el lugar más bajo en la escala social lo ocupaban los esclavos, aunque su situación concreta dependía de la posición y carácter de sus amos. Los esclavos que no eran judíos rara vez recuperaban su libertad. En cambio, los esclavos israelitas podían recuperar su libertad en el año sabático. El año sabático se celebraba cada siete años, y su objetivo era que no se cultivara la tierra durante un año, para celebrar así un año en honor a Dios (Ex

23.10–11; Lv 25.1–7; 26.34, 43). Como no se debía cultivar, no se podían saldar las deudas, y éstas se perdonaban.

Los principales oficios eran la agricultura, la ganadería, la pesca (en el lago de Galilea), trabajos artesanales (alfarería, zapatería, carpintería, albañilería, etc.) y el comercio. También la atención del templo daba trabajo a un gran número de sacerdotes y levitas.

Se dice que la población de Palestina en la época de Jesús pudo haber sido de aproximadamente un millón de personas.

Los judíos no formaban un grupo religioso y político unido. Decimos religioso y político porque ambos aspectos estaban muy relacionados. En este sentido, los judíos se habían dividido en muchos grupos. En el NT se mencionan varios de ellos: los fariseos, los saduceos, los herodianos y los maestros de la ley.

Los **fariseos** eran un grupo más que todo religioso. Defendían la estricta obediencia de la ley de Moisés, de las tradiciones y de la piedad popular (Flp 3.5–6). Representaban el grupo con más autoridad e influencia entre la mayor parte de la población. Después de la destrucción del templo de Jerusalén (año 70 d.C.), fue el grupo que predominó entre los judíos. Este grupo sostuvo las ideas de la vida eterna, el libre albedrío y la providencia.

Los **saduceos** formaban un grupo menor que el de los fariseos, pero más influyente. En su mayoría, venían de familias de sacerdotes aristocráticos. El grupo se asociaba con los sacerdotes y con el Sanedrín o Consejo de ancianos—órgano supremo de gobierno de los judíos. En la época de Jesús apoyaron al imperio romano. Negaban la vida futura y la existencia de los ángeles y espíritus (Mt 22.23–33; Hch 23.6–8). También desaparecieron con la caída de Jerusalén.

Además de los dos anteriores, tenemos dos grupos menos numerosos y de poca influencia: los **herodianos** (partidarios de Herodes; Mt 22.16), y los **esenios**. Los esenios no se mencionan en el NT; sin embargo, los historiadores y testigos de la época (Filón de Alejandría, Flavio Josefo, Plinio), e incluso los primeros padres de la iglesia (Justino, Clemente de Alejandría, Orígenes), reconocieron su importancia. Cultivaban una vida comunitaria y muy organizada, los bienes eran comunes y exigían el celibato, la rectitud moral, la modestia, los vestidos blancos, las comidas comunitarias, las abluciones o ritos de purificación con agua, y el separarse del resto de los judíos. Creían en las doctrinas hebreas y en la necesidad de purificarse con persistencia. Pero también tenían muchas creencias paganas: el determinismo universal, la adoración del sol como dios, y la reencarnación. Este grupo desapareció al enfrentarse a Roma en la lucha que se inició el año 66 d.C. con los **celotes** («los celosos») a la cabeza de la rebelión.

Por último, mencionaremos a un grupo importante por su influencia literaria: los **maestros de la ley** (escribas, letrados o rabinos). Ellos enseñaban la religión y las tradiciones, y explicaban las Escrituras. En su mayoría eran laicos. Enseñaban en el templo (Lc 2.46) o en las sinagogas (Hch 15.21). Ejercían mucha influencia por su piedad y erudición. Hacían estrictas interpretaciones de la ley, creían en cierta libertad humana, pero limitada por la providencia. Creían en la resurrección y en los ángeles, en la venida del Mesías y en la reunión final de todas las tribus de Israel. Su marcado carácter separatista los volvió presumidos, y con eso disminuyeron su fuerza espiritual. Junto con los fariseos, se opusieron fuertemente a Jesús (Mt 23). Sus enseñanzas se conservaron en la llamada «literatura rabínica», escrita después del NT.

Aspecto literario

La literatura cristiana, ante todo el NT, se inspira en el AT y en el judaísmo contemporáneo. Esto es llamativo, porque el NT y los primeros escritos cristianos se hicieron en griego. En efecto, sin importar la influencia griega, muchas palabras, mensajes y enseñanzas corresponden al espíritu hebreo. La enseñanza fue primero oral y en arameo, luego se vertió al griego, pero conservando su cualidad judía. Así, en el NT conservamos palabras como: **abbá** y **marana ta**.

El cristianismo primitivo se originó a partir del pueblo judío (Hch 2.46), y poco a poco fue distinguiéndose de éste, hasta separarse del todo. La separación definitiva fue motivada por el mismo mensaje proclamado: no es requisito ser judío para ser cristiano (Hch 15.1–35). Así, muchas personas que no eran judías se integraron a la iglesia y contribuyeron a la separación (Ro 11.11–12). Esa separación era inevitable, pues la fe en Jesucristo, el Hijo de Dios, existe porque con su vida, muerte, resurrección, presencia y actuación subsiguientes, vino a realizar un acontecimiento totalmente nuevo. Es la nueva creación (Mc 1.27; 2.21–22; Jn 13.34; Gl 6.15; Ef 2.15). Además, este nuevo acontecimiento se transmitió con formas literarias nuevas, como los evangelios, y con la transformación de formas tradicionales, como las cartas.

El Nuevo Testamento y el ambiente griego

Las grandes conquistas militares de Alejandro Magno en Asia (año 333 a.C.) hicieron que la cultura griega se difundiera por el occidente asiático, por el norte de África, por el sur de Europa y por Roma misma. No es de extrañar que, para el siglo I d.C., el griego fuera el idioma de las personas cultas de la zona del mar Mediterráneo, e incluso la lengua popular en muchas de las regiones de la zona. Esta difusión de la cultura griega es lo que se ha denominado «helenismo».

Dado que el pueblo de Israel sufrió diversas deportaciones masivas a lo largo de la historia, era común encontrar comunidades judías fuera de Palestina. Esas comunidades constituyeron lo que se llama el judaísmo de la «diáspora» o dispersión. Aunque estas comunidades siguieron fieles a sus tradiciones religiosas (por ejemplo, Hch 16.13), adoptaron el griego como idioma propio. Fue así como en la comunidad judía de Alejandría (Egipto) se tradujeron al griego las Escrituras israelitas. La principal de estas traducciones es la «versión de los Setenta» o Septuaginta (LXX), la cual se convirtió en el texto de uso común de los cristianos de habla griega. Hoy se acepta que después del año 70 d.C. eran más los judíos de la diáspora, que los que vivían en Israel.

También en Jerusalén hubo un grupo de judíos cristianos que hablaban griego (Hch 6.1). Eso hizo posible la difusión del evangelio en las comunidades de la diáspora y entre los paganos (Hch 11.19–20). El judío más notable entre la diáspora es, sin duda, Pablo de Tarso. Pablo fue primero perseguidor de cristianos y luego, convertido ya al cristianismo, fue seguidor y propagador celoso de

Cristo entre los paganos (Gl 1.14). Sus viajes misioneros abarcaron la mayoría del mundo conocido hasta entonces y sus cartas constituyen una parte muy importante del Nuevo Testamento.

Por todas estas razones no es extraño que el Nuevo Testamento se hubiera escrito en griego, aunque algunos manuscritos y tradiciones anteriores puedan sugerir que al inicio se escribieron en hebreo y arameo. Sin embargo, lo cierto es que su redacción y texto definitivos se hicieron y se conservaron en griego.

El Nuevo Testamento y el ambiente romano

Alrededor del siglo II a.C. el poder militar de Roma se había extendido por todo el Mediterráneo. A partir del 63 a.C. Palestina quedó sometida al poderío militar y político de Roma.

Al principio, los gobernantes judíos conservaron el título de reyes, aunque estuvieran sometidos al poder romano. El NT destaca a Herodes el Grande, quien gobernó Palestina del 37 al 4 a.C. Fue bajo su mandato cuando nació Jesús (Mt 2.1–20; Lc 1.5). Cuando Herodes murió, el reino se dividió entre sus tres hijos: Arquelao gobernó Judea y Samaria hasta el año 6 d.C., Herodes Antipas en Galilea y Perea, hasta el 39 d.C., y Filipo en el nordeste del Jordán, hasta el 34 d.C. (Mt 2.22; Lc 3.1). Hacia el año 6 d.C., el emperador romano Augusto quitó del reino a Arquelao, y Judea y Samaria pasaron a ser propiedades del Imperio Romano. Los nuevos cambios administrativos incluyeron nuevas autoridades romanas (los prefectos y los procuradores). El más conocido de todos en la historia cristiana es Poncio Pilato, prefecto de Judea (26–36 d.C.) quien condenó a muerte a Jesús (Mt 27.1–26).

Para el año 37 d.C., el rey Herodes Agripa sustituía a Filipo, y en el 40 d.C. a Herodes Antipas. En el año 41 d.C. Herodes Agripa extendió su dominio hacia Judea y así reconquistó un reino tan grande como el que había tenido su abuelo Herodes el Grande (Hch 12.1–19). Herodes Antipas murió en el año 44 d.C. (Hch 12.19–23), y con ello toda Palestina pasó a manos de los romanos. Esto duró hasta el año 66 d.C., cuando se produjo la guerra judía (Hch 23.24; 24.27).

Entonces Roma desplegó su fuerza militar por todo Israel. Los soldados se organizaban por «compañías», las que tenían a su cargo velar por la adoración del emperador en todo el imperio. Diez compañías formaban una legión (unos 6.000 hombres). Los soldados debían facilitar las conquistas y aplacar las rebeliones. Vigilaban las fiestas judías, las prisiones y las ejecuciones (Mt 28.11–15; Lc 23.47; Jn 19.2, 23–24, 34). Pese a ello, también los soldados se acercaban a Jesús y al cristianismo (Mt 8.5–13; 27.54; Lc 23.47; Hch 10; 27.3–11). En su carta a los efesios, Pablo compara al cristiano con un soldado romano (Ef 6.10–18).

El creciente descontento del pueblo judío hacia los romanos llegó a su punto máximo en el año 66 d.C. En ese año, los «celotes» organizaron una rebelión contra Roma. La lucha duró cuatro años. En el primer año de guerra, Roma decidió que los gobernadores de Palestina debían seguir siendo generales del ejército, a quienes llamaron «legados». El primero de ellos fue Vespasiano, quien en el año 69 d.C. fue proclamado emperador. La rebelión judía fue aplacada con la intervención de los ejércitos romanos que conquistaron Jerusalén y destruyeron el templo en septiembre del año 70 d.C. (Mt 24.2; Lc 21.20). Esta derrota se debió a la superioridad militar de los romanos y a las irreconciliables disputas internas de los judíos.

Con la caída de Jerusalén también desaparecieron las autoridades del Sanedrín, o Junta Suprema de los judíos; las familias sacerdotales se vieron diezmadas, y el grupo de los maestros de la ley empezó a desaparecer. El cargo de sumo sacerdote resultó obsoleto, al igual que el culto del templo. Las enseñanzas religiosas, tradicionales y culturales se reorganizaron alrededor de los rabinos y sus escuelas.

Fuera de Palestina, la iglesia cristiana supo aprovechar bien los beneficios que ofrecía el Imperio Romano. La unidad política y cultural facilitó la rápida propagación del evangelio por el mundo pagano (Ro 15.19, 28; 1 P 1.1). Esto se debió en parte a que en un principio las autoridades romanas no se oponían a la práctica de la religión judía ni de la religión cristiana. Pero cuando la fidelidad a Cristo entró en conflicto con los intereses de Roma, los primeros cristianos empezaron a ser martirizados y perseguidos. Los cristianos se resistían a dar culto al emperador y a sus dioses. A esto se agregó que muchas disposiciones contra los judíos también se aplicaron a los cristianos (Hch 18.2). Esta tensa situación en que vivieron los cristianos de los siglos I y II se refleja en 1 Pedro 4.12–16 y en el libro de Apocalipsis, donde Roma aparece como el enemigo número uno del cristianismo.

Cronología del Nuevo Testamento

En el NT no encontramos fechas que nos ayuden a escribir una cronología tal como se hace hoy, con el calendario moderno de uso universal. Sin embargo, encontramos detalles cronológicos propios de la forma en que los judíos medían el tiempo. Esos detalles, así como otros encontrados en obras seculares escritas en aquellos tiempos, nos ayudan a fijar fechas aproximadas para los sucesos de la vida de Jesús y la vida de la iglesia en el tiempo de los apóstoles.

La vida de Jesús

Su nacimiento. Según Mateo 2.1, Jesús nació cuando Herodes el Grande era rey de Judea. Esto quiere decir que su nacimiento no pudo ocurrir después de la muerte de Herodes. El historiador judío Josefo dice en su libro *Antigüedades* que, antes de morir Herodes, hubo un eclipse de luna. Sabemos que entre el año 5 y 4 a.C. hubo varios eclipses. El que ocurrió precisamente antes de la muerte de Herodes pudo ser el del 12 de marzo del 4 a.C. Josefo mismo dice que Herodes murió antes de la Pascua del 11 de abril del 4 a.C. La fecha de la muerte de Herodes tuvo que ser entonces a principios de abril de ese año.

En Lucas 2.1 se nos dice que Jesús nació durante el tiempo en que se hacía el censo ordenado por el Emperador Augusto. Lucas nos informa además que el censo fue realizado por el gobernador romano de Siria llamado Quirinio. Por las pruebas encontradas en documentos del historiador Josefo y otros documentos antiguos, algunos fijan como fecha probable de ese censo el año 8 a.C. De ese modo, lo único que podríamos afirmar es que el nacimiento de Jesús tuvo lugar entre los años 8 a.C. (censo de Quirino) y 4 a.C. (muerte de Herodes). La fecha que todos aceptan con más probabilidad es la de los años 7 ó 6 a.C.

Su ministerio. Sabemos que Jesús comenzó su ministerio después de ser bautizado por Juan el Bautista y a su regreso del desierto

(Lc 3.21–4.14), pero no tenemos datos de la fecha exacta en que esto sucedió. Para fijar la fecha, recurrimos a la sincronización que el evangelista Lucas hace del ministerio de Juan el Bautista (Lc 3.1). Lucas nos dice que Juan comenzó su ministerio cuando el emperador Tiberio ya llevaba reinando casi quince años. El historiador Josefo asegura que Tiberio comenzó a reinar al morir Augusto en el año 14 d.C. Esto quiere decir que el año 15 de su reinado sería el 28 ó 29 d.C., y que esa sería la fecha probable del comienzo del ministerio de Juan el Bautista y de Jesús mismo. También puede confirmarse esta fecha si se toma en cuenta la cita de Juan 2.20, en la que se dice que la construcción del templo llevaba ya 46 años. Según Josefo, Herodes comenzó la reconstrucción del templo en el año 20 a.C. Sumando entonces 46 años, nos da la fecha de 27 ó 28 d.C.

Según Lucas 3.23, Jesús tenía unos treinta años de edad cuando comenzó su ministerio y, de acuerdo con el Evangelio según Juan, su ministerio pudo durar unos dos años y medio. Llegamos a esta conclusión porque Juan menciona claramente tres Pascuas durante el ministerio de Jesús (Jn 2.13–23; 6.4; 7.2; 10.22; 12.1).

Su muerte. Según el calendario judío, la Pascua en que murió Jesús se celebró el viernes 7 de abril del año 30 d.C.

La iglesia en la época de los apóstoles

Para hacer una cronología aproximada de todos los acontecimientos importantes en la vida de la iglesia durante la época de los apóstoles, recurrimos a los únicos sucesos narrados en el libro de Hechos que pueden fecharse con precisión según fuentes judías y romanas. Es a partir de esas fechas como se pueden fechar los demás sucesos (véase la Tabla cronológica).

Primero que todo mencionemos la muerte del rey Herodes Agripa I (Hch 12.23), ya que es la fecha que con más exactitud se puede fijar. Según el historiador judío Josefo, Agripa fue nombrado rey de Palestina poco después de que el emperador Claudio tomara el poder en Roma, en enero del año 41 d.C. Según Josefo, Agripa reinó durante tres años, por lo que la fecha de su muerte puede ser el 44 d.C.

Otro acontecimiento singular que se puede fechar es la hambruna mencionada en Hechos 11.28, pues varios autores antiguos la mencionan en sus libros (Josefo, Tácito y Suetonio), y en papiros egipcios se registra el alto precio que alcanzó el trigo en esa época. Según esas fuentes, hubo una gran hambruna entre los años 46 ó 47 d.C., cuando Tiberio Alejandro era procurador de Judea.

Aunque no se puede confiar mucho en un historiador tan tardío como Orosius (siglo V), cabe apuntar que él fecha el edicto del emperador Claudio para expulsar de Roma a los judíos (Hch 18.2), en el año 49 ó 50 d.C.

Por último, en Hechos 18.12 se menciona el juicio de Pablo ante el gobernador de Acaya, llamado Galión. Según una inscripción en latín encontrada en Delfos, Grecia, el gobierno de Galión puede ubicarse entre el 51 y 53 d.C.

Tabla cronológica del Nuevo Testamento

Emperadores de Roma	Fecha	Historia del Nuevo Testamento	Gobernantes de Palestina
	37 a.C.		Herodes el Grande 37–4 a.C.
Augusto	27 a.C.		
	7 ó 6 a.C.	Nacen Juan el Bautista y Jesús	
	4 a.C.		Arquelao (Judea; 4 a.C.–6 d.C.)
Tiberio	14 d.C.		Herodes Filipo (Iturea; 4 a.C.–34 d.C.)
			Herodes Antipas (Galilea; 4 a.C.–44 d.C.)
	26 d.C.		Poncio Pilato (26–36 d.C.)
	28 d.C.	Bautismo de Jesús	
		Muerte de Juan el Bautista	
		Jesús en Jerusalén para la Pascua (Jn 2.13)	
		Jesús en Samaria (Jn 4.35)	
		Jesús en Jerusalén para la Fiesta de los Tabernáculos (Jn 5.1)	

	29 d.C.	Alimentación de los cinco mil (Jn 6.4; era tiempo de la Pascua)	
	30 d.C.	Jesús en Jerusalén para la Fiesta de los Tabernáculos (Jn 7.2)	
		Jesús en Jerusalén para la Fiesta de Dedicación (Jn 10.22)	
		Jesús es crucificado y resucita (Época de Pascua)	
		Pentecostés (Hch 2.1ss)	
	33 d.C.	Apedrean a Esteban (Hch 7.1ss)	
	34 d.C.	Conversión de Pablo (Hch 9.1ss)	
		Visita de Pablo a Jerusalén	
Calígula	37 d.C.		
Claudio	41 d.C.		Herodes Agripa I, Rey de Judea; 41–44 d.C
	46 d.C.	Primer viaje misionero de Pablo; 46–48 d.C. (Hch 13–14)	
	48 d.C.	Concilio Apostólico en Jerusalén (Hch 15.1–29)	
	49 d.C.	Segundo viaje misionero de Pablo; 49–53 d.C. (Hch 15.36–18.23)	
	50 d.C.	Se escribe Santiago (50 ó 58 ?)	
			Herodes Agripa II, 50–93 d.C. (territorio norte)
	51 d.C.	Se escribe 1, 2 Tesalonicenses	
	52 d.C.		Félix Procurador romano; 52–60 d.C.
Nerón	54 d.C.	Tercer viaje misionero de Pablo; 54–58 d.C. (Hch 18.23–21.17)	
		Pablo permanece en Éfeso	
	56 d.C.	Pablo sale hacia Tróade	
	57 d.C.	Pablo en Macedonia y Acaya. Se escriben 57–58 d.C. 1 Corintios, Gálatas, Filipenses (?), 2 Corintios, Romanos	
	58 d.C.	Pablo arrestado en Jerusalén (Hch 21.27–33)	
		Pablo preso en Cesarea 58–60 d.C.	Festo procurador romano (60–62 d.C.)
	60 d.C.	Pablo es llevado a Roma	

	61 d.C.	Pablo permanece dos años en prisión domiciliaria (Hch 28.30). Se escriben 61–63 d.C. Colosenses, Filemón, Efesios	
	64 d.C.	Se escribe 1 Pedro (?)	
	67 d.C.	Se escriben Tito 1, 2 Timoteo, Hebreos	
Galba	68d.C.		
Otto	69 d.C.		
Vitelius			
Vespasiano			
	70 d.C.	Caída de Jerusalén. Se escribe 70 (?): Marcos; (70–80):2 Pedro, Judas	
Tito	79 d.C.		
	80 d.C.	Se escriben (?) Mateo, Lucas, Hechos	
Domiciano (81–96 d.C.)	81 d.C.	Persecución de la iglesia	
	96 d.C.	Se escriben Juan, Apocalipsis, 1,2,3 Juan	
	98 d.C.	Muerte de Juan	

Bibliografía

Harrington, Wilfrid J. *Iniciación a la Biblia*. La plenitud de la promesa. Tomo II. Santander: Editorial «SAL TERRAE», 1967.

Köster, Helmut. *Introducción al Nuevo Testamento*. Salamanca: Ediciones Sígueme, 1988.

Leipoldt, Johannes y Grundmann, Walter. *El mundo del Nuevo Testamento*. Madrid: Ediciones Cristiandad, 1973. Obra en tres volúmenes: Estudio histórico cultural, Textos y documentos, Ilustraciones.

Packer, J. I. *El mundo del Nuevo Testamento*. Miami: Editorial Vida, 1985.

Paul, André. *El mundo judío en tiempos de Jesús*. Historia política. Madrid: Ediciones Cristiandad, 1982.

Saulnier, Ch. y Rolland, B. *Palestina en los tiempos de Jesús*. Estella: Editorial Verbo Divino, 1981.

Schultz, Hans Jürgen. *Jesús y su tiempo*. Salamanca: Ediciones Sígueme, 1968.

Schürer, Emil. *Historia del pueblo judío en tiempos de Jesús: 175 a.C.—135 d.C.* Madrid: Ediciones Cristiandad, 1985. Dos volúmenes: el vol. I habla de las fuentes de autores antiguos y de la historia; el vol. II habla del contexto cultural y de las instituciones políticas y religiosas.

Entorno histórico, cultural y literario del Antiguo Próximo Oriente

Esteban Voth

La Biblia, como palabra de Dios, es entre otras cosas un documento literario. Como tal, es una obra que se gesta en determinados momentos históricos y en contextos culturales específicos. Esto significa, ante todo, que la Biblia no es un artefacto que se originó en un vacío. Es un documento que tiene raíces profundas en la realidad de la historia humana, tal como se desarrolló en el Antiguo Próximo Oriente. Sin duda, su contexto más inmediato es la historia del pueblo de Israel que se desarrolló mayormente en la zona de Canaán o Palestina. Sin embargo, la zona que ocupó el pueblo de Israel siempre estuvo bajo la influencia de culturas vecinas. En este capítulo nos proponemos hacer una mirada un tanto panorámica y general de las influencias culturales y literarias de algunas culturas vecinas de Israel.

Durante varios siglos la Biblia se leyó sin tomar en cuenta su contexto más amplio. Se interpretaba como si fuera un texto aislado y hasta *ahistórico.* Esto sucedió en parte porque no había interés en rescatar el propósito original del autor ni de discernir cuál sería el impacto del texto o de la tradición oral en sus oyentes originales. No se había desarrollado una corriente de pensamiento que buscaba descubrir el contexto literario de la Biblia en general o del Antiguo Testamento en particular. Por otra parte, no se conocía otra literatura del

Antiguo Próximo Oriente, y por lo tanto no existía un contexto literario más amplio fuera del que estaba en la Biblia misma.

Esta realidad hermenéutica comenzó a cambiar radicalmente hace unos dos siglos. A partir del siglo 19 de nuestra era las excavaciones arqueológicas han sacado a la luz muchísima literatura del Antiguo Próximo Oriente. Se han descubierto idiomas y escrituras que antes no se conocían. Todos estos descubrimientos le han provisto al intérprete del texto bíblico un material indispensable que lo ayudara a comprender mejor ese texto creado por el pueblo de Israel. Si bien muchos todavía no utilizan todo este material ahora disponible, sugerimos que la interpretación de la Biblia se enriquecerá en gran manera si se toma el tiempo de suplementar su lectura con toda esta literatura que se ha descubierto y se sigue descubriendo. A la hora de interpretar el texto bíblico no se debe ignorar el contexto literario de esta obra, lo cual significa tomar en cuenta el contexto social también. Es decir, ningún texto literario existe ni tiene significado fuera de un contexto social y cultural.

Diversidad cultural

La revelación de Dios ha llegado hasta nosotros a través de varias y variadas culturas de la antigüedad. Tal como ya hemos dicho, esto significa, entre otras cosas, que la palabra de Dios que buscamos interpretar no se originó en un vacío. Al contrario, *estas palabras* (hago énfasis en lo plural) surgieron de contextos histórico-culturales bien concretos. Dios se revela a través de la cultura y de esa manera el mensaje que propone está bien encarnado en la cultura. El ejemplo mayor de esto lo tenemos en la experiencia de Jesucristo, el hijo de Dios. Jesucristo mismo, siendo Dios, se encarna, se contextualiza en una cultura, en un momento histórico definido, con características particulares de ese momento y de esa cultura. Pero mucho tiempo antes, Dios había comenzado a revelar su mensaje dentro de la historia y por medio de la cultura.

A la hora de interpretar el texto bíblico, esta realidad ineludible nos presenta un desafío real y concreto. Para poder comprender el texto en su sentido más cabal y amplio, es muy necesario conocer bien los códigos culturales que se manejaban en ese mundo que existió hace aproximadamente tres milenios. Esto implica entender elementos geográficos, realidades sociales, movimientos políticos, valores morales y éticos, y muchas otras realidades que conforman las diversas culturas reflejadas en el texto bíblico. Para esto deberemos, ante todo, intentar comprender la «cosmovisión» de los semitas del primer milenio antes de Cristo. Esta cosmovisión tiene que ver con la «lente» a través de la cual el ser humano mira, observa y analiza su mundo. Una cosmovisión, entonces, es ese marco teórico o conjunto de creencias medulares con el cual el ser humano mira, observa y evalúa el mundo en el que vive. En este sentido, las cosmovisiones tienen que ver con las preocupaciones más importantes que tiene una persona: ¿Quién soy? ¿adónde voy? ¿de qué se trata? ¿existe un dios?

Cuando uno le presta atención a la cosmovisión semita, se descubre que la manera de pensar del semita antiguo es bastante diferente a la de una persona moderna del mundo occidental. El personaje bíblico semita se maneja con otros códigos y otros valores. En el mundo semita, el modo de pensar es más «oriental» que «occidental». En ese mundo no existe una preocupación obsesiva con la precisión histórica, con la coherencia, con la lógica occidental, con lo científico, y con lo abstracto. En el Antiguo Próximo Oriente, conviven la paradoja, la incongruencia, la contradicción, la repetición, la ambigüedad, lo simbólico, y otros elementos más, que para el occidental contemporáneo muchas veces representan serios problemas. Por eso, cuando hablamos de prestarle atención al contexto cultural semita más amplio del texto bíblico, en realidad estamos advirtiendo al intérprete a no imponerle criterios occidentales al texto bíblico. El desconocer la cosmovisión de los autores bíblicos y de sus vecinos nos llevará a cometer graves errores en la interpretación de lo que ellos escribieron.

Por otro lado, el conocer aunque sea en parte, la manera de «pensar», de «ver», de «percibir» de estos autores, nos hará más sensibles a sus realidades y nos ayudará a no imponer nuestros criterios culturales como si estos fueran absolutos. En este sentido hacemos un llamado a todo lector de la Biblia a que ejerza una sensibilidad cultural para que de esa manera interprete con mayor respeto la revelación de Dios. A continuación mostraremos algunos ejemplos que surgen del Antiguo Testamento, y demuestran la necesidad de practicar una sensibilidad cultural para poder interpretar con más eficacia este texto que fue escrito en otro lugar y en otro tiempo.

Consideraremos algunos ejemplos importantes del libro de Génesis que servirán de ilustración. Advertimos al lector que es imposible, en el marco de este capítulo, mencionar los cientos de ejemplos que están a nuestro alcance como resultado de las investigaciones y los descubrimientos arqueológicos. Hoy disponemos de miles de textos literarios y artefactos que tienen ingerencia a la hora de interpretar el texto bíblico. La información pertinente es por demás vasta, y basta ver las obras monumentales que se han publicado para darse cuenta de esta realidad (ver bibliografía al final del capítulo).

En el relato que habla de la creación de todas las cosas, el texto de Génesis 1 comenta que en el cuarto día de la creación, Dios hizo la «lumbrera mayor» y la «lumbrera menor». Durante mucho tiempo los intérpretes no entendían porqué el autor de esta poesía creacional no utilizó las palabras para «sol» y «luna» en hebreo. Pero, al analizar documentos religiosos escritos por los vecinos babilónicos y al entender mejor las culturas que rodeaban a los israelitas, surgió una posible explicación. Resulta que en Babilonia, el dios del sol se llama *Shamash* y la diosa de la luna se llama *Yarij*. Estos dos nombres son muy similares a los términos hebreos para sol y luna: *shemesh* y *yareaj*. Si a esto le agregamos que en hebreo se escribía sin vocales y sin mayúsculas, los nombres serían idénticos: *sh-m-sh* y *y-r-j*. Por lo tanto, el autor bíblico cuidadosamente evita el uso de las palabras *shemesh* (sol) y *yareaj* (luna) para evitar cualquier identificación con *Shamash* el dios del sol y *Yarij* la diosa de la luna. Al llamarlas «lumbreras» está declarando que no existe ninguna conexión entre la luna y el sol con las divinidades babilónicas. La polémica planteada por el relato de Génesis es que el sol y la luna están desprovistos de todo poder divino. El único poder que tienen es aquel que les da el Creador para servir a la tierra. Su razón de ser es eminentemente geocéntrica. Por lo tanto, el conocer algo de la cultura del Antiguo Próximo Oriente nos permite interpretar mejor un texto un tanto enigmático, y a la vez nos ayuda a evitar ideas erróneas.

El relato patriarcal comienza en Génesis 11.27 donde leemos que Téraj, el padre de Abram era de Ur de los caldeos y que un día emprendió un viaje con su familia. El texto bíblico nos cuenta que de pronto paran en la ciudad de Jarán. Si bien sabemos que esta ciudad estaba ubicada en la ruta que se tomaba para ir desde la zona de Babilonia hacia la zona de Canaán, lo que no sabemos es porqué Téraj, Abram y la familia pararon en Jarán y se quedaron allí hasta la muerte de Téraj. Una vez más, al estudiar la cultura babilónica, esta nos sugiere una posible explicación. En la cosmovisión babilónica, los dioses no tenían poder absoluto en todo el mundo. Eran dioses regionales que ejercían su poder en zonas geográficas definidas. Cuando el habitante babilónico se alejaba de la zona donde su dios tenía poder, se sentía desprotegido. Los documentos babilónicos nos informan que el dios de Ur se llamaba Sin y este también era el dios que se adoraba en Jarán. Por lo tanto, entendemos que era lógico y normal que Téraj y su familia se quedaran en Jarán porque allí se sentirían protegidos. Hoy podemos sugerir que la parada en Jarán no fue casualidad, sino más bien un acto que concordaba con la costumbre y creencia de aquella época y lugar.

Siguiendo con el relato patriarcal, nos enteramos que en Jarán Abram recibe una promesa de Dios que ha de tener una gran descendencia. A su vez, leemos que Saray, la esposa de Abram era estéril y no podía tener hijos. Con el correr del tiempo, Abram y Saray preocupados por el hecho de no tener hijos, deciden hacer algo que para el lector moderno occidental cristiano resulta ser bastante cuestionable y hasta condenable. Saray le entrega su sierva Agar a Abram para que tengan relaciones sexuales, y así Abram pueda concebir un hijo con la sierva Agar. Muchos se han preguntando cómo puede ser que Abram, el amigo de Dios, el que recibió la promesa de que a través de él serían benditas todas las naciones, haga una cosa así. Una vez más, la arqueología nos ayuda a entender esta acción. En la Mesopotamia antigua, existieron dos ciudades llamadas Mari y Nuzi. En estas ciudades, se han encontrado bibliotecas con miles de documentos escritos sobre tablillas de arcilla. Particularmente en Nuzi, se han encontrado muchos documentos que explican costumbres sociales y civiles de la época. En ellos encontramos que la ley exigía que la mujer estéril debía entregarle su sierva a su esposo para asegurar la descendencia de la familia. La costumbre y la ley establecían que en el momento de dar a luz, la sierva debía hacerlo sobre las rodillas de la esposa estéril. En ese momento, al recibir la criatura sobre sus rodillas, esa criatura se convertía en hijo o hija de la esposa, y la sierva no tenía derecho alguno sobre esa nueva vida. La existencia de esa ley, nos enseña que Abram y Saray estaban haciendo lo que la ley les mandaba. Uno hasta podría sugerir que si Abram y Saray no hacían esto, estarían quebrantando la ley. Al estudiar la cultura de aquella época podemos entender mejor la conducta de Abram y no emitir juicios de valor equivocados. Desde ya es necesario subrayar que estamos mirando una cultura patriarcal, donde jamás se llegó a pensar que la imposibilidad de gestar nueva vida podría ser consecuencia de una disfunción en el varón.

Estos tres ejemplos nos muestran que es sumamente importante comprender las culturas representadas en la revelación de Dios para poder interpretar dicha revelación. A estos ejemplos podríamos agregarles muchos más, ya que el texto bíblico está bien arraigado en la historia del mundo semita y en varios contextos socio-culturales. Esto significa que, en la medida que se tomen en cuenta estos factores culturales, el mensaje bíblico irá cobrando su verdadera dimensión.

Diversidad literaria

En el Antiguo Próximo Oriente se ha descubierto mucha literatura que proviene tanto de épocas anteriores como de épocas contemporáneas a la bíblica. Es tanta la literatura que produjo esta zona durante los tres milenios antes de Cristo que es imposible dar cuenta de toda ella. Esa diversidad se ve reflejada en la cantidad de idiomas que de alguna manera u otra tienen relación con los idiomas bíblicos (los idiomas bíblicos son el hebreo, el arameo y el griego koiné). Basta mencionar algunos como el sumerio, el acadio, el ugarítico, el fenicio, el moabita, el edomita, el amonita, el arameo imperial, el egipcio, el siríaco, el árabe y el griego entre otros. El estudio de todos estos idiomas es de mucha importancia porque ayuda a documentar el mundo bíblico. Además, el estudio de estos idiomas antiguos también ayuda a esclarecer elementos de la gramática y del vocabulario del hebreo y arameo bíblicos. Es necesario recordar que los idiomas bíblicos son idiomas muertos. Esto significa que son idiomas de textos solamente y que hoy en día nadie los habla como idioma materno. Es por esto que junto con la disciplina de la lingüística moderna, los idiomas vecinos ayudan a una mayor comprensión de los idiomas bíblicos.

Todas las culturas representadas por estos idiomas produjeron una literatura vasta y variada. Si bien se puede argumentar que Israel recibió revelación divina, es innegable que ella también refleja de muchas y múltiples maneras el entorno del Próximo Oriente. Y tal como lo hemos mencionado, no se puede interpretar la literatura de Israel de forma aislada, sin tomar en cuenta su contexto cultural oriental. Si bien uno puede caer en el error de exagerar las influencias o relaciones culturales, el otro extremo de ignorar las similitudes e influencias tampoco es aconsejable. Todo estudio comparativo deberá estar consciente de estos riesgos para no cometer errores innecesarios.

La diversidad literaria o de géneros literarios es sabida. En el Antiguo Próximo Oriente se encuentran géneros literarios tan diversos como los siguientes: documentos legales, tratados comerciales, alianzas políticas, himnos, oraciones litúrgicas, poesía, literatura histórica, sapiencial, profética, apocalíptica, y también literatura que explica o da cuenta del origen de todas las cosas y del ser humano. A continuación daremos ejemplos de algunos de estos géneros y haremos mención de su relación con la literatura bíblica.

El relato de la creación de Génesis y sus paralelos mesopotámicos

Desde varias décadas, los eruditos han encontrado varios puntos de contacto entre el relato de Génesis 1.1—2.3 y los diversos documentos literarios de Mesopotamia. La composición mesopotámica que más invita a una comparación detallada es la llamada

Enuma elish. El análisis cuidadoso de este documento ha llevado a los estudiosos a una serie de comparaciones muy interesantes, y muchos interpretan el relato bíblico a la luz del trasfondo mesopotámico. Sin duda, el Génesis fue creado en medio de un contexto que refleja el material y los modos de expresión comunes al medio ambiente mesopotámico.

Sin embargo, es interesante notar que los paralelos que existen son de índole general y no específica. Básicamente son los siguientes: ambos relatos conciben el estado original del cosmos en términos de un caos acuoso; ambos contienen un orden similar en cuanto a los eventos de creación; y los dos concluyen con un descanso por parte de la/s divinidad/es. A estos puntos de comparación generales, se les pueden agregar algunos otros puntos comunes que los complementan: el caos acuoso se divide en cielo y tierra; se hace mención de la luz antes que la aparición de las luminarias; existe una relación lingüística entre los términos que denotan el caos (abismo); el número siete es significativo. Estas similitudes han suscitado ciertas conclusiones que proponen que el relato bíblico refleja una determinada dependencia del documento mesopotámico.

Queremos proponer, sin embargo, que dichas conclusiones son prematuras por diversas razones. Sin ignorar los puntos de comparación que existen entre las composiciones en cuestión, es a la vez de igual importancia considerar las diferencias. No entraremos en demasiado detalle al respecto. Simplemente es necesario advertir al lector que las diferencias entre los relatos son sustanciales. Precisamente son esas diferencias lo que distingue al relato de Génesis de cualquier otro relato del Antiguo Próximo Oriente, de modo que aparece entonces como un documento nuevo y fresco, que provee alternativas nunca antes consideradas. *Esto lo hace a la vez que está profundamente arraigado en el contexto mesopotámico.*

Una de las diferencias básicas e inmediatas se puede ver en la naturaleza de la deidad. En Génesis, Dios es uno, eterno, omnipotente, omnipresente y omnisciente. En el *Enuma elish*, la deidad comienza como dos seres con distinción sexual—Apshu y Tiamat. Otros dioses se generan a partir de estos dos. Vemos, entonces, que todo el relato de creación babilónico está inmerso en un contexto politeísta. La proclamación monoteísta de Génesis es novedosa y revolucionaria para el momento. Además, en el *Enuma elish* la deidad está identificada con la materia, es decir, que los elementos co-existen con la deidad. Génesis en cambio presenta a un Dios independiente de la creación, único responsable en forma directa de lo que existe. Dicha realidad nos confronta con otra marcada diferencia: *creación versus organización*. En Mesopotamia, la obra de los dioses es primordialmente organizadora. Así, el mayor énfasis está puesto sobre la organización del cosmos, y el tema de los orígenes es casi accidental o a lo sumo circunstancial. Esto se ve contrastado radicalmente en Génesis, donde el mayor énfasis está dado en el acto creador. Dios, mediante su palabra de poder, invita a la existencia, evoca a la realidad, y luego la organiza.

En segundo lugar, si bien es cierto que en los dos relatos la luz aparece antes de la creación de los astros que normalmente se consideran como fuente de la luz, hay que aclarar que en el *Enuma elish* la luz en sí no es creada. La luz emana de los dioses como uno de los atributos divinos. Es imposible detectar en la literatura mesopotámica indicio alguno sobre la creación directa de la luz. En Génesis, en cambio, la luz es incuestionablemente creada por Dios. Sin lugar a duda es verdad que el relato bíblico afirma en otros lugares que Dios es luz. Sin embargo, para evitar cualquier tipo de confusión al respecto, el autor de Génesis declara que la luz es un elemento creado por Dios, y de esta manera insiste que la deidad está en control de este elemento físico.

Por otra parte, el *Enuma elish*, al igual que otras cosmologías del Antiguo Próximo Oriente, presenta la creación como el resultado de un conflicto sumamente serio y violento dentro del ámbito divino. Los cielos y la tierra son formados con el cadáver de Tiamat, la diosa derrotada por el dios de Babilonia Marduk. Si bien algunos—con razón—ven en la literatura poética de la Biblia ciertos resabios de este elemento de conflicto, es indiscutible que el relato de Génesis minimiza cualquier tipo de conflicto en el proceso de creación. Esta diferencia tiene consecuencias vivenciales de carácter significativo. El lector del *Enuma elish* veía al mundo como una lucha continua entre dioses enemistados, cuyos caprichos podrían

causarle una tragedia en cualquier momento. El lector de Génesis
en cambio, ve a un solo Dios, creando por su propia voluntad y en
control del mundo. Este Dios no somete al ser humano a sus caprichos, sino que intenta a través del amor establecer con él una relación fluida.

Hay, además, una cuarta diferencia radical. Para el relato mesopotámico, la humanidad es una pesadilla, porque el ser humano
fue creado para servir a los dioses. Su función aquí en la tierra es de
proveer vivienda (templos) y alimento (sacrificios) para los dioses.
Su existencia y su esencia carecen de todo tipo de dignidad. En el
relato de Génesis, como se ha recalcado anteriormente, el ser humano es el único creado a la imagen de Dios, y como tal ha sido de-
clarado mayordomo y corona de la creación.

En conclusión, la comparación entre ambos relatos para descubrir paralelos e interpretar mejor el relato bíblico es necesaria y
aconsejable, ya que dicho esfuerzo produce un mejor entendimiento del contexto del cual surge Génesis. Es claro que ambos relatos
pertenecen a una cosmovisión similar. Por lo tanto es de suma importancia enmarcar el relato de Génesis en su contexto literario
más amplio. Sin embargo se debe tener cuidado de no exagerar las
similitudes, sin ver también las diferencias que existen. Es más que
probable que el relato de Génesis este planteando una polémica en
contra de la cosmovisión mesopotámica. Esta polémica viene a proponer alternativas teológicas que proveen un marco de esperanza y
dan un propósito al ser humano creado. Una comparación con la literatura mesopotámica debe enriquecer la lectura del relato bíblico,
pero no debe desconocer la diferencia crucial entre estos textos.

La torre de Babel

La historia de la Torre de Babel no tiene un paralelo exacto o
directo en la literatura antigua del Próximo Oriente. Sin embargo, la
arqueología ha traído a la luz ciertos documentos sumerios que exhiben paralelos en relación con algunos detalles o temas del relato bíblico. Esto no quiere decir que el autor de Génesis 11.1-9 dependió
directamente de tradiciones mesopotámicas. Sugerimos, en cambio,
que el autor era conocedor de dichas tradiciones y, tal cual lo ha

hecho en los relatos previos (p.ej. «creación» y «diluvio»), plantea una alternativa a ciertos conceptos arraigados en la ideología mesopotámica.

Muchos han sugerido que la Torre de Babel era un *ziggurat*, estructura sagrada babilónica. Estas eran torres escalonadas que podían ser cuadradas o rectangulares, con una especie de capilla en la parte más alta. La presencia de estas estructuras enormes en Mesopotamia ha dado origen a la siguiente pregunta: ¿cuál de ellas fue la Torre de Babel? Obviamente la respuesta es cuestión de especulación. Algunos la identifican con el *ziggurat* llamado *Ezida*, ubicado en Borsippa. Otros prefieren identificar la torre con el *ziggurat* llamado Etemenanki, que pertenece al templo de Marduk en Babilonia. Esta era una torre de siete pisos con un templo en el piso de arriba. Sin embargo, Speiser ha argumentado convincentemente que la torre de Babilonia seguramente pertenece a la época de Nabucodonosor y por lo tanto no fue construida antes del siglo siete. De acuerdo con el excelente análisis de Speiser, lo que inspiró el tema bíblico no fue un monumento sino una tradición literaria mesopotámica, representada especialmente por el *Enuma Elish*. En el *Enuma Elish* se describe la construcción de Babilonia, y en particular la edificación del templo de Marduk llamado *Esagil*, donde está el *ziggurat Etemenanki*. En esa descripción se menciona el proceso de hacer y moldear ladrillos, y además se dice que levantaron en lo alto la cabeza de *Esagil*. Se entiende entonces que existe un paralelo con las frases bíblicas «Vamos, a hacer ladrillos» (11.3) y «que llegue hasta el cielo» (11.4). No obstante estos paralelos, sugerimos que esto no significa que el relato bíblico dependa en forma directa del mesopotámico. En primer lugar, dicha conclusión adjudicaría demasiada importancia a la «torre» y a Babilonia, como si ellos fueron el tema principal de la narración. En segundo lugar, la construcción de *Esagil* se describe como algo positivo, mientras que esa connotación no existe en el relato bíblico. A lo sumo uno podría decir que el relato bíblico está cuestionando la confianza que el babilónico coloca en sus estructuras, y el orgullo que siente por sus templos.

Un documento sumerio que tiene más relación con el tema principal del relato bíblico es el denominado «Enmerkar y el Señor

de Aratta». De acuerdo con la traducción de Kramer de este texto, las
líneas 136-140 miran hacia atrás con nostalgia a un tiempo cuando
no había temor, terror, o amenaza, y el ser humano no tenía rival. En
esa época la tierra de Martu descansaba en seguridad y «todo el universo, la gente en unísono (?), a Enlil en una sola lengua...». El texto
claramente insinúa la existencia de una época cuando se hablaba un
solo idioma. Sin embargo, el documento continúa diciendo que Enki
(dios rival del dios Enlil) en determinado momento «cambió el habla
de sus bocas, trajo disputa (contienda) en él, en el habla del hombre
que (hasta ese entonces) había sido una».

El paralelismo de este texto es importante en relación con el
propósito primordial del relato bíblico. La unidad de idioma del
versículo uno, al igual que la confusión de la lengua del versículo
nueve, se reflejan en este documento sumerio por demás antiguo.
No obstante, es necesario considerar una diferencia clave que sugiere que el autor bíblico no solamente conoce la tradición mesopotámica sino que plantea una visión diferente que intenta
corregir dicha tradición. En el documento sumerio, la confusión
del idioma es el resultado directo de una rivalidad entre los dioses
de más poder. Aparentemente Enki estaba celoso de la lealtad humana hacia Enlil. Este tipo de competencia ya la hemos visto en
relación con la «creación». En el relato bíblico, en cambio, la
confusión del idioma y la dispersión de la gente es consecuencia
directa de un juicio divino sobre la humanidad por su arrogancia y
desobediencia. Aquí, al igual que en el relato del diluvio, Génesis
explica las cosas en términos de un monoteísmo moral mientras
que Mesopotamia ve las cosas en términos de competencia politeísta.

En conclusión, entonces, vemos que los paralelos que existen
no señalan una dependencia directa del texto bíblico, ya que, como
se afirmó al principio, no existe ningún documento de la antigüedad que pueda considerarse como un prototipo del bíblico. Por otro
lado, es evidente que el relato bíblico respira un trasfondo mesopotámico. Esto significa que el autor estaba consciente de las ideologías que lo rodeaban, y a partir de esa cosmovisión provee una
visión distinta y polémica.

Documentos y textos legales

Los textos legales abundan en el Antiguo Próximo Oriente, y varios de ellos tienen relación con los documentos legales que se encuentran en el texto bíblico. En esta sección solo mencionaremos algunos de los más importantes que se han hallado en Mesopotamia. Esta discusión no incluirá material de Egipto. El material legal de Egipto es de un estilo diferente. Esto puede deberse al hecho de que el rey egipcio era considerado semi-divino, y por lo tanto no tenía que presentar ningún tipo de justificación ante los dioses. Quizá sea por esta realidad que no existen documentos legales similares a los que se encuentran en Mesopotamia y en el texto bíblico, con la posible excepción de un código legal demótico de la época persa y algunos edictos de algunos faraones.

Uno de los documentos legales más conocidos es de origen sumerio llamado *Las leyes de Ur-Nammu.* Esta colección de leyes comienza con un prólogo muy extenso y sigue con una lista de treinta y un leyes. Estas leyes tratan mayormente casos de testigos falsos, problemas familiares, esclavitud, daños corporales y leyes concernientes a la propiedad. Otra colección de leyes pero de origen babilónico es el denominado *Las leyes de Eshnunna.* Al igual que en el caso anterior, esta colección tiene legislación para una gran variedad de casos. Además de cuestiones civiles también se ocupa de casos criminales tales como asesinato, violación, robo, asalto con violencia, etc.

Finalmente mencionamos la colección más famosa, conocida como el *Código de Hammu-rapi* (o Hammurabi). El responsable de esta colección de leyes fue el rey Hammu-rapi que reinó sobre Babilonia de 1792-1750 a.C. La colección de unas 282 leyes junto con un prólogo y epílogo esta tallada en cuneiforme sobre una estela de diorita. Las leyes de este código también se ocupan de lo civil y de lo criminal.

En cuanto a la forma en que están redactadas estas leyes, se puede observar que es muy similar a la que se encuentra en el texto bíblico. La forma más común que se utilizaba en el Antiguo Próximo Oriente es la que se conoce como la *casuística*. Esta formulación está basada en un caso hipotético: «si pasa tal o cual cosa...entonces...»

En el libro de Éxodo encontramos varios casos que tienen paralelos en los documentos cuneiformes de Mesopotamia. Entre ellos podemos mencionar las leyes acerca de accidentes que están en Éxodo 21:28-32. Aquí se plantean dos casos particulares: a) Si un buey ataca a una persona que es esclava, entonces... b) Si un buey tenía la costumbre de atacar a la gente, entonces... Es interesante que tanto el código de Hammu-rapi como el de Eshnunna contemplen las mismas situaciones y formulan los casos de la misma manera. Si bien no necesariamente se tiene que sugerir una dependencia de un código del otro, es evidente que los textos bíblicos han heredado una tradición legal que proviene de una tradición cuneiforme mucho más antigua.

Es también importante señalar que no todas las leyes ni el contenido de la leyes son iguales en ambos contextos. En cuanto al contenido de las leyes, el texto bíblico enmarca las leyes civiles y criminales dentro de lo que podríamos llamar una ley religiosa. Este no es el caso en Mesopotamia. El énfasis mayor está puesto en la ley civil, y no hay una ley religiosa que se pueda comparar con la de Israel. Esto significa que en Israel se puede hablar de un sistema legal más prescriptivo, mientras que en Mesopotamia el sistema es más descriptivo. Esto se ve en el hecho de que hay muy pocas leyes *apodícticas* en Mesopotamia, mientras que en Israel estas abundan.

Alianzas y tratados

El análisis de las alianzas registradas en el texto bíblico se ha visto enriquecido particularmente por el descubrimiento de documentos afines de los Hititas en Boghazkoy, situado en Asia menor. Estos documentos contienen diversos tratados y alianzas que los Hititas hicieron con otros pueblos. La estructura literaria de estas alianzas exhiben una similitud notable con la estructura que los Israelitas utilizaron para describir sus alianzas con Yavé. Si bien el contenido de las alianzas de Israel es diferente al de alianzas hechas en el Antiguo Próximo Oriente, la forma y la estructura son muy similares.

El imperio hitita tuvo su época de gloria durante los años 1450-1200 a.C. aproximadamente. Durante estos años, ellos trazaron diversos acuerdos y alianzas con naciones vecinas. Estos acuerdos eran

de dos tipos. Algunas alianzas se hacían entre lo que podríamos llamar
«iguales»: acuerdos de paridad donde dos naciones se «sientan a la
mesa» de igual a igual a discutir los términos de la alianza que se va a
hacer. En cambio, otras alianzas se hacían desde una posición de superioridad o de mayor poder. Esto se daba cuando los hititas conquista-
ban a otra nación, y el rey hitita le imponía a la nación derrotada una
alianza según los deseos del victorioso. En este caso, el conquistado no
tenía nada que decir en cuanto a las condiciones y estipulaciones de la
alianza. La única opción que tenía era aceptar lo que dictaba el rey con-
quistador. Esto se conoce como «alianza de soberanía» o «tratado de
vasallaje». Es precisamente este último tipo de alianza que tiene mucho en común con las alianzas que están presentes en el texto bíblico.

Los elementos básicos de este tipo de alianza de soberanía
que formularon los hititas eran los siguientes. Los primeros tres se
encuentran prácticamente en todos los acuerdos formales hasta
ahora descubiertos. Los últimos tres elementos no aparecen en todos los documentos que describen una alianza:

a) **Preámbulo**

En este preámbulo o introducción, se identificaba al soberano que era el verdadero autor de la alianza. Se menciona-
ban sus diversos títulos honoríficos y luego sus atributos
especiales como persona. Generalmente se describía la
grandeza del rey con adjetivos superlativos y se subrayaba
el derecho que él tenía para establecer esta alianza. Los paralelos bíblicos se pueden ver en Éxodo 20.1; Deuteronomio 1.1-5 y Josué 24.1-2.

b) **Prólogo histórico**

Esta sección describe en detalle la relación que ha existido entre ambas partes hasta el momento de trazar esta
nueva alianza. De manera insistente el soberano menciona-
na sus actos benévolos a favor del vasallo y a la vez resalta
el poder que tiene el soberano. Esto implica que el vasallo
debe estar agradecido por las condiciones y estipulaciones impuestas por el rey victorioso y además que debe cui-
darse de ser muy obediente a estas pautas. En la Biblia

encontramos secciones similares especialmente en Deuteronomio 1.6-3.29 y en Josué 24.2-13.

c) Estipulaciones, disposiciones

En esta sección, que está basada en las primeras dos, se explica con detalles cuáles serán las responsabilidades y obligaciones del vasallo para con el soberano. Entre otras obligaciones están la advertencia contra todo tipo de rebelión, contra el hacer alianzas con otras naciones, contra darle asilo a los refugiados. Además, el vasallo deberá responder a cualquier convocatoria que el rey haga para ir a la guerra, deberá confiar incondicionalmente en el rey, y presentarse una vez al año ante el rey, probablemente para entregarle el tributo anual. Este tipo de estipulaciones se encuentran claramente establecidas a lo largo de los libros de Éxodo, Levítico y Deuteronomio capítulos 12—26. También podemos notar la presencia de disposiciones concretas en Josué 24.14-15.

d) Declaración acerca del documento

A partir de esta sección, el orden de las secciones subsiguientes puede variar. No hay un orden fijo establecido. En esta sección del documento se determina un lugar seguro para guardar el documento. Además, se establece que el documento se debe leer en público periódicamente para que todos recuerden bien las obligaciones establecidas. En Deuteronomio 31.24-26 Moisés manda a los levitas a que guarden la Ley en el arca. Si bien este no es un mandato directo de Dios que forma parte del documento de la alianza, se puede notar que la idea de guardar y depositar el documento en un lugar seguro es el mismo. La práctica de leer el documento periódicamente también está detallada en el Pentateuco.

e) Bendiciones y maldiciones

Esta sección narra lo que los dioses le harán al vasallo ya sea que obedezca o se rebele contra las estipulaciones de la alianza. Si el vasallo es fiel a la alianza pactada recibirá bendiciones. Pero si desobedece lo acordado en el acuerdo formal, los dioses lo maldecirán. Aquí no es el rey el agente principal sino los dioses. En Levítico 26.1-13; Deuteronomio 28 y Josué 24 se encuentran las bendiciones y maldiciones respectivas.

d) Testigos

En esta sección se coloca una lista de testigos que generalmente son los nombres de los dioses del soberano y también del vasallo. De esta manera se establece que los dioses serán los encargados de hacer cumplir las disposiciones y obligaciones de la alianza. En algunas de estas alianzas hititas se invocan como testigos a las montañas, ríos, mares, cielos y tierra. En la Biblia, tanto en Deuteronomio como en Josué podemos encontrar el concepto de testigos presente en este tipo de alianzas con Yavé.

A partir de estos paralelos evidentes podemos no solamente sugerir que la tradición de hacer alianzas en la Biblia está fuertemente arraigada en la cultura del Antiguo Próximo Oriente. También podemos comprender mejor cómo se trazaban y, además, entender que Yavé como Señor del universo no abandona su posición de Soberano cuando se compromete en acuerdos solemnes con el ser humano.

Proverbios

Es sabido que el género proverbio es un género universal. Existen proverbios en muchísimas culturas del mundo, tanto antiguas como contemporáneas. En el Antiguo Próximo Oriente, las culturas también articularon proverbios como un género literario para expresar conceptos sapienciales. En la Biblia, además del libro conocido como *Proverbios*, existen proverbios individuales en muchos otros libros de la Biblia.

Una de las colecciones de proverbios más conocidas del mundo semita es la que se ha titulado *Las palabras de Ahiqar*. Esta colección probablemente viene de los siglos 6-5 a.C. Proviene de la comunidad Elefantina en Egipto y está escrito en arameo imperial. En este documento encontramos un proverbio que dice: *Dos cosas son buenas, y una tercera es agradable a Shamash*, y estas luego se enumeran. Un caso muy similar lo tenemos en el libro de Proverbios 30.15-31 donde leemos *Hay tres, y hasta cuatro cosas que nunca quedan satisfechas: ...* Así como este ejemplo hay muchos más que se podrían mencionar de esta colección de Ahiqar que, en cuanto a forma y contenido, tienen mucho en común con los proverbios bíblicos.

Una colección que quizá tiene más influencia y más en común con los proverbios bíblicos es la denominada *Instrucción de Amenemope*. La mayoría de biblistas hoy en día está de acuerdo en que esta colección egipcia proviene aproximadamente del siglo 13 a.C. Esta colección se ha comparado minuciosamente con Proverbios 22.17—24.22. En esta sección (22.20) el texto bíblico habla de treinta dichos que contienen sabios consejos. Esto pareciera ser paralelo a los treinta capítulos del documento egipcio en los cuales se dan instrucciones para el bienestar. Una vez más no sugerimos una dependencia por parte de una tradición en relación a la otra. Simplemente hacemos notar que existe un contexto literario común a ambas tradiciones que ayuda a interpretar mejor cada una de ellas.

Textos proféticos

En las diversas culturas del Antiguo Próximo Oriente aparecieron personajes que podríamos catalogar como «profetas». Desde ya, es necesario ser muy mesurado a la hora de comparar estos «profetas» con los profetas que aparecen en el texto bíblico. Existen diferentes tipos de profetas en estas culturas antiguas. Algunos funcionan más como profetas técnicos. Estos aplican técnicas aprendidas para interpretar señales que aparecen como presagios o agüeros—buenos o malos. Otros funcionan más como intérpretes de lo que se puede llamar revelación de los dioses. Es en esta función donde los «profetas» del Antiguo Próximo Oriente más se parecen a los profetas bíblicos.

Nos referiremos solamente a un ejemplo que proviene de la ciudad de Mari en Mesopotamia. Allí se han encontrado diversos textos del siglo 18 a.C. donde aparecen personas que se dedican a pronunciar oráculos. Los dos más comunes son el *apilu* y el *muhhu*. El término *apílu* viene del verbo *apalu* que puede significar «responder, corresponder a», pero también «interpretar». Es muy probable que este término sea el equivalente al griego *profetes*, que entre otras cosas puede significar «el intérprete de la revelación divina». En el caso de los textos que provienen de Mari, encontramos que varias veces el rey, aunque es el destinatario principal del oráculo, no le hacía caso al oráculo. Además, muchas veces el mensaje del *apilu* no le llegaba al rey.

El término *muhhu* viene del verbo *mahu*, que generalmente significa «enloquecer, caer en un trance o en un estado de frenesí». También puede referirse a un estado de discapacidad mental. Este término se utilizaba cuando un profeta de la Mesopotamia entraba en un estado de éxtasis en el templo, y de esta manera recibía una revelación o comunicación divina.

Si bien se pueden encontrar similitudes entre los profetas bíblicos y los de Mari en cuanto a función, audiencia y modo de revelación, es importante señalar que las diferencias más radicales se encuentran en el contenido del mensaje. En Israel, el mensaje profético tiene mucho que ver con un desafío al pueblo y a las autoridades a cambiar su modo de vivir y a volverse a Dios. En este sentido plantea muchas veces un mensaje anticúltico. En Mesopotamia particularmente, la preocupación es preservar el culto, ya que las demandas de los dioses tenían como prioridad el cumplir con el culto. Para los profetas israelitas la justicia y los derechos humanos eran una prioridad. En cambio para los profetas mesopotámicos, el interés mayor era darle un mensaje al rey, y poco tenía que ver con hacer justicia y con una real preocupación por la situación del pueblo.

No obstante estas diferencias de contenido es bueno reconocer que el fenómeno del profetismo no era algo único que pertenecía a Israel y que este género literario también se debe enmarcar en un contexto más amplio.

Conclusión

Leer la literatura bíblica en su contexto literario más amplio siempre ha de ser enriquecedor. En primer lugar permite que el lector comprenda ciertas costumbres del Antiguo Próximo Oriente que para el contemporáneo occidental son extrañas y hasta incomprensibles. La vasta literatura del Antiguo Próximo Oriente provee suficientes elementos para reconstruir las diversas cosmovisiones de dichas culturas y esto sin duda esclarece y enriquece la interpretación del texto bíblico. Dicho esto, también es necesario recalcar que al insertar el texto bíblico en su contexto literario más amplio, surgen a la luz las diferencias que existen entre la propuesta bíblica y las propuestas de las culturas vecinas. El hecho de que se compartan formas y estructuras no significa que el significado sea el mismo. El considerar las composiciones de los vecinos de Israel permite ver aquello que es único en Israel. Y lo que es único en Israel por sobre todas las cosas es la realidad y presencia de Yavé como Dios único, creador de todas las cosas que busca relacionarse con el ser humano.

Bibliografía

Anderson, G. W. ed.
1979 *Tradition and Interpretation*. New York: Oxford University Press.

Bottero, J.
1992 *Mesopotamia. Writing, Reasoning, and the Gods*. Chicago: University of Chicago Press.
2001 *La religión más antigua: Mesopotamia*. Madrid: Editorial Trotta.

Chavalas, M. y Younger, K. L. Jr.
2002 *Mesopotamia and the Bible*. Grand Rapids: Baker Academic.

Hallo, W. and Lawson Younger Jr., K
1997 *The Context of Scripture vol. 1. Canonical Compositions from the Biblical World*. Leiden: Brill.
2000 *The Context of Scripture vol. 2. Monumental Inscriptions from the Biblical World*. Leiden: Brill.

Kaltner, J. and McKenzie, S.
   2002 *Beyond Babel*. Atlanta: Society of Biblical Literature.

Kramer, S. N.
   1968 "The Babel of Tongues: A Sumerian Version", *JAOS*
   88(1968), pp. 108-111.

Pritchard, J. ed.
   1969 *Ancient Near Eastern Texts Relating to the Old Testament*.
   Princeton: Princeton University Press.

Roberts, J.J. M.
   2002 *The Bible and the Ancient Near East.* Winona Lake:
   Eisenbrauns.

Speiser, E.A.
   1956 "Word Plays on the Creation Epic's Version of the Founding
   of Babylon" *Or* n.s. 25(1956), pp. 317-323.
   1964 *Genesis*. Garden City: Doubleday & Company.

Thomas, D. W. ed.
   1978 *Archaeology and Old Testament Study*. Oxford: Clarendon
   Press.

Walton, J.
   1989 *Ancient Israelite Literature in its Cultural Context*. Grand
   Rapids: Zondervan Publishing House.

Contexto cultural del Antiguo Testamento

Marlon Winedt

Introducción

En Génesis 24 leemos la conocida historia del patriarca Abraham quien ya en su vejez procura conseguir una esposa idónea para su hijo Isaac. Dios prometió a Abraham que sería padre de una gran nación (Gn 12.1-7). Esa promesa se vio en peligro por la vejez de Abraham y la esterilidad de Sara, pero milagrosamente Dios les dio el hijo de la promesa: Isaac. Nuevamente la promesa se vio en peligro, porque si Isaac se casaba con una mujer del Canaán esto significaría una contaminación religiosa (cf. Ex 34.15-16; Dt 7.3-4; Esd 9.2). De acuerdo con la costumbre cultural cada uno debía contraer matrimonio dentro de su propia tribu o con personas emparentadas (endogamia). Esa costumbre quedaba ahora vinculada a la promesa divina hecha a Abraham y a su descendencia. Esta mezcla de la revelación divina con la cultura concreta de los participantes humanos en la «historia de la salvación» se nota claramente en el capítulo 24 de Génesis. En este capítulo se hacen referencias continuas a costumbres del Antiguo Próximo Oriente. La actividad divina y el mensaje teológico del pasaje no pasan por encima de esas realidades culturales sino a través de ellas. En el presente ensayo daremos apuntes sobre el trasfondo cultural que pueden ayudar al lector en su comprensión de esta hermosa historia.

Escenas Narrativas

El capítulo 24 de Génesis se puede dividir en cuatro escenas narrativas. El narrador utilizó este recurso para interrelacionar los eventos del relato, los cuales están anclados en las costumbres cotidianas del mundo de los patriarcas. Muchas de estas costumbres y temas seguían vigentes en el mundo mediterráneo en el tiempo de Jesús, y aun después de ese tiempo. La siguiente división en escenas del capítulo 24 nos ayudará en nuestro análisis de esta larga sección:

1. Abraham y su siervo en Canaán (vv.1-9)
2. El siervo encuentra a Rebeca en Mesopotamia (vv. 10–28)
3. Negociaciones en la casa de Rebeca (vv. 29–61)
   a. Entrada del siervo (vv. 29–32)
   b. Proposición de matrimonio (vv. 33–49)
   c. Aceptación de la proposición (vv. 50–53)
   d. El siervo se lleva a Rebeca (vv. 54–61)
4. El siervo, Isaac y Rebeca en Canaán (vv. 62–67)

A partir de esta división repasaremos la historia, haciendo donde se pueda algunos comentarios de índole histórico-cultural; la última escena nos llevará al eje del mensaje teológico.

Escena 1: Abraham y su siervo en Canaán (vv. 1-9)

La primera escena (vv. 1-9) comienza informando que «Abraham ya era muy viejo». Él llama a su siervo principal y le da una encomienda de vital importancia para la supervivencia de su familia y, sobre todo, para el cumplimiento de la promesa de Dios (*Esta tierra se la voy a dar a tu descendencia* [Gn 12.7]). No se dice si se trata de Eliézer (Gn 15.2), pero en todo caso es el «más viejo de los siervos», y por consiguiente el más importante.

Lo que acontece en esta escena es un rito cultural para establecer un pacto, una alianza. Las diferentes naciones del Antiguo Próximo Oriente tenían diferentes formas de expresar las relaciones sociales por medio de alianzas. A lo largo de todo el Antiguo

Testamento podemos ver reflejada esta mentalidad de «pactar», «de hacer alianzas». Dios hizo alianzas con su pueblo (Ex 19—24) y con individuos particulares, como Noé (Gn 9.8-17), Abraham (Gn 15.9-21), y David (2 S 7.5-16), entre otros. También encontramos pactos entre individuos del mismo rango, por ejemplo entre Abraham y Abimelec para consolidar el cese de hostilidades entre ellos (Gn 20; 21.27), o entre un rey y su siervo (1 S 22.7; 27.6; Est 8.1). En el entorno cultural del Antiguo Testamento, se usó profusamente el pacto o contrato, tal como lo demuestran una buna cantidad de documentos encontrados.[1]

Un análisis del material bíblico y los escritos no bíblicos demuestra que a menudo los pactos consistían de estos aspectos: promesa, posible condición, acto de juramento verbal y ritual de confirmación. Por ejemplo, en el establecimiento de la alianza con Abra(ha)m en Gn 15, Dios le declaró la promesa incondicional de que la tierra sería suya. Por su parte Abraham–en nombre de sus descendientes—correspondió depositando su confianza en Dios, su acto de fe (15.6). Este parece ser el juramento. Para confirmar el pacto Abram sacrificó algunos animales los cuales fueron partidos por la mitad. Esta acción parece pertenecer a una ceremonia muy antigua en la cual los participantes en un pacto pasaban entre las dos mitades de los animales, pronunciando juramentos o maldiciones que les afectarían directamente si no cumplían con su parte del pacto. Los animales partidos por la mitad simbolizaban la suerte de los que no cumplían con el contrato. En este caso Dios mismo, su presencia simbolizada por la antorcha encendida y el horno humeante, pasó en medio de las dos mitades (15.17). En Gn 17 cuando Dios pactó con Abraham y sus descendientes, el acto ritual que se exigió fue la circuncisión, símbolo de la entrega de Abraham y sus descendientes a los términos de la alianza.

Otro pacto es el del Sinaí, mediante el cual Dios pactó con el pueblo de Israel. Aquí se trata de un convenio según el modelo de

---

[1] Matthews, Victor H. y Banjamin, Don C. *Paralelos del Antiguo Testamento: Leyes y relatos del Antiguo Oriente Bíblico.* Santander: Sal Terrae, 2004. En este libro se encuentran varios ejemplos de pactos o alianzas provenientes de otras naciones.

las alianzas entre alguien de rango superior y alguien de rango inferior. Este tipo de alianzas se conocen como «pactos de soberanía» o «pactos de vasallaje». El Señor es el libertador del pueblo y exige lealtad absoluta. El juramento del pueblo consiste en aceptar el pacto y prometer que seguirá al Señor como su único soberano (Ex 24.3). Las condiciones del pacto son en efecto las leyes mosaicas, con los diez mandamientos como eje. En el Deuteronomio vemos que cuando se celebra la alianza en el monte Ebal, se incluyen de forma descriptiva las promesas y las sanciones del pacto (cf. Ex 27—28: bendiciones y maldiciones). El pacto del Sinaí fue sellado simbólicamente mediante el rito de rocío de sangre (Ex 24.4-7).

Regresemos al pacto entre Abraham y su siervo (Gn 24.1-9). ¿Cuál es la alianza en este caso? Abraham le hizo jurar al siervo que no dejaría que Isaac se casara con una cananita y que le buscaría una esposa entre la familia de Abraham en Mesopotamia. ¿Cuál es la condición de la alianza? Si la muchacha correcta no quisiera ir a Canaán, el siervo no llevaría a Isaac allá, y quedaría libre de su juramento (24.5-6). ¿Cuál es el acto ritual? En este caso es un acto simbólico no muy claro para nosotros: el siervo *puso la mano bajo el muslo de su amo Abraham.* Es probablemente un eufemismo para hablar de los órganos genitales, o de tocarle cerca de estos. De acuerdo con la opinión de muchos eruditos, se trata de relacionar el juramento con la continuación del linaje de Abraham, pues en los órganos de reproducción está el origen de la vida, y la promesa divina fue para Abraham y sus descendientes. Un ejemplo parecido lo encontramos en Génesis 47.29, cuando Jacob le hace jurar a José, mediante el mismo gesto simbólico, que no lo enterrará en Egipto.

Este pacto entre Abraham y su siervo constituye el preludio de un pacto más conocido para nosotros: el pacto o alianza matrimonial.

Escena 2: El siervo encuentra a Rebeca en Mesopotamia (vv. 10-28)

En esta sección encontramos todos los elementos culturales de las preparaciones para una alianza matrimonial entre dos familias. Se trata de un pacto por el que una hija pasa de la custodia del padre o hermano a la custodia y responsabilidad de su esposo. En este concepto cultural el matrimonio es una «negociación» entre dos familias, una alianza arreglada por los responsables de la familia. El compromiso matrimonial podía establecerse muchos años antes de la consumación del matrimonio. Como era un compromiso entre familias, cualquier acto que rompiera ese pacto se convertía en un escándalo público y social, además de las implicaciones religiosas. Romper el compromiso era considerado un acto de divorcio.

Antes de viajar a Mesopotamia para cumplir con el encargo de su amo, el siervo de Abraham *escogió regalos entre lo mejor que su amo tenía* (24.10). Cuando encontró a Rebeca y le pareció que ella sería la mujer adecuada—ahondaremos más adelante sobre esto—, *tomó un anillo de oro que pesaba como seis gramos, y se lo puso a ella en la nariz* (24.22). Más tarde, al presentarse ante la familia de Rebeca, el siervo puso énfasis en el tema de las riquezas de su amo (24.35); y tan pronto como la familia aceptó la proposición de alianza, *sacó varios objetos de oro y plata, y vestidos y se los dio a Rebeca. También a su hermano y a su madre les hizo regalos* (24.53). Es notable el carácter material de la transacción. En esas sociedades (agrícolas) antiguas, la familia era el centro de producción económica. Ceder a una hija era perder en cierta forma a un participante en el proceso de proveer el sustento para la familia. Eso explica por qué el novio tenía que dar una retribución por la «pérdida». No se buscaba un esposo para consuelo o compañía de la mujer; el esposo idóneo era el que pudiera cuidar y proteger a la hija. Por otro lado, como la familia del esposo asumía la responsabilidad económica a favor de la novia, la familia de ella también aportaba una dote matrimonial que ella llevaba a su nueva vida. La dote era en primera instancia un regalo para la novia; podía constar de algunas siervas para su servicio personal (Gn 16.1; 24.61), una propiedad concreta (Jos 15.18) o, en el caso de la hija de un rey, una cuidad completa (1R 9.18).

Reiteramos que el matrimonio era un pacto entre dos familias. Se encargaba de la negociación el jefe de cada familia: el padre o el hermano mayor, como en el caso de Rebeca (24.28). El texto hace mención del padre en 24.50, pero su rol no fue preponderante. Al concretarse el contrato (24.53) el siervo dio regalos a todos los protagonistas importantes ¡con excepción de Betuel! Cuando quiso llevarse a Rebeca a Canaán, el hermano mayor, la madre y la novia misma fueron consultados (55, 57). Es probable que la introducción de Betuel en 24.50 haya sido el trabajo posterior de un escriba, a quien le pareció peculiar la ausencia del padre en la redacción anterior del relato. En todo caso, no era extraño que el hermano mayor tomara la posición del padre, ya fuera porque hubiera fallecido o porque estuviera temporalmente ausente. Incluso en escritos antiguos, revelados por hallazgos arqueológicos en la región de Mesopotamia, que datan del tiempo de los patriarcas, se han encontrado contratos matrimoniales en los cuales el hermano mayor funciona como la autoridad familiar. Veamos ahora cómo se desarrollaron las negociaciones: la proposición matrimonial (vv.34-49), la aceptación de la proposición (v.50), la entrega de regalos para la familia (vv.52-53), la cena para consolidar la alianza (54), la confirmación de la novia (vv.54-57), y la bendición de la familia (vv.59-61). Es poco probable que en cada negociación se cumplieran todas estas etapas, pero ciertamente cada aspecto nos enseña algo acerca del contorno cultural.

Escena 3: Negociaciones en la casa de Rebeca (vv. 29-61)

La proposición

El siervo inició la proposición narrando la historia desde el principio. Observemos en este texto la importancia que se le da a la procedencia de la muchacha (24.15, 24, 38, 47): *hija de Betuel, Betuel era hijo de Milcá y de Nahor, el hermano de Abraham*. No solamente era normal, sino incluso deseable casarse con alguien de la misma familia. En este caso, Abraham pidió explícitamente que la futura esposa de su hijo perteneciera a su mismo clan.

El relato nos dice que el siervo dio regalos a Rebeca (24.22, 30) y ella los aceptó. Luego, el siervo fue invitado a entrar en la casa y se dispuso una comida. Pero el siervo no quiso empezar a comer sin antes exponer el propósito de su viaje: la proposición de matrimonio (24.33). De acuerdo con el contexto patriarcal del Antiguo Próximo Oriente—regido por los valores de honra y vergüenza—el acto de dar regalos a la joven virgen se entendía como el inicio de una proposición de matrimonio. Eso explica por qué Rebeca aceptó regalos de manos de un extraño que acababa de conocer junto al pozo de su padre. La invitación a comer cumple aquí dos propósitos: primero, el deber de la hospitalidad, y segundo, señala la disposición para el establecimiento de un pacto.

Toda clase de pactos se cerraban por medio de una comida o en el contexto de una comida. Compartir una comida simbolizaba un intercambio de confianza, establecía y fortalecía un lazo íntimo de hermandad entre los pactantes. En el ámbito del hogar, el acto de comer juntos era fundamental para la cohesión familiar. En el culto del templo encontramos los sacrificios de comida y la celebración de cenas ante la deidad (1 S 9.12-13). Como parte de los requerimientos del pacto con Yavé encontramos toda una lista de rituales que incluían sacrificio de comida o el comer juntos *ante el Señor su Dios* (Lv 8.11–16; Dt 27.7). La comida que llegó a convertirse en el símbolo perfecto de la relación entre Dios y la comunidad de fe del pueblo hebreo es el *seder*, la cena de la Pascua, la cena ritual que recuerda la liberación de Egipto (Ex 12.27, 40—42). La fiesta de la Pascua y otras fiestas solemnes incluían un elemento de sacrificio de comida en honor a Dios (Ex 12.2-7; Lv 23.2-8); asimismo en la fiesta de las primeras cosechas o primicias (Lv 23.9-11). La cena de la Pascua, celebrada en el seno de cada familia, reafirmaba el carácter colectivo del pueblo de Dios en el presente de los participantes, a la vez que los proyectaba hacia las futuras generaciones (Ex 12.34-49; 13.8-10). Considerando todo este trasfondo cultural ahora podemos entender mejor por qué el siervo de Abraham se negó a comer antes de presentar claramente la proposición de matrimonio, el motivo que lo había llevado hasta ese lugar. Podemos concluir que la comida que celebraron a continuación no fue meramente una muestra de hospitalidad, sino una ceremonia de celebración y de confirmación del nuevo pacto entre las dos familias (24.54 *Después él y sus compañeros comieron y bebieron, y pasaron allí la noche.*)

En el contexto del Antiguo Próximo Oriente, el matrimonio era considerado un hecho a partir del momento cuando se establecía el compromiso del mismo, de tal modo que cualquier contacto sexual con una mujer «comprometida» era equivalente a cometer adulterio (Dt 22.23-24). Después de la fiesta pública la novia era entregada oficialmente al novio.

Aceptación de la proposición

Previamente el narrador había señalado el interés despertado en Labán a causa de los primeros regalos a Rebeca: *Tenía ella un hermano llamado Labán, el cual corrió al pozo a buscar al hombre, pues había visto el anillo y los brazaletes que su hermana llevaba en los brazos, y le había oído contar lo que el hombre le había dicho* (24:29-30). Por su parte, el siervo de Abraham no dejó espacio para dudas sobre el poder económico de su amo y por lo tanto de su hijo, Isaac: *Yo soy siervo de Abraham. El Señor ha bendecido mucho a mi amo y lo ha hecho rico: le ha dado ovejas, vacas, oro y plata, siervos, siervas, camellos y asnos* (24.34-35). Después de esa amplia explicación, la familia aceptó la proposición: *Entonces Labán y Betuel le contestaron: —Todo esto viene del Señor, y nosotros no podemos decirle a usted que sí o que no. Mire usted, aquí está Rebeca; tómela y váyase. Que sea la esposa del hijo de su amo, tal como el Señor lo ha dispuesto* (24.50-51). No debemos tomar estas palabras a la ligera. Recordemos que la protección de la hija (el honor de la familia) pasará a las manos de otra familia. Profundicemos en este tema.

En el ámbito cultural de los patriarcas y del mundo mediterráneo, por muchos siglos—incluso después de Cristo—la relación entre hombre y mujer se anclaba en patrones de comportamiento establecidos y en expectativas muy rígidas. El varón representaba a la familia ante la sociedad; la mujer tenía su función en el círculo de la familia. Salvo algunas excepciones, los diversos estratos de la sociedad vivían regidos por el estricto concepto de honor y vergüenza. El honor de la familia era defendido por el varón. El honor era definido como la imagen o concepto que los demás tenían de una familia o individuo. El individuo no era importante por si solo, sino como representante de su familia, su tribu, y su pueblo. La mujer tenía que estar protegida, «insertada» dentro del honor de un varón: su padre, su hermano, o su marido. En ese sentido el matrimonio significaba que la joven desposada pasaba a pertenecer dentro del sistema de honor de la familia de su esposo. En otras palabras, la preocupación del honor de la familia de la joven desposada pasaba también a ser responsabilidad de la familia del joven esposo. Si una hija casada cometía adulterio o si su marido se divorciaba de ella, acarreaba vergüenza a su familia biológica. Un texto en el libro conocido como Sirácida o Eclesiástico, de c. 200 a.C., demuestra cómo era vista una hija en este entorno cultural—el mismo criterio se aplica todavía en ciertos países y regiones del mundo:

Cuidado de las hijas (42.9-14)

> [9] *La hija es para el padre un tesoro inseguro;*
> *su cuidado por ella le hace perder el sueño.*
> *Si es joven, teme que se quede sin casar;*
> *si es casada, teme que el marido la repudie.*
> [10] *Si es soltera, y aún vive con su padre,*
> *teme que la violen y quede embarazada;*
> *si es casada, y ya vive con su esposo,*
> *teme que sea infiel, o que resulte estéril.*
> [11] *Hijo mío, vigila mucho a tu hija soltera,*
> *para que no te traiga* **mala fama,**
> *habladurías de la ciudad y* **deshonra** *entre la gente,*
> *y te haga* **avergonzar** *ante la asamblea.*
> *En su aposento no debe haber ventana,*
> *ni su entrada se debe ver de todas partes.*
> [12] *Que no muestre su belleza a cualquier hombre,*
> *ni trate íntimamente con otras mujeres.* [Se refiere a los chismes y malos consejos que pueden traer otras mujeres a la joven.]
> [13] *Porque de la ropa sale la polilla,*
> *y de la mujer sale la maldad de la mujer.*
> [14] *Más vale esposo duro que mujer complaciente,*
> *y una hija temerosa que cualquier* **deshonra.**

Todos los temas que menciona el antiguo escritor tienen que ver con la amenaza al honor de la familia (¿Qué dirá la gente? ¿Cómo se verán en la sociedad? ¿Cómo hablarán en privado?) y es de suma importancia, porque el honor era determinante o equivalente del nivel de influencia—política, moral, etc.—en medio de la sociedad.

El matrimonio arreglado o convenido entre dos familias es un concepto completamente diferente al concepto de matrimonio que parte de criterios personales—enamoramiento, sentimientos y felicidad personal—practicado en muchas culturas del Mundo Occidental. En el concepto de matrimonio convenido, el interés de la familia y del clan familiar es lo primordial. Conviene que hagamos una comparación de estos dos tipos de matrimonio. Cabe señalar que en diferentes regiones del mundo encontramos la práctica mixta de ambos conceptos. Y lo que describimos aquí como característico en el mundo del Antiguo Próximo Oriente, sigue en vigor en gran parte de las culturas mediterráneas así como también en otras regiones del mundo.

Cultura del Antiguo Próximo Oriente	Cultura del Mundo Occidental
Contrato entre dos familias	Decisión personal
Compromiso como parte del matrimonio	Compromiso como preludio
Edad: muy joven (adolescencia, niñez)	Edad: joven adulto (mayor de 18)
Entrega de una dote-pago a la familia	Intercambio de regalos: optativo
Esposo: honor, respeto, seguridad	Esposo: compañero
Novia: vergüenza/protección	Esposa: ideal de igualdad
División estricta de roles	Función más flexible de roles
Patri-local (hogar del esposo)	Neo-local (una hogar nuevo)
Endogamia (dentro del clan familiar: Lv 18.6-18; 20.11-21)	Exogamia (fuera del clan familiar)

Resumen:

A grandes rasgos se puede decir que en el mundo del Antiguo Próximo Oriente los matrimonios eran convenidos por las familias respondiendo a intereses colectivos. El matrimonio era en cierto sentido un intercambio: la joven desposada pasaba a ser responsabilidad del esposo; su virginidad era prueba de honor para las dos familias. En este intercambio se incluían muestras materiales: el joven esposo tenía que recompensar con bienes materiales a la desposada y a sus familiares, y estos a su vez le daban una dote matrimonial a la hija desposada. Lo que se buscaba en un esposo era el honor, la protección y el sustento material. En este tipo de matrimonios había una estricta división de funciones: la mujer era parte de la producción económica del hogar y el varón representaba los intereses de la familia ante la comunidad. La tarea doméstica de la mujer era de máxima importancia. Esto podría implicar el manejo de sirvientes y del negocio de la familia como se describe en Proverbios 31. Generalmente la nueva pareja iba a vivir en casa de los familiares del esposo. Aunque hay textos que reflejan una variedad de costumbres a través de los tiempos. Por ejemplo, en Gn 2.24 el narrador comenta: *Por eso el hombre deja a su padre y a su madre para unirse a su esposa y los dos llegan a ser como una sola persona.* En el caso de Jacob y Moisés (Gn 29.1-14; Ex 2.21; 3.1) vemos que ellos fueron a vivir con sus suegros. En todo caso, la costumbre más difundida era la de «patri-localismo», es decir, ir a vivir con los padres del esposo.

En el concepto de matrimonio de las culturas contemporáneas occidentales, el individuo es primordial. Cada quien se casa por decisión propia—por amor o por algún interés personal—y aunque se practica la costumbre de un compromiso, sea formal o informal, éste no tiene el mismo valor que el matrimonio. Tampoco se espera una retribución material o económica de parte de ninguno de los contrayentes, y dependiendo de la relación que se establezca entre los contrayentes y sus familiares, estos últimos pueden decidir si contribuirán o no materialmente para la boda. Desde esta perspectiva, resulta muy importante la actitud de compañerismo, así como la atracción personal entre los futuros cónyuges. La novia no es vista como una responsabilidad que pone en peligro el honor de su familia, mucho menos el de la familia del novio. El ideal del matrimonio occidental es la relación equitativa. Como dijimos anteriormente, en muchos lugares se da una mezcla de los dos modelos. Más y más se ve que las funciones en el matrimonio occidental van variando y las variantes dependen de los gustos personales o las necesidades particulares de cada pareja, más que de alguna norma obligada por la sociedad. Finalmente, en relación con el tema de la vivienda, hoy en día predomina el concepto de que al casarse la pareja forma un hogar independiente («neo-localismo») del hogar original de ambos, aunque se mantengan diversos grados de relación con los mismos.

Queda mucho por decir sobre las costumbres matrimoniales en la cultura mediterránea antigua. Temas tales como la poligamia y el concubinato, aunque interesantes, nos alejarían de los propósitos de este artículo. En la Biblia encontramos información sobre diferentes aspectos culturales, con las variantes debidas al transcurso del tiempo, los regionalismos y los matices individuales. Por ejemplo, en la región de Mesopotamia la novia misma daba su consentimiento para concretizar el contrato matrimonial. Algo de eso se ve en el hecho de que Rebeca debió consentir en ir con el siervo a Palestina (24.57-58); en este caso la joven decidió cuándo se culminaría el pacto matrimonial y no propiamente la aprobación, o rechazo, del mismo. Esta última parte de la negociación—el tiempo desde el cierre del compromiso de matrimonio hasta la celebración propia de la boda y el paso de la joven desposada a la casa de su esposo—podía tomar mucho tiempo en cumplirse, particularmente cuando el arreglo entre las dos familias se hacía cuando los contrayentes eran niños. En el caso de Rebeca, la consumación del matrimonio ocurrió cuando ella llegó a Palestina.

La bendición

Antes de llegar al final de este relato, observemos algunos detalles en relación con la bendición que la familia dio a Rebeca (Gn 24.60):

Y bendijeron a Rebeca de esta manera:

> *"Oh, hermana nuestra,*
> *¡que seas madre de muchos millones!* (lit. que seas
>   miles y diez miles)
> *¡que tus descendientes*
> *conquisten las ciudades de sus enemigos!"* (lit.
>   posean las puertas)

Una bendición pronunciada por un ser humano es realmente la expresión de un deseo, de una oración para que Dios bendiga a la otra persona. Solamente Dios puede hacer efectiva la bendición. Al pronunciar una bendición, la persona con autoridad—el sacerdote o el *pater familias*—pasaba a la otra persona la vida o algún aspecto de la vida. Actos verbales como una bendición o una maldición cargaban en sí una vitalidad concreta.

Es interesante destacar el contenido de la bendición, la cual consiste de dos expresiones superlativas: la primera expresa el deseo de que Rebeca llegue a ser «madre de muchos millones».[2] La segunda alude a una cita casi textual de la promesa de Dios a Abraham en Génesis 22.17:

> *...te bendeciré mucho. Haré que tu descendencia sea tan numerosa como las estrellas del cielo y como la arena que hay a la orilla del mar.* **Además, ellos siempre vencerán a sus enemigos ...** [3]

No cabe duda de que la bendición a Rebeca es un referencia deliberada de la promesa hecha a Abraham como parte de la alianza divina.

Escena 4: El siervo, Isaac y Rebeca en Canaán (vv. 62–67)

Cuando el siervo llega con Rebeca a Canaán, el pacto matrimonial se consolida. Las acciones de «ver» y «no ver» juegan un papel importante en el desenlace de este relato. Isaac, el prometido *vio que unos camellos se acercaban*—así reconoció él la llegada de su prometida. Isaac estaba regresando de un pozo llamado *«El que vive y me ve»*. Rebeca, la prometida también *miró* a Isaac y le preguntó al criado

---

[2] En las promesas de Dios a Abraham constantemente aparece el verbo hebreo *rbh*, traducido literalmente como «hacer numeroso», «multiplicar» (1:28; 9:1; 17:2; 22:17). Esas mismas consonantes (porque el hebreo es un idioma preferentemente consonantal) aparecen en el nombre de Rebeca (*Ribkah*, «bendita»); es decir, que «Rebeca» además de significar «bendita», también conlleva, por la presencia de las consonantes *rbh*, el sentido de «multitud» o «diez mil» (*rbbh*)..

[3] En RVR la traducción literal de esta expresión es: «y tu descendencia poseerá las puertas de sus enemigos».

quién era ese hombre. El criado le contestó que era su amo—es probable que el narrador esté insinuando que Abraham ya habría muerto, por eso el siervo se refirió a Isaac con el título de amo. A continuación transcribiremos el texto señalando las palabras relativas a la acción de ver/mirar; esto nos ayudará a observar mejor cómo el narrador comunica el mensaje central de este relato de un matrimonio arreglado.

> *⁶²Isaac había vuelto del pozo llamado «**El que vive y me ve**», pues vivía en la región del Négueb.*
> *⁶³Había salido a dar un paseo al anochecer. En esto **vio** que unos camellos se acercaban.*
> *⁶⁴Por su parte, Rebeca también **miró** y, al **ver** a Isaac, se bajó del camello*
> *⁶⁵y le preguntó al siervo:*
> *—¿Quién es ese hombre que viene por el camino hacia nosotros?*
> *—Es mi amo –contestó el siervo.*
> *Entonces **ella tomó su velo y se cubrió la cara**.*
> *⁶⁶El siervo le contó a Isaac todo lo que había hecho.*
> *⁶⁷Luego Isaac llevó a Rebeca a la tienda de campaña de su madre Sara, y se casó con ella. Isaac amó mucho a Rebeca, y así se consoló de la muerte de su madre.*

Isaac había ido al mismo pozo donde Agar—la sierva despreciada por Sara, quien sería la madre de Ismael—había tenido un encuentro con Dios. Allí Dios ayudó a Agar y le dio promesa de vida para ella y su descendencia (Gn 16.13-14). Por esa razón ella llamó al pozo *«El que vive y me ve»*. No es muy claro el propósito de la ida de Isaac a ese pozo; la expresión usada en hebreo puede traducirse por: meditar, lamentar, o caminar—la DHH tradujo: *Había salido a dar un paseo*. En el versículo 67 leemos que al casarse *Isaac se consoló de la muerte de su madre*. Es evidente que Isaac estaba sufriendo la ausencia de su madre—y aunque no es explícito, Abraham ya podría haber muerto. La promesa de Dios a Abraham pasaría directamente a su hijo Isaac, el hijo de la promesa. Esa promesa no podría cumplirse sin la mujer idónea. Por ello, es que la expresión

«El-que-vive-y-me-ve», ahora se aplica a Isaac, quian alza los ojos y ve que Dios ha llegado al socorro del clan de Abraham. El mismo Dios quien animó a Agar, la esclava desolada, junto al pozo, contesta a las ansiedades de Isaac después de su visita al pozo. Rebeca ve a Isaac y ¿que hace? ¡Se cubre la cara con un velo! Después de haber visto el cumplimiento de la promesa de Dios a Abraham, se le es prohibido esta dicha a Isaac. El poder contemplar la dicha futura esposa queda reservado para una «mirada futura», la permanente, la que solo ocurrirá después o durante de la etapa culminante de esta alianza matrimonial (24.67): *Luego Isaac la trajo a la tienda de su madre Sara, y tomó a Rebeca por mujer y la amó*.

De algunos textos de Génesis (Gn 12.14; 24.15; 26.7), se puede deducir que las mujeres no llevaban velo en toda ocasión. En la época de los patriarcas, sí existía la costumbre de mantener con velo a la novia durante toda la fiesta de boda, mismo que se quitaría en el momento de consumar el matrimonio (Gn 29.23-25). En la cultura mediterránea, la belleza de la mujer, su feminidad, eran exclusivamente reservadas para el esposo. Descubrimientos arqueológicos indican que en la antigua Palestina, incluso entre los Cananeos, el velo siempre se llevaba puesto durante relaciones sexuales. En ese caso, nos parece que tiene que ver con la sumisión de la mujer al esposo. Habrá que indagar este tema en otra ocasión, ya que hay que encuadrarla dentro de un contexto mas amplío, la de la sexualidad en el mundo antiguo.

Bibliografía

Las citas bíbilicas son de *Dios Habla Hoy: La Biblia de Estudio* (1994) o de *Reina Valera Revisada: Biblia de Estudio* (1995). Ambas Biblias contienen una excelente selección de datos de trasfondo cultural en sus notas de estudio.

Bruce J. Malina. *El mundo del Nuevo Testamento: Perspectivas desde la antropología cultural.* Estella: Editorial Verbo Divino, 1995.

_____*El mundo social de Jesús y los evangelios: La antropología cultural mediterránea y el Nuevo Testamento.* Santander: Editorial Sal Terrae, 2002.

_____ y Richard L. Rohrbaugh. *Los evangelios sinópticos y la cultura mediterránea del siglo I*. Estella: Editorial Verbo Divino, 1996.

Derek Kidner. *Génesis*. Buenos Aires: Ediciones Certeza, 1974.

Gerhard von Rad. *El libro del Génesis*. Salamanca: Ediciones Sígueme, 1977.

Esteban Voth. *Génesis: primera parte (1—11)*. Comentario bíblico hispanoamericano. Miami: Editorial Caribe, 1992.

La cultura del Mediterráneo del siglo I

Edesio Sánchez Cetina

Introducción

En la tarea hermenéutica el intérprete requiere al menos cierta familiaridad con la metodología y temas centrales de diversas disciplinas. En lo que respecta al estudio del «texto en su contexto», además del conocimiento de las lenguas bíblicas—hebreo, arameo y griego—, es necesario, por la lejanía temporal y geográfica, considerar todos los **contextos** que le dan sentido al mensaje del pasaje estudiado: el literario, el histórico, el geográfico, el social y el cultural. Cada una de las ciencias que se dedican a brindarnos respuestas a los diferentes contextos se pueden relacionar con una de las siguientes preguntas: ¿qué? ¿quién? ¿dónde? ¿cuándo? ¿cómo? y ¿por qué?

El «¿por qué?» es el que se relaciona con el contexto cultural, y de alguna manera recoge todos los anteriores, y orienta al estudiante de la Biblia en la búsqueda de modelos culturales para poder comprender mejor el modo de pensar, de ver el mundo y de conducirse de las gentes que pertenecieron a lo que llamamos el mundo de la Biblia. El conocimiento del contexto cultural del Nuevo Testamento nos ayuda a evitar anacronismos que desvirtúan el sentido del texto y producen «cortocircuitos» hermenéuticos. No es lo mismo hablar de lo que significa ser padre o madre hoy que lo que

significó serlo en la época de Jesús. Los roles que se exigen o espe-
ran del hombre o la mujer de hoy son muy diferentes de los que fueron para el hombre y la mujer de los tiempos bíblicos. Lo mismo
pasa con el manejo del tiempo y las relaciones interpersonales dentro y fuera del hogar.

Claves culturales

Todo individuo o comunidad lleva consigo modelos o escenarios de cómo funciona la sociedad; de cómo interactúan las personas. Estos modelos o escenarios se dividen en dos grandes
grupos: (1) las estructuras sociales y los patrones culturales que
«gobiernan» la forma en que la gente se relaciona y que las cosas
sucedan; (2) los valores centrales que dan sentido y propósito a la
conducta y a la vida. Aquí nos interesa preguntarnos: ¿Cuáles son
los valores centrales de la sociedad mediterránea: el valor del
hombre frente al de la mujer, del individuo frente al de la familia,
del judío en contraposición al del fuereño, del tiempo, de los seres
espirituales? ¿Cómo se estructura esa sociedad en lo que respecta
a las relaciones de parentesco, sistema de gobierno, economía, religión, educación?

Cuando leemos un texto del Nuevo Testamento, la información sobre la cultura y sociedad del Mediterráneo del I siglo
nos ayuda a reconocer que las palabras, las expresiones y la lengua en general expresan de una manera diferente a nuestra cultura lo que es el sentido de *pertenencia*, de *poder*, de *influencia*
y de *incentivo*.

En la sociedad bajo el Imperio romano, el parentesco fue la
institución social central y omnipresente. No importaba si eras romano, griego o judío, el parentesco era fundamental para la función
de cada grupo. Los grupos familiares de la élite controlaron la política, fuera la forma que fuera: monarquía, democracia o teocracia.
Esas familias controlaban la economía y las relaciones sociales. En
las familias campesinas, el apoyo solidario en tiempos de escasez
permitió la supervivencia individuos que de otra manera habrían
perecido. De hecho la religión y la economía estaban supeditadas a
las relaciones de parentesco.

Cómo era el mundo del Mediterráneo oriental del siglo 1

¿Dónde vivía la mayoría de la gente en la Palestina de Jesús y a qué se dedicaba? ¿Cómo se constituía la sociedad de esa época y de qué manera se organizaba la vida política y pública de los asentamientos humanos? Estas y otras preguntas nos ayudarán a hacer una descripción somera del mundo en el que vivió Jesús y muchos de los personajes que «pasan frente nuestros ojos» en el decorrer de la historia bíblica del Nuevo Testamento.

Aldeas y ciudades

Cerca del 90 % de la población vivía en pequeñas aldeas no mayores de 100 habitantes, quienes estaban, por lo general, emparentados entre sí. Es decir, eran pequeños pueblos formados por un clan familiar. Muy pocos, un 10 %, vivían en las escasas ciudades. Quienes vivían en ellas eran, casi siempre, gente de la élite religiosa, militar y política. Esas ciudades eran muy pequeñas, comparadas con las de hoy en día: una ciudad como Jerusalén no superaba los 35,000 habitantes. En ellas vivían, como es de esperarse, quienes controlaban los asuntos políticos, culturales y religiosos. Esa élite, por lo general, la conformaban los grandes terratenientes que día a día les arrebataban a los campesinos las pequeñas parcelas familiares, a través transacciones económicas muy desiguales. Los terratenientes esperaban tiempos de sequía y momentos en que el campesino se veía incapaz de pagar los impuestos del Templo y del Imperio—cerca del 50 % de la producción. En la época del reinado de los Herodes, Cesar Augusto (y las élites que lo apoyaban) era dueño de toda la costa mediterránea, de Samaria y Transjordania, y la familia herodiana era dueña de casi toda Judea y Galilea.

La mayor parte del ministerio de Jesús se desarrolló entre los campesinos que vivían en las áreas rurales; casi todos ellos analfabetos y nunca mayores de 40 años. ¡Jesús no fue un evangelista urbano!

Los grandes terratenientes, que controlaban la vida diaria de ese 90 % de la población, tenían por lo general dos residencias. Una estaba en el campo; en la tierra que les daba a esta élite el poder y la riqueza. La otra residencia estaba en la ciudad; donde residían los otros terratenientes. Un «ejército» de campesinos y artesanos se requerían para sostener estas élites. A diferencia de las ciudades modernas, las ciudades del Mediterráneo del I siglo eran grandes centros rurales donde vivían rancheros, ganaderos y grandes agricultores. Estos formaban familias «de alta alcurnia» que desplegaban todo tipo de riqueza y negocios para competir por los mejores puestos de honor y gloria. La ciudad también les servía de centro desde donde organizaban fuerzas policiales para proteger sus intereses y desarrollar maneras de extorsión y enriquecimiento a expensas de las masas campesinas.

En realidad, la residencia de la ciudad no era la casa, sino el lugar para socializar, hacer transacciones comerciales y políticas. Los terratenientes vivían en el campo, en enormes casas con todo tipo de servicios y lujos, y rodeados de esclavos y jornaleros.

Esas élites que manejaban y controlaban la vida campesina y artesanal, estaban sujetas a la gran urbe de Roma. El culto al emperador no es otra cosa más que una expresión de cómo se usó la religión para afirmar la centralidad del poder de Roma y la sacralización de la «omnipotencia» como arma clave en las ciudades y su control sobre las aldeas y poblaciones satélites.

Esa omnipotencia, en una sociedad sin leyes de protección al ciudadano común ni derechos civiles, se convertía en violencia del *establishment* o «vigilantismo». En otras palabras, en el Imperio Romano, como en muchos de nuestros países en el Tercer Mundo, la aplicación del poder tenía como propósito beneficiar a las élites «urbanas» y al poder a quien estos apoyaban y de quien se beneficiaban. En palabras de Bruce J. Malina (2001: 29-30):

> Al igual que la Mafia en Cecilia, el Imperio Romano alcanzó un nivel de control casi absoluto de la sociedad en la cuenca mediterránea. Los romanos tenían prácticamente el monopolio total de la violencia física, y por tanto el control social de la región. El romano que pertenecía a la élite no solo subsistía de las actividades de extorsión políticamente apoyadas, sino que era parte integral del sistema social; pertenecía a la burocracia imperial... El control social que Roma ejercía

se basaba sobre todo en el terror. Su función era «proteger» para obtener impuestos y servicios. . . El gobierno romano no era productor de bienes y servicios para la población. Sus negocios, legales o ilegales proveyeron servicios para las élites y sus beneficiarios (obtención de tierras, esclavos, impuestos locales), pero al pueblo en general lo que el Imperio proveyó fue puro control.

Economía

La población mayoritaria practicaba una economía de subsistencia; una economía sin superávit o utilidades para la formación de capital. Este tipo de economía tenía como base la relación «patrón-cliente» o sistema de patronazgo. A través de este sistema se daban relaciones de reciprocidad entre gente de diferente nivel social. La persona de una clase más baja (el «cliente») se encuentra en apuros y para hacer frente a sus necesidades recurre a los favores de una persona de estatus superior (el «patrón»). Así se aseguraba un tipo de relación en la que el «cliente» terminaban convirtiéndose en trabajadores del «patrón»: cuidaban los rebaños, producían bienes de primera necesidad, ayudaban en las granjas y en la agricultura. Por su parte el «patrón» les daba protección y les obsequiaba su generosidad.

Los «clientes» no tenían derechos políticos, como ya se ha señalado, y eran considerados inferiores a los «ciudadanos». Malina-Rohrbaugh (1996: 401) recogen una lista de obligaciones de los «clientes» de los *Epigramas* de Marcial:

> El primer deber era la *salutatio* (la llegada a la casa del patrón en la madrugada). Para ello el cliente debía vestir ropas apropiadas y estar disponible a atender las necesidades del patrón que le podían llevar casi todo el día. Del cliente se esperaban deberes serviles y la alabanza publica del patrón. Como recompensa, el cliente recibía en comida diaria y uno que otro favor pequeño. El cliente con mucha frecuencia era humillado públicamente, sin que nadie pudiera acudir en su defensa.

En la relación de patronazgo fue muy común la intromisión de un tercer elemento: el «intermediario». Si el patrón controlaba la tierra, las tareas, los bienes y el poder; el intermediario manejaba los contactos estratégicos y el acceso a los patronos. Funcionaban como administradores de los bienes y servicios que un patrón solía ofrecer (véase al respecto, Lc 16.1-15). Mucho del lenguaje usado en los intercambios entre Jesús y sus enemigos, o entre Jesús y sus seguidores refleja el sistema del patronazgo propio de la sociedad mediterránea. Lucas 7.1-10 es un buen ejemplo.

Cuando en los evangelios se habla de los «pobres», estos no se cuentan entre los «clientes» generalmente. Los pobres eran realmente los totalmente marginados de la sociedad. No tenían poder y por ello carecían de «honor». Los mutilados, los cojos, los ciegos eran los pobres; lo mismo que las viudas y los huérfanos.

Al hablar de los ricos, en contraposición de los pobres, en el Nuevo Testamento, el rico o adinerado era sinónimo de «codicioso» y «avaro»; eran especuladores y rapaces.

Quien se volvía rico, por lo general lo lograba arrancándoles a los otros sus pocas posesiones por medio del fraude y la eliminación.

Las relaciones interpersonales

Honor y vergüenza

Estos dos elementos se constituyen en los dos valores básicos para entender las relaciones interpersonales. «El "honor" es el valor que una persona tiene a sus propios ojos (es decir, la reivindicación del propio valor) más el valor de esa persona a los ojos de su grupo social (reconocimiento social de tal valor).» Se presenta en tres contextos que definen ese valor: el poder, el estatus sexual y la religión. Además, hay que considerar que el honor puede ser «asignado» o «adquirido». El primero es algo que viene con la persona, es propio de ella: ¿Cuál es tu «linaje» o tu «apellido»? (he allí el valor de las genealogías) ¿Naciste en el seno de una familia rica? El segundo, el honor «adquirido», es el que se obtiene por superar a otros en la interacción social, a través de lo que se ha denominado «desafío y respuesta».

Ahora bien, todo este asunto del honor tiene, en el contexto de la cultura mediterránea oriental, su seno en la familia; la familia lo significa todo (a diferencia de la cultura occidental en la que la «economía» es la institución central de la sociedad); y su principio organizativo es la «pertenencia»: La identidad de una persona depende de su pertenencia y su aceptación en la familia.

Normalmente, el honor se afirma y conjuga en el seno familiar; pero el desafío al honor, normalmente viene de afuera.

Junto con el honor aparece el elemento de la vergüenza; hay una «vergüenza positiva» y una «negativa». La primera significa la sensibilidad hacia la propia reputación, hacia el propio grado de honor; tener sensibilidad ante la opinión de los demás. La «vergüenza negativa» apunta hacia lo que hoy denominaríamos como el «desvergonzado», hacia la persona que no tiene «vergüenza», la que no reconoce las reglas de interacción humana, ni las fronteras sociales; es decir, es aquella persona que se sitúa fuera de los límites de una vida moral aceptable.

Desafío y respuesta

En una cultura basada en los valores de *honor y la vergüenza*, el binomio «desafío-respuesta» es esencial en las relaciones interpersonales, y su contexto es siempre público. En algún momento, un individuo o grupo desafía el honor de alguna persona o de un grupo; como consecuencia, se espera la respuesta para afirmar el honor y también para contraatacar al oponente y ponerlo en «vergüenza» o al menos poner en duda su propio honor. Varias de las enseñanzas y acciones de Jesús surgen en el contexto de esta especie de juego social, y muestran a Jesús como un maestro de la «respuesta» y, por ende, como un gran profeta honorable y con autoridad.

Esta interacción siempre se da entre varones y entre gente socialmente igual. Si tomamos nota de esto en el caso de Jesús, reconoceremos que los escribas y fariseos lo consideraban igual que ellos, en tanto que el sumo sacerdote y Pilatos prácticamente no lo tomaron en cuenta hasta el final del ministerio de Jesús. En la interacción entre Jesús y los fariseos se descubre que el desafío normalmente es negativo y consiste en privar al otro de su buena reputación. De allí que para Jesús era importante responder a esa usurpación; permanecer callado significaba aceptar la verdad que esa usurpación traía o demostrar incapacidad de respuesta ante el desafío.

Personalidad en la cultura mediterránea

En la sociedad basada en los valores de «honor y vergüenza», la personalidad se percibe a partir de la opinión de los otros: la imagen que uno tiene de sí mismo coincide normalmente con la opinión de los demás hacia esa persona: la familia, el pueblo, la ciudad, la nación.

En una sociedad como la nuestra, basada en el sentimiento de «culpa», el valor de la persona se obtiene a partir de la propia opinión. Por ello, en la cultura occidental la estructura psicológica de una persona es considerada vital. Nosotros valoramos mucho el desarrollo psicológico, las motivaciones psicológicas y el análisis introspectivo.

En la cultura mediterránea la interdependencia es la clave; en la occidental, la independencia.

En realidad, en la cultura mediterránea del siglo I la orientación es más grupal que individual. Es lo que se llama personalidad diádica («par, pareja»): la persona inmersa en el grupo y orientada hacia él. En este tipo de sociedad, no se valora el individualismo, sino que la personalidad está orientada hacia el grupo familiar o clan en el que el padre era la figura de autoridad, y su tarea principal era mantener el honor propio y el de la familia. Lo normal, en este tipo de sociedad, era que los hijos varones adultos permanecieran en la casa paterna o muy cerca de ella. Toda la vida social se filtraba a través del padre; él era el intermediario entre el resto de la familia y el ámbito social más amplio.

La cultura del mediterráneo del I siglo en el texto bíblico

Textos de aquí y de allá

Después de adentrarme un poco más en los estudios de antropología cultural en el mundo bíblico, he estado repasando en la mente algunos textos cuyo sentido se ha enriquecido con este nuevo conocimiento.

Marcos 6.30-44—el relato sobre la alimentación de la multitud—es un texto que desde hace varios años he estudiado y expuesto más de una vez. En varias ocasiones he levantado el asunto del contraste entre la alimentación que Jesús ofrece a las multitudes en el desierto, en el campo, y el banquete que Herodes (Mc 6.21) ofrece—sin duda en su residencia palaciega—a los notables de Galilea.

Por lo que se ha dicho en la sección sobre «el mundo mediterráneo del I siglo», los «príncipes y tribunos» (RVR-60) que acompañaron a Herodes en su banquete no eran otros que los miembros de la élite económica, política y militar—la palabra griega *megistán* significa «magnate», «mercader»; la palabra *jilíarjos* quiere decir «tribuno», «comandante». En cambio, las multitudes estaban formadas, en su mayor parte, por esas gentes marginadas—jornaleros y pobres—que no solo no tenían comida, sino tampoco dinero para adquirirla. La idea de los discípulos de «enviarlos a los campos y aldeas de alrededor para comprar comida» (Mc 6.36) era una «salida» desesperada e imposible. Cuando Jesús (v.37) les dice a los discípulos: «Dadles vosotros de comer», en realidad les estaba diciendo: «no sean ridículos, si ustedes hurgan sus bolsas encontrarán mucho más de lo que esta gente junta puede proveer».

Lucas 7.36-50 narra la historia de Simón el fariseo que convidó a Jesús a una cena. En este pasaje existen varios elementos que inciden directamente con asuntos relacionados con nuestro estudio. El versículo 36 termina diciendo: *se sentó a la mesa* (RVR-60, DHH). La palabra griega que estas versiones usan para «sentarse» realmente significa «reclinarse [a la mesa]» (*kataklíno*, verbo que solo aparece en Lc). En efecto, en la época de Jesús—práctica de las clases adineradas, importada desde la conquista griega, unos 200 años a.C.—al llegar los invitados se «reclinaban» o «recostaban» en divanes para tomar sus alimentos. Las mesas eran de patas muy cortas, así que la altura de los divanes era casi a ras del suelo. Al reclinarse, Jesús, como el resto de los comensales, mantenía los pies «atrás». Solo así se entiende lo que se dice en 7.38: *y estando de-***trás** *de él a sus pies* (RVR-60). Sin esta explicación, el lector de nuestro tiempo—con la imagen que se tiene hoy de las sillas y mesas modernas—se haría un «nudo» en la cabeza tratando de imaginarse qué piruetas y contorsiones debió de haber realizado esa mujer para «enjugar con sus cabellos los pies de Jesús».

En la cultura mediterránea, el banquete o cena se servía en dos etapas (Malina-Rohrbaugh: 248). En la primera etapa, se servían las «entradas» o primeros platos (comida liviana). Era el momento en el que los siervos de las casas de los potentados entraban y lavaban los pies de los invitados y se los ungían con perfume para contrarrestar el olor corporal—cosa que Simón no hizo de acuerdo con la queja de Jesús (v. 44).

En relato se contrastan las actitudes de tres personajes: la del fariseo, la de la mujer y la de Jesús. Es muy probable que Simón no haya sido un fariseo adinerado, pero tampoco era un «pobretón». Al parecer, este hombre no tenía esclavos o sirvientes a su servicio, y Jesús supuso que él al menos le debió de haber provisto de agua. La mujer es caracterizada como «pecadora» (RVR-60, «pecadora pública» [NBJ], «de mala vida» [DHH], «mala fama» [TLA]), palabra aplicada, por lo general, a las prostitutas. Para Simón, el fariseo, Jesús estaba haciendo algo totalmente indebido al permitir que esa mujer lo tocara; es decir, había quedado «impuro».

La presencia de la mujer en la casa no debe extrañarnos, a pesar de no haber sido invitada. En esa época, especialmente la gente religiosa, recibía en su casa a los pobres, y con las puertas abiertas, no solo entraban aquellos, sino también los perros (recuérdese el intercambio entre Jesús y la mujer cananea [Mt 15.27]) y, como en este caso, hasta una «prostituta». Sobre este punto dice Graig S. Keener (205): «En los banquetes donde podía entrar gente no invitada, esta debía permanecer callada y lejos de los divanes, observando las conversaciones del anfitrión y sus huéspedes».

En la época de Jesús, era muy raro que una mujer adulta no estuviera casada y con la cabeza cubierta si estaba en público. La mujer que ungió a Jesús llevaba los cabellos sueltos, y así «comunicaba» cuál era su situación en la sociedad.

En el banquete, Jesús abiertamente le hecha en cara a su anfitrión el «insulto» o «vergüenza» en el que puso el «honor» de Jesús, y de paso se puso él mismo (Lc 7.44-46). De acuerdo con este pasaje, Simón descuidó en todos los sentidos a su huésped, Jesús: no le lavó los pies, no le dio el beso de bienvenida, no lo ungió—frotó con aceite el cuero cabelludo. Al haber hecho eso, dos cosas se pueden concluir y que inciden directamente con el doble valor de «honor y vergüenza», ya tratados en este capítulo: (1) Simón consideraba a Jesús como un superior o igual, pero hizo algo inadmisible para la cultura mediterránea, y, por lo tanto, quedaba en vergüenza por no haber cumplido con lo mínimo que se esperaba de él según las leyes de la hospitalidad; (2) Simón consideraba a Jesús como igual, pero deseaba insultarlo y dejarlo en deshonra y vergüenza.

Jesús, en honor al tipo de mensaje que predicaba y para ser consistente con los principios del reino que él enseñaba, rompió con varios «principios culturales» en beneficio de una persona marginada: la mujer «pecadora». Ya antes había reconocido que para la «gente de bien» como sería el caso de un fariseo, él era lo se cita en en Lucas 7.33-34 (TLA): *Porque Juan el Bautista ayunaba y no bebía vino, y ustedes decían que tenía un demonio. Luego, vine yo, el Hijo del hombre, que como y bebo, y ustedes dicen que soy un glotón y un borracho; que soy amigo de gente de mala fama y de los que cobran impuestos para Roma.*

Mateo 22.15-21 refiere el incidente entre Jesús y un grupo de adversarios (fariseos y herodianos). Se trata de la trampa que estos le ponen a Jesús respecto del impuesto al Imperio Romano. En primer lugar, este texto se inserta en la dinámica ya tratada en este capítulo conocida como «desafío y respuesta». Que el grupo de adversarios fuera formado por fariseos y herodianos no deja de tener, además del lado irónico, un problema grave para Jesús. Los fariseos representaban a quienes no querían nada con el Imperio y los herodianos a los que apoyaban a Herodes y todo lo referente al Imperio. De tal modo que la respuesta a la pregunta sobre el impuesto ponía a Jesús, literalmente, «entre la espada y la pared». Si decía que «no era lícito» dar tributo al Imperio, entonces quedaba mal con todos aquellos que lo apoyaban, representados por los herodianos. Si decía que «sí era lícito» quedaba en problemas con los fariseos y todos aquellos que consideraban el tributo romano como una complicidad con los paganos, y por lo tanto aceptar la contaminación y la impureza.

Cuando Jesús solicita una moneda, esta era sin duda la utilizada para el impuesto: el denario romano que llevaba grabada la imagen del Cesar y el título, «Tiberio Cesar, Augusto, hijo del divino Augusto». Ya esa pregunta coloca a los fariseos a la defensiva e incómodos. Quien poseyera esa moneda quedaba impuro; de tal modo que aunque alguno de los herodianos la tenía, los fariseos de alguna manera eran cómplices de esa impureza. La pregunta prácticamente obliga a Jesús a considerar no solo el problema político, sino sobre todo el religioso. Sí Jesús aceptaba el impuesto, no solo era considerado impuro, sino sobre todo idólatra. Dar impuestos a Roma era tácitamente aceptar la divinidad del Cesar y «adorarlo».

En la interacción del «desafío/respuesta», el grupo de adversarios tenía en mente dejar a Jesús en vergüenza; deshonrarlo en público, delante de sus seguidores. Por eso se unen dos grupos antagónicos a desafiar a Jesús. Cualquier respuesta de Jesús lo dejaría malparado frente a alguno de los dos tipos de adversarios. Jesús, por supuesto, entendía que no era una pregunta inocente buscando información o consejo sobre algo que se esperara fuera del dominio y competencia de un maestro como lo era Jesús. Su honra estaba en juego, y tenía que salir airoso. Por eso «voltea la tortilla» y contra ataca con otra pregunta, buscando a la vez deja en ridículo y vergüenza a sus adversarios. Con la doble respuesta que da, después de la respuesta de sus adversarios, Jesús responde a cada uno como se lo merecían y de alguna manera esperaban: «denle al Cesar lo que le corresponde, y a Dios lo que le pertenece a él». Veladamente les dice: «si ustedes quieren pagar el impuesto al Imperio háganlo con lo mismo que el Imperio ha establecido—este es un asunto muy de ustedes—; pero déjenme decirles que a Dios ninguno de ustedes le han dado lo que es debido» (Malina-Rohrbaugh: 113-114).

Las parábolas

En su enseñanza como maestro, Jesús recurrió a los «cuentos» o «relatos didácticos» tomados de las experiencias cotidianas de su público. En esos relatos, Jesús incluyó muchos elementos culturales que le sirvieron para acentuar el peso de sus enseñanzas.

En el caso de la parábola del «Padre que tenía dos hijos» (**Lc 15.11-32**), Jesús arma un relato en el que cada miembro de la familia (el padre, el hijo mayor y el hijo menor) rompiera con sus actitudes y acciones varias prácticas culturales propias de la cultura de las aldeas palestinas.

El hijo menor hizo todo lo contrario de lo que las normas culturales pedían de su conducta; es decir, trajo vergüenza a la casa paterna y por ende a la aldea. La petición de la herencia era, en esa cultura, desear la muerte inmediata del padre. Por otro lado, cada acto que hizo después de haber mal gastado su dinero añadía impureza sobre impureza: (1) por convivir y compartir con gentiles; (2) por trabajar entre cerdos; (3) por intentar comer algarrobos silvestres. Finalmente, Jesús bien sabía que para su audiencia, lo que el hijo menor había logrado era una deshonra total de la aldea, y su regreso sería de una humillación sin límites frente a las otras aldeas. Su regreso, en esa cultura, significaba el peligro de morir apedreado.

El padre desobedeció, por amor a su hijo, varias normas culturales: (1) de acuerdo con la cultura del medio oriente, ningún anciano honorable debería correr en público—al hacerlo tenía que arremangarse la túnica y mostrar las piernas en público. Pero el padre exponiéndose a la ignominia, se adelanta a la reacción hostil de la población de la aldea, y protege al hijo infiel. (2) Al ponerle anillo, calzado y la mejor ropa, el padre estaba restituyendo al joven como hijo de la casa y, más aún, al ponerle la mejor ropa—es decir, la suya propia—estaba diciendo en público que le estaba dando el mismo estatus de «patriarca» que él tenía. (3) El matar y asar el becerro mejor cebado implicaba que el padre quería restituir al hijo, no solo al seno familiar, sino a toda la aldea.

Por su parte, el hijo mayor insulta a su padre en público al no aceptar ni la decisión ni la conducta del padre. Lo deshonra, también, al no usar ningún título de honor y respeto al hablar con él.

Como segundo ejemplo tenemos **Lucas 10.25-37** («El buen samaritano»). Este relato, de acuerdo con los estudios de antropología cultural, se ubica en los se ha denominado «desafío-respuesta».

Aquí tenemos a dos «maestros conocedores de las Escrituras» frente a frente. El «Maestro de la Ley»—perteneciente a uno de los grupos más importantes en la Palestina de la época de Jesús—le pone una «trampa» a Jesús, es decir, lo desafía con miras a ponerlo en entredicho frente a sus seguidores. Como era de esperarse, Jesús contraataca con una «respuesta» desenmascarando a su adversario y poniéndolo en «vergüenza». En el caso de Jesús, el tema no terminaba en «derrotar al adversario», sino en dar una lección a sus seguidores.

Además de lo anterior, ¿qué otros elementos culturales propios del Mediterráneo del I siglo afloran en esta parábola? En primer lugar, notamos que el «Maestro de la Ley» hizo dos cosas que manifiestan su actitud hacia Jesús: «se levantó» y llamó «maestro» a Jesús (v. 25). Al respecto dice Bailey (77): «En el Oriente Medio, el alumno siempre se **levanta** para dirigirse al maestro o profesor, por cortesía. En este caso, el Maestro de la Ley no solo se levanta, sino que se dirige a Jesús llamándolo "**maestro**". Si no considera a Jesús como superior a él, ese Maestro, por lo menos, lo tiene por igual». Al considerarlo como «igual», la trampa que le ponía a Jesús tenía, sin duda, el propósito de «rebajar» a Jesús. La pregunta con la que Jesús contraataca, demuestra que este no tiene la menor intención de ser «rebajado» por el adversario.

En segundo lugar, En el versículo 30, Jesús, ya narrando la parábola propiamente, coloca a su auditorio, de manera especial al Maestro de la Ley, «entre la espada y la pared». En ese versículo, Jesús «pinta una escena» en la que la víctima de los salteadores quedó **desnuda**. Esta condición del herido no es un dato curioso; es un detalle que Jesús construye con la habilidad de un gran maestro, y le da al drama una tensión clave para la resolución de la historia. ¿Qué buscaba lograr Jesús con este dato? Veamos. En el Medio Oriente o mundo del Mediterráneo convivían un número importante de comunidades étnico-religiosas. El viajero de esa época podía identificar a los «extraños» de dos formas: por su manera de hablar o por su vestimenta. En la Palestina de Jesús se usaban una cantidad sorprendente de lenguas y dialectos—además de los varios dialectos del hebreo, tenemos: el arameo, el griego, el asdodeo del sureste, el

samaritano, el fenicio, el árabe, el nabateo y el latín. En las travesías
y por los caminos de Judea, el viajero podía tener la certeza de que
aquel con quien se cruzara era un extraño o un judío. Con unas
cuantas preguntas rápidas el viajero podría percatarse del idioma o
dialecto del otro viajero. Pero si la persona no podía hablar por alguna razón—por ejemplo si estaba tirado inconciente—, un vistazo a
la ropa permitiría deducir de quien más o menos se trataba. Así
como sucedía con la lengua, también el modo de vestir variaba de
etnia a etnia. Sin embargo, qué se podría hacer si la persona estaba
a la vez inconciente y desnuda. Y aquí estaba precisamente el genio
pedagógico de Jesús. El propósito de Jesús era indicarle al Maestro
de la Ley y a su audiencia que la respuesta a la pregunta sobre «el
prójimo» tenía que trascender toda frontera racial, étnica, lingüística, etc. De acuerdo con la historia de Jesús, el hombre tirado a la
vera del camino era simple y llanamente un «ser humano en situación de necesidad». Nadie que pasare junto a él podía considerarlo
«suyo» o «ajeno». ¡No pertenecía a ninguna comunidad étnica ni
religiosa! Su estado de inconciencia y desnudez exigía un compromiso y solidaridad de todo quien pasara junto a él, no importaba si
era judío o samaritano, sacerdote o levita (Bailey: 85-86).

Jesús y la proclamación del reino de Dios

En ningún otro asunto se vuelve casi imprescindible estar fa-
miliarizado con la cultura del Mediterráneo del I siglo que con el
tema del reino de Dios. Sobre todo cuando se consideran quiénes
fueron los destinatarios privilegiados de la proclamación y acciones
de Jesús respecto del reino. Lo que Jesús dijo, enseñó e hizo demos-
tró quién realmente era él, a quiénes invitaba a ser parte del reino y
quiénes se constituyeron sus enemigos, que finalmente lo mataron.

Por el tipo de enseñanza que dio y por el tipo de milagros que
realizó, bien se nota que el reino de Dios no podría definirse de otra
manera más que como un orden libre de toda dominación, caracte-
rizado por el compañerismo, la interdependencia, la igualdad de
oportunidades y el respeto mutuo. Este reino igualitario repudia a
cualquier sistema que vaya en contra de todo proyecto que tenga
por meta la búsqueda de una vida humana plena; es decir, el reino

proclamado y vivido por Jesús, va contra sistemas que opten o apoyen la violencia, las jerarquías dominantes, el patriarcado, el racismo y el autoritarismo (Wink, 1992: 107).

A partir de esta definición, no nos es difícil descubrir qué opinión tenía Jesús de la élite que controlaba la vida de la mayoría de la población en Palestina, y de quienes los apoyaban. Sin embargo, una lectura más cuidadosa del evangelio nos permite reconocer que la «enemistad» de Jesús no solo era contra esa élite y, de algún modo, contra el Imperio Romano, sino como dice la definición, «contra todo tipo de dominación». Eso hizo que Jesús se considerar como delincuente, en primer lugar, para las autoridades locales judías, pues atentaba contra el orden establecido de la región. Pero también lo fue para los judíos, porque el programa del reino atentaba contra los intereses de las varias instituciones sociales que perpetuaban la dominación y otros males. Jesús, para los líderes judíos, alteraba con su enseñanza, predicación y conducta el discurso normativo de la tradición judía en todo lo referente a:

- La familia
- La ley
- El sistema sacrificial
- El templo
- Las regulaciones de la comida kosher
- La distinción entre puro e impuro
- Las divisiones étnicas
- Las distinciones entre «los de adentro» y «los de afuera»
- El patriarcado
- El sistema de clases
- El uso de la violencia
- Divisiones raciales

Eso explica por qué siempre hubo resistencia de parte de las autoridades de todo tipo con cosas que Jesús dijo o hizo, y que ahora parecen «nada del otro mundo», como tocar a un niño o hablar en plena sinagoga con una mujer encorvada y tocarla (Lc 13.10-17). Rechazó la dominación en general (Lc 22.24-27); luchó por la igualdad (Lc 16.19-31); desbarató los conceptos de santidad y pureza: fue amigo de prostitutas, cobradores de impuestos, samaritanos, tocó mujeres, se dejó tocar por ellas, tocó leprosos, niños; luchó contra el racismo y etnocentrismo (Mt 8.5-13); redefinió el concepto de familia (Lc 14.26; 12.51-53); le dio a la ley su verdadera dimensión; el templo y el sistema sacrificial fueron también puestos en la mesa del cirujano (Mt 9.13; 12.7); optó por la resistencia no violenta (Mt 5.38-42); su postura hacia los niños y las mujeres fue de total aceptación y privilegio; sanó a la gente más marginada y rechazada, y libro del poder de los espíritus malignos a quienes estaban atados por ellos.

Jesús se opuso de forma tan radical a todo lo que significaba dominación, que hasta cuando presentó alternativas a ella, no las estableció como leyes ni como principios, sino como sugerencias creativas para «desestabilizar» a los dominadores y poderosos. Tomemos como ejemplo Mateo 5.38-42:

> [38] Oísteis que fue dicho: Ojo por ojo, y diente por diente. [39] Pero yo os digo: No resistáis al que es malo; antes, a cualquiera que te hiera en la mejilla derecha, vuélvele también la otra; [40] y al que quiera ponerte a pleito y quitarte la túnica, déjale también la capa; [41] y a cualquiera que te obligue a llevar carga por una milla, ve con él dos (Mt 5.38-41, RVR-60).

La palabra «resistir» en griego (*antistemí*) significa realmente «resistir con violencia». La intención de Jesús no era ni el sometimiento «dócil» ni la violencia, sino la **resistencia no violenta**. En esta línea, la expresión del versículo 39 debería decir: *No respondas con violencia a la violencia*. Es decir, de las tres posibles respuestas a la violencia—posición violenta, pasividad y militancia no violenta—, Jesús toma el tercer camino.

¿Cómo leer el texto de Mateo desde el «camino» elegido por Jesús?

1.- El dicho de Jesús sobre «la mejilla» debe explicarse a partir del contexto cultural y social de la época. En primer lugar, quién es el que «golpea» y quién recibe el «golpe». Para que alguien te golpee en la mejilla derecha, tendría que usar la mano izquierda si la intención es darte un puñetazo. Pero en la cultura del mediterráneo del primer siglo, la mano izquierda era la «siniestra», la de las tareas vedadas o impuras. La única otra alternativa era pegar con la derecha, y para lograrlo, solo se puede hacer con el dorso de la mano.

Un golpe con la mano derecha en la mejilla derecha no el resultado de una pelea entre iguales, sino un insulto, una humillación. Y esto nos lleva al sujeto del golpe y al receptor del mismo. En este tipo de «golpe» el que daba la bofetada era un superior y el que lo recibía un inferior: el amo golpeaba al esclavo, el marido a la esposa, el padre al hijo, el hombre a la mujer, los romanos a los judíos. El golpeado está en posición de desventaja ante la sociedad; vengarse o responder con violencia era prácticamente cometer suicidio. Solo quedaba responder con sumisión cobarde, como era la costumbre, o de la manera que Jesús planteaba: la resistencia no violenta.

Jesús les da a los que normalmente son víctimas un consejo a seguir: «al que les de una bofetada en la mejilla derecha, pónganle la izquierda». En lugar de una resistencia humillante, Jesús les dice a sus oyentes: «No sean tontos, no se dejen, no recurran a la violencia; dejen en ridículo a su adversario. No le den la oportunidad de seguir humillándolos». Al poner la mejilla izquierda, le estás diciendo al opositor, ya no me puedes considerar tu inferior; tu posición de poder (género, raza, edad, riqueza) no altera la simple y llana realidad de que soy un ser humano como tú. Para pegarte en la mejilla izquierda con la mano derecha—recuérdese que no se puede usar la izquierda—, tendría que darte un puñetazo; es decir, tratarte como igual, y eso sería altamente humillante e insultante para tu «superior».

2.- El segundo caso, el de la «túnica» y la «capa», tiene su contexto en la corte legal. Una persona es demandada ante el juez, y se le exige la entrega de la vestimenta exterior. ¿A quién se le demandaría de esa manera? Al campesino pobre y adeudado que no tienen otra cosa con que pagar más que su manto. Esta era una práctica tan común, que había una ley que demandaba la devolución del manto a la caída de la noche, porque era lo único que tenía el pobre para dormir (Ex 22.25-27; Dt 24.10-13, 17).

La exigencia del manto como pago de deuda era la última humillación para un pobre que había perdido sistemáticamente sus tierras y todos sus bienes. ¿Por qué, entonces, Jesús aconseja dar también la ropa interior, es decir la bata? Porque de esa manera ponía al acreedor en total vergüenza. Imagínense ustedes al deudor saliendo de la corte totalmente desnudo, y al acreedor con la capa en una mano y la ropa interior en la otra. Con ese acto, el pobre ha volteado la «tortilla». El adeudado no tiene manera de pagar, y la ley apoya al acreedor, pero el pobre con su acción rehúsa ser humillado una vez más.

La desnudez era tabú en el judaísmo, y la vergüenza no recaía sobre el desnudo, sino sobre quien era el causante. Todo el respeto que el rico había tendido en el pueblo, ahora se derrumbaba.

3.- El tercer ejemplo, el de «caminar la segunda milla», tiene que ver con la práctica del trabajo forzado que imponían los soldados romanos sobre sus sujetos, en este caso, los judíos. En la cultura de la época, los soldados romanos solo podían exigirle a un civil judío llevarle su armamento e implementos una milla. Forzar a un civil acarrear la carga una distancia más grande, implicaría penas y castigos militares muy severos. Jesús ni aconseja la revuelta, ni tampoco la sumisión, sino la resistencia no violenta. «¡Saca al soldado de sus "casillas", sorpréndelo con lo impredecible; dile, "déjame llevar la carga una milla más"!».

Habría que ver la cara de sorpresa del soldado, pues no sabría cuál es tu intención: ¿Querrás insultar su propia fortaleza?, ¿tratas de ser amable con él?, ¿lo estás provocando?, ¿es tu intención que lo pesquen obligándote a llevar su carga más allá de lo permitido? Es decir, en lugar de ser tú la víctima, ahora tú agarras el toro por los cuernos, y te adueñas de la situación.

En los tres casos, el punto que Jesús quiere acentuar es el de la sorpresa, la de agarrar al enemigo en desbalance. Jesús no está dando leyes o estableciendo una costumbre, sino dando ejemplos de cómo sorprender al enemigo y ponerlo en desbalance. Jesús dice: «Adueñate de la iniciativa moral», «encuentra una alternativa creativa no violenta», «afirma tu propio valor humano y tu dignidad como persona», «enfréntate a la fuerza con humor y ridículo», «rompe el ciclo de humillación», «rehúsa el sometimiento y el aceptar la posición inferior», «desenmascara el sistema de injusticia», «avergüenza al opresor obligándolo al arrepentimiento», «obliga a los poderes a tomar decisiones para las cuales no están preparados», «reconoce tu propio poder», «obliga al opresor a verte desde un ángulo diferente», «está dispuesto a sufrir las consecuencias de desobedecer leyes injustas» (Wink, 1992: 175-189).

Bibliografía

Bailey, Kenneth
>1985 *A poessia eo camponês: Uma análise literária-cultural das parábolas em Lucas*. São Paulo: Edições Vida Nova.

Keener, Craig S.
>2003 *Comentario del contexto cultural de la Biblia: Nuevo Testamento*. El Paso: Editorial Mundo Hispano.

Malina, Bruce J.
>1995 *El mundo del Nuevo Testamento: perspectivas desde la antropología cultural*. Estella: Editorial Verbo Divino.
>2001 *Social Gospel of Jesús: The Kingdom of God in Mediterranean Perspective*. Minneapolis: Fortress Press.
>2002 *El mundo social de Jesús y los evangelios: La antropología cultural mediterránea y el Nuevo Testamento*. Santander: Editorial Sal Terrae.

Malina, Bruce J. y Rohrbaugh, Richard L.
>1996 *Los evangelios sinópticos y la cultura mediterránea del siglo I: Comentario desde las ciencias sociales*. Estella: Editorial Verbo Divino.

Pilch, John J.
>1999 *The Cultural Dictionary of the Bible*. Collegeville: The Liturgical Press.
>2002 *Cultural Tools for Interpreting the Good News*. Collegeville: The Liturgical Press.

Wink, Walter
>1992 *Engaging the Powers: Discernment and Resistance in a World of Domination*. Minneapolis: Fortress Press.

¿Qué idiomas habló Jesús?

Edesio Sánchez Cetina

Lugar y tiempo

«Tierra Santa» es el nombre con el que se conoce a los lugares donde tuvo su escenario la vida y ministerio de Jesús. A toda esa porción de tierra se la conoce como Palestina o «Tierra de Israel». Un pequeñísimo rincón enclavado en lo que hoy se conoce como el Medio Oriente. La superficie total del país es de unos 25,000 kilómetros cuadrados; un poquito mayor que Belice o El Salvador y un poco menor que Haití.

El lugar de la infancia, la juventud y la mayor parte de la actividad de Jesús se ubican en Galilea, la provincia al norte de Judea, cuyas poblaciones principales se encuentran al lado oeste del lago de Galilea. Cuando se toma en consideración toda la geografía de Palestina, se puede decir sin duda que Galilea, en tiempos de Jesús, «era la región más bella y fructífera de Palestina» (Marín Descalzo: 44).

Esta realidad provocó que la mayor parte de las tierras cultivables quedaran en manos de unos cuantos latifundistas—casi todos ellos residentes de Jerusalén. El resto de la población la componían una pequeña clase media—artesanos y pequeños comerciantes—y una abundante masa de gente pobre. Además se añadían los mendigos y pordioseros que deambulaban por las calles y caminos.

A los galileos se les caracterizaba como «muy laboriosos, osados, valientes, impulsivos, fáciles a la ira y pendencieros. Ardientes patriotas, soportaban a regañadientes el yugo romano y estaban más dispuestos a los tumultos y sediciones que los judíos de las demás comarcas» (Martín Descalzo: 44).

A Galilea se la conoció como «Tierra de los gentiles»—i.e., «paganos» (Mt 4.15). Los habitantes de Galilea, ya fueran de las ciudades o de los pueblos, estuvieron en contacto constante con la cultura helénica, especialmente a través del comercio. Por Galilea iban y venían productos locales de Palestina o de otras provincias y países. De Palestina salían al exterior, aceite de oliva, vino, dátiles, cebollas, tintes y ciertos tipos de bálsamos y fragancias. De afuera llegaban: atún y mariscos de España, vegetales, legumbres y semillas para la siembra procedentes de Egipto. Llegaban sandalias de Tiro y Laodicea, ropas de pelo de cabra de Cilicia, mantos finos de la India y piedras preciosas de Arabia. También se importaban baúles, bancos, hornos portables de barro, vasijas y lámparas de Grecia y Asia Menor. Además no era difícil encontrar canastos, sogas y papiros de Egipto y linaza de Siria (Applebaum: 670-674).

Jesús pasó la mayor parte de su infancia y juventud en Nazaret; un pequeño pueblo al suroeste de Galilea. De seguro Jesús y José participaron en esa gran cadena comercial por ser pequeños fabricantes de canastas, cofres para guardar ropa y muebles, además de los travesaños para las casas del pueblo (Matthews: 1988).

Vida cotidiana

El día empezaba al ponerse el sol. Al salir el sol de nuevo, la vida cotidiana era una mezcla de tareas laborales, educativas y religiosas. Las niñas aprendían los deberes propios de las mujeres en el contacto constante con las mujeres mayores de la familia, especialmente las madres. Los niños aprendían los oficios de los padres al acompañarlos en sus respectivos trabajos. Además, los padres eran responsables de enseñar los textos tradicionales que componían las oraciones y bendiciones que se repetían en el hogar y en la sinagoga.

Los niños empezaban a participar de la vida social tan pronto como pudieran practicar y entender lo que se hacía:

Un menor que ya no depende de la madre para su alimentación está obligado por la ley a sentarse en la enramada durante la fiesta de los Tabernáculos; si es capaz de agitar en el aire una rama de palmera, debe hacerlo; si puede enrollarse un pedazo de tela en la cintura, está obligado a llevar el cinto de la oración; si puede cuidar las filacterias, su padre deberá comprárselas; si puede hablar, el padre deberá enseñarle el *shemá*, la Torá y la lengua sagrada;...si el niño sabe cómo sacrificar animales, debe ejecutarlo de acuerdo con las reglas del kosher; si puede mantener su cuerpo limpio, deberá comer alimentos puros; si puede mantener limpias las manos, podrá comer alimentos puros con ellas; si puede comer... un pedazo de carne del tamaño de una aceituna, deberá ser capaz de sacrificar un cordero pascual para sí mismo (Safrai: 771-772).

En las escuelas (*bet sefer* o *bet talmud*), los niños aprendían a leer el texto Sagrado en hebreo; debido a la falta de vocales en el texto bíblico consonantal, los niños debían aprenderse de memoria la lectura. Además del estudio de la Torá y los Profetas, los niños también aprendían la Misná o Ley oral.

La educación no incluía la escritura; ésta se aprendía en otras circunstancias y estaba reducida a unas cuantas personas. «Las escuelas enseñaban a los pupilos cómo leer la Torá y los Profetas, a traducirlos, a recitar el *shemá* y las oraciones después de los alimentos; todo esto preparaba al estudiante para cumplir con sus obligaciones en la vida de la familia y de la comunidad» (Safrai: 952).

El niño empezaba a estudiar las Escrituras a los cinco años; a los diez años, empezaba el estudio de la Misná. Las clases eran todos los días, incluyendo el sábado. Estas se daban en las mañanas, y eran las madres quienes generalmente llevaban a los niños a la escuela.

En la mayoría de los pueblos y ciudades, las familias que se dedicaban a la artesanía y pequeño comercio acostumbraban ir al mercado los días lunes y jueves. En esos días los habitantes de las pequeñas aldeas no solo participaban de la vida comercial, sino que también asistían a la sinagoga para escuchar la lectura de las Escrituras. Esos días eran también días dedicados al ayuno.

El habla de la gente

En el hogar y en las actividades comunes de las ciudades y poblados de Galilea, los judíos hablaban arameo. Este era el idioma materno con el que todo judío crecía. Los intercambios familiares y de vecindario, las transacciones pueblerinas, todos se hacían en arameo.

El arameo era una lengua semita, emparentada con el hebreo (algo así como la relación entre el portugués y el español). El arameo antiguo corresponde a la época que va del siglo IX al IV a. C. El arameo del período medio se extiende del año 300 a. C. hasta el 200 d. C. El arameo tardío se ubica entre los años 200-900 d. C. El arameo moderno es el que hablan hoy algunas comunidades arameas en el Medio Oriente, algunos lugares de Europa y en Estados Unidos.

El arameo de la época de Jesús corresponde al período medio. En esa época habían varios dialectos del arameo: el arameo de Jerusalén y el Galileo que hablaron Jesús y sus discípulos. Este dialecto era fácilmente reconocible (Mt 26.73). Cuando un Galileo abría la boca no era raro que los judíos de Judea lanzaran una carcajada de burla.

Más y más eruditos concuerdan hoy que además del arameo, gentes de todas las clases sociales hablaban o conocían el griego común o *koiné*. Desde la época de Alejandro el Grande en 330 a. C. el griego fue la lengua que acompañó la expansión del helenismo—cultura de los griegos. Así el griego fue penetrando en todas las esferas sociales de las comunidades judías. En los pueblos pequeños como Nazaret, los pobladores aprendieron y usaron el griego para las transacciones comerciales y para todo tipo de intercambio administrativo (regulaciones legales, contratos, impuestos, censo).

Por todo lo anterior, no se puede rechazar la idea de que Jesús usara algunas veces el griego: «cuando predicó en Decápolis o Transjordania (Mt 4.25; Mc 3.8; 5.20; 7.31; 10.1) o cuando habló con Pilato» (Sevenster: 190). Y no sería nada extraordinario pensar que Jesús, en su juventud, usó el griego para negociar los productos de su trabajo entre comerciantes de habla griega.

El hebreo su usó sobre todo en los contextos religiosos. En la sinagoga las Escrituras se leían en hebreo; la recitación del *shemá* y de las varias oraciones y bendiciones se hacía también en hebreo. Es decir, no había judío piadoso que no usara el hebreo, al menos en el contexto de la adoración y las oraciones.

Algunos judíos, como fue el caso de Jesús, usaron el hebreo no solo en las oraciones y lectura de las Escrituras, sino también en las discusiones. Sin duda Jesús usó el hebreo misnaíco cuando discutió con los maestros y doctos en las sinagogas (Mc 1.21), en el templo (Mc 11.17) y en los lugares públicos (Mt 19.3). En este contexto podríamos decir que el hebreo fue el idioma literario.

Si bien los idiomas antes señalados figuran como los más plausibles como idiomas que Jesús usó, es menester considerar que en la Palestina del I siglo de nuestra era, Jesús se topó durante sus largas caminatas con gentes que hablaron otras lenguas y dialecto: el asdodeo, el samaritano, el fenicio, el árabe, el nabateo y el latín. Este último, aunque era el idioma de Roma, no figura como idioma importante en el escenario de la vida de Jesús. No era *lingua franca*. Es probable que los habitantes de las pequeñas aldeas como Nazaret lo escuchaban en las discusiones entre los soldados romanos; pero nunca llegó a utilizarse como lo fueron el arameo, el griego y el hebreo.

Jesús y la vida de oración

Los judíos eran muy piadosos. Los momentos de oración y recitación de las Escrituras se daban tanto en los hogares como en las sinagogas. ¡Se han contado hasta cien bendiciones al día, incluyendo el *shemá* y las dieciocho bendiciones! Además de la bendición antes de los alimentos y de la oración de Gracias después de ellos, los judíos oraban cuatro veces al día y recitaban el *shemá* dos veces al día. Todo esto se hacía en hebreo. Los hombres, a partir de los doce años, estaban obligados a cumplir cada una de estas prácticas, mientras que las mujeres, los niños y los esclavos solo lo estaban en las oraciones.

En la época del NT el *shemá* y las oraciones de la mañana y de la noche se hacían al mismo tiempo. En estos casos se recitaba el *shemá* (Dt 6.4-9; 11.3-21 y Nm 15.36-41), seguidamente se decían las dieciocho bendiciones—«Bendito seas Señor, Dios de Abraham, Dios de Isaac, y Dios de Jacob. Dios Altísimo, Dueño de cielos y tierra, Escudo de nuestros padres y protector de todos nosotros. . .»[1]—y finalmente la oración correspondiente. Casi cada momento de la vida diaria del judío era ocasión para una bendición. La idea era: «está prohibido disfrutar cualquier cosa en el mundo, sin una palabra de bendición» (Safrai: 803).

En la vida de Jesús no hubo un día sin oraciones ni bendiciones. No obstante él rompió, en parte con la tradición. Jesús siguió recitando el *shemá*, las bendiciones y las oraciones de regla, en hebreo. Pero en sus oraciones privadas con su Padre, Jesús habló con él en su idioma maternal; el idioma que había crecido con él desde que estuvo en los brazos de María: el arameo. Por eso el Padre Nuestro, en su versión original fue registrado en arameo y no en hebreo. Tanto el Padre Nuestro como aquellas oraciones que el habló con su Padre tuvieron el sello especial de la intimidad y la expresión natural de su idioma nativo. Pero Jesús no solo usó el arameo para hablar con su Padre, sino que además se acercó a él con el íntimo y familiar *abba*, primera palabra que salía de los labios del infante cuando aprendía apenas a hablar: «papá».

Jesús no se guardó esta experiencia de oración para lo privado. Él enseñó a sus discípulos esta nueva dimensión en la vida de oración. Así, Jesús removió la oración de la esfera de lo litúrgico y del lenguaje sagrado, para colocarlo en el corazón de la vida cotidiana.

Los discípulos de Jesús sabían orar cuando se le acercaron a pedirle: *Maestro, enséñanos a orar* (Lc 11.1). Su petición tenía que ver con el poder entrar a esa nueva dimensión en la vida de oración a la cual Jesús los invitaba: acercarse a Dios como Padre y hablarle en la intimidad que solo le corresponde al diálogo entre un padre y su pequeño.

Esto, por supuesto tiene grandes implicaciones para la traducción de la Biblia. Es claro que las traducciones de tipo litúrgico y

---

[1] ¡El texto del *shemá*, de los otros textos bíblicos y de las bendiciones cubre diez páginas de un libro tamaño normal!

literario tienen un lugar importante en la vida religiosa de los cristianos. Pero con esta acción de Jesús se abre todo un importante y nuevo lugar para la presentación de la Palabra de Dios en el lenguaje y forma de hablar de cada miembro de la familia de Dios.

Cada niño y niña, cada hermano y hermana que conforman nuestras comunidades indígenas, cada miembro de la iglesia tiene el derecho de leer y escuchar la Palabra de Dios en el idioma que está más cerca de su corazón y de su infancia: el idioma materno o nativo.

Jesús no desplazó el idioma del mercado y del gobierno; tampoco desafió el lenguaje de la sinagoga y del Templo. Pero invitó a sus seguidores a acompañarlo en el lenguaje del hogar y de la intimidad paternal: el idioma que aprendimos desde el regazo de nuestras madres y en los brazos de nuestros padres. En ese lenguaje Dios quiere hablarnos y quiere que nos acerquemos a él en oración.

Bibliografía

Fitzmyer, Joseph A
1970 "The Languages of Palestine in the First Century A.D."
CBQ 32 (1970): 501-531.

Freyne, Seán
1980 *Galilee From Alexander the Great to Hadrian. 323 B.C.E.
to 135 C.E. A Study of Second Temple Judaism*. Wilmington:
Michael Glazier, Inc., 1980. 491 pp.

Jeremias, Joachim
1978 *The Prayers of Jesus*. Philadelphia: Fortress Press, 1978.

Martín Descalzo, José Luis
1988 *Vida y misterio de Jesús de Nazaret-I. Los comienzos*.
Salamanca: Ediciones Sígueme. 347 pp.

Matthews, Victor H
1988 *Manners and Customs in the Bible*. Peabody: Hendrickson
Publishers, 1988. 283 pp.

Petuchowski, Jakob J. and Brocke, Michael (editors)
1978 *The Lord's Prayer and Jewish Liturgy*. London: Burns &
Oates, 1978. 224 pp.

Safrai, S. and Stern. M. (editors)
   1976 *The Jewish People in the First Century. Historical
   Geography, Political History, Social, Cultural and Religious Life
   and Institutions*. Vol. 2. Amsterdam: Van Gorcum, Assen, 1976.
   Los siguientes capítulos han sido claves:

Applebaum, S. "Economic Life in Palestine"

Safrai, S. "Home and Family"

_____ "Religion in Everyday Life"

_____ "The Synagogue"

_____ "Education and the Study of the Torah"

Rabin, C. "Hebrew and Aramaic in the First Century"

Mussies, G. "Greek in Palestine and the Diaspora"

Sevenster, J. N
   1968 *Do You Know Greek? How Much Greek Could the First
   Jewish Christian Have Known?* Supplements to Novum
   Testamentum vol. XIX. Leiden: E. J. Brill, 1968. 197 pp.

TERCERA PARTE:

INTERPRETACIÓN DE LA BIBLIA

Exégesis y proclamación: La vigencia del Antiguo Testamento para la iglesia

Edesio Sánchez Cetina

Presupuestos teológicos y hermenéuticos

«...así también la palabra que sale de mis labios no vuelve a mi sin producir efecto, sino que hace lo que yo quiero y cumple la orden que le doy» (Is. 55.11, DHH).

«No crean que vine a quitar la ley ni a decir que la enseñanza de los profetas ya no vale. Al contrario: vine a darles su verdadero valor. Les aseguro que mientras existan el cielo y la tierra, ni siquiera un punto o una coma se quitará de la ley, hasta que todo se cumpla» (Mt 5.17-18, TLA).

Son bíblicas y cristológicas

Tanto en el Antiguo Testamento como en el Nuevo, la misma «boca» de Dios afirma que las Escrituras sagradas que llamamos Palabra de Dios, y pertenecen a la primera alianza (Antiguo Testamento) tienen una vigencia que no solo responden a lo temporal sino también a lo geográfico y a lo propiamente existencial.

Para quienes consideramos al Dios de Abraham, de Isaac, y de Jacob y Padre de nuestro Señor Jesucristo nuestro propio y único Dios, las palabras de las Escrituras citadas al inicio de este ensayo tienes una profunda fuerza argumentativa. Primero, la palabra que Dios pronuncia (pertenezca esta a la antigua o a la nueva alianza) produce un efecto visible, y ese efecto está supeditado a la voluntad de Dios: «hace lo que yo quiero y cumple la orden que le doy». Por eso es palabra de Dios. Segundo, Jesucristo, «el unigénito Hijo de Dios», el enviado especial de Dios, fue el primero en afirmar que la palabra de Dios plasmada en el Antiguo Testamento no había perdido, con su llegada y el establecimiento de la nueva alianza, vigencia alguna.

Por lo anterior podemos decir que la vigencia del Antiguo Testamento para la predicación contemporánea no solo se autentica por lo que Dios mismo dice de su palabra, sino también porque el efecto visible que produce se convierte en experiencia concreta en la vida de quienes afirman vivir por esa Palabra.. Se podría decir: «Cristo me ama, yo lo sé, porque la Biblia me lo dice»; pero aún más fuerte la afirmación sería: «Cristo me ama, yo lo sé, porque en mi experiencia he visto que el testimonio de la Biblia acerca del amor de Cristo es fidedigno».

Visto desde esta segunda afirmación, la predicación del Antiguo Testamento constataría que la iglesia continua considerando que esa primera parte del canon bíblico no ha quedado relegada al pasado histórico del pueblo de Israel, sino que, como Palabra de Dios, tiene mucho que decirnos hoy, tiene mucho para impactar nuestras vidas y transformarlas; ¡no ha sido superada!; ¡no ha sido desplazada! Dietrich Bohoeffer, en una carta a su cuñado, dice lo siguiente: «Toda la Biblia desea ser por tanto la palabra en que Dios quiere dejarse encontrar por nosotros. Ningún lugar que nos sea agradable o aceptable *a priori*, sino un lugar que desde cualquier punto de vista nos resulta extraño, que nos es absolutamente repelente. Pero precisamente es el lugar que Dios ha escogido para salir a nuestro encuentro.»[1]

---

[1] Dietrich Bonhoeffer, *Redimidos para lo humano: cartas y diarios (1924-1942)* (Salamanca: Ediciones Sígueme, 1979), p. 99.

En efecto, para quienes nos llamamos cristianos, esa palabra veterotestamentaria, no es para nosotros las Sagradas escrituras de los judíos (la *Tanak*), sino parte de una obra más extensa que contiene una sección llamada Nuevo Testamento: la Biblia, el libro sagrado de la iglesia cristiana. Por ello, nuestra lectura, nuestra interpretación y nuestra proclamación se hacen desde una perspectiva cristiana y cristológica. Nuestro acceso a la Biblia es a través de Jesucristo; el propósito de nuestra exégesis y proclamación es proclamar el «Hecho de Cristo»: «Basándose en la Sagrada Escritura, el ministerio de la predicación anuncia a Jesucristo como el Señor y el Salvador del mundo. No hay una predicación legítima de la Iglesia que no sea predicación de Cristo.»[2] ¿Por qué tiene que ser así? Porque Jesucristo es el primerísimo mediador entre Dios y nosotros, y entre nosotros y los demás seres humanos. Cecilio Arrastra dice al respecto:[3]

> Cristo Jesús es el corazón de la proclamación cristiana. El nombre y la persona de Cristo son esenciales a la vida cristiana.
> . . Él es el "lugar" donde Dios y el hombre se encuentran y co-existen. Lo que conocemos acerca de Dios y del hombre, lo conocemos a través de Cristo. Resulta imposible, por lo tanto, predicar correctamente sin la colocación de Cristo en el centro mismo del mensaje. . . Jesucristo es, primeramente, lo que Dios tiene que decirnos. . . En resumen, Cristo es Palabra (medio de comunicación); es Evangelio (contenido y esencia del mensaje); es Evangelista (factor real de conversión); Señor (Hijo de Dios, Dios mismo) y Juez. Como Palabra de Dios es la más íntima y genuina expresión de los pensamientos y propósitos de Dios para el hombre; como Evangelio provee la estructura

---

2 Dietrich Bonhoeffer, *Ética* (Barcelona: Editorial Estela, 1968), p. 207.
3 Cecilio Arrastra, *La prediación, el predicador y la Iglesia* (San José: Colección CELEP, 1983), pp.52-53.

conceptual del sermón; como Evangelista toma en sus manos la responsabilidad de transformar el corazón y la voluntad del hombre; como Señor, demanda la obediencia que da sentido a la vida humana, y como Juez produce la crisis del hombre subrayando así el hecho de que la redención del hombre pertenece a Dios, se origina en Dios, y es producto de la acción graciosa de Dios.

Son comunitarias y contextuales

La predicación de suyo es una tarea comunitaria; sería una contradicción de términos decir que en esa tarea solo interviene el que hace la exégesis y presenta el sermón u homilía.

En primer lugar, es comunitaria porque el sujeto de la proclamación es Dios mismo. Al respecto Karl Barth dice: «La predicación es la Palabra de Dios pronunciada por él mismo. Dios utiliza como le parece el servicio de un hombre que habla en su nombre a sus contemporáneos, por medio de un texto bíblico.»[4]

En segundo lugar, es comunitaria porque Dios, por medio de su Espíritu Santo nos inspira y dirige en el estudio de su Palabra al encuentro y proclamación de la verdad. Aquel que inspiró a los santos escritores para que la Palabra de Dios hoy exista en forma impresa, es el mismo que hoy nos inspira para una interpretación sana y «evangélica» del texto sagrado.

En tercer lugar, es comunitaria porque el proclamador elegido por Dios se acerca a la Palabra divina llevando consigo todo un acervo cultural, moral, religioso, social e ideológico que ha recibido como herencia de quienes lo antecedieron (sus padres, sus líderes o guías religiosos, sus maestros, los libros y otros materiales de aprendizaje, etc.). Quien se acerca a la interpretación y proclamación de la Palabra no lo puede hacer *tabula rasa* (i. e. sin a priori o sin pensamientos e ideas preconcebidas). Trae consigo aquello que lo ha formado

---

[4] Karl Barth, *La proclamación del evangelio* (Salamanca: Ediciones Sígueme, 1969), p.13.

teológica y moralmente. El trabajo exegético y hermenéutico, sin duda, lo hace integrando a su propio pensamiento el pensamiento e ideas de sus profesores de Biblia y teología, así como los comentarios y libros de exegetas y predicadores de «ayer». El conocido predicador bautista, Rolando Gutiérrez, en ocasión de una charla presentada en un servicio de graduación, dijo lo siguiente:

> . . . quiero compartir en esta ocasión algunas de las experiencias que han conformado mi vida de predicador y de los oficios más agradables que conjugo en mi vida pastoral. . .1. La influencia de mi pastor. . . 2. La influencia de mi profesor de homilética. . . 3. La influencia del Presidente del Seminario. . . 4. La influencia de mi profesor de Teología Sistemática. . .5. La influencia de un pastor asociado. . . 6. La influencia de compañeros en investigación teológica. . . 7. La influencia de compañeros en investigación filológica. . . 8. La influencia de un pastoralista. . . 9. La influencia de un profesor de teología dogmática [se refiere a Karl Barth, su profesor]. . . 10. La influencia de un ambiente de intensa investigación teológica. . . 11. La influencia de los laicos de la iglesia. . . 12. Las influencias seculares sobre la predicación. . . 13. Las influencias de mis lecturas.[5]

Es comunitaria, en cuarto lugar, porque el predicador expone la palabra divina en medio de una comunidad de fe, la cual es, en última instancia, el verdadero sujeto hermenéutico. Porque la palabra predicada es acción inconclusa mientras no se haga «hueso y carne» en la vida de los miembros de esa comunidad, e impacte y transforme vidas, comunidades y sociedades. Ningún predicador puede descansar tranquilo hasta que la comunidad a quien le ha

---

[5] Rolando Gutiérrez-Cortés, *La predicación de la fe cristiana* (En ocasión del Servicio de Graduación del Seminario Teológico Bautista Mexicano, Lomas Verdes, Estado de México, el 30 de abril de 1976).

presentado la palabra divina sea sujeto activo de su verdadera interpretación e implementación. En otras, palabras, ya pasó la era del exegeta y predicador con complejo de «Llanero Solitario». Recuérdese que la manera tradicional de preparar el sermón y de exponerlo no es necesariamente bíblico; su práctica actual parece iniciarse durante la Edad Media. Erasmo, en su obra *Elogio de la locura* (1508) decía sarcásticamente de los predicadores que pertenecían a esa tradición:

> Y ¿qué cómico o qué sacamuelas callejero pueden ser más entretenidos que estos hombres cuando en sus sermones imitan a los retóricos de un modo completamente ridículo, pero donosísimo, y procuran seguir las reglas del arte de hablar que aquéllos enseñaron? ¡Oh dioses inmortales! ¡Qué manera de gesticular!, ¡qué propiamente cambian el tono de voz!, ¡cómo modulan!, ¡cómo se pavonean!, ¡cómo vuelven sus miradas, ya a los unos, ya a los otros, y qué gritos dan tan destemplados! En este sistema de predicar van iniciando los profesores a los novicios como si fuera un conjunto de misterios.[6]

En realidad, tanto en el trabajo de exégesis como en el de proclamación, la palabra de Dios debe interpretarse y exponerse integrando la mayor variedad posible de perspectivas de «lectura» (mujeres, varones, niños, jóvenes, ancianos, negros, indígenas, pobres, marginados, ricos, etc.). El exegeta y predicador necesita de manera consciente hacer todo lo posible por llevar a cabo su relectura del texto tomando una perspectiva hermenéutica ajena a la suya. Y debe dar espacio para que antes de la proclamación de la palabra divina, la comunidad de fe a la que pertenece pueda aportar con preguntas y anotaciones sus maneras peculiares de leer el texto sagrado. Sería excelente, si en el momento de la proclamación se

---

[6] Erasmo de Rotterdam, *Elogio de la locura* (Madrid: Mestas ediciones, 2001), pp. 129-130.

abra un espacio para que la comunidad interactúe con el expositor. Al respecto, John Wijngaards dice: «Para que sea humanamente eficaz, el lenguaje humano debe incluir al mismo tiempo un enunciado y una respuesta. Debe ser un círculo en que la comunicación fluya del que habla a quien le escucha, y viceversa. . . La Sagrada Escritura y su utilización pastoral exigen una participación muy activa de parte de la persona que vaya a beneficiarse de ellas.»[7] En Jesús tenemos el ejemplo de alguien que adoptaba no uno sino varios estilos de exposición. Adoptaba los estilos, según las necesidades de se auditorio: en las sinagogas habló como lo hacían los «rabíes» de aquella época; ante el grueso del pueblo y sus discípulos presentó el mensaje tomando ejemplos de la vida real; dialogaba con la gente junto al mar, en casas, en el camino, cerca del Templo; hacía preguntas y respondía a preguntas; pero siempre enfocaba su enseñanza y charlas en las necesidades concretas de la gente con la que interactuaba.[8]

Por otro lado, existen libros y artículos que presentan las formas particulares en que un pasaje concreto ha sido leído o explicado desde una perspectiva especial (feminista, negra, indígena, infantil, etc.). Realizando este ejercicio, el exegeta puede ayudarse a sí mismo a superar sus «miopías» y «puntos ciegos». Puede, sobre todo, descubrir que el texto que tiene enfrente para ser proclamado es la palabra de Dios fresca, viva y contemporánea para sí mismo y para todos y cada uno a quienes va dirigido el mensaje.

Conviene, entonces, decir que la frescura, vitalidad y contemporaneidad de la Palabra de Dios, resalta el carácter contextual y social de la interpretación y proclamación. La palabra de Dios debe llegar a cada hombre y mujer en el lenguaje que realmente entienda, en el «aquí y ahora» de su realidad existencial; debe responder a sus necesidades vitales concretas, y debe traerle un mensaje de paz y esperanza que considere viable y obtenible. Hace ya dos décadas, Orlando Costas (misionólogo puertorriqueño), en

---

[7] Wijngaards, John N. M. *Comunicar la palabra de Dios: predicación y catequesis bíblicas* (Estella: Editorial Verbo Divino, 1988), pp. 49-50.

[8] Wijngaardas, pp. 54-59.

la conferencia de apertura de un simposio sobre Predicación hispana, decía:

> «Hay que reconocer que la predicación evangélica en las comunidades hispanoparlantes de Norte américa necesita ser sostenida por una teología criolla. Las circunstancias en que viven los casi 25 millones de hispanos y la idiosincrasia que han desarrollado hace necesario una predicación que refleje una comprensión de la fe cristiana a partir de las experiencias vividas por dicho pueblo a lo largo y ancho del país. Una predicación sin una teología encarnada en la realidad de un pueblo está siempre permeada de lagunas y expuesta a perderse en el vasto océano de la irrelevancia.»[9]

Para lograrse lo anterior, debe considerarse, en primer lugar, que Dios ha decidido que su palabra sea comunicada al ser humano por la mediación de la palabra humana. Debe también tomarse en cuenta que la palabra divina que se proclama, pretende hacerse escuchar en el mismo lugar y momento en que «otras» palabras y voces quieren hacerse escuchar: palabras humanas y palabras seudo divinas. ¿Cómo escuchar la palabra de Dios libre de las interferencias de otras palabras y voces? He allí el planteamiento que nos ofrece Génesis tres: ¿La voz de quién escuchará el humano, la de Dios, la de la serpiente, la de otro ser humano? El Salmo uno nos presenta una respuesta concreta; y el Salmo 119 remacha esa respuesta en cada uno de sus 176 versículos. ¿Cómo puedo yo estar seguro que la palabra que proclamo en nombre Dios es realmente palabra de Dios y no simplemente palabra mía o de «otro»?

Fijémonos en lo que dice al respecto Jürgen Moltamann:

> Tenemos que estar todavía mucho más convencidos de una realidad, de que el esplendor de nuestra

---

[9] Orlando Costas (Editor), *Predicación evangélica y teología hispana* (San Diego: Publicaciones de las Américas, 1982), pp. 7-8.

predicación, portadora de la palabra de Dios y solo de esta palabra, está inevitablemente ligado a la miseria de la palabra de nuestro tiempo, y de que –también en la iglesia– hay otras fuerzas que deciden.

. . . El lenguaje va transformándose continuamente bajo el influjo de los acontecimientos, de las estructuras sociales, de las religiones e ideologías. No existe nunca una, sino muchas lenguas, con las que los hombres se hablan unos a otros y también unos al margen de otros. El lenguaje está sometido a una cantidad innumerable de factores que ejercen su influjo sobre él. Cuanto más activa es la vida, tanto más se universalizan las interdependencias y comunicaciones en determinados tiempos y lugares, tanto más ambiguo se hace el lenguaje, tanto más impreciso. También la predicación se hace en él ambigua e imprecisa.[10]

El cristiano contemporáneo intenta escuchar la palabra de Dios sumergido en las interferencias de multitud de lenguas y mensajes que usan las personas y las fuerzas políticas, ideológicas y económicas. Cuando el creyente cree que ha entrado en sintonía con la palabra de Dios, descubre —y a veces no— que esa palabra le llega interferida. Porque en el proceso de ser proferida —pues la palabra de Dios nos llega siempre por mediación humana— otras «fuentes» incrustan su mensaje, casi siempre, en beneficio de ellas y no de acuerdo al proyecto divino.[11]

¿Cuántas veces hemos usado una noticia de la prensa como material ilustrativo de un sermón, sin percatarnos de que la noticia no es reflejo de la realidad que pretende comunicar, sino una interpretación tendenciosa de ella? En nuestra sociedad, los poderes que controlan la economía y la política, también controlan los medios

---

[10] Jürgen Moltamnn, *Esperanza y planificación del futuro: Perspectivas teológicas* (Salamanca: Ediciones Sígueme, 1971), pp. 158-159.

[11] Remito al lector al punzante libro de Jacques Ellul, *La palabra humillada* (Madrid: S. M. Ediciones, 1983), 366pp. Véase de manera especial el capítulo sobre «la palabra humillada» (pp. 210-245.

de comunicación masiva. Ellos comunican no lo que sucede en la realidad, sino lo que ellos quieren que la realidad sea. En ese sentido, la noticia se convierte en realidad y la realidad se desconoce, se distorsiona y se destruye. Dice Moltmann:

...surge en torno al hombre un mundo de apariencias y de interpretaciones con consistencia y realidad propias. Los asertos acerca del mundo vienen a constituir una especie de segundo mundo. Sobre la auténtica realidad se vierte una segunda, la realidad de las informaciones. La interpretación de la realidad se convierte en realidad misma. El juicio sobre las cosas llega a ser más importante que ellas mismas. Se forma la opinión, se controla el lenguaje y se inculca una conciencia nueva.[12]

¿Qué hacer, entonces? El comunicador de la palabra divina necesita conocer bien esos muchos lenguajes e imágenes; y así como interpreta la palabra divina, también necesita hacerlo con esos lenguajes. Aquí, es importante considerar lo que dice Brueggemann sobre la predicación contemporánea: «Cada vez se hace más claro el hecho que lo que el texto "significa" para nosotros, no es simplemente un asunto de exégesis, sino que se ocupa, en mucho, de las enormes realidades ideológicas de nuestra sociedad que nos arrebatan nuestra capacidad de hablar, de nuestra capacidad de preocuparnos por otros y de nuestra capacidad de observar.»[13] Por ello, la predicación de hoy, necesita traducir esas realidades y esos lenguajes de tal manera que ya no digan las palabras y mensajes del sistema y poder que gobierna el mundo, sino que digan y cuenten la realidad cruda y dolorosa. De tal modo que estando así «desnuda» por la palabra divina, que es «espada de dos filos; y penetra hasta partir el alma y el espíritu, las coyunturas y los tuétanos, y discierne

---

[12] *Esperanza y planificación del futuro*, pp. 163-164.

[13] Walter Brueggemann, *Finally Comes the Poet* (Minneapolis: Fortress Press, 1989), p. ix.

los pensamientos y las intenciones del corazón», la vuelva a vestir con la verdad y la esperanza del evangelio. Esa palabra eficaz que hace que «los ciegos vean, los cojos caminen, los leprosos sean limpiados, los muertos sean resucitados, y los pobres sean receptores de las buenas noticias del Reino de Dios» (cf. Mt. 11.2-5).

En la verdadera predicación de la palabra de Dios, la palabra viene como «prenda» de la esperanza que todavía no se hace efectiva, pero que tiene su realización y concretización en Dios mismo que no nos dejó solos. Está con nosotros: *Y les aseguro que estaré con ustedes siempre, hasta el fin del mundo* (Mt. 28.20; cf. Jn. 16.7-9; Hch. 1—2).

En este punto, tenemos que ayudarnos de Karl Barth para entender qué significa que Dios nos hable hoy:

> Debemos empezar con la afirmación de que, por la gracia de la revelación y su testimonio, Dios mismo se compromete por medio de Su Palabra eterna con la predicación de la Iglesia cristiana; de tal manera que esta predicación no es simplemente una proclamación de ideas y convicciones humanas, sino que, al igual que la existencia del mismo Jesucristo, y el testimonio de los profetas y los apóstoles sobre la que está fundada y por la que vive, es la propia proclamación de Dios. Es decir, los hombres que hablan aquí —hombres que no son Jesucristo ni profetas ni apóstoles— no se abrogan el derecho, afirmando o defendiendo su propia humanidad, de intentar, de manera arrogante, hablar algo que no sea la Palabra de Dios.[14]

Recordando las palabras de Barth, citadas varios párrafos atrás, al hablar en nombre de Dios, es Dios mismo el que habla; porque de acuerdo al testimonio bíblico, el nombre de la persona es la persona misma. Así que hablar en el nombre de Dios es reconocer

---

[14] Karl Barth, *Church Dogmatics: The Doctrine of the Word of God-2* (Edinburgh: T. & T. Clark, 1956), pp. 745-746.

el gran milagro de que en la proclamación de su palabra, Dios mismo está presente: «Emmanuel». Por eso, la proclamación de la palabra, en la ambigüedad del hablar y el ser humanos, está fundamentada en el hecho real de que nuestro Señor ha resucitado, que está presente aquí, con nosotros y nos ha hecho miembros de la familia de Dios.

Por ello, en el prólogo del Evangelio de Juan, la palabra encarnada es la palabra engendradora: «A todos los que le recibieron... les dio potestad de ser hechos hijos de Dios» (Jn. 1.12, véase también el v. 13). Y, ¿quiénes son esos hijos de Dios?: «todo el que hace justicia es nacido de él» (1 Jn. 2.29); «Todo el que ama, es nacido de Dios» (1 Jn. 4.7); «todo aquel que no hace justicia, y que no ama a su hermano, no es de Dios» (1 Jn. 3.10).

Quien se atreve a predicar o proferir la palabra de Dios, tiene que estar seguro y convencido de que esa misma palabra lo ha engendrado y de que él camina en ella por los senderos del amor y de la justicia. Para quien se dice hijo de Dios, esa palabra que lo ha engendrado también lo convoca y lo envía. Por el hecho de ser engendrado y conformado por la palabra, el siervo de Dios que la proclama queda automáticamente investido de la autoridad divina; el **yo** de Dios viene a ser su «yo» humano.

Lo anterior nos asegura que la proclamación de la Palabra es un acto creativo y, como tal, subversivo. La predicación no es proclamación de la Palabra de Dios cuando apenas si «rasga» las calcificadas consciencias u ofrece recetas para una vida «mejor» y sin compromisos; o, como dice Bruggemann, «no seremos la comunidad que deseamos ser, si nuestras prioridades comunicativas se centran en la tecnología utilitaria y en los valores manipulados y conformados [por el y para el *status quo*].»[15] No debemos caer en la trampa de convertirnos en voces del sistema; ¡somos profetas de Dios. La predicación verdaderamente bíblica y evangélica debe definirse así: El lenguaje del texto bíblico es profético: anticipa y convoca una realidad que se encuentra más allá de los convencionalismos del cotidiano y previsible mundo nuestro. Este mensaje es profético porque es poético, y

---

[15] *Finally Comes the Poet*, p. 2.

tiene el poder de hacer añicos la realidad predecible y cómodamente establecida. Tiene el poder de evocar nuevas posibilidades en medio de la comunidad de fe. Tiene el poder de crear un mundo que trasciende a este ya desgastado y del cual nos hemos acostumbrado demasiado.[16]

Una lectura «desde adentro»

Hay que considerar que el Antiguo Testamento, en primer lugar, no está preocupado solo por el pasado histórico de Israel. A través de su texto, el Dios vivo y santo continúa trabajando y hablando hasta el presente (Jn 5.17). Con esto se considera que el texto no es tan solo medio para informar sobre Dios y su pueblo del pasado, sino que es medio de revelación divina, y como tal crea una nueva situación, un nuevo desafío, una nueva vida.

La historia que la Biblia nos presenta no es una simple colección de relatos interesantes. Es una colección de narraciones acerca de las experiencias vividas por Israel en constante interrelación con su Dios, releídas desde una situación histórica concreta.[17] Los textos que hoy leemos están cargados con la fe del pueblo de Dios, expresada en distintas épocas y contextos específicos.

En la misma Biblia se nos presenta ese fenómeno que Walter Brueggemann llama «imaginación histórica». Esa tensión entre el pasado histórico del pueblo y la apertura hacia nuevos y frescos símbolos a partir de aquella experiencia histórica.[18] El hombre bíblico no es un espectador pasivo del evento histórico; lo narra y lo relee **desde adentro**. Es participante de él. Va al evento y se introduce en él. En ese acto, el participante bíblico no solo recibe, sino también da, y en esa acción reactualiza el evento y lo carga de nuevos significados, no intentados originalmente. La fe bíblica, entonces,

---

[16] *Finally Comes the Poet*, p. 4.

[17] George Ernest Wright, *El Dios que actúa: Teología bíblica como narración* (Madrid: Ediciones Fax, 1974), p. 48; Walter Brueggemann, *The Bible Makes Sense* (Atlanta: John Knox Press, 1977), p. 32.

[18] Brueggemann, pp. 32-33.

consiste siempre en hacer nuestra una historia vivida previamente por otros.[19]

Esa Palabra que Dios ha hablado y ha quedado registrada en el pasado, viene ahora con todo su poder transformador y envuelve a la comunidad de fe —en nuestro caso, la cristiana— de tal modo que ella es «arrastrada.» a la línea establecida por la Palabra divina. En esa acción, la comunidad es recreada y remodelada para vivir como vocero de Dios en su propia situación histórica. La comunidad de fe, así recreada, toma esa Palabra y la confiesa, involucrando en su proclamación el mensaje del pasado y los nuevos significados surgidos de la experiencia histórica de esa misma comunidad. Es decir, el texto bíblico no solo funciona como objeto de estudio, sino que en la dinámica hermenéutica, el texto mismo se convierte en sujeto cuestionador y avasallador. En el trabajo interpretativo tiene que llegar el momento en el que quien empezó abriendo el texto y abordándolo, ahora es «abierto» por el texto y desafiado y llamado a «conversión». Es aquí donde, de acuerdo a la enseñanza reformada, Sagrada Escritura y Espíritu Santo se dan de la mano. Solo así la palabra deja de ser «letra muerta» para convertirse en poder vivificante.

Cuando se unen exégesis y proclamación la tarea ya no puede ser simplemente un ejercicio académico y para académicos. Es necesario estar comprometidos con la Palabra «hasta el pescuezo». Carlos Mesters, reconocido biblista y asesor de las comunidades eclesiales de base, dice al respecto:

> El exégeta llega cerca de los hechos bíblicos por medio de sus estudios, hechos con su inteligencia. Pero el cuerpo no lo acompaña. El pueblo llega cerca con sus pies. El pisa el mismo suelo de sufrimiento, de donde brotó la Biblia misma. La dura realidad vivida hoy se convierte en un criterio de la interpretación del texto antiguo y le da una connaturalidad para captar el sentido literal en toda su amplitud.

---

[19] Brueggemann, p. 30

Se crea así un espacio donde el Espíritu pueda actuar, pues «la Sagrada Escritura debe ser leída e interpretada en el mismo Espíritu en que fue escrita» (*Dei Verbum 12*). «Donde se encuentra el Espíritu del Señor, allí está la libertad» (2 Cor 3,17). El libera de la prisión de la letra que mata, y liberta a la Biblia misma, colocándola de parte de los pequeños que reciben del Padre el don de entender el mensaje (cf. Mt 11,25-26). Se redescubre así la importancia de la verdad antigua: la Biblia es el libro de la Iglesia (comunidad), de la «familia de Dios». Sin este contexto amplio de una comunidad comprometida en la lucha por la liberación, el pueblo se pierde dentro de la Biblia, y ésta se convierte en un micrófono sin altoparlante.[20]

La lectura hecha «desde adentro», exige que reconozcamos nuestra pertenencia a Dios y a los demás. En el testimonio bíblico se usa el concepto de alianza o tratado; por ello, nuestro compromiso de alianza. «Uno de los dones más importantes de la Biblia para nosotros, dice Brueggemann, es ofrecernos un marco de referencia (la alianza o pacto) para nuestras vidas. . . la Biblia presenta la vida humana como la vitalidad de compartir la historia con un compañero berítico cuyo verbo es novedoso en medio de un mundo que parece fatigado y agotado. La Biblia nos reafirma que nos mantenemos en alianza con Uno que habla novedad, que desmantela lo viejo de nuestras vidas, y que nos invita a darle la bienvenida a la vida y su novedad».[21]

Además, la lectura e interpretación de la Biblia, realizadas en el marco de la alianza, asegura la libertad del sujeto hermenéutico frente a ideologías y fuerzas manipuladoras. Si Yavé es el sujeto de la alianza y el dueño de su palabra, ambas permanecen libres de todo cautiverio ideológico. Su origen y propósito escapan la

---

[20] Carlos Mesters, *Flor sin defensa. Una explicación de la Biblia a partir del pueblo* (Bogotá: CLAR, 1987), pp. 39-40.

[21] *The Bible Makes Sense*, pp.17-18.

manipulación humana. Nada que sea disposición o control humano se presenta como base para las demandas de la alianza. Samuel Silva Gotay (sociólogo puertorriqueño) dice: «La fe [bíblica] no es una epistemología ni es ideología. . . [es] la actitud de esperanza y compromiso con el reino de Dios en la historia.».[22]

Del texto al sermón
Para predicar del Antiguo Testamento

Actualización del texto

No perdemos de vista el hecho que la proclamación hispanoamericana, por lo general, se ha realizado dándole la espalda al mensaje radical del Antiguo Testamento y al tema del Reino de Dios. Tal como alguien ha dicho, sobre todo la Iglesia Evangélica es marcionista practicante. No se preparan muchos sermones ni homilías de textos del Antiguo Testamento, y cuando se hace, su lectura es espiritualizante y alegórica; se «amordaza» al texto veterotestamentario y solo se le «suelta» para decir una palabra novotestamentaria. Se le arranca de su contexto veterotestamentario y se le obliga a convertirse en texto del Nuevo Testamento. Esta es, sin embargo, la apreciación negativa, y se cita aquí para darle fuerza al argumento de la necesidad de permitir que los textos del Antiguo Testamento «digan» su propia palabra, a la luz del Hecho de Cristo.

Por otro lado, no cabe duda que, en muchos de los casos, tanto el predicador (expositor bíblico) como la congregación (comunidad de fe) necesitan librarse de sus temores y barreras que les impiden acercarse al Antiguo Testamento como palabra de Dios. La primera barrera que se debe vencer es la idea generalizada de que todo lo que pasó antes de Jesús es realmente innecesario. En la mente de la gente está la certeza de que si Jesús es la revelación plena de Dios, por qué preocuparse de todo lo anterior.

---

[22] Samuel Silva Gotay, *El pensamiento cristiano revolucionario en América Latina y el Caribe* (Salamanca: Ediciones Sígueme, 1981), p.99

Otra de las barreras es la creencia de que la mayoría de lo que está en el Antiguo Testamento es solo de interés anticuario; realmente no tiene relevancia para nosotros. Un tercer problema con el Antiguo Testamento es el material presente en él que mueve más a abandonar la fe más que a abrazarla: hay afirmaciones que no pasan la prueba de la ciencia; hay prácticas tan pasadas de moda, tan bochornosas, tan denigrantes (la esclavitud, la guerra y la violencia, la subordinación de la mujer). Una cuarta barrera es que el Antiguo Testamento afirma la elección de una sola nación en detrimento de tantos pueblos. Estos y otros problemas «espantan» a mucha gente. Pero es necesario superar esos temores y descubrir la gran actualidad del Antiguo Testamento buscando maneras creativas para estudiarlo y exponerlo.

En esta sección añado algunos consejos y ejemplos para preparar trabajos exegéticos, estudios bíblicos y sermones basados en el Antiguo Testamento

La unidad de ambos testamentos

En primer lugar, necesitamos buscar conexiones naturales y productivas entre ambos testamentos. En nuestra exégesis y proclamación debemos demostrar que ninguno de los testamentos es superior a otro o que lo hace innecesario; más bien, la unión de ambos provee posibilidades excelentes para la proclamación contemporánea. Hay varias maneras de mostrar las relaciones naturales de ambos testamentos:[23]

1. ***Promesa y cumplimento***. El texto del Antiguo Testamento contiene la promesa que se considera cumplida en el Nuevo. Véase como ejemplo Isaías 9.6 que tiene su cumplimiento en el nacimiento de Jesucristo (Lc 2.1-20).

---

[23] El artículo de Elizabeth Achtemeier, "From Exegesis to Proclamation" en *Studies in Old Testament Theology* (Edited by Robert L. Hubbard, Jr. and others, Dallas: Word Publishing, 1992), pp. 47-61, presenta varias sugerencias al respecto.

En el libro de Mateo encontramos gran cantidad de textos que comprueban este acercamiento (2.15,17,23; 4.14; 8.17; 12.17; 13.14,35; 21.4. . .). La cita del Salmo 2 en Hechos 4.23-31 es uno de los muchos ejemplos que aparecen en el Nuevo Testamento (véanse también las citas del Antiguo Testamento en Hebreos).

Con este acercamiento, nuestra proclamación reafirma que la historia de la salvación es comprehensiva y abarca hasta nuestra historia contemporánea.

2. **Analogía**. Se usa mejor con textos narrativos. El método consiste en preguntarse *cómo la situación de Israel en relación con Dios es análoga a la situación de la iglesia y la nuestra en relación con Dios*: Números 14.1-10 Gálatas 1.6-9; 3.1-4;5.1; Éxodo 3.1-15 Juan 4; Josué 2 Juan 4; 2 Reyes 5 Lucas 19.1-10. En el pareo de pasajes del Antiguo Testamento con los del Nuevo, la experiencia en la lectura y uso de la Biblia da mejor resultado que una concordancia. Por ejemplo, en mi trabajo expositivo he encontrado lo creativo y enriquecedor que es colocar juntos, el pasaje de la vocación de Moisés (Ex 3.1-15) con el encuentro de la mujer samaritana con Jesús (Jn 4); o colocar juntos la historia de Rahab (Jos 2) con la de la mujer samaritana (Jn 4). En el caso del pareo de Éxodo 3 con Juan 4, los puntos de contacto son: la cotidianidad con la que tanto Moisés y la mujer samaritana inician su día, pero terminan encontrándose en un día sublime de encuentro con la divinidad: el uno se convierte en liberador de su pueblo; la otra, en proclamadora del mensaje de salvación a sus paisanos. Ambos eran unos «don nadie», incapaces de realizar la vocación divina por sus medios humanos, pero al ser investidos por el «Yo» magnificente de Dios, realizan su obra con todo el poder y gloria divinas. En el pareo de Josué 2 con Juan 4, se resalta la situación de marginalidad de la mujer: Rahab era prostituta; vivía en los límites de la ciudad de lo

ricos y gobernantes, protegida por los muros, y el exterior desprotegido de los campesinos y obreros; era mujer; era extranjera (lo que en esa época era más estigma que virtud). La samaritana también tenía tres rezones de peso para ser marginada en la sociedad: era mujer (los rabinos no debían hablar en público con mujeres); era samaritana (su realidad racial y de extranjera la descalificaba del buen trato con los judíos; para estos ser samaritano era peor que ser perro en esa sociedad); vivía al margen de la ley (había tenido muchos maridos, y el que tenía no era su marido). Pero en el encuentro con el Dios liberador y con Jesucristo, lo que la sociedad humana considera indigno y marginal se convierte en persona digna, en alguien útil para ser instrumento del Reino, en canal de bendición para otros.

3. *Temas comunes a ambos*. Aquí el asunto considera más lo temático (tópicos, metáforas, tradiciones). Además de los muchos motivos que unen a ambos testamento (alianza, redención, éxodo, pan del cielo, Agua de vida; José y Josué Jesús), tenemos textos como los siguientes: Jeremías 2.20 Mateo 11.29; Isaías 28.16 1 Pedro 2.6; de manera contrastada tenemos a Jeremías 25.15-29 1 Corintios 10—11.

Al unir a ambos testamentos, afirmamos también que el Dios de Abraham, de Isaac y de Jacob es también el Dios y Padre de nuestro Señor Jesucristo. Es decir las historias y enseñanzas de ambos testamentos, tanto por la vida positiva como la negativa, tocan nuestra vida, la desafían y la orientan.

Nuestra proclamación necesita tomar a la persona humana de donde está e integrar, de manera consciente, su propia experiencia estrecha en una realidad más amplia del existir. . . La Biblia presenta una realidad más amplia porque contiene el mensaje de Dios. Ese mensaje tiene la capacidad de ampliar esos límites estrechos de nuestra existencia. Lo maravilloso de todo es que, en la Biblia, el mensaje de Dios nos llega en forma de experiencias humanas.[24] Así se nos invita a «meternos» a la vida de la Biblia, leerla **desde adentro** y permitir que ella nos «abra», nos «lea» y nos llame a una vida más significativa y novedosa. La proclamación es el arte de abrir el mensaje de la Biblia para que el otro encuentre seres de «carne y hueso» como él o ella, y descubra que su vida tiene paralelos con los de aquellos; que puede identificarse con las angustias y esperanzas de otros seres humanos. Un acercamiento así nos invita a volver a vivir las historias de la Biblia en toda su riqueza; la experiencias de otros ya no quedan «almacenadas» en el diván, sino que son nuestras, las vivimos hoy.

En mi trabajo exegético, normalmente sigo tres pasos: (1) el texto en su contexto; (2) el texto en nuestro contexto; (3) el texto en nosotros. El primer paso es el que me obliga a familiarizarme con el texto en su propio «mundo». Para ello, hago uso de las «mejores» herramientas exegéticas del método histórico crítico, así como de las nuevas «ciencias» exegéticas (análisis literario, acercamiento retórico, lectura semiótica de los textos, acercamiento sociológico). Me acerco al texto para estudiarlo como pieza literaria, pero también como el producto de gente con historia propia, cultura propia, realidad social propia, etc. En el segundo paso, invito al texto al «mundo» mío y de mi comunidad; en este caso, el contexto con el que debo familiarizarme es el de «hoy», al que pertenecemos yo y mi comunidad de fe. Ya no es asunto de comprender el texto, sino de comprender la realidad actual con la ayuda del texto. Las herramientas a mi alcance están en la sociología, la antropología, la psicología, los periódicos, la radio, la televisión, la observación de mi «aquí y ahora». El tercer paso está en la línea del segundo; la diferencia no espacial o temporal, sino de enfoque. El texto deja de ser el objeto de estudio o punto de referencia para estudiar mi realidad, sino que viene a mí y a mi comunidad con todo la fuerza de palabra de Dios, que me confronta, que me demanda, que me invita, que me trae palabra de esperanza y sanidad. Es decir, el texto ya no viene a nosotros con la distancia que es propia de la lectura histórica y

---

[24] Wijngaardas, p. 68.

literaria, sino como palabra de Dios, actual, que presenta hoy día sus exigencias al lector dando orientaciones, instrucciones e impulsos para nuestro tiempo, y ayudando a interpretar y dominar la propia vida y las tareas de nuestro tiempo.[25]

Actualización del mensaje del Antiguo Testamento

Para lo anterior, resulta de gran ayuda considerar los siguientes elementos:[26]

1 **Tener en cuenta el contexto global del pueblo de Dios en toda su dimensión histórica**: (1) leer el texto particular en el contexto global de la Biblia; (2) levantar preguntas que abarquen de manera global la realidad del género humano: ¿Qué revela el pasaje sobre la dignidad y la vocación humana dentro de la naturaleza y la historia? ¿Qué dice el pasaje sobre los propósitos de Dios para el mundo, para su pueblo? ¿Cuál es la contribución más importante del pasaje para el credo y las confesiones de la iglesia? ¿Tiene el texto algo que no se afirma en las tradicionales confesiones de las iglesias? (3) leer el texto a la luz de los grande enunciados eclesiásticos como lo son los credos, las confesiones, los leccionarios; (4) leer el texto a la luz de la eficacia histórica, es decir a la luz de la vida de una persona o comunidad de fe: ¿Qué pecados y temores míos o de mi comunidad o sociedad en que vivo desenmascara el texto? ¿Qué promesas y esperanzas tiene el texto para este particular momento que me/nos toca vivir? ¿Qué desafíos concretos y actuales nos presenta?

2 **Tener en cuenta la eficacia histórica**: Se reconoce en los textos el *super avit de sentido*. En los textos se encierra

---

[25] Wilhelm Egger, *Lecturas del Nuevo Testamento* (Estella: Editorial Verbo Divino, 1990), p. 255.

[26] Lo que sigue se ha informado de la obra citada en la nota anterior, pp. 255-270.

una plenitud de posibilidades. Se muestra así que «hay textos que, de repente, vuelven a adquirir vitalidad y ejercer influencia». Para esto es muy importante mostrar cómo otros, en situaciones históricas y culturales distintas, tuvieron una experiencia con el texto. Por ejemplo, las relecturas del éxodo en la Biblia misma y en la hermenéutica de las teologías latinoamericanas de liberación.

3 ***Tener en cuenta la experiencia del lector***: (1) los aspectos emocionales, siguiendo el trabajo de Walter Wink. En su trabajo, Winks propone que se trabaje con tres tipos de preguntas (las de estos puntos se basan en el libro de Rut): (a) las que surgen de la aplicación del método histórico-crítico (¿A quiénes representan cada uno de los personajes y los lugares en el contexto histórico del libro? ¿Por qué decide el autor de Rut nombrar a los personajes de la manera en que lo hizo?; ¿Cuál fue la intención del autor al narrar esta historia y colocarle en el contexto de los Jueces?); (b) preguntas que ayudan a incorporarnos a la historia (¿Cómo se manifiesta en mi Noemí, o Orfa o Rut?; (c) «confrontación» individual o grupal (ejercicios que se piden integrando la música, la danza, el dibujo, el mimo o la escritura (por ejemplo: un monólogo contemporáneo de Noemí, hacer un cuento o novela corta poniendo a una Rut latinoamericana). [27] (2) preguntas que el ser humano hace al texto, siguiendo el modelo de Carlos Mesters. Las preguntas surgen a partir de las condiciones de la vida y la situación propias.

En el trabajo de Carlos Mesters, por ejemplo, la situación de vida de la comunidad relee y recuenta la historia bíblica poniéndole al texto bíblico palabras y experiencias propias de la comunidad. Véanse los dos siguientes ejemplos:

---

[27] *Transforming Bible Study* (Nashville: Abingdon Press, 1980), pp. 128-152. Véase también, *Lecturas del Nuevo Testamento*, pp. 267-268

El primero viene de una pequeña comunidad de agricultores muy pobres en Linhares, Brasil:

...se leyó el texto que prohíbe comer carne de puerco. El pueblo presente en la reunión preguntó: «¿Qué quiere decirnos Dios hoy por medio de este texto?». Discutieron el asunto y concluyeron: «Por medio de este texto Dios nos quiere decir que nosotros hoy debemos comer carne de puerco!». El argumento utilizado fue el siguiente: «Dios está preocupado en primer lugar por la vida y salud de su pueblo. Ahora bien, la carne de puerco cuando no es bien tratada puede causar enfermedad y provocar la muerte. Por eso **en aquel tiempo de la Biblia,** Dios prohibía al pueblo comer carne de puerco. Pero **hoy nosotros** ya sabemos cómo tratar esa carne. Ella no perjudica ya nuestra salud. Además, es la única carne que tenemos para comer. Si no comemos esta carne, estaremos perjudicando la vida y la salud de nuestros hijos. Por eso, **hoy debemos** comer carne de puerco para ser fieles a Dios!». [28]

El segundo ejemplo viene de un encuentro bíblico de agricultores realizado en Goiás, Brasil:

El pueblo discutía quién podría haber sido el ángel que liberó a Pedro de la prisión (cf. Hech 12, 1-17). . . Doña María. . . dijo: "cuando don Pedro Casaldáliga fue apresado en su casa, nadie lo supo. No había comunicación. Siete policías bien armados vigilaban la casa. No dejaban entrar ni salir a nadie. Exactamente como en la prisión de Pedro narrada en la Biblia. Pero una niña entro, nadie le puso cuidado. Una niña sencilla, con chancletas. Ella llevó una boleta de don Pedro para fuera de la prisión, fue directamente al aeropuerto,

---

[28] Carlos Mesters, *Flor sin defensa*, p. 36. El énfasis es mío.

logró viajar hasta Goiánia y avisó a los obispos que estaban reunidos allí. Ellos se movieron y lograron la liberación de Pedro. [¡]La niña fue el ángel de Dios que
hizo caer las puertas de la prisión de Pedro!". [29]

******* ******* ********

El texto en su contexto

En la mayoría de los casos mi primer acercamiento al texto lo
hago utilizando dos «habilidades» que me parecen vitales en el desarrollo de una mente exegética: *observar* y *hacer preguntas*.
Para lo primero, me ayudo con una buena cantidad de marcadores,
lapiceros y lápices de diferentes colores. Para lo segundo, me ayudo
con los clásicos seis pronombres interrogativos: *quién, qué, dónde,
cuándo, cómo, por qué*. El exegeta necesita tiempo suficiente y pa-
ciencia para observar una y otra vez su texto—mantener siempre
en mente lo que los apóstoles afirmaron en Hechos 6.4. Necesita
bombardear al texto con toda clase de preguntas, usando los seis
«amigos» citados anteriormente. En mi experiencia, he descubierto que los dos «amigos» esenciales son «*quién*» y «*qué*». El primero me ayuda a descubrir a los actores o protagonistas del relato,
tanto los primarios como los secundarios; el segundo (*qué*) me ayuda a descubrir la acción o trama del relato: «qué está pasando aquí».
Con el «*qué*» no solo busco verbos sino también sustantivos que in-
diquen acción o estado.

En la observación y la elaboración de preguntas, permito que
el texto sea el primero en revelarme su estructura y su tema clave.
No puedo forzar al texto a decir lo que no puede decir; por ello, la
selección de un pasaje para estudiar desde una perspectiva particular (infantil, de género, etc.) solo se logra después de mucha lectura
e investigación del texto bíblico.

Aunque siempre utilizo el texto de la *Versión Reina-Valera*
(revisión de 1960) para mi exégesis, pues es la versión que se usa

---

[29] *Flor din defensa*, p. 35.

más en mi comunidad eclesiástica y las iglesias evangélicas de los países hispanohablantes, también trabajo con el texto hebreo. Esas son mis dos herramientas básicas. En el proceso del trabajo también hago uso de las versiones *Traducción en Lenguaje Actual* (TLA/BLS), *Dios Habla Hoy* (Versión Popular), *Nueva Versión Internacional*, *Nueva Biblia de Jerusalén* y *El libro del pueblo de Dios*. En la lectura de estas herramientas descubro palabras y giros que se hacen difíciles de descubrir usando solo una. El siguiente ejemplo de ***exégesis y exposición*** basado en Rut mostrará cómo he usado esas herramientas, aptitudes y métodos.

EL SEÑOR, PASTOR O ENEMIGO: ENTRE LA REALIDAD Y LA APARIENCIA

En el relato sobre Noemí y su nuera Rut, encontramos varios elementos que hacen de esta historia, algo digno de contar y estudiar. El autor es en verdad un excelente literato y, por supuesto, un gran maestro y comunicador. Empecemos con el establecimiento del escenario –elemento clave de la trama:

> [1] Aconteció en **los días que gobernaban los jueces**, que hubo hambre en la tierra. Y un varón de **Belén** de Judá fue a morar en los campos de **Moab**, él y su mujer, y dos hijos suyos. [2] El nombre de aquel varón era **Elimelec**, y el de su mujer, **Noemí**; y los nombres de sus hijos eran **Mahlón** y **Quelión**, efrateos de Belén de Judá. Llegaron, pues, a los campos de Moab, y se quedaron allí.
> [3] Y murió Elimelec, marido de Noemí, y quedó ella con sus dos hijos, [4] los cuales tomaron para sí mujeres moabitas; el nombre de una era **Orfa**, y el nombre de la otra, **Rut**; y habitaron allí unos diez años. [5] Y murieron también los dos, Mahlón y Quelión, quedando así la **mujer desamparada de sus dos hijos y de su marido.**

Estos primeros cinco versículos del libro nos proveen elementos claves para el desarrollo del argumento de la obra (lo que está en negrita nos parece de vital importancia):

Contexto histórico (ayudan los amigos: «cuándo» y «dónde»)

- **Época de los jueces:**
  - Desobediencia, idolatría, violencia, anarquía y fracaso vienen a ser la impronta de Israel en la época de los Jueces... *En aquellos días no había rey en Israel, y todo mundo hacía lo que bien le parecía* (Jue 21,25).
  - Tanto el pueblo como sus líderes hacen totalmente lo contrario de lo que hace una nación obediente en tiempos de Josué:

Josué	Jueces
Un Dios	Muchos dioses
Un pueblo unido	Tribus dispersas y aisladas
Obediencia a los preceptos divinos	Desobediencia a los preceptos de Dios
Distribución total de la tierra	Compartieron la tierra con otras naciones
Culto a Yahvé en un lugar	Muchos santuarios y altares

- **Moab:**
  - Moab fue un reino altamente organizado, con actividades agrícolas y pastorales prósperas, edificios de gran esplendor, cerámica característica, y poderosas fortificaciones compuestas de pequeñas fortalezas ubicadas estratégicamente en sus fronteras.
  - Nación que, de acuerdo con la historia de los Jueces, había oprimido a los israelitas por dieciocho años (Jue 3.12-14).
  - En los profetas se mencionan y con frecuencia se pronuncia juicio divino sobre ellos (véase Is. 15–16; 25.10; Jer. 9.26; 25.21; 27.3; Ez. 25.8–11; Am. 2.1–3; Sof. 2.8–11).

- **Situación de la mujer:**
  – En la sociedad en la que Noemí vivió, en aquellas tierras del Mediterráneo oriental en pleno siglo XII antes de Cristo, ser mujer ya era en sí un grave problema y, peor aún si era viuda y sin hijos, y en tierra extraña. Es decir, vivía totalmente desamparada; prácticamente condenada a muerte.

Nombres propios (ayuda el amigo «quién»)

Belén - *bet lejem* - «casa del pan»
Elimelec - *eli melek* - «mi Dios es rey»
Noemí - *no 'emi* - «dulce», «placentera»
Mahlón - *majlon* - «enfermizo»
Quelión - *kilion* - «debilucho»
Orfa - *'orpah* - «terca» «la que da la espalda»
Rut - *rut* - «amiga»
Booz - *boatz* - «la fortaleza está en él»
Obed - *obed* - «servidor»

En el caso de Rut, el amigo «qué» acompañado del «quién» me ayudan a penetrar en el análisis retórico o semiótico del texto. Hago preguntas que me descubran las interacciones entre los personajes y entre los personajes y su medio ambiente. En la lista anterior de nombres, especialmente los de personas, hay una serie de nombres que reflejan personajes «secundarios», cuyo papel es el de acentuar más el carácter protagónico de los personajes centrales. Los personajes «secundarios» o de «apoyo» son Elimelec, Mahlón y Quelión. Son los personajes que «darán al traste» con las «apariencias» o «quimeras» en las que vivía Noemí. Sus hombres –así lo describe elocuéntemente el autor—no le servirán para nada, a pesar que la sociedad de su época, por el estereotipo de la relación varón-mujer diga lo contrario. El personaje «Orfa», también de apoyo, servirá para acentuar más el carácter fiel y de amiga de Rut.

Noemí tiene dos nombres, *Dulce* y *Amarga*, porque dos serán sus papeles en la historia: al principio vive en aparente «dulzura» (véase Rut 1.21), pero en realidad su vida en el capítulo uno es de «amargura». Solo a partir del protagonismo de la «amiga», la «amarga» recobrará su verdadero nombre, Noemí, «la Dulce», en los capítulos 2—4. A la «amiga» también se sumarán dos nombres, el del nuevo «hombre» en su vida, Booz, que le dará le «fortaleza» —y así revertirá la «debilidad» del primer marido— que necesitará para lograr los elementos que completarán la historia: el hijo (Obed «siervo») que cuidará de la abuela e introducirá a Rut, y por supuesto a Noemí en la línea genealógica del Mesías.

Realidad y apariencia

Al tomar nota de los nombres propios y con la ayuda del contexto histórico y social, podemos empezar a entender el binomio realidad-apariencia. ¿Cuál es lo aparente en el contexto geográfico al que pertenece Noemí?: «Belén» que es el lugar por antonomasia del «pan», no tiene ese ingrediente que lo define como «Casa-del-pan». ¿Qué es lo aparente en el caso del esposo de Noemí?: se llama «mi-Dios-es-el-rey», pero de nada le sirve tal apelativo. Carece de lo básico para mantenerse y mantener a su familia. Su «dios» y su «fe» quedan atrapados en el nombre nada más. Otro elemento que obliga a definir el «apoyo» con el que cuenta Noemí como aparente es el de sus tres hombres. Como se ve por el contexto histórico y social, era prácticamente imposible para una mujer sobrevivir sin el respaldo masculino. Pero el autor no esconde para nada el hecho de que Noemí jamás tendría éxito con sus «tres hombres»: el esposo por ser un «don nadie» a pesar del nombre—para el Dios de Israel no era ninguna ganga que ese hombre llevara tal nombre—, y a los dos hijos sus nombres los delatan: «enfermizo» y «debilucho».

En el caso del nombre de las mujeres, llama la atención el hecho de que tanto Noemí como Rut tienen un nombre correspondiente «en negativo». La «Dulce» se autodenomina, «Amarga». Rut («Amiga») encuentra en el nombre de su cuñada la contraparte: «Orfa», «la que da la espalda».

Pasa algo interesante con «Dios». El dios que dice servir y adorar Noemí no se difiere mucho del dios al que Orfa regresa a servir y adorar. ¿De qué valían las palabras de ánimo que Noemí les daba a Rut y Orfa citadas en los versículos 8-9?: *Andad, volveos cada una a la casa de su madre;* **Jehová** *haga con vosotras misericordia, como la habéis hecho con los muertos y conmigo. 9 Os conceda* **Jehová** *que halléis descanso, cada una en casa de su marido.* Su dolor, su falta de esperanza y las palabras con las que califica a "su dios" (*amargura tengo yo. . . pues la mano de Jehová ha salido contra mí* [1.13]. *No me llaméis Noemí, sino llamadme Mara; porque en grande amargura me ha puesto el Todopoderoso. 21 Yo me fui llena, pero Jehová me ha vuelto con las manos vacías. ¿Por qué me llamaréis Noemí, ya que Jehová ha dado testimonio contra mí, y el Todopoderoso me ha afligido?* [1:20-21]) negaba la «aparente» fe con la que animaba a las nueras. Será Rut, la extranjera, «pagana» y mujer, la que «devolverá» la «realidad» de la presencia y autenticidad del Dios verdadero en quien Rut si tenía fe, a pesar de que «Yavé» no era su dios originalmente. El poema de los versículos 16-17 es por demás elocuente:

> *No me pidas que te deje;*
> *ni me ruegues que te abandone.*
> *Adonde tú vayas iré,*
> *y donde tú vivas viviré.*
>
> *Tu pueblo será mi pueblo*
> *y* **tu Dios será mi Dios.**
> *Donde tú mueras moriré,*
> *y allí mismo seré enterrada.*
>
> *Que Dios me castigue*
> *si te abandono,*
> *pues nada podrá separarnos;*
> *¡nada, ni siquiera la muerte!»*
> (TLA).

Rut no regresaría a Moab, porque el dios de ese país no tenía nada que ofrecerle a Rut. Pero a la vez, Rut se presta a darle tremenda lección de fe a su suegra. Pues el Dios de Israel, Yavé, en el que

Noemí pretende creer pero en quien de verdad no cree, sino a quien más bien tiene por enemigo, es el Dios en el que Rut cree y está dispuesta a apostar el «destino» de su vida en él.

La «apariencia» está en la fe de Noemí, quien no decidió hacer del dios de Moab su Dios, pero tampoco lo había hecho con Yavé. La «apariencia» está en «quienes» Noemí había decidido poner su confianza y apostar su «destino»: sus hombres (1.21) y un «dios» con rasgos ambiguos: Animaba a sus nueras poniéndolas «al cuidado» de Yavé, pero ella lo consideraba la «fuente de su amargura», lo tenía por «enemigo». Es por demás elocuente la «ceguera» de fe que Noemí sufrió a causa de su dolor y amargura. Noemí se había olvidado que salió de Belén sin nada—un esposo que no era hijo del rey del universo, dos hijos que no le servirían de apoyo y una ciudad que no era capaz de darle pan. Pero a pesar de eso les dice a las damas de Belén que de allá había abandonado ese lugar «con las manos llenas», y que ahora regresaba «con las manos vacías». Esa era la «apariencia». La «realidad» era, por supuesto, otra. Había salido de Belén con «las manos vacías»; por ello tuvo que irse de refugiada a Moab—el país de los enemigos más acérrimos de Israel. Y ahora que regresaba de nuevo a Belén, no venía, como ella creía, con las «manos vacías», sino que regresaba con Rut, su «amiga»—esa que el libro de Proverbios califica así: *hay amigos que valen más que un hermano* (18.24b, TLA); *El amigo siempre es amigo, y en los tiempos difíciles es más que un hermano* (17.17, TLA). La historia que se escribiría en los capítulos 2—4 iba a demostrar que «las apariencias» engañan, y que cuando la fe en Dios pasa por los «cánones» y «moldes» de la sociedad y cultura general esa fe se distorsiona, y deforma nuestra manera de entender a Dios y a los otros. Si la cultura «enseña» que la respuesta a las necesidades está en «este o aquel» o en «esto o aquello», entonces «dios» tiene que pasar por ese tamiz. Jamás se «piensa» que Dios tiene unos sistemas de «valores» tan radicalmente distintos a los de la sociedad imperante, y que, de acuerdo con el testimonio bíblico, muy a menudo nos sorprende con «instrumentos» no «compatibles» con los cánones y las expectativas del mundo actual.

Lecciones de la vida

Cuando Rut decidió hacer de Yavé su Dios y de Judá su pueblo—Belén incluido—, lo hizo con el tipo de «fe» que Jesús, siglos después, vería en la mujer cananea (Mt 15.28) y en el capitán romano (Mt 8.10): *Jamás había visto tal fe en Israel.* Rut le enseñaría a su suegra—y a todos nosotros de paso—a escribir una nueva historia, con un nuevo libreto y un nuevo final. En efecto, Rut no solo fue instrumento para que Noemí tuviera provisión ininterrumpida de comida, sino que también le proveyó de una familia, le devolvió su valor de persona y la hizo miembro de la realeza divina: día a día, Rut regresaba a casa con suficiente cebada para la alimentación; llegó a ser esposa de Booz, el rico del pueblo; le devolvió a la suegra «su estima propia», pues con su actitud firme y emprendedora, Rut despertó en Noemí la sabiduría de dar el buen consejo a la nuera y de aprovechar las oportunidades (Rut 3.1-4); Rut, al llegar a ser esposa de Booz, se colocó y colocó a su suegra en la línea genealógica de Jesús, el Mesías esperado de Israel y Salvador del mundo. ¡Qué más pudiera haber querido Noemí! En su dolor, sufrimiento y amargura nunca se imaginó que literalmente junto a ella estaba la respuesta a sus problemas, angustias y dolores. ¡No, Yavé no la regresaba con las manos vacías! ¡La regresaba con las manos llenas, y con una maravillosa lección de fe! Su vida no la definiría de acuerdo con el patrón dictado por la sociedad de su época, sino por lo «inconcebible». Es decir, por aquel instrumento que la sociedad dice «no sirve, es incapaz», pero que Dios «afirma» y usa de manera sorprendente y novedosa.

En la persona de Rut, «la amiga», Dios le devolvió la «dulzura» a Noemí, y le devolvió la vida. Las mujeres de Belén le decían a Noemí:

> *Bendito sea Dios que hoy te ha dado un nieto para que cuide de ti. Dios quiera que cuando el niño crezca llegue ser muy famoso en todo Israel. Él te hará muy feliz, y te cuidará en tu vejez, porque es el hijo de tu nuera Rut. Ella vale más que siete hijos, porque te ama mucho y ha sido buena contigo* (Rut 4.14-15, TLA).

La historia se cierra formando una especie de marco, devol-viéndole al sino de «muerte» y «desolación», «vida» y «esperanza»: Noemí salió del «pueblo-sin-nada-de-pan», y regresó al «lugar-don-de-nunca-falta-el-pan»; salió dependiendo de la «enfermedad» y la «debilidad», y regresó con la fuerza de la compañía de una nuera que «valía más que siete hijos», más la fuerza del nuevo esposo que se llamaba «fortaleza»; salió perteneciendo aparentemente al linaje real, y se convirtió en «abuela» del Mesías divino, Salvador del mundo y «Rey de cielo y tierra» en cuyo reino sería primero «servi-dor» (*Obed*) más que «emperador».

El texto en nuestro contexto

En realidad no es difícil descubrir las lecciones para hoy en el texto bíblico estudiado. El tema de la «fe», el binomio «aparien-cia-realidad» y el asunto del sistema de valores de la sociedad actual *vis a vis* los de Dios son asuntos que inciden directamente con la practica de nuestra fe en el «aquí y el ahora». A través de mucha de la predicación y enseñanza, recibida a través del púlpito, la radio y la televisión, la «teología de la prosperidad»—resultado del mate-rialismo que nos invade—nos vende la idea de que fe en Dios y éxi-to van de la mano de acuerdo con los valores de este mundo. La actitud triunfalista de muchas iglesias y líderes nos «enceguecen» y no nos permiten ver, tal como le pasó a Noemí, que Dios levanta «amigas» al estilo de Rut como respuesta a nuestros graves proble-mas de vida.

Recursos bibliográficos

Exégesis

Díaz Castrillón, Clara María. *Leer el texto, vivir la Palabra: Manual de iniciación a la lectura estructural de la Biblia*. Estella: Editorial Verbo Divino, 1988. 246 pp. El acercamiento de este libro y sus ejemplos son excelentes para una tarea exegética con miras a la actualización y la proclamación.

Fee, Gordon y Stuart, Douglas. *La lectura eficaz de la Biblia: Guía para la comprensión de la Biblia*. Miami: Editorial Vida, 1985. 224 pp.

Este manual es de gran utilidad por el énfasis en los géneros literarios. Cada capítulo ofrece consejos de cómo acercarse exegéticamente a los textos desde su género y forma literarias.

Sánchez Cetina, Edesio (Editor de este número), *Boletín Teológico (FTL)*, vol 27 num. 58 (1995). 88 pp. Todo este número está dedicado a la exégesis y la hermenéutica. La primera parte presenta modelos de exégesis para ambos testamentos. La segunda parte presenta temas hermenéuticos. Todo el material ofrece buena ayuda para la exégesis y la proclamación.

Stendebach, Franz J. y otros. *Exégesis bíblica: textos, métodos, interpretaciones*. Madrid: Ediciones Paulinas, 1979. 199 pp. La metodología exegética se ofrece a través de ejemplos concretos. La primera parte está dedicada al Antiguo Testamento.

Tosaus Abadía, José Pedro. *La Biblia como literatura*. Estella: Editorial Verbo Divino, 1996. 285 pp. Un excelente manual para comprender la Biblia como obra literaria.

Homilética

Arrastía, Cecilio. *La predicación, el predicador y la iglesia*. San José: Colección CELEP, 1983. 73 pp. Consejos y reflexiones sobre la predicación por un reconocido predicador.

_____ *Teoría y práctica de la predicación*. Miami: Editorial Caribe, 1978. 243 pp. Un excelente manual para la preparación de sermones. El autor logra combinar la exégesis y la homilética con los recursos de la literatura castellana, de manera especial la novela latinoamericana.

Barth, Karl. *La proclamación del evangelio*. Salamanca: Ediciones Sígueme, 1969. 103 pp. Un pequeño libro en el que el famoso teólogo alemán nos ofrece sus mejores ideas sobre lo que es la predicación y cómo debe proclamarse la Palabra de Dios.

Brueggemann, Walter. *Finally Comes the Poet: Daring Speech for Proclamation*. Minneapolis: Fortress Press, 1989. 165 pp. Este es el único libro en inglés que cito en esta lista de recursos bibliográficos, porque me parece clave tanto para la teoría como para la práctica de la predicación.

Carty, Marjorie T. y Carty, James W. *Comunicación y proclamación del evangelio hacia el siglo XXI: Múltiples ideas para la comunicación contemporánea de la Palabra de Dios*. México:

Casa Unida de Publicaciones, 1984. 190 pp. El libro ofrece una rica variedad de métodos para la proclamación de la Palabra. La segunda parte tiene un buen número de ejemplos concretos de sermones y discursos.

Costas, Orlando. *Comunicación por medio de la predicación*. Miami: Editorial Caribe, 1973. 255 pp. Un excelente manual para la preparación de sermones y homilías preparado por un profesor de comunicación, en el contexto latinoamericano.

_____ (editor). *Predicación evangélica y teología hispana*. San Diego: Publicaciones de las Américas, 1982. 279 pp. Este libro es el resultado de una consulta sobre el tema indicado por el título. Es la obra de una diversidad de autores que escriben desde su particular área de especialidad y desde el lugar concreto de su ministerio. Los temas son variados, y ayudan a enriquecer el quehacer homilético de la iglesia hispanohablante.

Grasso, Domenico. *Teología de la predicación: el ministerio de la palabra*. Salamanca: Ediciones Sígueme, 1966. 371 pp. Excelente acercamiento bíblico teológico al tema de la predicación. Una obra muy completa que ayuda sobre todo a varios de los temas tratados en este capítulo.

Liegeld, Walter L. *Del texto al sermón: Cómo predicar expositivamente*. Miami: Editorial Vida, 1990. 183 pp. Este manual se concentra en la forma de sermón que nos parece el más efectivo y fiel tanto a las Sagradas Escrituras como a la comunidad de fe.

Maldonado, Luis, *El menester de la predicación*. Salamanca: Ediciones Sígueme, 1972. 222 pp. El libro presenta temas claves y pertinentes para la proclamación contemporánea de la Palabra. Empieza con el tema de la hermenéutica y luego pasa a tratar temas como: la predicación en el contexto de la cibernética y la informática; la predicación y el fenómeno de la publicidad y los medios de comunicación masiva; etc.

Perry, Lloyd M. *Predicación bíblica para el mundo actual*. Miami: Editorial Vida, 1989. 171 pp. El libro presenta los varios temas relacionados con la predicación bíblica y la comunicación del evangelio hoy.

Actualización

Alonso Schökel, Luis. *Hermenéutica de la Palabra-I*. Madrid: Ediciones Cristiandad, 1986. 267 pp. Los capítulos a considerar en esta obra son: «Uso y abuso del Antiguo Testamento» (pp. 39-52); «El Antiguo Testamento, como palabra del hombre y palabra de Dios» (pp. 103-116); «¿Es actual el lenguaje del Antiguo Testamento? (pp. 117-136).

Brossier, François. *Relatos bíblicos y comunicación de la fe.* Estella: Editorial Verbo Divino, 1987. 161 pp. Todo el libro ofrece excelentes ideas sugerencias y perspectivas críticas sobre el tema sugerido por el título. Véase de manera especial el capítulo dos: «Los modos de actualización» (pp. 51-63).

Egger, Wilhelm. *Lecturas del Nuevo Testamento: metodología lingüística histórico-crítica.* Estella: Editorial Verbo Divino, 1990. 283 pp. Aunque todo el libro es excelente para la exégesis y la proclamación, aquí me interesa remitir al lector al capítulo 17: «Actualización de los textos».

Lohfink, Norbert. *Exégesis bíblica y teología: La exégesis bíblica en evolución.* Salamanca: Ediciones Sígueme, 1969. 239 pp. El capítulo 8, «Interpretación histórica e interpretación cristiana del Antiguo Testamento» (pp. 189-216) es el que nos interesa considerar aquí.

Marchand, Gilles y Mizzotti, José. *Metodología: lectura pastoral de la Biblia.* Lima: Equipo de coordinación de lectura pastoral de la Biblia, 1991. 127 pp. Todo el libro ayuda a un acercamiento a la Biblia desde la situación de vida de la comunidad de fe.

Mesters, Carlos. *El misterioso mundo de la Biblia: Estudio sobre la puerta de entrada al mundo de la Biblia.* Buenos Aires: Editorial Bonum, 1977. 279 pp. Al igual que el libro anteriores, este libro del conocido pasoralista y biblista nos ayuda en gran manera al acercamiento a la Biblia desde la audiencia contemporánea.

_____ *Flor sin defensa: Una explicación de la Biblia a partir del pueblo.* Bogotá: Confederación latinoamericana de religiosas (CLAR), 1987. 225 pp. El título del libro ya nos indica qué esperar de este excelente material.

Salas, Antonio. *La Biblia hoy: temas introductorios.* Madrid: Ediciones Paulinas, 1992. 159 pp. El capítulo 7 es el que nos interesa en esta sección: «El Antiguo Testamento: aplicaciones para el creyente de hoy» (pp. 121-136).

Wijngaards, John N. M. *Comunicar la palabra de Dios: predicación y catequesis bíblicas.* Estella: Editorial Verbo Divino, 1988. 224 pp. Excelente libro para todo aquel que desee familiarizarse y entrar en el mundo de la proclamación contemporánea de las Sagradas Escrituras. La primera parte trata de la teoría sobre el tema; la segunda, de las técnicas de presentación.

Weber, Hans-Ruedi. *El libro que me lee: Manual para formadores en el estudio de la Biblia*. Santander: Sal Terrae, 1996. 110 pp. El autor fue por muchos años el encargado de desarrollar métodos creativos y pertinentes de estudio bíblico en el Concilio Mundial de Iglesias. Este pequeño libro resume lo mejor de sus ideas para el estudio contemporáneo de la Biblia.

Modelos de proclamación e historias de la vida

Boff,, Leonardo. *Brasas bajo las cenizas: historias anticotidianas del mundo y de Dios*. México: Ediciones Dabar, 1997. 107 pp. El lector se sorprenderá al encontrar profundos pensamientos teológicos en esta serie de relatos de la vida cotidiana. Las historias que aquí se presentan son excelentes ayudas para la actualización del mensaje bíblico.

Pagán, Samuel. *Púlpito, teología y esperanza*. Miami: Editorial Caribe, 1988. 146 pp. Varios de los sermones en este libro se basan en textos del Antiguo Testamento. El autor hace uso de la literatura hispanoamericana, de su propia poesía y de la vida de grandes personajes de la actualidad.

Rad, Gerhard von. *Sermones*. Salamanca: Ediciones Sígueme, 1975. 195 pp. La mayor cantidad de sermones en este libro son tomados del Antiguo Testamento.

Sáenz Uranga, José Ramón. *Pequeñas sorpresas bíblicas: leyendas del buenazo de Yavé*. Madrid: Ediciones Paulinas, 1988. 195 pp. El autor presenta trece exposiciones bíblicas en forma de cuentos o novelas cortas.

Sölle, Dorothee. *Dios en la basura: Otro «descubrimiento» de América Latina*. Estella: Editorial Verbo Divino, 1993. 160 pp. Una serie de relatos verídicos recopilados por la autora durante su recorrido por América Latina en el contexto de los 500 años de la presencia europea en nuestro continente. Excelente recurso para la lectura de la Biblia desde la situación de nuestro pueblo.

Theissen, Gerd. *La puerta abierta: variaciones bíblicas para la predicación*. Salamanca: Ediciones Sígueme, 1993. 200 pp. Otro excelente recurso para la lectura de textos bíblicos desde nuestro «aquí y ahora».

Tillich, Paul. *Se conmueven los cimientos de la tierra*. Esplugues de
Llobregat: Ediciones Ariel, 1968. 294. Este es un libro de
sermones que siempre me ha encantado leer y releer. Aquí el
teólogo sistemático, difícil de entender en sus obras clásicas, se
revela como un excelente comunicador y maestro de la
predicación.

La mujer en la casa de Simón el fariseo (Lc 7.36-50): ejercicio de interpretación

W. Gerald Kendrick

Introducción

En este ensayo utilizaremos el texto de Lucas 7.36-50—la historia de una mujer pecadora que unge los pies de Jesús—para ilustrar un método de interpretar el Nuevo Testamento. Pretendemos que este sea un ejercicio que muestre cómo podría enseñarse un texto en una clase o exponerse en un sermón (un tipo de ejercicio de texto-a-clase o de texto-a-sermón).

Digo que se trata de «un método», y no de «*el* método», porque uno podría variar el orden exacto en que realiza la labor interpretativa. Por otro lado, las tareas exegéticas difieren, dependiendo del tipo de literatura dentro del Nuevo Testamento con la que uno esté lidiando.[1] En la marcha compartiré algunas presuposiciones sobre cómo interpretar textos bíblicos.

---

[1] Véanse los trabajos en la bibliografía de Gordon Fee (1992), en especial el capítulo 3, "Guía breve de exégesis para sermones" (capítulo diseñado para personas que no leen griego). Sobre la clasificación e interpretación de los varios tipos de literatura en el Nuevo Testamento, véase Gordon Fee y Douglas Stuart (1985). En la bibliografía al final del capítulo, los varios manuales enlistados allá repasan bien las varias formas de hacer exégesis. El libro de Wim Weren se concentra en la exégesis de los evangelios y ofrece ejemplos de análisis de varios géneros o formas literarias, como lo son: textos narrativos, parábolas y milagros.

Mi llamado y mi trabajo como predicador, profesor universitario y consultor de traducciones bíblicas me han obligado a desenvolverme en más de un campo. Ello ha requerido que me especialice en diversas áreas de estudio en las que la mayoría de los lectores de este ensayo no son especialistas: estudios bíblicos y teológicos, lingüística y otros similares. Pero lo primero que hay que señalar es que amé la Biblia y las historias que ella narra mucho antes de siquiera pensar en especializarme en su estudio. ¿No ocurre lo mismo con la mayoría de nosotros? En gran parte, fue de gente común, que formaba parte de la comunidad cristiana, quienes nos enseñaron sobre Dios, Cristo, el Espíritu Santo y cómo vivir nuestras vidas en la presencia de Dios. Nuestros primeros maestros de Biblia quizá fueron nuestros padres, o algún amigo, o los pastores y maestros, y muchos de ellos quizá no sean considerados como expertos bíblicos en ningún «Quién es quién». Son miembros de una comunidad que cree y ora; ellos transmiten, a gente como usted y como yo, lo que correctamente consideran como una herencia preciosa.

Lo anterior apunta a un asunto importante en lo relacionado con la exégesis y la interpretación de la Biblia. Cuando nos avocamos a interpretar la Escritura o a escribir artículos sobre cómo interpretarla, debemos estar muy conscientes de una comunidad de creyentes que abarca al mundo entero. En particular, debemos ser conscientes de que somos parte de una comunidad inmediata y más pequeña, la iglesia local. Aún más; somos parte de una comunidad que trasciende el espacio y que se extiende hacia atrás en el tiempo. Hay una gran oración en la carta de Pablo a los Efesios que, en un sentido muy real, está relacionada con la labor de interpretar y entender la Escritura: *Oro para... que así puedan comprender con todo el pueblo santo cuán ancho, largo, alto y profundo es el amor de Cristo* (Ef 3.18, DHH). El apóstol señala que la interpretación bíblica no se da en el vacío; solo podemos comprender el mensaje de Dios cuando estamos con todo el pueblo de Dios, o sea, en la compañía de la comunidad creyente. ¡Y esa sí es una comunidad grande! Cuando vemos las traducciones de la Biblia, los comentarios, léxicos y las otras ayudas, nos damos cuenta que solo somos participantes en una continua conversación con el pueblo de Dios, tanto del pasado como del presente, y de otras culturas y lugares diferentes a los nuestros. Otras personas, a quienes no conocemos cara a cara, nos ayudan a entender de una forma más completa lo que un texto bíblico puede querer decirnos. [2] Dado que estaremos usando un pasaje de Lucas 7 para ilustrar la exégesis, es importante señalar que, en el prólogo del evangelio (Lc 1.1-4), el autor habla de *las cosas que han sido ciertísimas entre nosotros*. Las palabras «entre nosotros» solo pueden significar «entre los creyentes, los cristianos». Lucas escribe para que Teófilo y, por implicación, otros que leen el evangelio, sepan con exactitud las cosas que el pueblo de Dios enseña y cree respecto de Jesús.

¿Qué es la exégesis y cuál es su función?

Cuando menos hay dos posibles peligros que, como exegetas, enfrentamos. Por un lado, la exégesis puede definirse estrechamente como el proceso de obtener el sentido que un texto antiguo tuvo en la época en que fue escrito. Podemos traducir bien todas las palabras griegas, entender el tipo de literatura del que se trata y comprender bien la cultura de la época neotestamentaria. Pero, ¿debemos deleitarnos en conocer y hablar solo sobre otra cultura, otro lugar y otra época diferentes de la nuestra? No; la mayoría de nosotros respondería que estudiamos los textos bíblicos para ver si también nos confieren un mensaje para hoy. Y es aquí donde puede darse el segundo error. Algunos, quizá sin darse cuenta de la brecha que hay entre ellos mismos y el texto (o sin pensar mucho en ello), empiezan de inmediato a buscar aplicaciones que sean relevantes. Si utilizamos ese acercamiento, damos un salto de más de 2000 años en la historia, y donde caigamos será guiado solo por las principales preocupaciones del presente. Una agenda predeterminada—lo que nosotros queremos decir—solo hará que torzamos el texto para alcanzar los fines que nos hemos propuesto. Ya que hay un fin en mente, algunas

---

[2] Véase el libro de Markus Barth, *Ephesians* (vol. 34 en el Anchor Bible Commentaries), p. 395.

preguntas nunca se hacen. ¿Qué significó ese texto antiguo en su contexto original? ¿Tiene algo que decir a los escuchas de este tiempo? De ser así, ¿cómo debo cruzar la brecha interpretativa? La labor de la exégesis, como la usamos en este ensayo, tiene que ver con cómo tomar un texto antiguo, vestido con el ropaje cultural de otro tiempo, lugar e idioma que difieren casi en todo con nuestro tiempo, lugar e idioma, y analizarlo con las mejores herramientas disponibles para determinar qué decía en su tiempo. Es un intento por entender el sentido original del texto y, habiendo hecho eso, escuchar y entender si hay algo en el texto que se relacione con nuestra propia situación.[3]

Una traducción confiable

Para interpretar nuestro texto de Lucas, señalamos una regla obvia que muchas veces se pasa por alto. Antes de intentar interpretar este o cualquier otro texto de la iglesia, debemos leerlo en oración y con sumo cuidado. Cada parte del Nuevo Testamento fue escrita en griego, pero la mayoría de las personas del mundo conocen estos escritos por medio de alguna traducción. Aunque sea deseable que los que interpretan estos documentos los lean en el idioma en que fueron escritos originalmente, la verdad es que la interpretación bíblica no recae solo sobre los hombros de aquellos que leen griego. Esa labor la realizan aquellos que, como usted, aman a Dios, su revelación escrita respecto de sí mismo y a las personas que usted ha sido llamado a servir. Usted desea leer y entender estos escritos por su propia cuenta, haciendo uso de lo mejor de sus habilidades y utilizando las mejores herramientas que usted pueda costear, para así poder compartir sus hallazgos con otros. Por

---

[3] Puede ser que algunos textos no tengan nada que decir a nuestra presente situación. Cuando el pasaje sí tiene algo que decirnos, muchas veces lo hace solo después de que hemos encontrado la intención original. Es solo después de esto que podemos discernir si podemos hacer una aplicación válida. Douglas Stewart dice que la «hermenéutica, la ciencia de la interpretación, trata de saltar las barreras que podrían prevenir la comprensión actual de un texto bíblico» ("Exegesis", p. 687).

tanto, algo importante al inicio de la labor exegética es determinar cuáles *traducciones* debo usar. Usamos el plural «traducciones» porque ningún intérprete de la Biblia debe depender de solo una traducción. Lo más probable es que la versión de la Biblia que utilicemos al presentar nuestra interpretación sea la misma que usa la mayoría. Sin embargo, como intérpretes, debemos consultar más de una traducción.[4] Hasta los traductores de la Biblia usan más de una versión. Sin importar cuán bien conozcan los estudiosos los idiomas originales, ellos estudian meticulosamente cómo otros traductores han entendido el texto original (la lengua fuente), para así encontrar la mejor forma de expresar en el idioma al que están traduciendo (el idioma receptor) lo que dicho texto dice. Como intérpretes, no podemos hacer menos que esto.

Queremos una traducción buena y confiable de la Biblia, que dependa del cuidadoso estudio de los manuscritos hebreos y griegos (para el Antiguo y Nuevo testamentos, respectivamente). Un buen número de traducciones modernas cumple con estas características, y el proceso conocido como «crítica textual» ha contribuido a proveer las bases para este tipo de Biblia. La ciencia y el arte de la crítica textual—es ambas cosas—es un proceso más bien complejo, por medio del cual se comparan y examinan cuidadosamente los diversos manuscritos con el fin de obtener una base sólida y confiable para la traducción de la Biblia. Aunque podemos aprender lo suficiente respecto de la crítica textual como para entender las notas que vienen en muchas de las versiones modernas, la mayoría de nosotros no somos especialistas en ese campo.[5] Por este motivo,

---

[4] Entre los protestantes en Latinoamérica, la versión RVR (en sus revisiones de 1960 y de 1995) es la más usada. En algunas congregaciones se ha empezado a utilizar la DHH o la NVI (aunque no como texto litúrgico). En ciertos grupos es posible encontrar otras versiones. Entre los católicos romanos, unas de las versiones más utilizadas son la NBJ, NC y BL.

[5] A este respecto, véase el libro Heinrich Zimmermann, pp. 20-79; Joseph Schreiner, "Ejemplo de crítica textual bíblica", en *Introducción a los métodos de la exégesis bíblica,* pp. 113-128 y Roselyne Dupont-Roc y Philippe Mercier, *Los manuscritos de la Biblia y la crítica textual* (Estella: Editorial Verbo Divino, 2000).

debemos utilizar traducciones que otros han realizado. Algunas traducciones son bastante literales, que guardan las formas del idioma fuente (griego, en nuestro caso), siempre y cuando el idioma receptor (castellano, en nuestro caso) lo permita y tenga sentido para el lector. Se dice que este tipo de traducción es de «equivalencias formales», pues la forma de la traducción es un equivalente cercano a la forma del idioma original. Entre estas traducciones encontramos la RVR-60 y NBJ.

Otro tipo de traducciones procura transmitir el significado del idioma fuente con las estructuras y formas gramaticales del idioma receptor. Estas traducciones se conocen con el nombre de traducciones de «equivalencia funcional o dinámica», ya que la manera como el idioma fuente funciona para transmitir una idea es considerada más importante que mantener estructuras lingüísticas y gramaticales, ya que estas pueden resultar extrañas en el idioma receptor. Estas traducciones ayudan a entender la Biblia, pues suenan al idioma cotidiano. Algunos ejemplos de este tipo de traducción son DHH, TLA y BP. Aun dentro de este tipo de traducción, el nivel del idioma varía, pero los principios de traducción son los mismos.

Digamos que su primera lectura la hace en la RVR-60, una traducción de equivalencia formal. Usted debe leer el pasaje en otras traducciones, no menos de dos; mientras más consulte, mejor. Una de esas traducciones debe ser del tipo de equivalencia funcional, como la DHH. Si usted maneja un segundo idioma, tiene otra herramienta útil para la exégesis; obtenga una versión de la Biblia en ese idioma y utilícela en su lectura y estudio, ya que tal práctica le ayudará a entender mejor el texto. Pero cuídese de no dejar que esta o cualquiera de sus otras herramientas se conviertan en el foco de su exégesis. Como exegetas debemos recordar que intentamos entender el texto por nosotros mismos para ayudar a que otros también lo entiendan. No tratamos de demostrar las herramientas que hemos usado en la exégesis. Si comparamos nuestro trabajo exegético con mostrar a otros una casa que hemos construido, lo que deseamos es que vean la casa, no los clavos, el martillo y el serrucho que utilizamos para construirla.

Sugerencias para leer Lucas 7.36-50

Nuestra primera lectura de este pasaje[6] la hacemos sin tener comentarios a mano, pues no queremos que se nos impongan puntos de vista de otras personas sin siquiera saber sobre qué trata el texto o cuál es el contexto que lo rodea. Queremos ser libres para pensar sobre la narración y para reflexionar sobre cómo ella fluye y se mantiene unida. Este paso no puede ser sustituido por ningún comentario. Si usted hace una práctica de leer el texto antes de consultar los comentarios, después podrá seguir lo que lee en ellos con mayor facilidad. Si voy a exponer un texto ante algún grupo, mi propia práctica, por años, ha sido leer el texto varias veces en voz alta; lo hago en la traducción que la mayoría usará. Las traducciones por equivalencia formal que siempre consulto para la exégesis son la RVR-60 y NBJ; la traducción por equivalencia funcional que uso con mayor regularidad es la DHH, aunque también utilizo la TLA y la NVI.

Al principio, leemos para obtener una idea general de la narración. Un fariseo invita a Jesús a comer con él. Cuando Jesús toma su lugar en la mesa, una mujer no identificada, de quien se dice que es una pecadora, llega con un jarro de alabastro lleno de perfume. Ella se pone detrás de Jesús, a sus pies, y empieza a llorar de tal forma que sus lágrimas mojan los pies de Jesús. La mujer seca con sus cabellos los pies de Jesús, los besa y los unge con perfume. El fariseo, sabiendo que la mujer era pecadora, razona en su corazón que, si Jesús fuese un profeta, también habría sabido la clase de mujer que era ella y no le permitiría que lo tocara. Cuando Jesús lo llama por su nombre, nos damos cuenta que el anfitrión se llama Simón. Jesús le cuenta una historia, una parábola, aunque no se le llama así. La historia es sobre dos personas que tenían deudas; una debía diez veces más que la otra. A ambos se les perdona la deuda, y Jesús le pregunta a Simón quién amaría más al prestamista. Simón responde que aquel a quien se le perdonó la deuda más grande mostrará más

---

[6] Técnicamente, una sección de texto como la presente se llama *perícopa*, una palabra griega que significa «lo que se corta de alrededor», o sea, una porción seleccionada de un todo.

amor. Jesús contrasta con agudeza las acciones de la mujer y las de Simón, con lo que aprendemos que Simón ha sido negligente respecto de ciertas costumbres que, aparentemente, se esperaban de los anfitriones en ese tiempo y lugar. Luego, Jesús hace un pronunciamiento respecto de que los pecados de la mujer son perdonados, lo que hace que otros invitados a la comida se pregunten: «¿Quién es este que aun perdona pecados?» La historia termina cuando Jesús le dice a la mujer perdonada que puede irse en paz. Hay un problema que notamos al comparar traducciones, pues hay diferencias en la forma en que se traduce el versículo 47. Por ejemplo, la DHH y la RV95 no concuerdan con la NVI. En las dos primeras, el perdón parece ser la *causa* del amor de la mujer, mientras que en la NVI, el amor es el *resultado* del perdón. Más adelante trataremos este asunto, cuando discutamos el uso de los comentarios.

Estudio detallado del pasaje

En este paso del ejercicio, para poder marcar el texto y hacer algunas notas en el margen, necesitamos fotocopiar el capítulo 7, preferiblemente de una traducción basada en equivalencias formales.[7] Primero, nos concentraremos en la estructura general y en la fraseología de los versículos 36-50, buscando palabras y frases importantes, repeticiones y términos que parezcan significativos. Esto nos ayudará a estudiar el contexto inmediato y a seguir la estructura general del texto. Luego, examinaremos un contexto un tanto más amplio.

¿Qué deberíamos marcar en el contexto inmediato? Tres veces subrayé frases paralelas, en las que Jesús señaló algunos gestos de hospitalidad que eran de esperarse por parte de Simón, el anfitrión, pero que no se dieron. No ofreció agua para lavar los pies de Jesús, no le dio el beso de bienvenida y tampoco ungió la cabeza de Jesús con aceite. La conducta de la mujer contrasta con la de Simón

---

[7] Al tratar el tema de exégesis, tanto en contextos universitarios como en pequeños grupos de estudio, pido a los participantes que hagan fotocopias. No marque su Biblia; esto es solo un ejercicio, y puede que usted decida cambiar lo que marca conforme trabaja el texto.

en estos tres puntos, pues con sus lágrimas ella bañó los pies de Jesús, y los secó con sus cabellos; repetidamente besó los pies del Maestro y los ungió con perfume.

Subrayar palabras que se repiten también puede ser de mucha ayuda. La palabra «pies» aparece siete veces en este corto pasaje (tres veces en el v. 38, dos en el v. 44, una vez en el v. 45 y otra en el v. 46). Nos damos cuenta de que:

- la palabra «fariseo» (o su plural) aparece cuatro veces (dos veces en el v. 36, una vez en el v. 37 y otra vez en el v. 39),
- a la mujer se le llama «pecadora» dos veces (en los vv. 36 y 39),
- los pecados y el perdón aparecen ligados tres veces (vv. 47, 48 y 49),
- una vez se relacionan las palabras «amor» y «perdón»,
- Simón decide que Jesús no puede ser un «profeta» (v. 39), pero aún así lo llama «Maestro» (v. 40),
- el verbo «perdonar», en alguna de sus formas, aparece seis veces.

¿Se percató también de que las palabras «fe» y «salvación» aparecen solo en el último versículo?[8] En este punto, es una buena práctica hacer un esquema de las ideas principales y del desarrollo del pasaje.[9]

Ahora es necesario analizar el contexto más amplio en el que se encuentra localizada esta historia, para buscar posibles conexiones entre ambos. Por supuesto, podríamos decir que el contexto es el Evangelio de Lucas (que es una consideración importante) pero, en este ejercicio, nos referimos a un contexto coherente más pequeño. Ya que el capítulo 7 empieza diciendo al lector que Jesús

---

[8] Aun si usted no se percatara de este detalle en sus lecturas del texto, los buenos comentarios se lo señalarían.

[9] Fee (*Exégesis del Nuevo Testamento*) discute cómo hacer esto. Sin embargo, la sola lectura del texto, como en este ejercicio, muestra algunos aspectos relevantes sobre el análisis de un pasaje.

entró en Capernaúm después de terminar de decir ciertas cosas, y que el capítulo 8 inicia diciendo que poco después Jesús se fue de allí, parece bastante seguro decir que nuestra narración se encuentra en un contexto distinto tanto de lo que está en el capítulo anterior como del que le sigue. Puede que no sea una separación radical, pero sí es práctica y manejable para nuestra exégesis. Antes de la historia de la visita de Jesús a la casa de Simón el fariseo, el capítulo tiene relatos de cómo Jesús sana al sirviente de un oficial romano y resucita al hijo de una mujer, junto con una larga sección sobre Juan el Bautista. Todavía nos queda determinar si los tres relatos previos juegan algún papel en la interpretación de nuestro pasaje.

Un grupo de ideas y palabras en la historia sobre Juan el Bautista (vv. 18-35) parece estar relacionada de manera especial con nuestro texto. Por un lado, notamos el término «fariseos». Además, en el versículo 26 se utiliza la palabra «profeta» para referirse a Juan el Bautista y se habla de cómo, al rechazar «los fariseos y los maestros de la ley» la enseñanza de Juan, también rechazaban el propósito de Dios para sus vidas, mientras que la gente en general, incluyendo los recolectores de impuestos, aceptó el mensaje del Bautista (vv. 28-30). Por otro lado, el relato termina con la observación de que Jesús, al comer y beber, o cenar, con tal gente, era llamado «amigo de los publicanos y pecadores» (v. 34). Al encontrar los términos «profeta», «fariseo» y «pecadores», además de la referencia a Jesús comiendo con un fariseo cuando aparece una mujer pecadora, nos percatamos de algunas conexiones obvias. Tenemos pistas, ideas, pero aún no sabemos bien cómo esto puede afectar o dar forma a nuestra interpretación. El proceso descrito arriba, asumiendo que tenemos ya una fotocopia del pasaje, toma menos de una hora.

El uso de la sinopsis

Ahora tomaremos otro paso en nuestro estudio exegético. Las referencias cruzadas que encontramos en nuestras Biblias nos

---

10 Si no encontramos estas referencias cruzadas en nuestras Biblias, los comentarios nos llevarán a ellas.

remiten a Mateo 26.6-13; Marcos 14.3-9; Juan 12.1-8.[10] La mayoría de las personas que van a la iglesia con regularidad saben que en el Nuevo Testamento hay una o varias historias de una mujer que unge los pies de Jesús, o tal vez lo sepan porque han visto alguna película sobre la vida de Jesús. Ya que hay historias como estas en las referencias de los evangelios sinópticos,[11] debemos preguntarnos si se trata de la misma historia.

Hay una herramienta muy útil que se llama «sinopsis»,[12] que nos ayuda a comparar y contrastar los tres evangelios sinópticos, y también permite ver cómo Juan desarrolla historias relacionadas con los otros tres evangelios. La mayoría de las sinopsis presenta textos relacionados en columnas paralelas, una columna para cada evangelio. En una de las columnas del medio aparece el evangelio de Marcos, con Mateo y Lucas a cada uno de sus lados, junto con otra fuente de dichos de Jesús llamada «Q» (abreviatura de la palabra alemana *Quelle*, «fuente»). Los textos de Juan aparecen en la cuarta columna. Con esto se trata de comprender mejor las relaciones literarias entre los evangelios, y ayuda a ver con exactitud qué trata de decir un evangelio en particular con la ubicación de la historia, o con las omisiones o adiciones que se le hacen a la narración. Decir que los dichos de Jesús, junto con el evangelio de Marcos, se usaron en la formación de los otros dos evangelios sinópticos no menoscaba la obra del Espíritu Santo en la inspiración de los evangelios. El mismo Nuevo Testamento da testimonio del uso de fuentes. Así, por ejemplo, el autor de Lucas comenta, en el prefacio de

---

[11] Los evangelios de Mt, Mc y Lc se conocen como sinópticos (palabra que viene del griego y significa «vista en conjunto») pues presentan la historia de Jesús desde un mismo punto de vista general. A pesar de que Jn difiere en su acercamiento, en ocasiones presenta similitudes con los otros tres evangelios.

[12] Por ejemplo, está la *Sinopsis de los Cuatro Evangelios: RVR-60* (New York: American Bible Society, 2000), editada por Wesley Matzigkeit,; y la *Sinopsis bilingüe de los tres primeros Evangelios con los paralelos del evangelio de Juan* (Estella: Editorial Verbo Divino, 1999) editada por José Cervantes Gabarrón. Esta segunda sinopsis presenta en columnas paralelas los textos bíblicos en griego y castellano.

su obra (Lc 1.1-4), sobre la formación de la misma. Dice que circulaban por su época varios relatos de las palabras y dichos de Jesús, los que Lucas consultó con sumo cuidado; así formó el evangelio. (Por supuesto, no dice que sus fuentes fueron el evangelio de Mc y Q. Eso no es más que una teoría que los eruditos han desarrollado sobre los evangelios y la literatura relacionada.)[13] Lucas escribe para que alguien llamado Teófilo y, por implicación, otros que lean el evangelio, conozcan con certeza sobre lo que se enseñaba y creía respecto de Jesús. Algunas historias sobre Jesús aparecen solo en un evangelio, otras solo en dos, y otras aparecen en los cuatro. Las diferencias y similitudes en los relatos pueden verse con relativa facilidad al usar una sinopsis.

Si no se tiene una sinopsis, debemos leer con cuidado los relatos de la unción en cada uno de los evangelios y hacer algunas notas. Uno puede obtener la información de los comentarios, pero será muy útil si usted hace sus propias comparaciones, y usted puede hacer su propia sinopsis para este ejercicio haciendo fotocopias de los cuatro relatos y poniéndolas lado a lado.[14] Con esto en mano, en más o menos treinta minutos, uno puede marcar y subrayar tanto similitudes como diferencias. ¿Quién ungió a Jesús? ¿Dice alguno de los relatos el nombre de la mujer? ¿Ocurre el incidente en el mismo pueblo en cada evangelio, y a la misma hora? ¿Cuál es el nombre del anfitrión? Si el nombre es el mismo, ¿se refieren los relatos a la misma persona? ¿Unge la mujer los pies de Jesús en todos los relatos? ¿Cuál queja se da en los distintos relatos, y quién es el que se queja? ¿Cuánto costó el ungüento? ¿Reportan los cuatro evangelios

---

[13] Una buena Biblia de estudio tratará estos temas con mayor detalle. Ademas, las siguientes obras pueden ser de mucha ayuda: Georg Ziener, "La cuestión sinóptica" en *Forma y propósito del Nuevo Testamento* (pp. 206-219); Raymond E. Brown, pp. 59-191.

[14] Este pasaje puede interpretarse sin necesidad de hacer este paso del ejercicio, ya que los comentarios discuten las similitudes y las diferencias entre los relatos, pero lo mejor es hacer la práctica. Yo hago que mis estudiantes universitarios, que no leen griego hagan este ejercicio con algún pasaje de los evangelios sinópticos, como el texto sobre la tentación de Jesús (Mt 4.1-11; Mc 1.12-13; Lc 4.1-13), para que ellos puedan ver, por sus propios ojos, cómo los distintos evangelios tratan una selección de texto.

este dato? Al notar las similitudes, también saltarán a la vista las diferencias.

Resumamos lo que hemos descubierto con este ejercicio. Hay una mujer en todos los relatos, que trae un ungüento en un jarro de alabastro (Mt, Mc y Lc). La mujer unge, o bien los pies de Jesús (Lc y Jn) o su cabeza (Mt y Mc), y por ello la critican o regañan (todos los relatos). En tres de los relatos el regaño es dirigido contra la mujer por malgastar el ungüento, en vez de venderlo y dar la ganancia a los pobres (Mt, Mc y Jn). Marcos y Juan informan sobre el costo del perfume, mientras que Mateo nota que podría haberse vendido por una cantidad grande. La crítica proviene de los discípulos (Mt), de algunos de los presentes (Mc) o de Judas Iscariote (Jn). En Lucas, sin embargo, la crítica viene de Simón el fariseo, y es indirecta, ya que el autor informa los pensamientos de Simón, no sus palabras. Es más, la crítica no va dirigida contra la mujer sino contra el hecho de Jesús permite que la mujer lo toque. La historia de Lucas no dice nada respecto del costo del perfume. Solo en Juan se dice que la mujer se llama María, y que se trata de la hermana de Marta y Lázaro. Solo en Lucas se le califica de «pecadora». A pesar de lo que indica la tradición posterior, en ningún relato se dice que se trate de María Magdalena (Lc 8.2). En Juan no se da el nombre del anfitrión, mientras que en dos relatos se llama «Simón el leproso» (Mt y Mc). En Lucas, no obstante, él es «Simón el fariseo», no «el leproso»; no se trata, entonces, del mismo Simón. Tres de los relatos ubican la acción en Betania y, presumiblemente, el relato de Lucas ocurre en Capernaúm (7.1). Sea cual sea la relación con los otros relatos, el de Lucas no parece ser el mismo que el de los otros evangelios.

El uso de otras ayudas

Usemos ahora otra herramienta exegética, el diccionario bíblico, que nos ayudará a entender mejor algunos términos en el texto. Aunque hay diccionarios en varios volúmenes, para este ejercicio utilizaremos una edición de un solo volumen, tal como el *Diccionario ilustrado de la Biblia* (editado por W. Nelson). El artículo sobre los fariseos (de aproximadamente una página) nos ayuda, como exegetas, a entender quiénes eran los fariseos, y a evitar el error de hacer afirmaciones exageradas, que traspasan los límites de un determinado texto del Nuevo Testamento, sobre cómo todos los fariseos eran hipócritas y estaban llenos de malas intenciones. Los artículos sobre «comer» y «alimentos» nos muestran las costumbres a la hora de comer en la época del Nuevo Testamento. Cuando entendemos que los que se reunían para comer se reclinaban en almohadas, sobre el codo izquierdo y con los pies extendidos hacia atrás, entendemos cómo pudo la mujer estar detrás de Jesús y a sus pies. Al principio puede parecer algo sin importancia, pero la interpretación se ve obstaculizada cuando los lectores de la Biblia simplemente transfieren a la época bíblica las costumbres actuales sobre la comida. A muchos les intriga cómo pudo la mujer estar de pie detrás de Jesús y a sus pies. ¿Cómo hizo para gatear por el piso y meterse debajo de la mesa donde Jesús estaba cenando?[15]

Este tipo de dato tal vez podamos encontrarlo también en comentarios o Biblias de estudio. Lo que queremos resaltar es que uno debe hacer un poco de investigación del trasfondo de los pasajes que pretendemos interpretar por nuestra cuenta para presentarlos a otros. En un tiempo relativamente corto, leyendo unos cuantos artículos de una página, podemos obtener información que nos servirá mucho a la hora de tratar, no solo este texto, sino también muchos otros.

Uso de los comentarios

Una vez que hemos hecho un poco de labor exegética por nuestra propia cuenta, estamos listos para consultar algunos buenos comentarios y tomar algunas decisiones exegéticas. Dado que hemos leído y estudiado el texto con cuidado, y de que hemos reflexionado sobre él, no corremos el peligro de eliminar nuestras reflexiones para aceptar lo que dicen los comentarios. Ahora estamos pensando con los comentaristas, los cuestionamos, y nos preguntamos si sus razonamientos son válidos.

---

[15] Esta es una pregunta que se hace Craddock, en su comentario a Lc (p. 105).

Pero, fíjese, dijimos *buenos* comentarios.[16] Los libros devocionales y los sermones tienen su propósito, pero no los contemplamos aquí. Muchas veces nos vemos tentados a tomar lo que otro ha dicho en un sermón o una lección de escuela dominical y usarlo de forma acrítica, sin pensar las cosas por nosotros mismos. Todo el propósito de este ejercicio ha sido acercarnos de manera significativa al texto de las Escrituras, como intérpretes, para hacernos pensar sobre lo que dice; para que el texto nos cuestione y para que nosotros le hagamos preguntas al texto. No tenemos la libertad de leer en un texto algo que nunca dijo, u obtener de él respuestas a preguntas que nunca planteó.[17] Necesitamos usar buenos trabajos, que lidien con el trasfondo (cultural, religioso, político, etc.), con las dificultades y las conexiones textuales y de traducción, y que analicen los significados de las palabras.

Sobre el trasfondo, el comentario debe abarcar toda la perspectiva del libro del que hemos seleccionado el pasaje. Para aplicar esto al evangelio de Lucas, debemos leer, en el material introductorio, las secciones que hablen sobre la autoría del evangelio, la audiencia, el propósito, la fecha de composición y los énfasis particulares de la obra. Para esto, necesitaremos más de un comentario por libro; de hecho, sería bueno no tener menos de dos. Y, si deseamos ser exegetas fieles, no solo debemos buscar comentarios que confirmen nuestras conclusiones, sino también aquellos que las retan y que nos invitan a pensar más. Al estudiar algunos textos, quizá debamos buscar palabras importantes en diccionarios bíblicos o utilizar otras herramientas como, por ejemplo, diccionarios teológicos.[18]

---

[16] Véanse los comentarios a François Bovon, Joseph A. Fitzmyer y Cesar Mora Paz y Armando J. Levoratti.

[17] Cf. Stuart, p. 687.

[18] En castellano está la obra de Cohenen, *Diccionario teológico del Nuevo Testamento* (Sígueme, 1994; la obra consta de cuatro volúmenes); Jean-Jacques von Allmen (editor), *Vocabulario bíblico* (Madrid: Ediciones Marova, 1973); Xavier Leon-Dufour (editor), *Vocabulario de teología bíblica* (Barcelona: Editorial Herder, 1985).

Unir las piezas y obtener aplicaciones [19]

Al llegar a este punto, usando el estudio que hemos realizado, unido a lo que hemos descubierto en los comentarios, estamos en capacidad de llegar a algunas conclusiones exegéticas. Abajo listamos algunas de las cosas significativas que afectan nuestra interpretación y que pueden ayudarnos a hacer algunas aplicaciones relevantes de esta historia para nuestras propias situaciones y que, a la vez, son fieles al contexto e intenciones originales del texto en el Evangelio de Lucas.

Lucas ofrece un relato independiente

Nuestro trabajo ha demostrado que, cualesquiera las similitudes entre la historia en Lucas y las que aparecen en los otros evangelios, podemos tratar la de Lucas de manera independiente. Al hablar del relato, necesitaremos discutir la relación entre los diversos pasajes, pero solo lo suficiente como para establecer el punto de que podemos tratar la narración de Lucas por aparte. [20] La opinión que aparece en la mayoría de los comentarios tiende a validar estas afirmaciones y a tratar así al texto.

La importancia de los fariseos

También hemos descubierto que hay alguna conexión entre la mención de Simón el fariseo y la historia inmediatamente antes. Los fariseos están entre aquellos que, al rechazar el mensaje de Juan el Bautista, también han rechazado el propósito de Dios para ellos mismos (7.29-30).

---

[19] Cristina Conti ofrece otra exégesis y relectura de este pasaje: "El amor como praxis. Estudio de Lucas 7,36-50" en *Revista de interpretación bíblica latinoamericana* (RIBLA) 44: 53-70.

[20] G. B. Caird ha resumido el asunto brevemente (*Luke*, p. 115): «No hay razón para confundir a la mujer anónima de este episodio con María Magdalena o con María de Betania ([Lc] 8.1; Mc 14.1-9; Jn 12.1-8), aunque es posible que las dos historias de la unción de Jesús por una mujer hayan interactuado una en la otra (cf., en especial, Jn 12.1 con Lc 7.38)».

No obstante, no debemos exagerar los errores de Simón, ni atribuirle algún motivo ulterior para invitar a Jesús a su casa. Lucas relata otras instancias en las que Jesús come con fariseos (11.37; 14.1). Si bien Jesús comía con la gente despreciada, él no rechazó a otros; por tanto, tenemos que cuidarnos a la hora de lidiar con nuestro texto, para no implicar algo que el texto no dice ni quiere decir. A Jesús se le criticó cuando comió con recolectores de impuestos y pecadores; por ello, podemos ver como nuestro relato ilustra, en el evangelio de Lucas, lo que él dijo en el relato sobre Juan el Bautista.

El carácter de la mujer

Muchos comentaristas sugieren que la frase «la mujer en la ciudad, una pecadora» se refiere a una mujer que era prostituta, y han encontrado que esto es una posibilidad genuina. Por otro lado, el texto mismo no dice que la mujer fuese prostituta, y «pecador» se usa en otros contextos, tanto para hombres como para mujeres (5.30; 7.34; 15.2). Por lo tanto, lo anterior no es necesariamente la conclusión lógica.[21] A la mujer se le llama, simplemente, «pecadora», lo que la pone junto a otros en el grupo de aquellos a quienes Jesús daba la bienvenida. Que a ella se la considerara, por los motivos que fuesen, como una persona que no entraba en la gracia de Dios, la hacía «impura» a los ojos de Simón.

Al conocer las costumbres sobre la comida, podemos explicar cómo era posible que la mujer estuviese detrás de Jesús y que, a la vez, sus lágrimas mojaran los pies del Maestro. Todos los comentarios nos dirán que el verbo usado en 7.36 y que es traducido por «tomó su lugar a la mesa» significa «se reclinó a la mesa». No necesitamos especular sobre si ella compró el perfume con ganancias obtenidas de la prostitución porque, aunque ella hubiese sido una prostituta, el asunto no se discute en ningún lugar de la

---

21 Véanse Karris, Johnson y Fitzmyer.
22 Aunque Marshal, "Lucas", llega a tal conclusión: «Procedió a ungirle con perfume, muy posiblemente pagado con ganancias de su vida inmoral».

historia, y no tenemos forma de saber cómo ella obtuvo el ungüento.[22] Ella se soltó el cabello para secar los pies de Jesús, y los comentarios señalan que tal cosa, por lo general, no lo hacía una mujer virtuosa, pero el texto tampoco comenta este punto. Quizá ella estaba tan sobrecogida con gratitud que olvida cómo otros podrían interpretar sus hechos.

Algunas veces se dice que las acciones de la mujer eran altamente eróticas, y algunos pueden verse tentados a pasar mucho tiempo pintando de forma muy plástica los males que la mujer practicó en el pasado. Dado que el texto no dice nada al respecto, nosotros, como exegetas, haremos bien si nos restringimos en este aspecto.[23] Ese no es el énfasis central del pasaje, y tampoco debe ser el nuestro al interpretar la historia. El comentario de Jesús sirve para contrastar la hospitalidad de Simón con la de la mujer, y el único motivo que se discute es la relación entre amor y perdón. En la exégesis y la aplicación de pasajes no debemos ir más allá de lo que dice el texto bíblico, y tampoco debemos rellenar el relato con argumentos imaginativos (por más reales que nos parezcan) que no aparezcan en el pasaje. Como acabamos de indicar, la mujer se soltó su cabello; esto puede ser algo que hicieran las prostitutas, pero no debemos ver este hecho como una recaída hacia su pecaminoso pasado. «Sus acciones no confirman su pecaminosidad; solo dan pie para que la interpretemos».[24] Con frecuencia, se encuentra la fuerza del texto en su economía de palabras, sin importar cuánto talento artístico creen los intérpretes modernos que ellos tienen. Algunos comentarios no mejoran la historia original.

Dos reacciones hacia Jesús

Simón piensa que, si Jesús fuese un profeta, él sabría qué tipo de persona era la mujer. Ya indicamos que la palabra «profeta» nos

---

[23] Craddock desecha la idea de que la historia tenga bemoles eróticos e indica que «es claro en la narración de Lucas que ella está brindando [a Jesús] la hospitalidad que Simón no le dio».

[24] Fitzmyer, p. 689.

recuerda el rechazo del que fue objeto Juan el Bautista en el versículo 28.[25] La pregunta de Simón muestra que él pensaba que, viendo dentro de una mujer, un profeta debía ser capaz de discernir el carácter de ella. Los comentarios nos recuerdan que se esperaba que los profetas tuvieran la capacidad de discernir el carácter de una persona; la ironía especial aquí es que Jesús sí ve lo que hay en los corazones, en lo más íntimo de Simón y de la mujer. En nuestra exégesis, sería apropiado remitir a Lucas 2.35, pues aquí se cumple lo que Simeón predijo de Jesús al principio del evangelio: que serían «revelados los pensamientos de muchos corazones».[26] Jesús en verdad es un profeta que ha visto tanto el corazón de Simón como el de la mujer, y la mujer acepta a Jesús como profeta, mientras que Simón no.[27] Simón reconoce a Jesús como «Maestro». Una concordancia mostrará que el término se usa 15 veces en Lucas. Los comentarios nos dicen que el título se usaba para mostrar respeto pero, como indica Johnson, no siempre el que usa el título está mostrando admiración por Jesús (11.45; 20.21, 28). Por otro lado, la mujer muestra su respeto y su reverencia hacia Jesús al besarle los pies en repetidas ocasiones.

La relación entre amor y perdón

En el relato que Jesús hace sobre los dos deudores, algunas traducciones retienen el vocablo griego «denario» e indican, en una nota, que esa moneda equivalía al salario que un jornalero recibía por un día de trabajo. Ambas deudas representan grandes cantidades, aunque una era diez veces más grande que la otra; este es un punto importante en el relato. Fíjese que esto difiere de la enseñanza de la parábola de los dos deudores de Mateo 18.23-34. La respuesta de Simón muestra que él entiende que amará más aquel a

---

[25] Algunos comentarios pueden indicar que, en lugar de «profeta», algunos manuscritos dicen «el profeta». Por lo general, las traducciones modernas no señalan esta variante, pues la toman como una adición secundaria.

[26] Johnson, p. 127.

[27] *Ibid.*, p. 129.

quien más se le perdonó. El contraste entre Simón y la mujer gira en torno a cortesías comunes.

Un punto muy debatido se encuentra en el versículo 47, que con frecuencia se traduce como lo hace la TLA: *Me ama mucho porque sabe que sus muchos pecados ya están perdonados. En cambio, al que se le perdonan pocos pecados, ama poco.* ¿Fue el amor de la mujer producto de su perdón, como parece sugerir esta traducción, o fue el perdón producto de su mucho amor como indica la traducción de la RVR-95?: *Por lo cual te digo que sus muchos pecados le son perdonados, porque amó mucho; pero aquel a quien se le perdona poco, poco ama.* Este es un problema de interpretación donde debemos combinar nuestro estudio de varias traducciones, nuestro propio razonamiento sobre el texto y la ayuda de comentarios, para ver si podemos llegar a una respuesta satisfactoria o, en su defecto, determinar cuáles son los puntos a investigar.

Al ver la parábola de Jesús, notamos que Jesús no pregunta *por qué* el acreedor perdonó a los deudores, sino cuál de los dos amará más al prestamista: al que se le condonó una cantidad más grande o al que se le perdonó la cantidad menor. Cuando Simón responde que aquel a quien se le perdonó la mayor cantidad de dinero será el que más ame, Jesús lo felicita por su respuesta. El gran amor es el *resultado* o la *evidencia* de que se ha perdonado mucho, no lo que causa el perdón. Al final del versículo 47, Jesús refuerza este punto al decir «pero aquel a quien se le perdona poco, poco ama». Simón ha demostrado, por su hospitalidad negligente, que él es consciente de que se le ha perdonado poco; los actos efusivos de la mujer muestran que ella sabe que se le ha perdonado mucho.[28] Invertir el punto para sugerir que el amor de la mujer le ganó el perdón es ir contra el sentido de la parábola y de lo que Jesús dice al final de la misma. Es tal razonamiento el que ha llevado a los traductores ha verter el texto como lo hace la TLA. La enseñanza de la historia tiene entonces consistencia interna. Pero los eruditos se han preguntado si el griego en verdad permite tal traducción, y la

---

[28] Kingsbury, p. 143, nota 43.

respuesta que tienen que dar es afirmativa.[29] Aun si no nos hubiésemos percatado de este punto al comparar traducciones, todos los buenos comentarios nos lo habrían señalado, por lo que siempre tendríamos que enfrentarlo en nuestra exégesis.[30] También mostrarán que estamos en terreno firme si argüimos en nuestra exégesis que el gran amor mostrado por la mujer es una prueba de que ella ha sido perdonada.

Jesús en verdad es amigo de los pecadores

Jesús ahora le habla a la mujer (v. 48), diciéndole claramente, ante todos los invitados, lo que su conducta ya ha demostrado. De alguna forma ella se percató de que había sido perdonada, y esto había sucedido antes de encontrarse con Jesús en la casa de Simón. No se nos dice cómo o cuándo se le perdonó. ¿Había visto la mujer a

---

[29] Maximiliano Zerwick, *El griego del Nuevo Testamento* (Estella: Editorial Verbo Divino, 1997), pp. 175-178, ha demostrado claramente que hay casos en el NT, incluyendo Lc 7.47, donde la palabra griega *joti* (traducida comúnmente por «porque») se refiere al *resultado* de una acción (en nuestro caso, el amor de la mujer es el resultado de haber sido perdonada), no a la *causa* de la misma. Véase también, Joachim Jeremias, *Las parábolas de Jesús* (Estella: Editorial Verbo Divino, 1971 [2ª edición]), p. 157; Antonio Cruz, *Parábolas de Jesús en el mundo postmoderno* (Terrassa: Editorial CLIE, 1998), p. 322-323.

[30] En el pasado, muchos buenos comentarios argüían que la mujer había sido perdonada porque ella amó mucho, y con frecuencia especulaban sobre las varias historias que se habían reunido para formar el relato de Lc. Razonaban que era así, y algunas aparentes inconsistencias simplemente no habían sido resueltas. La exégesis católico-romana tendía a ver el amor de la mujer como la base de su perdón. El gran exegeta neotestamentario, católicorromano, Raymond E. Brown, señala que esta narración ha sido frecuentemente debatida en la historia de su exégesis, y añade que, «Cualquiera de los dos significados, o ambos, cuadran bien con el hincapié lucano en el perdón de Dios en Cristo y la respuesta amorosa a él» (p. 330). Sin embargo, es justo decir que el consenso de los cometarios de hoy día, ya sean hechos por protestantes o católicorromanos, tiende a decir que el amor de la mujer no lleva a su perdón, sino que aquel refleja que está consciente de este (por ejemplo, véanse Craddock, Caird, Fitzmyer, Johnson y Karris).

Jesús antes de este evento? Solo podemos especular, pero sabemos que ella busca a Jesús en la casa de Simón ya como una mujer perdonada.[31] Cuando Jesús declara llanamente el perdón de la mujer, se levanta la pregunta «¿Quién es este, que también perdona pecados?». Los comentarios nos refieren a una controversia acaecida con anterioridad (Lc 5.17-26), donde se critica a Jesús por decirle a un paralítico que sus pecados le fueron perdonados. En ese relato, los fariseos y los escribas preguntan «¿Quién puede perdonar pecados sino solo Dios?» (v. 21). Aquí también tenemos fariseos haciendo una pregunta similar. Ya ha habido especulación sobre si Jesús es un profeta capaz de discernir lo que hay en los corazones de las personas. La pregunta ahora es más profunda: «¿Puede él perdonar pecados?». Esta es una pregunta cristológica, o sea, una pregunta sobre qué significa que Jesús sea llamado «el Cristo».[32] La historia prueba ser una ilustración o comentario de la razón por la que Jesús se asocia con pecadores. Los fariseos no han respondido positivamente a los profetas de Dios, mientras que los recolectores de impuestos y los pecadores sí. Simón rechaza a los pecadores porque son impuros; Jesús los acepta y anuncia que son perdonados. Aún así, Jesús va a la casa de Simón y le habla directamente. El duro mensaje de juicio es, a la vez, una invitación para Simón y sus amigos. Dios desea perdonar, a través de la misión y la obra de Jesús, a los pecadores que acepten el propósito divino para ellos mismos. Ese propósito está personificado en Jesús, amigo de publicanos y pecadores (Lc 7.29-30, 33-35). Esto parece explicar el ambiente de nuestro relato en el contexto más amplio, que ya hemos examinado. Además, con esto, los lectores del evangelio están siendo preparados para afrontar la pregunta que se hará en Lucas 9.18-20, sobre la identidad de Jesús.

---

[31] Caird (p. 115) comenta que «Su amor no era el terreno para el amor que había ido a buscar, sino la prueba del perdón que había ido a reconocer. No obstante, puede ser que para ella no fuera tan obvio que había sido perdona antes de entrar a la casa como lo era para Jesús. Con frecuencia Jesús conocía a las personas mejor que ellas mismas, y les sorprendía por la generosidad con la que leía sus personalidades».

[32] Esto lo señalan casi todos los comentarios.

En general, los comentaristas ven solo una leve conexión entre los dos últimos versos y lo que precede, ya que, hasta ahora, la palabra «fe» y el verbo «salvar» no han sido relacionados en el relato. Por otro lado, persistentemente son relacionados en los capítulos que siguen (Lc 8.48; 17.19; 18.42; cf. Hch 15.11), por lo que nos preparan para un tema importante en este evangelio.[33]

Hasta este momento, nuestro contexto nos ha mantenido dentro de los límites del capítulo 7, pero podemos preguntarnos cómo calza esta historia en el marco mayor de todo el Evangelio de Lucas. Al estudiar todo este evangelio, nos percatamos de que el autor enfatiza mucho la preocupación de Dios y de Jesús por los despreciados de la sociedad, que son considerados como personas de segunda categoría o de poca importancia debido a su «impureza» general por el pecado, o por su estatus social inferior, su género, ocupación e identidad étnica (por ejemplo, las mujeres, los pobres, los pastores, los recolectores de impuestos, los samaritanos). Luke Johnson ha enfatizado este punto con vehemencia. En esta historia, nos dice él, el lenguaje de la posesión simboliza las relaciones humanas, la lectura del corazón por parte del profeta, el perdón de pecados, fe que salva y salvación que lleva a la paz. «Más que nada, en la mujer pecadora reconocemos de nuevo a un miembro de los pobres, rechazados por la élite religiosa como persona intocable. Pero, como los pobres a través de este evangelio, ella muestra con sus actos de hospitalidad que acepta al profeta Jesús».[34] Los miembros de la élite, como Simón, no aceptan a Jesús de esa forma.

Hemos dicho que no debemos apresurarnos para hacer parecer a los fariseos como viles. ¿Por qué no hacerlo? Porque eso disculparía tanto a los lectores originales como a los modernos de considerar que ellos, también, podrían rechazar a los exiliados, los «donnadie» del mundo, a quienes Jesús vino a salvar. Deseamos tener héroes y villanos en las historias bíblicas como esta, y con mucha frecuencia nos imaginamos a nosotros mismos parados noblemente al lado de Jesús, el héroe, conforme señala a los villanos sus errores. Pero

---

[33] Véase Johnson, p. 128.
[34] Kingsbury, p. 145; Johnson, p. 129.

tomemos en consideración las palabras de otro comentarista, antes de condenar con demasiada premura el «elitismo espiritual» de los fariseos, pues «para Jesús, comer con recolectores de impuestos y pecadores y rehusar la comunión a la mesa de un fariseo lo habría hecho tan culpable de prejuicio a la inversa como lo somos nosotros, que descubrimos en nuestro celo por enmendar errores que hemos desarrollado prejuicios contra los prejuiciados, una condición que nos coloca en el campo de los que son culpables de estorbar el propósito del reinado de Dios en la tierra».[35] Estas conclusiones parecen ser aplicaciones correctas de nuestro texto para nuestro propio tiempo, a las que hemos llegado sin violentar el significado del pasaje para su situación original. Esta es la función propia de la exégesis bíblica.

Bibliografía selecta

Español

Bovon François
2002 *El evangelio según san Lucas*. Salamanca: Ediciones Sígueme, 3 vols.)

Brisebois, Mireille
1987 *Métodos para leer mejor la Biblia.* Madrid: Ediciones Paulinas.

Brown, Raymond E.
2002 *Introducción al Nuevo Testamento: 1. Cuestiones preliminares, Evangelios y obras conexas.* Madrid: Editorial Trotta.

Consejo de redacción de RIBLA
2003 *Revista de interpretación bíblica latinoamericana No. 44.* El presente número está dedicado el Evangelio según san Lucas.

Egger, Wilhelm
1990 *Lecturas del Nuevo Testamento: metodología lingüística histórico-crítica.* Estella: Editorial Verbo Divino.

Fee, Gordon

---

[35] Craddock, *Luke*, p. 104.

1992 *Exégesis del Nuevo Testamento: manual para estudiantes y pastores*. Miami: Editorial Vida.

Fee, Gordon y Douglas Stuart.
1985 *La lecutra eficaz de la Biblia: guía para la comprensión de la Biblia*. Miami: Editorial Vida.

Fitzmyer Joseph A.
1986-1988 *El evangelio según Lucas*. Madrid: Ediciones Cristiandad, 3 vols.

Green, Eugenio
1995 "Reflexiones personales sobre la exégesis del Nuevo Testamento" en *Boletín teológico # 58*: 39-50.

Karris, Robert J.
2004 "Evangelio de Lucas" en el *Nuevo comentario bíblico San Jerónimo: Nuevo Testamento*. Brown, Raymond E.; Fitzmyer, Joseph A.; Murphy, Roland E. (eds.). Estella: Editorial Verbo Divino.

Kingsbury, Jack Dean
1992 *Conflicto en Lucas: Jesús, autoridades, discípulos*. Córdoba: Ediciones Almendro.

Malina, Bruce J.
1996 *Los evangelios sinópticos y la cultura mediterránea del siglo I: comentario desde las ciencias sociales*. Estella: Editorial Verbo Divino.

Marshall, I. Howard
1999 "Lucas" en *Nuevo Comentario Bíblico siglo veintiuno*. El Paso: Casa Bautista de Publicaciones, 1999, edición electrónica.

Mora Paz, Cesar y Levoratti, Armando J.
2003 "Evangelio según san Lucas" en *Comentario bíblico latinoamericano: Nuevo Testamento*. Estella: Editorial Verbo Divino. Pp. 469-588.

Nelson, Wilton (ed.)
1974 *Diccionario ilustrado de la Biblia*. Miami: Editorial Caribe.

Schreiner, Joseph
1974 *Introducción a los métodos de la exégesis bíblica*. Barcelona: Editorial Herder.

Stendebach, Franz J. y otros
1979 *Exégesis bíblica: textos, métodos, interpretaciones*. Madrid: Ediciones Paulinas.

Stenger, Werner
1990 *Los métodos de la exégesis bíblica*. Barcelona: Editorial
Herder.

Strecker, Georg y Schnelle, Udo
1996 *Introducción a la exégesis del Nuevo Testamento*.
Salamanca: Ediciones Sígueme.

Weren, Wim
2003 *Métodos de exégesis de los evangelios*. Estella: Editorial
Verbo Divino.

Zimmermann, Heinrich
1969 *Los métodos histórico-críticos en el Nuevo Testamento*.
Madrid: Biblioteca de Autores Cristianos (BAC).

Inglés

Caird, G. B.
1963 *Saint Luke,* Westminster Pelican Commentaries.
Philadelphia.

Craddock, Fred B.
1990 *Luke*, Interpretation: A Bible Commentary for Teaching
and Preaching Louisville: John Knox Press.

Craddock, Fred B.
1985 *Preaching*. Nashville: Abingdon Press.

Johnson, Luke Timothy
1991 *The Gospel of Luke*, Sacra Pagina vol. 3. Liturgical Press:
Collegeville, Minnesota.

Stuart, Douglas
ABD-II: 682-688.

El Antiguo Testamento en el Nuevo Testamento

William Mitchell

En tiempos antiguos Dios habló a nuestros antepasados muchas veces y de muchas maneras por medio de los profetas. Ahora, en estos tiempos últimos, nos ha hablado por su Hijo, mediante el cual creó los mundos y al cual ha hecho heredero de todas las cosas (Heb 1.1-2, DHH[1]).

Continuidad y cambio

El autor de la Epístola a los Hebreos muestra con estas palabras que su mundo fue transformado por un evento de importancia trascendental: el nacimiento, vida, muerte, resurrección y ascensión de Jesucristo. Dios habló de manera nueva y decisiva por medio de su Hijo, pero sin que perdiera vigencia la palabra expresada anteriormente por medio de los profetas. La Biblia de la comunidad cristiana primitiva fue lo que hoy llamamos «el Antiguo Testamento», y este autor, a lo largo de su epístola, da un elocuente testimonio de la importancia del AT. Él está empapado del pensamiento

---

[1] A menos que se indique lo contrario, todas las citas en este capítulo son de la versión DHH.

veterotestamentario, y lo interpreta desde la óptica de Jesucristo. ¡Hay cambio y hay continuidad!

Se puede pensar de la Biblia como una planta que crece. El Antiguo Testamento es la raíz, el tallo, las hojas y el cáliz. El Nuevo Testamento es la flor, el punto culminante, la gloria de la planta. El Espíritu Santo es la savia que corre dentro de la planta y da vida a todo.

Los aficionados de la horticultura se fijan en cada etapa del crecimiento de sus plantas y describen su desarrollo paso por paso. Es más difícil para ellos detallar cada etapa del crecimiento una vez que la planta está en floración, aunque la forma final refleja el desarrollo de la planta. De modo semejante, el AT nos llegó en su forma final y, a pesar de la ardua tarea de los biblistas, persisten interrogantes sobre el proceso de composición y las etapas por las cuales pasaron los libros. Sin embargo, el estudio del conjunto de los libros tanto como el de cada libro en su contexto nos permite adentrarnos en el mensaje del AT y nos ayuda a aplicarlo a la realidad contemporánea.

La comunidad cristiana del siglo I d.C. hacía lo mismo—escudriñaba Escrituras (Hch 17.11). Para esos cristianos hubo desde el principio una relación estrecha entre su «Biblia» y los nuevos escritos que fueron surgiendo y que posteriormente formaron el Nuevo Testamento—fue el legado que dejaron para la iglesia de todos los siglos. Esta relación es muy importante; es semejante a la relación entre la flor y la planta, en tanto que no es posible explicar la una sin la otra. Al cortar una flor y colocarla en un arreglo floral sigue siendo bonita y fragrante, pero ya no tiene vida, ya no producirá semilla que da nueva vida. Para entender y apreciar plenamente el NT no debemos separarlo del contexto ni de la riqueza que deriva de su relación con el AT.

Dios se revela en la historia humana, y el AT es testimonio de esto. Dios se dio a conocer por medio de sus acciones en la vida de un pueblo, Israel. Si separamos el NT del AT, y estudiamos solamente la revelación de Dios en Cristo, sin considerar cómo se reveló a la raza humana antes del nacimiento de Jesús, será parcial nuestro entendimiento de Dios, del mundo, de la raza humana y su destino.

Hacia un entendimiento de la relación AT-NT

Identificar las citas

No es fácil determinar el rol del Antiguo Testamento en el pensamiento de los autores del Nuevo Testamento. A excepción del apóstol Pablo, ellos no nos proveen una narrativa personal de su encuentro con Jesucristo, ni dan datos de los factores que incidieron en su pensamiento. Sin embargo los escritos mismos dejan entrever que entendieron la persona y misión de Jesucristo por medio de lo que Dios había revelado en épocas anteriores—por su lectura del AT.

Los pasajes del NT que citan directamente al AT y las alusiones a pasajes del AT, nos permiten seguir las huellas del los autores en su búsqueda por un entendimiento del plan y propósito de Dios en Jesucristo. Ellos guiaban a sus oyentes y lectores hacia un entendimiento de Jesucristo por los mismos senderos que habían pisado. Estos pasajes dejan entender su apropiación del AT.

Las traducciones modernas de la Biblia permiten ver que una gran parte del AT está en poesía: Job, Salmos, Proverbios, Cantares, Eclesiastés y los libros proféticos. Por lo general, el texto poético está impreso de tal manera que permita reconocer la estructura de la poesía hebrea. Aún en relatos históricos o códigos legales encontramos poemas: p.ej. Gn 49, Ex 15, Jue 5.

En el NT, escrito mayormente en prosa, predominan otros géneros literarios y hay muy poca poesía. Solo unos cuantos poemas o trozos poéticos del NT proceden de la iglesia primitiva (p.ej. Ap 4.11, 5.5-10). Por lo general, los pasajes poéticos en el NT proceden del AT, en forma de citas hechas por los autores—p. ej. Heb 1.5-13 está compuesto de ocho citas provenientes de Dt, 2 S y Sal. La forma poética de esos textos es una gran ayuda para identificar con más facilidad pasajes del AT citados en el NT.

Muchas Biblias incluyen notas y referencias cruzadas que ayudan al usuario identificar citas del AT en el NT, sean éstas poesía o prosa. No siempre son citas exactas, pero expresan ideas similares; son, en realidad, alusiones o ecos del pensamiento de un determinado pasaje del AT. La concordancia es una herramienta útil para identificar las citas y su contexto original.

A menudo se introducen las citas con las siguientes fórmulas:

«¿No han leído ustedes...?» (Mt 12.3, 5)
«Está escrito que...» (Lc 24.46)

A veces los autores indican que un evento «cumple» lo que está escrito en el AT:

«De manera que *se cumple* en ellos la profecía de Isaías» (Mt 13.14)
«Después de esto, sabiendo Jesús que ya todo estaba consumado, dijo, para que la Escritura *se cumpliera*: —¡Tengo sed!» (Jn 19.28)

En otras ocasiones se introducen citas con frases que aluden al Antiguo Testamento:

«¿No han leído ustedes...?» (Mt 12.3, 5)
«dicen las Escrituras...» (Lc 20.17; 24.46)

Los autores demuestran así la convicción de que en las acciones de Jesús se cumple lo que está escrito en el AT (cf. Mt 13.14-15; Jn 19.28). A simple vista las citas en sí demuestran claramente cómo el pensamiento del AT informó el NT, ¡pero hay sorpresas!

- Algunas citas no concuerdan exactamente con el texto del AT
- En algunos casos no está claro de dónde se está citando el pasaje
- Hay comparaciones que nos parecen raras
- Hay interpretaciones inesperadas que nos sorprenden

Variantes entre el NT y el AT

Una comparación cuidadosa de las citas en el Nuevo Testamento con los mismos pasajes en el Antiguo revela variantes en muchos casos. Por ejemplo:

El que hace a sus ángeles espíritus,
y a sus ministros llama de fuego. (Heb 1.7, RVR)

El que hace a los vientos sus mensajeros
y a las flamas de fuego sus ministros. (Sal 104.4, RVR)

El sentido es parecido, pero la manera de expresarlo es diferente, ¿porqué? Salmo 104 en nuestra Biblia es una traducción del texto *hebreo,* mientras que el autor de la Epístola a los Hebreos citaba la Septuaginta—la traducción griega del AT.

El AT fue escrito en hebreo y el NT en griego. La Biblia de la iglesia primitiva en el mundo grecorromano fue la versión griega del AT (LXX), es decir, una traducción del texto hebreo. Esta versión incluye no solo los libros que constituyen la Biblia hebrea, sino también unos libros adicionales llamados «libros deuterocanónicos».

La Septuaginta fue preparada por judíos que habían migrado a otras partes de Asia, Europa y el norte de África, la gran mayoría de los cuales hablaban griego y no hebreo o arameo. La iglesia primitiva usaba esta versión para su propia edificación y como herramienta para persuadir a la diáspora judía que Jesús era el Mesías que tanto anhelaba.

Muchas veces las diferencias son pequeñas, pero a veces hay una diferencia más importante. Por ejemplo, Mateo 1.23 hace referencia a una «virgen» que concebirá. En el Antiguo Testamento es una «joven» que concebirá (Is 7.14). La palabra hebrea simplemente significa una mujer en edad de casarse, y no indica si está casada o no. La palabra griega en la Septuaginta significa «una virgen», no casada. Así que en este caso el texto del Antiguo Testamento y su paralelo en el Nuevo difieren de una manera significativa, debido a la palabra griega que los traductores del la Septuaginta usaron para traducir el concepto hebreo de «una joven de cierta edad». De allí surge el concepto del milagro de la concepción virginal.

Citas que aparentemente carecen de fuente en el AT

Algunas veces la afirmación del Nuevo Testamento de que algo «está escrito» en el Antiguo Testamento no está respaldado por ningún pasaje concreto que le corresponda textualmente. Lucas 24.45-47 es un caso:

> *Está escrito que el Mesías tenía que morir, y resucitar al tercer día, y que en su nombre se anunciará a todas las naciones que se vuelvan a Dios, para que él les perdone sus pecados. Comenzando desde Jerusalén...*

En muchas Biblias, aparece la cita de Oseas 6.2 como referencia al texto de Lucas. El texto de Oseas, en su contexto original, fue una llamada de Dios a su pueblo a volverse a él. Este versículo menciona «el tercer día», pero la relación de esto a las palabras de Jesús en Lucas 24 no es tan convincente. Probablemente el contexto del camino a Emaús nos da la razón. Jesús explica a los discípulos el significado de **todo** el AT, y demuestra que el mensaje del AT en su totalidad respalda lo que dice. Jesús, mejor que nadie, podía interpretar las Escrituras y mostrar que su venida y su sufrimiento eran el cumplimiento de la revelación divina en el AT.

En el caso de Lucas vale recordar que escribió dos tomos: el Evangelio y los Hechos de los Apóstoles. Los sermones, oraciones y eventos relatados en el segundo tomo indican como los apóstoles encontraron a Cristo en todas las Escrituras. En el sermón en el día de Pentecostés (2.22-36), Pedro encuentra ciertos eventos prefigurados en el AT: la resurrección de Cristo (Sal 6.8-11); la entronización de Cristo (Sal 110.1); la venida del Espíritu Santo (Jl 2.28-32). En su discurso ante el Consejo (4.8-12), Pedro encuentra el rechazo, la muerte y la vindicación de Jesús en Salmo 118.22. La oración de la iglesia (4.24-29) interpreta la conspiración de los líderes contra Jesús a la luz del Salmo 2.1-2. En su encuentro con el etíope

(8.26-40), Felipe usa Isaías 53.7, 8 para anunciar «las buenas nuevas acerca de Jesús».

Comparaciones extrañas

Ciertos usos del AT en los evangelios parecen raros a la mente moderna, pero eran muy entendibles para los lectores u oyentes del primer siglo pues reflejan cómo interpretaban textos en aquella época. Mateo 2.18 (TLA) cita las palabras de Jeremías 31.15:

> Grandes llantos y lamentos
> oyó la gente de Ramá.
> Era Raquel, que lloraba
> por la muerte de sus hijos,
> y no quería ser consolada.

Jeremías habla de la tragedia del exilio, del destierro de Israel a Babilonia. Raquel—la «madre» de Israel—que murió siglos antes (Gn 35.16-20), llora inconsolablemente por los descendientes de sus hijos José y Benjamín. En el libro de Jeremías, este texto es seguido por un mensaje de aliento para el pueblo. ¿Cuál es la relación con Mateo? Quizás el autor imaginó a Raquel llorando nuevamente, esta vez por los niños que murieron en la barbarie de Herodes. Pero, ¿lo profetizó Jeremías?

Los escritores del NT a menudo encontraban en los eventos del AT elementos que correspondían con acontecimientos en su tiempo. Los llamaban «tipos» (griego: *tupos*) o «ejemplos» (cf., 1 Co 10.6, 11). Los eventos del AT sirvieron de paradigmas o modelos formativos para entender lo que pasaba en la vida de Jesucristo y en la experiencia de la iglesia. De esa manera el mensaje consolador de Jeremías 31.16-20 se aplica a la muerte de niños en Belén. En ambos casos, Dios permite el sufrimiento, pero detrás de todo trabaja para lograr grandes cosas por la salvación de la humanidad.

Interpretaciones que sorprenden

Lectores del siglo veintiuno encuentran ciertas interpretaciones del Antiguo Testamento que les sorprenden. Algunas de estas lecturas inesperadas se deben a la *interpretación alegórica*. La alegoría convierte una historia cuyo significado parece claro y obvio en un mensaje en código. A los personajes, objetos y detalles del evento o relato se les dan un significado secreto, y esto le proporciona un mensaje muy diferente al mensaje «original».

En Gálatas 4.21-31, Pablo contrasta la creencia de la relación estrecha entre la obediencia a la ley y la salvación con la del evangelio que él predicó: la salvación por la fe en Jesucristo. Para convencer a su público, Pablo interpreta la historia de Abraham, Sara, Agar, y sus hijos Ismael y Isaac (Gn 21.1-21). Pablo argumenta que Ismael simboliza una relación basada en la ley, por lo cual es rechazado, mientras que Isaac ejemplifica una relación que nace de la fe, y es aceptado. Para confirmar esto, Pablo añade que los descendientes de Ismael vivían en la zona del Monte Sinaí, y que la Jerusalén de aquel entonces seguían bajo la ley, sin libertad. En cambio los cristianos, por haber nacido de nuevo (cf. Sal 87), eran de la «Jerusalén celestial» donde primaba el amor y no las leyes y reglamentos: *Hermanos, nosotros no somos esclavos de la ley, sino que somos libres. No somos como el hijo de la esclava, sino como el de la mujer libre* (Gl 4.31, TLA).

La **interpretación tipológica** se basaba en **eventos** históricos y contrasta con la **interpretación alegórica** que se basaba en un sistema lingüístico de signos o códigos semióticos que presuponía resonancias o paralelos entre **ideas** o significados semióticos (Thiselton, 2000: 732). La gente del tiempo del NT estaba acostumbrada a estas maneras de pensar y presentar el mensaje cristiano en búsqueda de un entendimiento de los propósitos de Dios a lo largo de la historia. Hoy participamos en la misma búsqueda, con herramientas apropiadas y adecuadas para nuestra realidad y contexto.

El uso del AT por los personajes y autores del NT

El Antiguo Testamento y el Nuevo comparten en gran medida una misma herencia de culturas y contextos históricos. Por eso hay personajes (p. e. Abraham, Moisés, David), lugares (p. e. Ciudad de David/Jerusalén, Belén, el Templo), costumbres (p.e. circuncisión, sábado, diezmo) y temas (p.e. santidad, pacto, fidelidad) que aparecen en ambos testamentos. Una investigación que contraste su uso respectivo en distintos contextos aportaría mucho a nuestro tema, pero es materia de otro estudio.

Los evangelios y las cartas del NT constituyen una veta rica para determinar la relación entre ambos Testamentos. Los cuatro evangelistas tienen características propias. La Epístola a los Hebreos está repleta de citas, conceptos, símbolos y lenguaje del AT. En este estudio nos limitamos a enfocar solo dos personajes: Jesús y Pablo.

Jesús y el AT

El AT tenía un rol importante en la vida de Jesús. No sabemos a ciencia cierta si su madre le cantara al niño Jesús himnos de su pueblo, pero el himno de María (Lc 1.46-55) tiene la forma de un salmo hebreo y emplea muchas expresiones del AT. En la tentación, Jesús usó pasajes de su Biblia, El AT (Mt 4.1-11; Lc 4.1-13). En la crucifixión, el grito de desesperación vino de los Salmos: *Dios mío, Dios mío, ¿por qué me has abandonado?* (22.1, TLA). Hay otros versículos de ese salmo que bien pueden describir esa experiencia: *me han desgarrado las manos y los pies* (22.16). El giro repentino de ese salmo hacia la confianza en el poder liberador de Dios (22.22-24) podría haberle servido como fuente de fuerza y aliento. Desde luego su grito al momento de su muerte (Lc 23.46)—una expresión de confianza en Dios—lo encontramos en Salmo 31.5.

En su enseñanza, Jesús se esforzaba por ayudar a sus oyentes a entender y beneficiarse de la revelación de Dios a Israel. A simple vista es posible encontrar cierta contradicción entre lo que enseñaba Jesús de la relación entre el AT y su ministerio. Por un lado dijo: *No crean ustedes que yo he venido a suprimir la ley o los profetas; no he venido a ponerles fin, sino a darles su pleno valor* (Mt 5.17). Por otro lado, al aclarar por qué sus seguidores no ayunaban como los fariseos y los seguidores de Juan el Bautista, dijo: *Si un vestido viejo se rompe, no se le pone un parche de tela nueva. Porque al lavarse el vestido viejo, la tela nueva se encoge y rompe todo el vestido... Tampoco se echa vino nuevo en recipientes viejos, porque*

cuando el vino nuevo fermenta, hace que se reviente el cuero viejo... *hay que echar vino nuevo en recipientes de cuero nuevo* (Mt
9.16, 17, TLA). En Jesús hubo algo radicalmente nuevo que revolucionó las formas de religiosidad en vigencia hasta ese momento.
En realidad, no hay una contradicción entre ambos Testamentos, sino una tensión inherente. Esa tensión se nota con más claridad
al entender la palabra «testamento» como «pacto» o «alianza». Jesús
es el mediador y garante del «nuevo pacto», y el «antiguo» encuentra
su cumplimiento y plenitud en él. De por sí el AT es incompleto y
proporciona un entendimiento parcial de la revelación divina. A la
vez, sin el AT nuestro entendimiento del NT queda trunco.

Los judíos dividen la Biblia hebrea en tres secciones: «la ley,
los profetas y los escritos» (véase el «Prólogo a Eclesiástico»). Jesús
no se limitó a una sola sección, usó las tres secciones en su vida y
ministerio:

La Ley
• Resumió la ley en dos principios fundamentales (Dt.
  6.4-5/Mc. 12.29-31).
• Aprobó los Diez Mandamientos (Ex. 20.1-17/Mc.
  10.19-21).
• Enseñó el verdadero propósito de la ley; fue más allá de la
  letra a su significado real (Mt. 5.21-30, 33-37).

Los Profetas
• Para Jesús los profetas explicaban el propósito y significado
  de su ministerio (Lc 4.18-19/Is 61.1-2).

Los Escritos
• Los Salmos forman parte de «los Escritos» de la Biblia he-
  brea. Jesús los usó para explicar el significado de su sufri-
  miento y muerte, p.ej.
  «El que come conmigo, se ha vuelto contra mí»
  (Jn 13.18/Sal 41.9),
  «Me odiaron sin motivo» (Jn 15.25/Sal 35.19).
  «La piedra que los constructores despreciaron se
  ha convertido en la piedra principal» (Lc 20.17
  /Sal118.22-23).

Su uso constante del AT preparó a sus discípulos para su muerte y para un futuro diferente. Pero antes de la resurrección de Jesús, a los discípulos les fue difícil captarlo. Esto lo vemos en el camino a Emaús: *¡Qué faltos de comprensión son ustedes y qué lentos para creer todo lo que dijeron los profetas! ¿Acaso no tenía que sufrir el Mesías estas cosas antes de ser glorificado?* (Lc 24.25, 26).

La vocación mesiánica de Jesús se ve claramente en su uso del AT, y permite ver el conocimiento de sí mismo, su conciencia e identidad:

- Jesús es el *SEÑOR*
  A un Moisés titubeante y vacilante Dios reveló su nombre: "YO SOY EL QUE SOY... dirás a los israelitas: 'YO SOY' me ha enviado a ustedes" (Ex 3.14). En el lenguaje bíblico, el *nombre* es mucho más que el vocablo que se emplea para llamar o designar a una persona; es más bien la persona misma, que se hace presente y se revela dando a conocer su nombre. Es conocer su naturaleza e identidad.
  En el Evangelio de Juan las palabras «yo soy» comienzan una serie de afirmaciones de Jesús acerca de sí mismo, que en más de una ocasión escandalizaron a sus oyentes, pues recordaban las palabras con las que Dios se reveló a Moisés y se dieron cuenta de la alusión clara a esa fórmula divina de identificación (Jn 4.25,26; 6.20; 6.35,41,48,51; 8.12,24,28; 9.5; 10.7,9,11,14,15; 11.25; 13.19; 14.6; 18.5,6,8).

- Jesús es el *Hijo del hombre*
  El modismo hebreo «hijo del hombre» aparece muchas veces en el AT con el sentido general de «ser humano» (Sal 8.4). En el libro de Ezequiel aparece 87 veces, y allí pone en relieve la pequeñez del ser humano frente a la majestad de Dios. En el libro de Daniel y los evangelios las expresiones «hijo de hombre» e «hijo del hombre» reciben una nueva significación. En Daniel 7.13, 14, 27 aparece

alguien llamado «hijo de hombre» que viene entre las nubes y a quien le fue dado el poder, la gloria y el reino. Este personaje fue pronto identificado con el Mesías. Así sucede en los evangelios: Jesús usa la expresión en tercera persona, pero se la aplica a sí mismo (Mt 16.13-16). La une con el concepto del siervo de Dios que sufre (Is 53, Mc 8.31; 9.31; Jn 3.14-15). La expresión «Hijo del hombre», indudablemente un título mesiánico, afirma la naturaleza humana de Jesús y la forma como este revela su misión divina.

Esta conciencia e identidad se ven en Juan 13 en la acción de un Jesús que *sabía que había venido de Dios, que iba a volver a Dios y que el Padre le había dado toda autoridad* (13.4) y que, sin embargo, *se quitó la capa y se ató una toalla a la cintura, luego echó agua en una palangana y se puso a lavar los pies de los discípulos y a secárselos con la toalla que llevaba a la cintura* (13.4,5). Lo hizo a la sombra de la cruz, consciente de lo que iba a pasar: *Cuando ustedes levanten en alto al Hijo del hombre, reconocerán que Yo Soy* (Jn 8.28).

Pablo y el AT

Aunque los evangelios son los primeros libros del NT, este no refleja el orden cronológico en que fueron escritos. Las cartas de Pablo se escribieron antes que los evangelios. Son comunicaciones pastorales enviadas a determinadas iglesias aun antes que aparecieran los evangelios. Por consiguiente, cuando Pablo usa la palabra *evangelio* se refiere al mensaje predicado por los primeros cristianos y no a un escrito (p. ej., el *Evangelio de Lucas*). En el mundo romano se usaba la palabra *evangelio* («buena nueva») en relación a la *pax romana*, los triunfos de Roma, los logros del emperador César, su cumpleaños, el nacimiento de su hijo, etc.—todo fue «buena nueva» celebrando los éxitos de Roma. En ese contexto el *evangelio* predicado por Pablo, la buena nueva de Jesucristo de un reino de justicia, paz y alegría (Ro 14.16), fue un mensaje subversivo.

Ya que Pablo escribió antes que existiera el NT, las «Sagradas Escrituras» para él eran las que había estudiado y aprendido a los pies de Gamaliel: *Yo de cierto soy judío,... instruido a los pies de Gamaliel, estrictamente conforme a la Ley de nuestros padres* (Hch 22.3, RVR). El vocabulario y cadencias de esas Escrituras—sobre todo la versión griega, la Septuaginta—estaban grabados en la mente de Pablo. Su cosmovisión estaba condicionada por las narrativas del pueblo de Israel. De allí salen las metáforas y símbolos que formaban su percepción del mundo, su entendimiento de la promesa de liberación divina, e incluso de la identidad propia y el llamado por Dios.

Para Pablo las Escrituras de Israel se habían cumplido en Jesús el Mesías. Él predicó esta «buena nueva», pero paradójicamente la gran mayoría de sus congéneres no la aceptaron. Este le pesó: *tengo una gran tristeza y en mi corazón hay un dolor continuo* (Ro 9.2). Confesó: *El deseo de mi corazón y mi oración a Dios por los israelitas es que alcancen la salvación. En su favor puedo decir que tienen un gran deseo de servir a Dios; solo que ese deseo no está basado en el verdadero conocimiento* (Ro 10.1, 2). Este lo empujó a estudiar las Escrituras nuevamente para poder responder a dos asuntos: la relación entre el *evangelio* y el pacto de Dios con Israel, y la manera por la cual el *evangelio* se basaba en el AT.

Dondequiera que viajaba, Pablo se dirigía primero a los judíos y a los prosélitos, y después a los no-judíos. La carta de Pablo a los Romanos es un ejemplo excelente de su uso del AT para apoyar lo que argumentaba. En sus cartas, Pablo citó textos del AT unas cien veces, y se refirió a él con gran frecuencia. En Romanos hay 67 citas directas del AT:

La Ley:	20 citas (8 de Deuteronomio)
Los Profetas:	26 citas (18 de Isaías)
Los Escritos:	21 citas (16 de Salmos)

Es notable que los libros que más citó Jesús son los mismos (de igual modo sucede con los documentos del Qumrán): Deuteronomio, Salmos e Isaías.

Normalmente las citas son de la Septuaginta y no de la Biblia hebrea. A veces refleja el texto de la Septuaginta pero no de la otra. Algunas veces parece ser una revisión «hebraizada» de la Septuaginta. Otras veces no corresponde ni al griego ni al hebreo; quizás sean paráfrasis de Pablo. En muchos casos es poca la diferencia—p. ej. «Dios» en vez de «Señor». En otros casos la diferencia sí es significante, y normalmente se debe a la interpretación paulina del pasaje del AT.

El conocimiento profundo que tuvo Pablo de la Biblia hebrea contribuyó a la intertexualidad que caracteriza la literatura paulina—el uso multiforme de elementos o fragmentos de textos del AT en sus escritos—todo parte de una convicción plena que lo que Dios hizo en Jesucristo sucedió «según las Escrituras» (1 Co 15.4. Por lo cual ideas y conceptos del AT fueron reapropiados por Pablo en un proceso de reactualización, reformulación y relanzamiento a la luz de la revelación de Dios en Jesucristo. Bajo la guía del Espíritu Santo, Pablo creó nuevos significados que generaban correspondencias inesperadas e invitaban a la reflexión y a la decisión.

A veces **el texto fue incorporado literalmente** a una carta (p. e. Ro 8.36, 10,15, 1 Co 1.31, 2 Co 8.15). A veces Pablo **alude a un texto sin citarlo** (p. e.1 Co 5.7):

> *Así que echen fuera esa vieja levadura que los corrompe, para que sean como el pan hecho de masa nueva. Ustedes son, en realidad, como el pan sin levadura que se come en los días de la Pascua. Porque Cristo, que es el Cordero de nuestra Pascua, fue muerto en sacrificio por nosotros.*

La alusión recuerda la prohibición de usar levadura en la fiesta de la Pascua (Ex 12.15; 13.7). En preparación para la Pascua, los judíos limpiaban ceremonialmente sus casas quitando todo resto de levadura, e incluso la más pequeña migaja de pan hecho con levadura. Pablo lo relaciona a una situación escandalosa en esa iglesia—*se ha sabido que hay entre vosotros fornicación, y fornicación cual ni aun se nombra entre los gentiles; a tal extremo que alguno tiene a la mujer de su padre* (1 Co 5.1, RVR-95).

Otras veces **se escucha el eco de un texto** (p. ej. Flp 1.19, NVI):

> *Porque sé que, gracias a las oraciones de ustedes y a la ayuda que me da el Espíritu de Jesucristo, todo esto resultará en mi liberación.*

La frase «esto será para mi salvación» es del texto griego de Job 13.16. En su contexto Job afirma su inocencia e integridad y expresa la convicción que Dios le vindicará (13.17, 18). Al usar la frase en su apología por su encarcelamiento (Flp 1.7, 12-14), Pablo parece presentarse como el que sufre injustamente, según el modelo de Job. La frase «porque sé que...» (Flp 1.19) ocurre tres veces en los labios de Job (9.28; 19.25; 30.23) en la Septuaginta, de manera que hay correspondencias verbales en Filipenses. Por otro lado hay paralelos temáticos, o ecos entre los dos libros, por ejemplo, los que «predican a Cristo por envidia y rivalidad» son como los «consoladores» que acusaban falsamente a Job.

Pablo tenía una misión profética y se ubicó en la tradición de los profetas de Israel que tomaban temas y textos de épocas anteriores (p. e. de la ley) y los interpretaban y aplicaban a la realidad contemporánea. En su prédica y enseñanza él manifiesta continuidad y cambio (Hays 1989:14). En este sentido la hermenéutica paulina es una hermenéutica bíblica.

Conclusión

Una interpretación fidedigna de las Escrituras exige una apropiación de toda la narrativa bíblica. No se puede entender el Nuevo Testamento a cabalidad sin el Antiguo Testamento, tampoco el Antiguo sin el Nuevo.

Por un lado, hay que leer la Biblia «al revés», del NT al AT—entendiendo la trama del drama bíblico a la luz de su punto culminante, la muerte y resurrección de Jesucristo. Este no es igual a contentarse con ciertos «textos mesiánicos» utilizados para comprobar la «veracidad» del NT.

Al mismo tiempo, es imprescindible leer la Biblia con el AT como punto de partida—entendiendo el desenlace final del drama, la revelación de Dios en Jesucristo, a la luz de la larga historia de la revelación de Dios a Israel.

Respetamos a los que argumentan que los cristianos hoy solo deben de entender la Biblia hebrea de acuerdo con los moldes de pensamiento vigentes cuando se formaron esas Escrituras. Pero afirmamos que una lectura del AT que respeta las categorías y características de la composición histórica y, que a la vez, toma en cuenta el NT, revela aspectos de la verdad del Dios único que actúa y habla en los dos. Son dimensiones que se captan en su plenitud solo a la luz de la cruz y la resurrección.

Asimismo reconocemos una tendencia que busca entender a Jesús exclusivamente en términos de los credos y confesiones de la teología cristiana, formulados siglos después de la ascensión. Sin embargo afirmamos que nunca entenderemos a Jesús sin volver una y otra vez al AT para ubicarlo en continuidad directa con la esperanza de Israel y su entendimiento de Dios (Davis: 2). Recordemos que «*cuando se cumplió el tiempo*, Dios envió a su Hijo» (Gl 4.4).

Bibliografía

Davis, Ellen F. and Richard B. Hays (eds.)
2003. *The Art of Reading Scripture.* Grand Rapids: Eerdmans.

Evans, Craig A and James A. Sanders, eds.
1993. *Paul and the Scriptures of Israel.* Sheffield: Sheffield Academic Press.

Hays, Richard B.
1989. *Echoes of Scripture in the Letters of Paul.* New Haven: Yale University Press.
2004. 'Is Paul's Gospel Narratable?', *Journal of the Study of the New Testament* 27.2: 217-239.

Hinson, David F.
2001. *The Theology of the Old Testament*. London: SPCK.

Johnston, Luke Timothy.
2004. 'Making Connections'. *Interpretation* 58.2:158-177.

Thiselton, Anthony C.
2000. *The First Epistle to the Corinthians.* Carlisle: Paternoster Press.

Traducción y teología I

Plutarco Bonilla A.

Observaciones liminares [1]

El bagaje personal

Todo ser humano, quiéralo o no, lleva sobre sí una carga de años—su bagaje personal[2]—que es el resultado del conjunto total de sus experiencias. Y estas son, permítasenos la expresión un tanto tautológica, de «todo tipo que haya tenido». Tal carga[3] está

---

[1] Le damos a la palabra «liminar» el sentido que se encuentra en el diccionario: «que está en el principio». Por su etimología, es lo «perteneciente o relativo al umbral o a la entrada» (del latín *liminaris, de limen umbral).* *«Limen» lo define el Diccionario de la lengua española, de la Real Academia, como «paso primero o entrada al conocimiento de una materia».*

[2] La palabra «bagaje» es polisémica. La usamos aquí en el sentido lato que le dan los diccionarios («caudal intelectual»), pero ampliado, para abarcar no solo lo intelectual sino también los otros aspectos que mencionamos en el texto. Y también pensamos en el sentido propio o primero («equipaje de un ejército en marcha») tomado metafóricamente, pues somos «soldados» de la vida.

[3] Empleamos la palabra «carga» sin sentido necesariamente negativo: hay experiencias que, por su naturaleza lúdica o por su contenido venturoso dan, más bien, la sensación de descarga, de quitarle a uno un cierto peso de encima; pero la experiencia queda ahí, deja su huella y forma parte de los elementos que conforman nuestra personalidad. Es, por tanto, formadora de nuestro ser interior, de nuestro carácter, como lo son también todas aquellas experiencias que, al menos *prima facie*, contemos como negativas.

constituida por nuestra formación en el hogar, la educación informal o formal que hayamos recibido desde nuestra más temprana infancia (en la casa, en la calle o en cualquier institución educativa), nuestras relaciones personales y sociales (incluyendo las laborales y el trabajo mismo, o la desocupación, si se pasa por esa triste etapa). También son parte de esa carga nuestro sexo, la formación religiosa recibida (incluida la atea), el ocio y el entretenimiento, el gozo y el luto, la enfermedad y la salud (propias o de seres amados), y cuanto más podamos imaginarnos..., pues la imaginación de uno mismo, limitada o fecunda, sana o enfermiza, también está incluida.

Hay, además, un «algo» indefinible, inasible, que forma parte del «núcleo central» de nuestro yo, que nos hace ser cada uno lo que es y que nos distingue, a cada uno y en forma absoluta, de los demás. Y esto es así sin importar cuáles sean nuestras semejanzas con la persona más parecida a nosotros por compartir mucho de lo que hemos enumerado, sin pretensiones de exhaustividad, en el párrafo anterior.

Esa carga no nos la podemos quitar de encima, so pena de cosificarnos y de atentar contra la integridad de nuestra personalidad; afecta, además, de una u otra manera, nuestra vida íntegra, incluyendo la realización de nuestras tareas. Podemos decir, en última instancia, que ello es así porque somos *sujetos* y no *objetos*.[4]

Y el traductor de la Biblia NO es una excepción a la regla, pues es, antes que traductor, ser humano.

¿Qué queremos decir con todo esto?

Simple y sencillamente que no existe tal cosa como la traducción completamente «neutra», impoluta e incontaminada por elementos extraños al texto que se está traduciendo. Lo constata el dato elemental de que toda traducción es mejorable.[5] Y lo perfecto no goza de la virtud de la perfectibilidad.

---

[4] Incluso estos últimos, los objetos, experimentan sus propias transformaciones, que les van dando sus formas características, pero con cambios de otra naturaleza.

[5] En otra parte hemos dicho que «No existe la traducción perfecta. Tampoco la revisión perfecta de una traducción imperfecta» («Una ilustre revisión», breve artículo inédito, solicitado por la Sociedad Bíblica de México).

Biblia y teología

En varios círculos evangélicos hemos escuchado expresiones como esta: «La Biblia no es un libro teológico [o de teología].» Intentaremos dilucidar el significado y la veracidad de tal afirmación.

Nuestra pregunta es del tipo de preguntas «con trampa», ya que no puede contestarse llanamente con un «sí» ni con un «no», pues la respuesta está condicionada por la comprensión que se tenga de lo que sea la «teología». Si por esta, por ejemplo, se entiende la llamada teología sistemática o dogmática, o sea, si se reduce la palabra «teología» a un saber especulativo y sistemático acerca de la divinidad, nuestra respuesta a la pregunta acerca de si la Biblia es un libro teológico es un categórico NO.[6] Y respondemos así porque no encontramos un sistema teológico en la Sagrada Escritura. Por no entenderlo así, han fracasado, a lo largo de toda la historia del pensamiento cristiano, todos los intentos de identificar la Biblia y su mensaje con una determinada escuela, «verdad» o corriente teológica. No rechazamos el valor del intento. Criticamos los que tienen pretensiones de absolutez.

Pero no es esa la única manera de entender la palabra «teología», ya que solo corresponde al uso especializado, técnico, de la palabra. Esta puede también referirse a cualquier hablar sobre la divinidad. «Teología» es una «palabra» o «discurso» (*logos*) acerca de dios (*theos*).[7] Tal discurso—o, mejor, tales discursos—no tienen que ser sistemáticos, en el sentido de planteamientos de esquemas

---

6 El testimonio personal de Paul Ellingworth, acerca de la impresión que recibió al comienzo de su trabajo como consultor de Sociedades Bíblicas Unidas, es iluminador: «De manera semejante, al incorporarme a SBU en los primeros años de la década de los 70, después de un período de haber enseñado algo llamado «teología sistemática» o «dogmática», pronto llegué a sentir que la palabra «teología» era palabra de la que se sospechaba: el término correcto [que debía usarse] era «lingüística» ("Theology and Translation. A survey and a proposal", en *The Bible Translator*, Technical Papers [United Bible Societies], vol. 53, No. 3, July 2002, p. 302). [Citamos esta revista como BT.]

(«sistemas») que tengan pretensiones de totalidad y de validez universal, en el tiempo y en el espacio.[8]

En resumen, nuestro punto de partida es que tal cosa como la pretendida *philosophia* (o *theologia*) *perennis* no es más que eso: una pretensión de quienes quieren hacer encajar toda la realidad dentro de un receptáculo que no es, ni más ni menos que fabricación de la mano (o de la mente) del hombre, o sea: manufactura.[9] Lo lamentable es que, aquí, «toda la realidad» pretende incluir no solo lo humano sino también lo divino, y así se busca luego identificar el «sistema» con la palabra divina y definitiva, sin reconocer la relatividad de aquel.

Esta perspectiva –«óptica», como suele decirse hoy con frecuencia–, tiene otras importantes implicaciones para el trabajo de traslación de un texto de una lengua a otra (o de una lengua a una forma evolucionada de ella misma).[10]

Volvamos a la pregunta con la que iniciamos esta reflexión: ¿Es la Biblia un libro de teología?

---

[7] Escribimos «dios» con minúscula y usamos el término «divinidad» *ex professo*, pues la teología no es propiedad exclusiva de los cristianos ni del cristianismo, como si este fuera poseedor en monopolio de la revelación del «dios verdadero». Nos percatamos plenamente de que lo que estamos diciendo es un claro ejemplo de la tesis que sustentamos aquí: la importantísima función del elemento subjetivo en el proceso y en el producto final de toda traducción. Si no, ¿por qué no escribir siempre «dios» o «Dios»? ¿En virtud de qué principios usamos una forma u otra, cuando los que escriben desde otra perspectiva teológica también pueden hacerlo en «detrimento» de nuestras propias convicciones? (Nos referimos, por supuesto, al castellano y a las lenguas que, en casos como este, distinguen entre mayúsculas y minúsculas.)

[8] Es claro que quienes tienen la pretensión de formular un sistema como el que negamos no hablan –ni pueden hablar– en plural. La *philosophia* o *theologia perennis* solo puede ser una y singular. Creemos que puede decirse que los documentos religiosos (y, por tanto, «teológicos», en el segundo sentido) más antiguos carecen de sistematicidad. Sobre ellos se han levantado los grandes monumentos de los diversos sistemas teológicos.

[9] Manufactura *factura manus [hominis]*, literalmente: factura, o sea, hechura de la mano [del hombre].

Si a la primera acepción de la palabra «teología» contestamos con un rotundo no, a la segunda debemos responder con un categórico sí, pues la Biblia habla de Dios, y sus discursos –así, en plural– se refieren a Dios y a su relación con nosotros los seres humanos. Desde el comienzo del libro de Génesis, que nos habla del Dios que se revela («En el principio, Dios...»: 1.1) hasta el final del de Apocalipsis, que nos habla del Dios que se ha encarnado, que ha sido glorificado y cuyo regreso se espera («Amén; sí, ven, Señor Jesús. La gracia de nuestro Señor Jesucristo sea con todos vosotros. Amén.»: 22.20-21), la Biblia tiene que ver con Dios y es, por tanto, un libro esencialmente teológico Es más, debería ser el texto básico de todos los libros de teología. Como veremos luego, tomar en cuenta esta afirmación es fundamental para la tarea de traducción del texto bíblico.

Acerca de la traducción

La traducción es una tarea de aproximación. Con ello queremos decir que, por diversas razones –algunas de las cuales superan, muy probablemente, el mero hecho lingüístico–, es imposible reproducir en su totalidad, en una determinada lengua, lo que se ha expresado originalmente en otra. Matices que están más allá de la equivalencia semántica de dos términos sinónimos pertenecientes a diferentes idiomas –equivalencia que nunca es absoluta–, contenidos emotivos resultantes de la situación en el momento del habla o de la escritura, perspectivas que son consecuencias de la cosmovisión propia de quien comunica algo, etc., hacen imposible que un determinado texto –oral o escrito– pueda reproducirse en otra lengua con toda la fuerza y con todos los contenidos (conceptuales, emotivos, imaginativos) que le son propios.

---

[10] Usamos la palabra «evolucionada» sin ningún matiz axiológico (de «e-volución» o «in-volución»). Nos referimos a casos como el de la traducción del texto griego del NT, denominado *to archaio keimeno*, «el texto antiguo» (o del griego del AT, en lo que se refiere a la Septuaginta), al griego moderno (ya sea a una forma sencilla de la *kathareuousa* o «pura», o a la *demotike* o popular). Equivaldría, aproximadamente, a trasladar al castellano actual el castellano del poema del *Mío Cid*, que es del siglo 12.

No obstante lo dicho, constatamos a diario que el fenómeno de la traducción es un hecho «indiscutible»: los periódicos y las revistas informativas nos traen a diario noticias de tierras donde se hablan otros idiomas, y señalan, con frecuencia, que la información que proveen ha sido traducida. La traducción de obras literarias –ensayos, novelas, cuentos, teatro–, de libros de ciencia y hasta de chistes, de películas, etc., pone a nuestro alcance lo que se produce en otros países y en otras culturas. El conocimiento de los principios de la etapa histórica de la humanidad es posible porque se han traducido los documentos que aquellos testigos legaron a la posteridad, probablemente sin siquiera ser conscientes de ello.

Estas dos afirmaciones fundamentales, apenas esbozadas en los párrafos precedentes, no son contradictorias entre sí: la primera expresa, simplemente, que la tarea a la que se refiere la segunda tiene limitaciones. Y porque tiene limitaciones, la hemos definido como tarea de aproximación.

Una traducción será tanto «mejor» cuanto más logre aproximarse al contenido del «texto fuente». Este será siempre el límite al cual se vaya acercando aquella.

Traducción y experiencia personal

Todo traductor realiza su tarea «desde» su experiencia.

El traductor no trabaja en el vacío, como si, al momento de hacer su labor se metiera dentro de una campana aséptica que lo liberara, como por arte de birlibirloque, de todas las cargas que mencionamos antes. Al contrario, como persona que a lo largo del paso del tiempo ha ido llenando las alforjas de su vida con las mencionadas cargas, con ellas se enfrenta a la tarea: con preconcepciones que forman parte de su propio ser y que constituyen sus convicciones personales.[11] En la conformación de estas convicciones juegan un

---

[11] La idea de que las convicciones personales tienen como uno de sus fundamentos las preconcepciones o pre-supuestos que uno ha ido elaborando «existencialmente» a largo de los años, no es idea original, pues ya se ha desarrollado tanto referida a la filosofía (parte de ello es el concepto de que hay un principio irracional –o, mejor, a-racional– que está en la raíz de todo racionalismo) como a la teología (Bultmann, principalmente).

papel principal las influencias que uno haya recibido: de personas –padres y familia, vecinos, maestros, profesores, amigos, enemigos, héroes–, de instituciones, de las lecturas, etc.

Las preconcepciones (pre-supuestos: supuestos previos) y las convicciones pueden tener signo positivo o negativo, en el sentido de que pueden ejercer su influencia en la persona –y, para nuestros efectos, en el traductor– en una u otra dirección. La frontera entre la «convicción» y el «fanatismo» puede ser muy tenue, y uno puede caer fácilmente en la trampa de pensar que está actuando guiado por la primera cuando en realidad está siendo impulsado por el segundo.

Lo anterior se complica con otro factor al que debe prestársele particular atención: Con mucha frecuencia, por estar inmersos en una cultura específica, el traductor no se percata de que su trabajo resulta afectado por determinadas actitudes y valores, o por determinados patrones de conducta que son propios de esa cultura y no tienen valor universal. Cuando eso sucede, suele darse por sentado que todas las comunidades deben comportarse de la misma manera.[12] De esto tenemos ejemplo cuando se ha confundido el evangelio con un estilo particular de vida que corresponde a la forma como se comprendió la vida cristiana en una comunidad en particular. En tal situación, la propia traducción de la Biblia queda marcada, porque determinados términos se traducen de determinada manera por la influencia de dicha cosmovisión.[13]

---

[12] El autor fue educado en una iglesia aislada –por razones históricas, que no es ahora el caso de explicar–, en la que se ponía mucho énfasis en las enseñanzas del NT, cuya interpretación se identificaba con la experiencia eclesial y litúrgica de las comunidades cristianas del libro de los Hechos. No es extraño, por tanto, que hubiera creído, por algunos años, que las iglesias evangélicas reflejaban ese «prístino» patrón «original». Esa perspectiva era el reflejo de la idealización de la iglesia primitiva que es común en ciertos círculos. Las lecturas, el estudio y el contacto directo con otras comunidades de fe lo sacaron del error.

[13] A este respecto resultan muy iluminadoras las investigaciones del Dr. Esteban Voth que aparecen en este tomo con el título de: «*Traducción y teología II. Análisis contextual de «tsedeq» en la RVR (español) y la KJV (inglés)*».

La teología del traductor y su traducción

Si lo que llevamos dicho es cierto –como creemos que lo es–, la teología no puede ser una excepción a este principio general. Y no puede serlo por la naturaleza misma de la traducción bíblica y en virtud de la segunda acepción en que hemos tomado la palabra teología. La situación se torna compleja porque el traductor, si no es consciente de ese hecho, tenderá a identificar su teología con la teología del texto bíblico. Este se convertirá, entonces, en la confirmación de la teología propia de aquel (o del grupo religioso al que aquel pertenece).

Se han hecho ya análisis cuidadosos de algunas versiones, incluida una paráfrasis de renombre, en la que se ha demostrado fehacientemente este fenómeno. En el excelente resumen de Paul Ellingworth al que hemos hecho referencia en la nota 6, se mencionan las críticas de Jaen-Claude Margot a *La Biblia al día*,[14] pues considera, muy justamente, que en esa paráfrasis se han introducido abiertamente las presuposiciones teológicas de su autor, haciéndole decir al texto lo que el texto no dice.

Esa «tentación» –en la que se cae por lo general, digámoslo paladinamente, sin que el traductor se percate de ello– no es privativa de un grupo especial de traductores o de algún grupo religioso. Todos los que están comprometidos en esa tarea pueden caer bajo sus tentáculos, si no se aplican los correctivos apropiados. Hemos sabido de una traducción en la que el equipo traductor decidió escribir la palabra «espíritu» así, con minúscula inicial, cuando aparecía en el AT. Luego, personas ajenas a dicho comité, y por razones extraacadémicas que no tenían que ver con la traducción misma, anularon la decisión y ordenaron que se imprimiera esa palabra con mayúscula.

No se trata, no obstante, de tirar piedras al tejado del vecino cuando el nuestro es de vidrio. Por ello, ponemos un ejemplo de casa: Cuando estaba por terminarse el trabajo completo de la edición de estudio de la Reina-Valera 95 (RVR-95-EE), una persona de

---

[14] Miami: UNILIT, 1985³. La crítica se hizo del original inglés.

la administración, totalmente ajena al equipo de traducción, ejerció tal presión para que se cambiara una nota, que lo logró, a pesar de la oposición de quien escribe estas líneas, por entonces coordinador del proyecto. El texto de la nota a 1 Juan 5.7-8 dice así en esa versión:

> En diversos mss. no aparece la segunda parte del v. 7 y la primera del v. 8. Dicen: *Porque tres son los que dan testimonio: 8el Espíritu, el agua y la sangre; y estos tres concuerdan.*

Nótese la diferencia con lo que ya había aparecido en la edición del NT y Salmos de esa misma revisión, publicada unos cuatro o cinco años antes:

> *Tres son los testigos*: algunos mss. latinos añaden *en el cielo: el Padre, la Palabra y el Espíritu Santo, y estos tres son uno. 8Y tres son los testigos en la tierra.* Esta adición no aparece en ninguno de los mss. Griegos antiguos; solo cuatro mss. griegos tardíos, pertenecientes a los siglos XIV-XVIII d.C., la incluyen, como traducción del latín.[15]

En nuestros talleres de ciencias bíblicas (ahora llamados «jornadas bíblicas»), hemos recibido la acusación, hecha de frente, de que la nota que aparece en la RVR-95-EE es falsa y engaña al lector. Así literalmente nos lo han dicho..., y no sin razón, pues es esa una nota producto del temor a la reacción de los lectores si se les dice la verdad. En efecto, no se trata aquí de asunto de opinión, o de interpretación de los manuscritos, sino de hechos comprobados.

Podría alegarse que tal nota no tiene que ver con la teología; pero eso es solo aparentemente cierto. Para quien impulsó el cambio, estaba en juego una determinada comprensión de la doctrina

---

[15] Las notas de la RVR-95-EE fueron adaptación de las notas de DHH-EE, que había sido publicada poco antes. Ambas son ediciones de Sociedades Bíblicas Unidas.

de la inspiración de la Biblia. En el fondo, pues, sí se trataba de una ingerencia teológica en la escritura de una nota y, por implicación, en la interpretación del texto.

El Dr. Daniel C. Arichea publicó en 1982 un artículo titulado «Taking Theology Seriously in the Translation Task»,[16] artículo que ha sido publicado también en castellano.[17] En él, Arichea pone abundantes ejemplos de cómo las posiciones teológicas del traductor han ejercido tal influencia en su traducción que le han hecho decir al texto escriturístico lo que este no afirma.

En otro esclarecedor artículo, la Licda. Marga Muñiz destaca este mismo hecho. Al escribir sobre el problema que plantea el carácter sexista del lenguaje,[18] ha destacado que el problema no se limita a usar lenguaje inclusivo, sino que trasciende la inclusividad léxica para incursionar en el ámbito mismo de la interpretación de los textos.[19]

Parte de este proceso de adaptación del texto bíblico a la teología del traductor, por medio de la traducción, consiste en armonizar lo que no está armonizado en la Escritura. Dice a este efecto Arichea:

> 7. Se armonizan detalles contradictorios, y la aparente contradicción se elimina. [...]
>
> En algunos casos se armonizan los textos, no por motivo teológico, sino simplemente por el deseo de producir una traducción que tenga sentido.

---

[16] , Vol. 33, No. 3 (1982), p. 309-315.

[17] «Tomando en serio la teología en la traducción», BT, vol. 1, N° 2, abril de 1991; p. 13-23; y «Tomemos en serio la teología en la traducción», *La Biblia en las Américas*, N1 4 del 2000; vol. 55, N1 248; p. 14-19.

[18] Usamos este expresión («carácter sexista del lenguaje») sin connotaciones negativas, para indicar que un idioma como el castellano (1) tiene la particularidad de asignarle género gramatical masculino o femenino a objetos inanimados («silla» es término femenino y «banco», masculino), y (2), como tantos otros idiomas, ha usado el género masculino, referido a personas, como género sin «marcador», para incluir a los dos sexos.

[19] «Consideraciones en torno al lenguaje inclusivo», en BT, vol. 8, N° 1, I semestre de 1998; p. 22-31; véase, en particular, la sección titulada «Presupuestos interpretativos de las traducciones».

[...]

Para ser justo, hay que señalar que el problema de traducir según el punto de vista teológico del traductor no es monopolio de los llamados traductores «conservadores»; también se ve en las obras de quienes practican la exégesis de la tradición histórico-crítica. Sin embargo, por lo general, la tendencia de hacer ajustes se halla principalmente entre los traductores que estiman grandemente la confiabilidad histórica de la Escritura. La razón es obvia: es necesario que la Biblia demuestre o confirme su propia naturaleza como fiel registro histórico. Por tanto, las contradicciones deben ser solamente aparentes, y pueden corregirse con la ayuda de otros pasajes bíblicos. Tal vez se reconozca que existen verdaderas contradicciones que no pueden justificarse, pero estas se atribuyen a errores de escribas y copistas. Por ello, pueden alterarse en la traducción para que se ajusten a los autógrafos originales, ninguno de los cuales existe hoy día.[20]

La influencia de la teología del traductor en la traducción adquiere varias formas, tal como se explica claramente en los textos citados. Una de las tendencias más marcadas es la que tiene que ver con la armonización. Y tampoco esta es privativa de las traducciones modernas o contemporáneas, pues tenemos testimonios de ella en versiones antiguas. Tomemos este ejemplo:

2 R 8.26 y 2 Cr 22.2
RVR-95:
> Ocozías tenía veintidós años cuando comenzó a reinar y reinó un año en Jerusalén.
> * * *
> Cuando Ocozías comenzó a reinar tenía cuarenta y dos años de edad, y reinó un año en Jerusalén.

---

[20] *Op. cit.,* BT, p. 15-16.

DHH.EE:

Tenía [Ocozías] veintidós años cuando empezó a reinar, y reinó en Jerusalén un año.

* * *

Tenía [Ocozías] veintidós años cuando empezó a reinar, y reinó en Jerusalén un año.

Esta diferencia entre ambas traducciones se explica en unas notas al texto de Crónicas, que dicen así, en una y otra versión:

RVR: *Cuarenta y dos*: según varios mss. griegos y 2 R 8.26: *veintidós*.[21]
DHH-EE: *Veintidós*: según varios mss. griegos y 2 R 8.26. Heb. *cuarenta y dos*.[22]

No hay aquí, obviamente, un problema de traducción, sino de selección de texto o textos fuente. Esta selección no está exenta de implicaciones teológicas por lo que el traductor escoge el texto del que traduce de acuerdo con sus ideas teológicas o sus concepciones respecto de la tarea de traducir. Las variantes en los manuscritos

---

[21] El texto de Reina, de 1569, que se ha mantenido en casi todas las revisiones, hasta la citada, no añade ninguna nota aclaratoria, lo que da a entender que así estaba en los textos hebreos de los que traduce. Esto, a pesar de que en la *Biblia del Oso* se hace referencia a otras versiones (explícitamente a la «vieja traducción latina», la que, dice Reina en la «Amonestación», «consultamos como a cualquiera de los otros ejemplares que tuvimos»). La *Nueva Reina-Valera 1990* (Miami: Sociedad Bíblica Emanuel, 1990) mantiene la incongruencia de fechas. También la traducción de Eloíno Nácar y Alberto Colunga (Madrid: BAC, 1976[34]) y la de Mons. Juan Straubinger (México, edición de 1975). Esta incluye una nota aclaratoria en II Paralipómenos [2 Cr] 22.2, que dice a la letra: «*Cuarenta y dos años*: En la traducción siríaca y en algunos códices griegos se lee veintidós, lo que concuerda con IV Rey [2 R] 8.26.» Pero la *Nueva Reina-Valera 2000* (Miami: Sociedad Bíblica Emanuel, 2000) armoniza ambos textos, sin añadir ninguna explicación.

[22] La *Reina-Valera actualizada* (El Paso: Editorial Mundo Hispano, 1989), dice «veintidós años», y añade, en nota al pie: «Según vers. antiguas; comp. 2 Rey. 8.26; heb. *42 años*» [*sic*].

antiguos y las diferencias en las traducciones, también antiguas, son testimonio de lo que hemos afirmado.

Qué hacer?

La toma de conciencia

Hemos escrito en otra ocasión, al discutir el tema de la ideología,[23] que si no nos percatamos de nuestra subjetividad es muy fácil hacer aseveraciones que no resistan un simple análisis crítico. Ahora bien, es imposible, y poco deseable, eliminar –o «poner entre paréntesis», como dirían los fenomenólogos– la realidad de que cada persona, por el hecho de ser persona, es sujeto.[24] Nadie, en su sano juicio, desea ser «cosificado», reducido a calidad de objeto. Por esa razón decíamos, referido a la ideología, que «a mayor conciencia de la propia ideología, menor peligro de caer en ideologismos». Si se cambia «ideología» por «subjetividad» e «ideologismos» por «subjetivismos», tal afirmación es también válida para la traducción.[25]

El traductor tiene que darse plenamente cuenta de que carga, de manera personal e intransferible, con ese bagaje experiencial al que nos hemos referido en la primera parte del presente escrito. «El primer paso en la tarea hermenéutica consiste en percatarnos de nuestra propia cosmovisión».[26] Puede entonces, aunque parezca

---

[23] Véase: Plutarco Bonilla A., «Ideología y currículo: equilibrio y tensión» en *Pastoralia* (San José, Costa Rica: Centro Evangélico Latinoamericano de Estudios Pastorales), año 8, Núm. 7, diciembre de 1986; pp. 25-51.

[24] La «puesta en paréntesis» sería, en primer lugar, un acto de nuestra subjetividad; y en segundo lugar, estaría marcada por ese mismo hecho y nunca sería total.

[25] P. 33. Referido a la traducción, lo señalamos en una ponencia que leímos en la «Triennial Translation Workshop», patrocinada por SBU y celebrada en Mérida, México, en 1997. Nuestra ponencia se tituló «Ideology and translation» (ideología y traducción), y en ella sostuvimos lo siguiente: "The greater the awareness of subjectivity, the lesser the danger of subjectivism" (A mayor conciencia de subjetividad, menor es el peligro de subjetivismo).

[26] Esto decíamos en 1986, en el artículo citado en la nota 23; p. 36.

extraño, tomar él mismo una cierta distancia de sus propias ideas y ponerlas frente a sí para analizarlas críticamente. Es como si dijera: «si fuera *otra* persona quien está exponiendo estos argumentos, ¿qué objeciones les pondría yo? ¿Cuáles son sus puntos débiles? ¿Qué aspectos no ha tomado en consideración?»

Por supuesto, este ejercicio nunca es perfecto ni completo, por la misma razón que nos lleva a realizarlo, pero representa el «riesgo menor» de que hablamos en párrafos anteriores. Por lo mismo, se requieren también otros correctivos.

El recurso a las especialidades

La traducción de la Biblia tiene sus características y condicionamientos particulares. Si se trata de la traducción al castellano, tenemos que no solo es una traslación de una lengua a otra sino que las lenguas de las que se traduce son tres, como sucede con toda traducción de ese texto. Pero, son, además, idiomas que no se escriben con caracteres latinos, que corresponden a épocas distintas y representan culturas, modos de percibir el mundo, en muchos casos muy diferentes del nuestro. No basta, por tanto, conocer el vocabulario (como, de hecho, no basta para *ninguna* traducción), sino que el traductor ha de sumergirse en aquellos mundos, puesto que el intérprete tiene que evitar a toda costa interpretar con criterios que correspondan a su propio mundo un texto de esa naturaleza. Es relativamente fácil caer en las trampas del anacronismo.

Por otra parte, la lejanía en el tiempo complica más el problema. Por ello hay que echar mano de las informaciones que acerca de esos mundos de la Biblia nos ofrecen no solo las diferentes ramas de la lingüística, sino también la historia, la arqueología, la numismática, la antropología cultural, y cuantas ciencias puedan arrojar luz sobre el texto bíblico. Contamos hoy día con las ventajas que nos ofrecen las publicaciones especializadas que se han hecho sobre todos estos diferentes campos de investigación.

Los equipos de traducción

El dicho popular de que «cuatro ojos ven más que dos» tiene plena vigencia en lo que venimos diciendo. De hecho, directa o indirectamente, esto es válido para toda traducción de la Biblia, ya se trate de la *Vulgata* de San Jerónimo, de la *Biblia del Oso*, de don Casiodoro de Reina o de la *Biblia del Cántaro* de don Cipriano de Valera. Y lo es porque ningún traductor de la Biblia –y menos los traductores contemporáneos– empieza desde cero. Todos construyen tomando en cuenta los conocimientos –¡y a veces hasta los materiales!– de quienes los precedieron. Casiodoro de Reina lo expresó paladinamente; por ejemplo, en este texto:

> «De la vieja traslación española del Viejo Testamento, impresa en Ferrara, nos hemos ayudado en semejantes necesidades más que de ninguna otra que hasta ahora hayamos visto...» [27]

Y, por supuesto, otro tanto hizo Valera, con mucha más razón, pues no fue traductor directo sino revisor de una traducción ya conocida. Dice, refiriéndose a la obra de Reina:

> «avemos tomado la pena de leerla y releerla una y muchas vezes, y la avemos enriquecido con nuevas notas. Y aun algunas veces avemos alterado el texto. Lo qual avemos hecho con maduro consejo y deliberacion: y no fiando nos de nosotros mismos (...) lo habemos conferido con hombres doctos y pios, y con diversas traslaciones, que por la misericordia de Dios ay en diversas lenguas el dia de hoy.» [28]

Esto no es, sin embargo, trabajo de equipo, en sentido estricto, dada la imposibilidad, muchas veces material, de consultar a «los otros miembros» del grupo.

---

[27] «Amonestación del intérprete de los sacros libros al lector y a toda la Iglesia del Señor...». Citamos de la edición de Juan Guillén Torralba, con ortografía actualizada (*La Biblia del Oso* [Madrid: Ediciones Alfaguara, 1987]), Libros históricos (I),p. 9. (La edición original, de 1569, no numera las páginas de la «Amonestación».)

[28] «Exhortacion Al Christiano Lector à leer la sagrada Escriptura...». En la edición original, las páginas de la «Exhortacion» no están numeradas.

Llama la atención, no obstante, un hecho interesante, tanto por la persona involucrada como por las implicaciones que tiene. Casiodoro de Reina, que trabajó prácticamente solo (al igual que Cipriano de Valera, quien lo dice sin remilgos, pero con un cierto dejo de tristeza[29]), hizo las siguientes recomendaciones, que citamos *in extenso* y pasaremos luego a comentar sucintamente:

> Y es que, pues que ya se entiende que el uso de la divina Escritura en lengua vulgar es bien que se conceda (como el Decreto del Concilio Tridentino ha determinado), prudencia digna de reyes y pastores cristianos sería poner orden con tiempo en mandar hacer una versión, no a uno ni a pocos, sino a diez o doce hombres escogidos por los más doctos y píos de todas las universidades e iglesias del reino, los cuales con diligencia tal consultasen el texto hebreo en el Viejo Testamento y el griego en el Nuevo y todas las versiones que se pudiesen haber, y de todas sacasen una versión latina que sirviese para las escuelas, y otra vulgar que sirviese para el vulgo; a las cuales por un público Concilio, a lo menos nacional, y con el favor del público supremo Magistrado se les diese suma autoridad para que estas solas tuviesen fuerza de Escritura canónica, por la cual se decidiese definitivamente, como por legítimas leyes, todo negocio o disputa eclesiástica, y para ser alegada por tal ansí en sermones como en lecciones o disputas; a la cual so gravísima pena nadie pudiese ni quitar ni mudar ni añadir. Mas por cuanto aun los dichos autores de las versiones dichas podrían también haber faltado en algo, que algún otro particular en algún tiempo podría alcanzar a ver, como acontece, y ansí mismo por evitar toda especie de tiranía, sería de parecer que quedase libertad a cualquiera que hallase alguna falta en las versiones ansí autorizadas, no

---

[29] Cipriano de Valera: «El trabajo, que yo he tomado para sacar à luz esta obra, ha sido muy grande, y de muy largo tiempo: y tanto ha sido mayor, quanto yo he tenido menos ayuda de alguno de mi nacion que me ayudasse, siquiera à leer, escrevir, o corregir. Todo lo he hecho yo solo» («Exhortacion...»).

para enmendarla él de su autoridad, sino para proponerla en el Concilio o Sínodo, cuando se tuviese, para que, siendo examinada en él, con autoridad del mismo Sínodo se enmendase; [...]. Del[30] Señor espíritu en los ánimos de los reyes y pastores cristianos para que, celando, como deben, la gloria de Dios y el bien de su pueblo, conciban algún día tales pensamientos. Amén.[31]

Dejamos de lado la idea expresada en este texto acerca de una traducción de carácter canónico,[32] para centrar nuestra atención en estos otros aspectos, relacionados con la traducción que el autor propone:

(1) Esta debe ser hecha por un grupo de traductores;
(2) este «comité» debe estar compuesto por bastantes personas, y no por solo unas pocas;
(3) el resultado, aunque de carácter canónico, también está sujeto a posibles errores;
(4) los entendidos en la materia que consideraran que hay algún error en la traducción, deberían hacerlo saber a los responsables, para el análisis respectivo y para la adopción de las correcciones que procedieran.

No olvidemos que lo que acabamos de decir fue publicado originalmente en 1569. En otras palabras, ya estaba presente por esas épocas la idea de la conveniencia de que una determinada traducción fuera el resultado de varias personas que trabajaran juntas; o sea, se percibía la necesidad del «equipo de traducción».

---

[30] *Sic.* Es obviamente un error, pues el original dice «De el», o sea «Dé el Señor».

[31] Reina, «Amonestación» p. 23.

[32] Lo cual, indudablemente, tiene importantes implicaciones, que no toman en cuenta quienes han idealizado la Reina-Valera y la consideran –en alguna de sus revisiones, pues en esto no hay unanimidad–como «la» versión castellana, hasta el punto de llegar a valorarla como «la Biblia», en contraposición a otras revisiones o a otras versiones.

Ese es uno de los recursos más importantes para superar, en la medida de lo posible, las constricciones propias de nuestra subjetividad a la hora de traducir. Y ello será tanto más eficaz si los miembros del comité pertenecen a diferentes tradiciones dentro de la fe cristiana, pues eso permite a los traductores contrastar perspectivas diferentes en la comprensión de ciertos textos y percibir las interpretaciones que pudieran representar una imposición de la propia teología sobre la del texto. En estos casos, sí se requiere que los traductores «pongan entre paréntesis» su teología personal –e incluso, nos atreveríamos a decir, la teología de las instituciones que representen–, para «atacar» la tarea de interpretar el texto a partir de los criterios teológicos desde los que este fue producido.

De vuelta a la teología

Debemos volver al tema de la teología para dilucidar un elemento que no tomamos en consideración cuando tratamos este mismo asunto en la primera parte del presente trabajo. Tal elemento, no obstante, se desprende lógicamente de la posición que hemos asumido en lo que hemos denominado la segunda acepción del término «teología».

La teología del texto

En efecto, nuestra preocupación tenía entonces que ver con la teología del traductor y sus posibles interferencias en la traducción de algún libro o pasaje bíblico. Pero, resulta que todo texto bíblico tiene también su propia teología. O, quizás, deberíamos decir que en todo texto bíblico también se vierte la perspectiva teológica de su autor, *desde la cual* este selecciona y organiza su material, expone sus ideas, corrige las que considera equivocadas, hace su labor parenética o escribe las descripciones narrativas (historias, parábolas, etc.). Es tarea del hermeneuta y del exegeta penetrar en ese mundo de perspectivas teológicas; y la del traductor es no perderlo de vista, para no hacer de ningún texto bíblico cómplice de discusiones teológicas que no eran preocupación del autor sino que surgieron en generaciones posteriores.

443

Un caso muy concreto que tiene que ver con este tema y que nos puede servir de ilustración es el de la traducción de Mt 1.25. Leemos en el artículo mencionado de Daniel Arichea:[33]

El texto griego (GNT 3ª ed.corr.) de Mateo 1.25 dice, literalmente: "No la conoció hasta que dio a luz a su hijo; y le puso por nombre Jesús." La Nueva Biblia Española (NBE) traduce el pasaje como:

...sin haber tenido relación con él, María dio a luz un hijo, y él le puso de nombre Jesús.

Con esta traducción, el autor logró apoyar la doctrina de la virginidad perpetua de María (una importante traducción de la Iglesia Católica Romana, pero que el griego no matiza aquí).

Para hacerle justicia al autor de este artículo, hemos de indicar que el texto original fue escrito en inglés y en él se citaba la *Jerusalem Bible* (JB). Esta traducía ese versículo así:

[24] He took his wife home [25] and though he had not had intercourse with her, she gave birth to a son; and he named him Jesus.

(Traducción literal: «Él llevó a su esposa a casa y aunque no había tenido relaciones sexuales con ella, ella dio a luz a un hijo; y él le puso por nombre Jesús.») [34]

Arichea señala, además, que la JB incluye una extensa nota a este texto. Puesto que las traducciones castellanas conocidas como *Biblia de Jerusalén* (BJ) y *Nueva Biblia de Jerusalén* (NBJ)[35] mantienen la misma nota, véase lo que decimos al respecto más adelante.

_____

[33] *Op. cit.*, p. 14-15.

[34] Respecto de esta prestigiosa traducción, es de notar como la *New Jerusalem Bible* (New York: Doubleday, 1985) introdujo algunos cambios en la traducción de este texto. En efecto, dice así: «[24]he took his wife to his home; [25]he had not had intercourse with her when she gave birth to a son; and he named him Jesus».

En lo que concierne a la traducción castellana del artículo de Arichea, se requiere una aclaración que tiene que ver con la precisa interpretación de esa traducción: ¿Qué significa la expresión «logró apoyar la doctrina de la virginidad perpetua de María»? Si con ello quiere decirse que la manera de traducir Mt 1.25 propuesta por la NBE sostiene que María continuó siendo virgen después del parto, hemos de negar la validez de tal interpretación del texto castellano, pues no dice eso. Lo que se limita a decir es que al momento de nacer Jesús, María no había tenido relaciones maritales con su cónyuge. De lo que pasó de ahí en adelante en la vida de ese matrimonio, si María se mantuvo siempre virgen (Iglesias Católica Romana y Ortodoxas) o si tuvo más «hijos e hijas» (iglesias protestantes en su inmensa mayoría), el texto castellano no dice absolutamente nada. En otras palabras, se trata de un texto neutro o abierto, respecto de ese tema. De hecho, la NBE ni siquiera añade una nota a este versículo.

La Traducción en Lenguaje Actual (TLA) ha unido los versículos 22-25 al reestructurar el pasaje y vierte así la parte correspondiente al último versículo:

> *Cuando José despertó, obedeció al ángel de Dios y se casó con María. Pero no durmieron juntos como esposos antes de que naciera el niño. Y cuando este nació, José le puso por nombre Jesús.*

El texto griego de ese versículo, como el propio Arichea afirma, «dice, literalmente: "No la conoció *hasta que* dio a luz a su hijo; y le puso por nombre Jesús".» Pero, nos preguntamos, ¿es eso lo que el texto griego *quiere decir*?[36] En castellano, la expresión

---

35 No son traducción de las versiones inglesas, pues «*han sido traducidos de los originales según la crítica textual y la interpretación de la* Sagrada Biblia, llamada Biblia de Jerusalén, nueva edición, publicada en francés...» (de 1973 y 1998, respectivamente). (Bilbao: Descleé de Brower, 1975 y 1998; páginas de identificación).

36 Ya Sócrates, en su defensa ante el tribunal de Atenas, según lo presenta su más connotado discípulo, dice que, cuando escuchaba las respuestas de aquellos a quienes preguntaba, reflexionaba así: «¿Qué, pues, dice el

conjuntiva «hasta que» precedida por un verbo principal negativamente modificado («no durmieron juntos»: TLA; «no la conoció»: RVR, en toda su tradición[37]) implica, normalmente, la negación, en el futuro, de la negación que se ha hecho; es decir, que posteriormente sí se realiza (realizó, realizará) lo que se ha negado (o sea, en el caso que tratamos, que *después* José y María sí «durmieron juntos» como cónyuges; José sí «la conoció»). Pero no siempre se da esa secuencia así.

La cuestión que se nos plantea es si en griego sucede necesariamente lo mismo. Y aquí las opiniones están divididas. Incluso hay disparidad de criterio respecto del significado del tiempo en que está el verbo «conocer» (imperfecto: *eginôsken*). Como no es este el lugar apropiado para exponer los argumentos de unos y otros sobre la correcta interpretación de este versículo, valga decir que hay biblistas católicos que rechazan la idea de la virginidad de María *in partu* y *post partum*, sin negar la virginidad *ante partum*. Más claramente, María concibió a Jesús siendo virgen, pero en el parto y después de este sufrió las mismas transformaciones fisiológicas que experimenta toda mujer que da a luz y luego tiene las naturales relaciones sexuales con su esposo. Sin embargo, esos biblistas afirman categóricamente que no pueden aducir, como argumento definitivo

---

dios? ¿y qué, pues, da a entender?», con lo que establece una distinción entre lo que se dice y lo que se quiere decir. Cf. Platón, *Apología* 21b (texto griego en *Apología Sôcrátous*, edición bilingüe: griego clásico-griego moderno, Ediciones KAKTOS [Atenas, 1992], p. 34 y 35, respectivamente). El mismo planteamiento es el que hacemos aquí: la traducción literal, ¿es lo que el texto «quiere decir»?

[37] Así aparece desde la *Biblia del Oso* («Y no la conoció hasta que parió à su hijo Primogénito: y llamó su nombre IESVS»). «Conocer» es el verbo que también se usa en el texto griego del NT (*Novum Testamentum Graece* [*eginôsken*]). Tanto en hebreo (cf., en RVR-95, Gn 4.1,17,25; 19.8; Jue 11.39: versículos en los que se traduce la palabra hebrea literalmente), como en griego antiguo (cf. las referencias, *s.v. gignôskô* en Liddell, Scott, Jones, *A Greek-English Lexicon* [Oxford: Clarendon Press, 1968[9]]) y moderno (cf. Mt 1.25 en TA IERA GRAMMATA [Atenas: Sociedad Bíblica, 1980]), «conocer» era un eufemismo para referirse a las relaciones sexuales entre los seres humanos.

para sostener esta tesis, el texto de Mt 1.25.[38] Las bases bíblicas son otras. Y sólidas.[39]

Las preguntas que tenemos que hacernos son las siguientes: ¿Podemos determinar qué pretendía decir Mateo cuando escribió esas palabras? Y en el contexto de nuestro tratamiento del tema específico de la traducción de este versículo, ¿cuál es la teología del evangelio de Mateo, tanto en su obra globalmente considerada como en la perícopa que incluye el pasaje en cuestión? Creemos que ahí está el quid del asunto.

Aparte de la concepción virginal, por el poder del Espíritu Santo, del primogénito[40] de María, esta perícopa en particular no tiene que ver, a nuestro entender, con el tema de la posterior virginidad de la madre de Jesús. Si uno ha concluido, por las razones que sean, que ella no continuó siendo virgen, o que sí lo fue perpetuamente, tal conclusión debe fundamentarse en otros pasajes bíblicos o en otros razonamientos. A lo más, este pasaje tendría el valor de una indicación indirecta o secundaria. Hay varias pistas en el texto que apuntan claramente en la dirección de nuestra tesis. Veamos algunas de ellas:

(1) *El recurso al texto de Isaías*. Llama la atención que se cite el texto del profeta utilizando la traducción griega del AT y no el texto hebreo. Y llama la atención porque se sabe, a ciencia cierta, que la LXX muestra aquí un caso de interpretación-modificación de lo que el texto fuente dice. En

---

[38] Lo reconoce así también tanto la BJ como la NBJ en nota que dice: «El texto no contempla el período posterior, y por sí mismo no afirma la virginidad perpetua de María....»

[39] Véase John P. Meier, *Un judío marginal. Nueva visión del Jesús histórico*, tomo I (Estella: Editorial Verbo Divino, 1998). La argumentación se encuentra en las p. 329-333. La edición original se publicó en inglés: *A Marginal Jew* (New York: Doubleday, 1991).

[40] Primogénito es el «que abre la matriz» (cf. Nm 3.12, en RVR-09), haya o no hijos posteriores. Los derechos de «primogenitura» los conservaba el «primogénito» aunque no hubiera habido otros descendientes de ese padre. Algo similar sucedía con las «primicias», palabra que comparte parcialmente la etimología con «primogénito».

efecto, este último no utiliza la palabra «virgen», sino un término que significa propiamente «doncella», «moza», «mujer joven».[41]

(2) La aplicación de la profecía se refiere, única y exclusivamente, al nacimiento de Jesús. La perícopa no puede ser más clara: primero, se inicia con la enunciación del tema de que va a tratar: «El origen de Jesucristo fue este» (v. 18 DHH-EE); y luego, cuando el ángel se le aparece a José en sueños, le asigna nombre al niño que iba a nacer (v. 21).[42]

(3) No se preanuncia ningún otro nacimiento virginal; tampoco ninguna virginidad perpetua.[43]

---

[41] Véase, en su parte pertinente, la nota que a Mt 1.23 ofrece la DHH-EE: «El texto hebreo de Is 7.14 habla de la *joven*, palabra que fue traducida al griego como *virgen*.»

[42] Dato curioso: la profecía decía que el niño que nacería de la virgen se llamaría «Emanuel» (v. 23), pero el ángel le dice a José que le ponga el nombre de «Jesús». José obedeció al ángel.

[43] Lo que sí representa un abuso de traducción, en la que esta ha quedado servilmente sometida a la teología de la institución con la que se identifica el traductor, es la que traslada al castellano así el texto de Lc 1.34: «Pues yo no conozco, *ni jamás conoceré*, varón *alguno*». La expresión «jamás conoceré» y la palabra «alguno» están impresas con letras bastardillas, para indicar que se trata de una adición del traductor: apenas aceptable si se pusiera en una nota, como interpretación teológica que va más allá de lo que dice el texto, pero totalmente inaceptable como traducción. La nota que se añade magnifica lo que llevamos dicho: «Estas palabras indican el voto de virginidad que tenía». (Traducción de la Vulgata latina por José Miguel Petisco, «dispuesta y publicada por Félix Torres Amat [Madrid: Editorial Apostolado de la Prensa, S.A., 1958[7]]). En ediciones posteriores de esa traducción se eliminaron las palabras en bastardilla. Así, por ejemplo, en la publicada por la Editorial Alfredo Ortells, S.L. (Valencia, España, 2001. Con licencias de la Conferencia Episcopal Española de julio de 1995). También nos parece que se ha sometido la exégesis a la dogmática en la segunda parte de la nota a Mt 1.25 (cuya primera parte ya citamos), de la BJ y de la NBJ (véase nota 39). Esa segunda parte dice así: «pero el resto del Evangelio [de Mateo], así como la tradición de la Iglesia, la suponen. Sobre los hermanos de Jesús, ver 12.46+». No es este el lugar para analizar esta afirmación, que consideramos incorrecta.

(4) El texto es, por tanto, *esencialmente cristológico;* [44] *no mariológico.* [45]

Una pregunta quedaría por contestar: Cuando se redacta el evangelio de Mt, ¿se había planteado ya, en el seno de la iglesia cristiana primitiva, el tema de la virginidad perpetua de María?

La respuesta a esta pregunta podría ser muy importante. Si se respondiera en forma negativa, se confirmaría lo que llevamos dicho: El «no... hasta que» no podría interpretarse sino como la afirmación de que Jesús fue engendrado por obra y gracia del Espíritu Santo, en el seno virginal de la doncella María. Y nada más. Ni a favor ni en contra de creencia en la perpetua virginidad de María. Claro, esto sería así a menos que se crea que el silencio se debe a que ya estaba bien establecida la creencia en que María tuvo, después del nacimiento de Jesús, otros hijos. Por eso, decíamos antes que el texto de Mt 1.25 tendría, a lo más, el valor de ofrecer una indicación indirecta.

Y es que surge, además, otro detalle significativo: Si los hermanos y hermanas de Jesús que se mencionan en otros textos del evangelio de Mateo[46] no fueran literalmente tales —es decir, si las palabras «hermanos» y «hermanas» significaran en esos pasajes otros parentescos familiares–, ¿habría utilizado el redactor de Mateo las expresiones que usa en 1.25? Muy probablemente no.

---

[44] Así lo entendió Casiodoro de Reina. Puso la siguiente nota a Mt 1.25: «Entretanto que estuvo preñada de etc., ni por eso se sigue de aquí que después la conociese, *porque no se pretende aquí probar más sino que Cristo fue concebido sin obra de varón.* Además que es frase de la Escritura «hasta que etc.» por «jamás»: Is 22.14» (énfasis nuestro). Por contraste, la GNB, después de traducir el texto así: «Pero él no tuvo relaciones sexuales con ella antes que ella diera a luz a su hijo», afirma en la nota correspondiente: «Esto no implica necesariamente que después del nacimiento de Jesús María permaneció virgen» (The Bible Societies/HarperCollins Ltd., UK, 1997).

[45] Lo que no obsta para que de él aprendamos mucho acerca de la doncella María, virgen y madre de nuestro Señor, por la gracia del Espíritu y porque «el poder del Dios altísimo» se posó sobre ella (Lc 1.35, DHH-EE).

[46] 12.46-50; 13.53-56.

La documentación patrística no revela que en la iglesia de los Padres Apostólicos el tema la perpetua virginidad de María estuviera en discusión. Las referencias casi se limitan a repetir lo que encontramos en el NT, por lo que los textos que hablan de María son principalmente cristológicos.[47] En los siglos 1 y 2, algunos movimientos que fueron considerados heréticos niegan la virginidad *ante partum* (o sea, la concepción virginal), y esa negación estuvo ligada al rechazo de la divinidad de Jesús. A principios del 3, Tertuliano negará la *virginitas in partu y post partum*.[48] Esto tiene dos facetas importantes: primera, que el hecho de negarlas implica que ya de alguna manera se había puesto el tema sobre el tapete explícitamente; segunda, que por los vaivenes teológicos de Tertuliano, a sus críticas no se les prestó mucha atención, ni tuvo él muchos seguidores. No fue sino hasta la segunda parte del siglo 4 cuando la polémica se desata abiertamente, con Elvidio, a quien responderá San Jerónimo.[49]

Consideramos, por tanto, que traducciones como la que presenta la TLA reflejan, sobre todo, la intención del evangelista en la perícopa a la que Mt 1.25 pertenece, sin referencia al resto del evangelio.

---

[47] Referido a Ignacio de Antioquía (murió como mártir hacia el 110), dice José A. De Aldama: «Sus cartas no daban ocasión a largas exposiciones; pero en ellas encontramos más de una vez el nombre de María. / »Fue, naturalmente, la preocupación cristológica la que en esos momentos movía la pluma del gran obispo» (*María en la patrística de los siglos I y II* [Madrid: Biblioteca de Autores cristianos, 1970], p.63.)

[48] P. Siniscalco, «Tertuliano», en *Diccionario patrístico y de la antigüedad cristiana*, vol. II. Dirigido por Angelo Di Berardino; Institutum Patristicum Augustinianum (Salamanca: Ediciones Sígueme, 1992), p. 2095-2101.

[49] S. Zincone, «Elvidio», en *Diccionario patrístico y de la antigüedad cristiana*, vol. I, p. 704.

Traducción y teología-II
Análisis contextual de «tsedeq» en la RVR (español) y la KJV (inglés)

Esteban Voth

Es bien sabido que ninguna traducción es objetiva ni neutra. Esta afirmación es igualmente cierta respecto de las traducciones de la Biblia. Durante muchos años la iglesia cristiana vivió bajo una especie de ilusión de que el texto que leía estaba libre de prejuicios, ideologías e interpretaciones. Hoy podemos decir con confianza que, cuando menos, toda traducción es «interpretación». Y otros hasta consideran que toda traducción es «traición», tal como lo sugiere el dicho italiano *traduttore traditore*: «El traductor es un traidor».[1]

---

[1] Randall C. Bailey and Tina Pippin, editores, "Race, Class and the Politics of Bible Translation" (*Semeia* 76, 1996); Stanley Porter y Richard Hess, editores, "Translating the Bible–Problems and Prospects" (*JSNTS* 173, 1999); Mark Strauss, *Distorting Scripture? The Challenge of Bible Translation and Gender Accuracy* (Downers Grove: IVP, 1998); D. A. Carson, *The Inclusive Language Debate* (Grand Rapids: Baker Book House, 1998); David Jobling, editor, "Ideological Criticism of Biblical Texts" (*Semeia* 59, 1992); William Smalley, *Translation as Mission* (Macon: Mercer University Press, 1991).

Eugene Nida nos ha enseñado a tomar en cuenta tres principios básicos de correspondencia semántica que deben sostener todo análisis semántico adecuado: (1) Ningún vocablo (o unidad semántica) tiene exactamente el mismo significado en dos diferentes unidades de habla o emisión; (2) no existen sinónimos completos dentro de un mismo idioma; y (3) no hay correspondencias exactas entre palabras relacionadas en diferentes idiomas. En otras palabras, la comunicación perfecta es imposible, y toda comunicación es parcial.[2]

Asimismo se reconoce que toda traducción de la Biblia representa un intento serio de proveer una versión fidedigna de un texto antiguo. El traductor o equipo de traductores hacen todo lo posible por transmitir, en otro idioma, el significado de ese texto antiguo. Sin embargo, este proceso de traducción no se da en el vacío. Está insertado dentro de un proceso histórico, y se lleva a cabo en un contexto particular y en un momento particular. Esto significa que varios factores juegan un papel importante en todo ejercicio de traducción. Entre estos factores, sugiero que los más importantes son las realidades de raza, clase, sexo, historias personales, posturas teológicas, alianzas políticas, características culturales y, por último, y de mucho peso, cuestiones de mercadeo. Todos estos factores específicos contribuyen a conformar la «ideología» y la «cosmovisión» del traductor o traductores. Puede sostenerse con toda confianza que toda traducción del texto bíblico exhibe una «ideología» definida, ya sea consciente o inconscientemente. Es decir, no existe tal cosa como una traducción «inmaculada» del texto bíblico. Habiendo participado en dos proyectos de traducción para dos Biblias en español para Latinoamérica,[3] estoy plenamente convencido teórica y vivencialmente de que no es posible hacer traducciones objetivas, neutras; y hasta me atrevería a decir que no son deseables. A lo sumo, estoy dispuesto a hablar de traducciones honestas, siempre y cuando las presuposiciones,

---

[2] Eugene A. Nida, "Analysis of Meaning and Dictionary Meaning", *IJAL* 24 (1958), p. 281.

[3] Los dos proyectos de traducción fueron: La NVI, auspiciado por la Sociedad Bíblica Internacional y publicado en febrero de 1999; y la TLA, auspiciado por Sociedades Bíblicas Unidas publicada el año 2004.

precomprensiones, intereses teológicos y presiones de mercado estén explicitadas en el prefacio de la traducción ofrecida. Cualquiera que haya sido la filosofía de traducción elegida (la de «equivalencia formal», «equivalencia dinámica o funcional», o alguna variación de estas), uno no puede evitar el hecho de que alguna «ideología» juegue un papel significativo tanto en el proceso de traducción como en el producto final. Tal como lo expresa Stanley Porter, «La historia de la traducción de la Biblia está cargada de cuestiones ideológicas».[4]

Una vez admitida la presencia de la ideología, el próximo paso sería sugerir una teoría de traducción que ayude a tratar el problema que se explicará más abajo. Quizá una de las preocupaciones principales que forman parte de toda traducción es la de lograr un grado adecuado y sano de equivalencia cultural. Esto es por demás crítico para que el «idioma receptor» pueda comunicar lo más precisamente posible la intención original del «idioma fuente». La teoría expresada por Ernst Wendland es de mucho valor en este contexto. Wendland argumenta que la aceptación formal y funcional de traducciones puede determinarse sobre la base de cuatro variables que interactúan entre sí y están íntimamente relacionadas: fidelidad, inteligibilidad, idiomaticidad y proximidad.[5]

1. La fidelidad trata con las cuestiones concernientes a una comunicación correcta de la intención del autor expresada en el texto del «idioma fuente».
2. La inteligibilidad se concentra en la comprensión del mensaje por parte de los que lo escuchan en el «idioma receptor».

---

[4] Stanley Porter, "The Contemporary English Version and the Ideology of Translation", en S. Porter y R. Hess, editores, *Translating the Bible–Problems and Prospects*, p. 18.

[5] Ernst R. Wendland, "Culture and the Form/Function Dichotomy in the Evaluation of Translation Acceptability", en Johannes P. Louw, editor, *Meaningful Translation* (Reading, UK: United Bible Societies, 1991), pp. 8-40. Véase también Ernst R. Wendland, *Language, Society and Bible Translation* (Cape Town: Bible Society of South Africa, 1985).

3. La idiomaticidad tiene que ver con la «naturalidad» del mensaje recibido por los escuchas del «idioma receptor».
4. La proximidad considera la estructura del mensaje en el «idioma fuente» y si es conveniente preservar estas características estructurales.

Estas cuatro variables deben estar presentes en todo momento. No obstante, ninguna por sí sola puede pretender lograr una equivalencia absoluta en la traducción. Por «equivalencia absoluta» nos referimos a todos los aspectos funcionales del mensaje, o sea, la forma, el significado, el impacto, la connotación, la naturalidad, la historia, el estilo de vida y la cosmovisión. El traductor acepta la responsabilidad de utilizar todo lo que esté a su alcance para que «los que reciben el mensaje puedan participar más plenamente del proceso de comunicación por medio del cual la semilla de la Palabra se planta, se arraiga en el suelo de un contexto lingüístico y cultural nuevo».6

El problema

Habiendo ofrecido una teoría de la traducción y habiendo establecido que la «ideología» forma parte integral de cualquier proceso de traducción de un texto bíblico, planteamos a continuación el problema que tratamos en este trabajo. Tal como se expresa en el título, este problema tiene varias facetas y requiere, por tanto, de un tratamiento multifacético. Uno de los aspectos se relaciona con dos idiomas modernos: español e inglés; otro se refiere a la comprensión de un vocablo hebreo tal como aparece en una variedad de textos bíblicos; y, por último, el problema también tiene que ver con el hecho de cómo una traducción afecta la teología de la iglesia cristiana. En otras palabras, y respecto de este último punto, en nuestro análisis veremos el papel que la traducción juega en la formación de la teología.

---

6 Ernst R. Wendland, "Culture and the Form/Function Dichotomy in the Evaluation of Translation Acceptability", p. 40.

El problema se hace evidente al comparar las traducciones de la Biblia más influyentes en el mundo hispano y en el mundo de habla inglesa: la Reina-Valera Revisada (RVR) y la del rey Jaime (KJV, por sus siglas en inglés). Cualquiera que conozca bien ambas traducciones se habrá dado cuenta de la diferencia significativa que existe, en cuanto al tema que ahora nos interesa, entre los dos textos. [7] Cuando uno lee la RVR, nota que la palabra «justicia» aparece muchas veces. Una comparación minuciosa revela que en la mayoría de los casos en que la RVR traduce «justicia», la KJV dice «rectitud». Dos ejemplos, uno del AT y otro del NT bastarán como ilustraciones de esta diferencia, que en principio parecería inocente. En Jeremías 33.16 la RVR dice: *En aquellos días Judá será salvo, y Jerusalén habitará segura, y se le llamará: Jehová, justicia nuestra.* Mientras que en la KJV leemos: *In those days, shall Judah be saved, and Jerusalem shall dwell safely; and this is the name by which she shall be called, THE LORD, OUR RIGHTEOUSNESS.* En segundo lugar, en Mateo 5.6 la RVR dice: *Bienaventurados los que tienen hambre y sed de justicia, porque ellos serán saciados.* La KJV traduce: *Blessed are they who do hunger and thirst after righteousness; for they shall be filled.*

Una lectura más completa de ambas traducciones demostrará que lo que sostenemos no es una simple impresión. De hecho, en la RVR la palabra «justicia» aparece 370 veces (de las que 101 están en el NT). En cuanto a la KJV, la palabra *justice* (justicia) solo aparece 28 veces en toda la Biblia. Un dato por demás interesante es que los 28 usos de esa palabra aparecen en el AT. Es decir, la gente que durante toda su vida solo leyó, de la KJV, el NT, nunca se encontró con la palabra «justicia» en su lectura. Quizá lo más significativo de esta comparación es que tal palabra aparece en la

---

[7] Esta realidad ya fue señalada en el año 1978 por mi colega durante muchos años en la Argentina, el Dr. Sidney Rooy. Véase Sidney Rooy, «Righteousness and Justice», in *The Responsibility of Christian Institutions of Higher Education to Justice in the International Economic Order* (Grand Rapids: Calvin College, 1980), pp. 1-16. Su metodología es diferente de la mía, pero la puntualización del problema es la misma.

RVR trece veces más frecuentemente que en la KJV. Las consecuencias e implicaciones teológicas de esta diferencia contextual son, sin duda, considerables. Pero de esta cuestión nos ocuparemos más adelante.

Este hecho puede verse más claramente comparando el uso de «justicia»/*justice* en otras traducciones en español e inglés.

Inglés		Español	
KJV	28x	RVR	370x
JPS	80x (solo AT)	DHH	277x
TEV	103x	NVI	426x
ASV	116x		
RSV	125x		
NKJV	130x		
NRSV	131x		
NIV	134x		
NAB	221x		
NJB	253x		

La NVI es la traducción más reciente del texto bíblico hecha por un equipo de biblistas evangélicos latinoamericanos. Esta traducción, publicada en febrero de 1999, muestra que existe una gran brecha entre las traducciones al inglés y al español en cuanto al uso de la palabra «justicia». Resulta interesante que puede constatarse el mismo hecho al comparar dos traducciones importantes en otros idiomas: una al alemán y otra al francés. El texto revisado de la traducción de Martín Lutero (1985) tiene la palabra «*gerechtigkeit*» 306 veces. La versión francesa *Nouvelle Version Segond Révisée* tiene la palabra «*justice*» 380 veces. Asimismo, la *Vulgata* utiliza el término «*iustitia*» más de 400 veces (incluyendo su uso en los libros conocidos como deuterocanónicos o apócrifos).

Esta simple ilustración de la diferencia de traducción entre la RVR y la KJV (incluyendo las versiones en latín, alemán y francés), plantea una serie de preguntas. Para responder a tales preguntas no basta apelar simplemente a las traducciones o a los meros datos estadísticos. Como se ha mencionado antes, el problema debe ser considerado desde varios puntos de vista.

Metodología

Las diferencias contextuales entre traducciones no pueden tratarse exclusivamente desde la perspectiva de los idiomas modernos (en nuestro caso, el español y el inglés). En primer lugar, debe discernirse cuáles son las palabras clave en hebreo y griego que afectan la manera en que se llega a una traducción. Para este análisis, he elegido una palabra hebrea en particular: *tsedeq*. Hay muchas otras palabras hebreas que podrían analizarse también, especialmente aquellas que aparecen junto a *tsedeq* en diversos contextos.[8] Pero, esto sería un campo fértil para escribir una tesis doctoral. Los límites de este trabajo no permiten que nos explayemos tanto. La razón principal por la cual he elegido el vocablo *tsedeq* es porque la KJV traduce esta palabra primordialmente como «rectitud» (*righteousness*), mientras que la RVR lo traduce como «justicia». Por esto, nuestra primera tarea será intentar definir lo mejor posible el significado o espectro de significados del término hebreo *tsedeq*.

Un segundo paso será indagar la historia y el significado del término «*righteousness*» (rectitud) tal como se ha ido desarrollando en inglés. Consideraremos, por ejemplo, cuestiones de «uso» del término. ¿Cómo lo utilizaron los traductores de la KJV? ¿Fue un término heredado de traducciones previas? ¿Será que el término en cuestión fue cambiando de significado o connotación a través del tiempo? ¿Qué contenido semántico tiene hoy día? Todas estas cuestiones y otras más deben considerarse cuando uno intenta comprender las diferencias contextuales de las dos traducciones y cuáles son las implicaciones para al iglesia cristiana.

El tercer paso que hay que dar es analizar algunos pasajes clave donde aparece el término *tsedeq* en el texto hebreo. El propósito de este estudio será el de ofrecer lo que podría considerarse como una interpretación contextual del término que sea lo más relevante

---

8 La traducción de *mishpat* (*justice*) en la KJV ha sido cuestionada por Frank Gaebelein, «Old Testament Foundations for Living More Simply», en Ron Sider, editor, *Living More Simply: Biblical Principles and Practical Models* (Downers Grove: Inter-Varsity Press, 1980), pp. 27-39.

y precisa para un contexto dado. Al analizar estos textos, se hará una comparación constante entre la RVR y la KJV con el fin de comprender las diferentes implicaciones teológicas de cada traducción.

El paso final será el de ofrecer algunas sugerencias preliminares basadas en el análisis hecho hasta el momento. Estas sugerencias considerarán el estado de comprensión de estos términos y de qué manera la teología de la iglesia ha sido influida por el uso de «justicia» por un lado y de «rectitud», por otro.

Significado del vocablo tsedeq

La literatura ofrecida por la erudición sobre este tema es, como sería de esperar, vasta.[9] Los estudios demuestran que hay una variedad muy grande de sugerencias en cuanto al significado más propio y preciso del término *tsedeq*. Esto se debe, por supuesto, a varios factores, incluyendo las presupusiciones de cada erudito. Sin embargo, es importante señalar desde el principio que el vocablo *tsedeq* se utiliza en diversos contextos y en diferentes géneros literarios. Esto implica que el campo semántico de esta palabra es muy amplio. Por eso, no debe sorprender a nadie que el término pueda comprenderse, interpretarse y traducirse de diversas maneras.

---

[9] Ofrecemos aquí una muestra: H.G. Reventlow y Yair Hoffman, editores, *Justice and Righteousness*, JSOTS 137; Ahuva Ho, *Sedeq and Sedaqah in the Hebrew Bible*, American University Series VII, vol. 78 (New York: Peter Lang, 1991); J. Krasovec, *La Justice (SDQ) de Dieu dans la Bible Hebraïque et L'Interprétation Juive et Chrétienne*, Orbis Biblicus et Orientalis 76 (Freiburg: Unviversitätsverlag Freiburg Schweiz, 1988); John J. Scullion, *Sedeq-Sedeqah in Isaiah cc. 40-66*, UF 3(1971), pp. 335-348. K. Koch, *"tsedeq, Ser fiel a la comunidad,"* en E. Jenni y C. Westermann, *Diccionario Teológico Manual del AT*, vol. II (Madrid: Ediciones Cristiandad, 1985), pp. 640-668; David J. Reimer, «*ts-d-q*» en Willem van Gemeren, editor, *New International Dictionary of Old Testament Theology and Exegesis*, vol. 3 (Grand Rapids: Zondervan, 1997), pp. 744-769; H. Stigers, «*tsedeq*», en R. Harris, G. Archer Jr. y B. Waltke, editores, *Theological Wordbook of the Old Testament*, vol. II (Chicago: Moody Press, 1980), pp. 752-755. M. Weinfeld, *Social Justice in Ancient Israel and in the Ancient Near East* (Minneapolis: Fortress Press, 1995).

Una somera lectura de los diccionarios más conocidos revela los siguientes significados y comprensiones del término *tsedeq*:[10]

a. BDB (pp. 841-842): *rightness, righteousness; 1. what is right, just, normal; rightness, justness. 2. righteousness. 3. righteousness, justice in a case. 4. rightness, in speech. 5. righteousness, as ethically right. 6. righteousness as vindicated.*

b. KB:[11] *1. the right, normal thing. 2. righteousness, rightness (of law). 3. justice.*

c. KB-1996: *1.a. accuracy, what is correct; b. the right thing, what is honest. 2. equity, what is right. 3. communal loyalty, conduct loyal to the community. 4. salvation, well-being.*

d. DBHE (pp. 632-633): Justicia, lo correcto (legal); honestidad, inocencia; mérito; victoria. a. Como sustantivo: Justicia.

Es interesante notar que hay similitudes notorias entre las diferentes sugerencias ofrecidas por todos estos diccionarios. Pero también hay ciertas diferencias. La más obvia es la que existe en el DBHE, obra producida en España bajo la dirección de Luis Alonso Schökel. En esa obra se sugiere que la primera acepción del término es «justicia». Es decir, éste es el significado primero y más importante del término hebreo *tsedeq*. Para Alonso Schökel y su equipo, *tsedeq* como sustantivo significa primordialmente «justicia» (p. 632).

Ahora bien, uno no puede limitar su argumento a lo que comúnmente se conoce como los «significados de diccionario» de una determinada palabra. Nida nos recuerda constantemente que es indispensable tomar en cuenta la suma de todos los contextos en los cuales se utiliza una palabra para llegar al significado o a los

---

[10] Es necesaria una palabra de aclaración en cuanto a las palabras cognadas de *tsedeq*. Términos como el verbo *tsadaq*, el sustantivo femenino *tsedaqah*, el sustantivo masculino *tsaddiq*, y el adjetivo *tsaddiq* no se tomarán en cuenta en este estudio. Los especialistas están en desacuerdo en cuanto a si existe o no una diferencia de significado entre *tsedeq* y *tsedaqah*. Nuestra postura preliminar es que si existiera alguna diferencia sería mínima y no afectaría el argumento general presentado en este trabajo.

[11] L. Koehler y W. Baumgartner, *Lexicon in Veteris Testamenti Libros* (Leiden: E.J. Brill, 1985), p. 794-795.

significados más precisos de una unidad léxica.[12] Es necesario, pues, recurrir a los excelentes diccionarios manuales teológicos que se han escrito. Estos toman muy en serio los diversos campos semánticos en los cuales se utiliza una palabra que tiene una carga semántica tan significativa como *tsedeq*.

Es de esperar que los diferentes y amplios artículos teológicos escritos sobre el significado de *tsedeq* analicen todas las palabras cognadas que surgen de la raíz semítica *ts-d-q*. Tal como he mencionado en la nota 11, comparto la opinión de los eruditos que sugieren que no hay mayor diferencia de significado entre *tsedeq* y *tsedaqah*. Aunque Reimer exagere un poco al afirmar que *tsedeq* y *tsedaqah* son términos completamente sinónimos,[13] la siguiente discusión se concentrará primordialmente sobre *tsedeq*, pero no excluirá su cognado *tsedaqah*.

El campo semántico de la palabra *tsedeq* es muy amplio. Una sola palabra en castellano o en inglés no puede expresar la totalidad de los usos y significados de esta palabra hebrea. Si bien uno puede sugerir algunas generalizaciones, con base en la morfología, es mucho más aconsejable derivar los diversos matices semánticos de los diferentes contextos en los cuales se usa el vocablo. Por ejemplo, la idea de «legitimidad» o «justo» en relación con pesos y medidas está presente en la literatura del Pentateuco. Este significado también está relacionado, en Salmos, con los decretos y sacrificios. Esto sugiere de inmediato que *tsedeq* contiene un sentido forense. De esto tenemos clara evidencia en el libro de Job, particularmente cuando Job arguye a favor de su inocencia.[14]

Otro significado que aflora de este término es la idea de una conducta correcta y un orden apropiado. Esto puede aplicarse a situaciones individuales o comunitarias. En varios contextos, *tsedeq* se utiliza para describir la conducta correcta, socialmente aceptable.

---

[12] E.A. Nida, «Analysis of Meaning and Dictionary Meaning», *IJAL* 24 (1958), p. 282.

[13] David Reimer, «*ts-d-q*», en *New International Dictionary of Old Testament Theology and Exegesis*, vol. 3, p. 767.

[14] El sentido forense de *tsedaqah* puede encontrarse también en 2S 8.15; 15.4.

También puede describir el orden deseado por Yahvé y los tipos de desórdenes sociales que se dan cuando no se acata el orden de Yahvé. Es bastante claro en estos contextos que la conducta correcta del ser humano debe estar acorde con el *tsedeq* divino.

Un uso importante del término *tsedeq* tiene que ver con el concepto de salvación, liberación y victoria, en especial cuando se refiere a la acción salvífica de Dios. En Salmos, el *tsedeq* de Dios es de ayuda para las ciudades, los oprimidos, los abandonados, los afligidos, etc. La intervención de Dios a favor de los necesitados se expresa a través del vocablo *tsedeq*. Esto también se ve en Isaías 40–55. Scullion ha escrito que:

> En Isaías 40–55, *tsedeq-tsedaqah* se usan constantemente para referirse a la acción salvífica de Yahvé y sus efectos en la vida del pueblo del pacto. Y uno de los efectos más importantes era la paz, la armonía y el bienestar de la comunidad. *tsedeq-tsedaqah* muchas veces tienen, en estos capítulos, la connotación de prosperidad. Esta conclusión concuerda bien con la de H. H. Schmid en su estudio detallado de *tsedeq*: *ts-d-q* en Segundo Isaías significa el orden mundial de Yahvé en la historia de la salvación. Es un orden basado en la creación y se extiende desde la proclamación de la voluntad divina, el surgir de Ciro y el «siervo», hasta la venida de la salvación futura.[15]

En otras palabras, a la luz de estos diversos contextos es más que evidente que el significado de *tsedeq* trasciende la esfera forense y de conducta correcta e incluye la idea de «salvación», lo que debe ser tomado en cuenta en toda traducción de la Biblia hebrea.

Finalmente, un significado relacionado con los anteriores es el de «justicia». En muchos contextos de la Biblia, la mejor manera

---

[15] J.J. Scullion, «*tsedeq-tsedaqah in Isaiah cc. 40–66*», *UF* 3(1971), p. 341. Cf. H.H. Schmid, *Gerechtigkeit als Weltordnung* (Tübingen: J.C.B. Mohr, 1969), p 134.

de transmitir el significado de *tsedeq* es con esa palabra. Esta sugerencia se ve reforzada cuando *tsedeq* se usa en paralelismo con *mishpat*. Este último vocablo también es de muy rico significado. Según el contexto, puede significar: decisión, decisión legal, caso legal, justicia, derecho. Y cuando se utilizan ambos términos juntos, muchas veces se refieren a la obligación que tiene el rey de ser justo y de asegurar que la justicia reine en la comunidad. En la literatura profética existe una preocupación constante por que la justicia sea practicada tanto por la realeza como por los líderes religiosos. Es en estos contextos donde una relación correcta, justa, entre Dios y el pueblo debe mantenerse con base en la existencia de *tsedeq*.

La «justicia social» también está en el corazón del significado de *tsedeq*. En contextos como el de Isaías 1, es por demás claro que el profeta insiste en que *tsedeq* debe estar presente para que haya verdadera restauración para el desposeído y el marginado. El profeta clama a voz en cuello:

> *¡Cómo se ha prostituido la ciudad fiel! Antes estaba llena de justicia. La rectitud moraba en ella, pero ahora solo quedan asesinos... Tus gobernantes son rebeldes, cómplices de ladrones; todos aman el soborno y van detrás de las prebendas. No abogan por el huérfano, ni se ocupan de la causa de la viuda... Restauraré a tus jueces como al principio, y a tus consejeros como al comienzo. Entonces serás llamada Ciudad de justicia», «Ciudad fiel»* (Is 1.21, 23, 26, NVI).

Tal como se verá luego en pasajes clave, la preocupación por la justicia social muchas veces se expresa por medio del uso de una endíadis formada por *tsedeq* y *mishpat*. Reimer ha sugerido, correctamente, que «estos términos juntos representan el ideal de justicia social, un ideal alabado por la reina de Saba en relación con el reinado de Salomón en I Reyes 10.9, como parte de la excelencia de su imponente administración».[16]

---

[16] David Reimer, «*ts-d-q*», en *New International Dictionary of Old Testament Theology and Exegesis*, vol. 3, p. 750.

Las pruebas presentadas hasta ahora, si bien incompletas, demuestran que es imposible reducir la palabra *tsedeq* a un único significado, lineal, unidimensional. Esto es lo que hace que la traducción del término sea tan difícil. A la vez, se debe abarcar la riqueza de significados múltiples de *tsedeq* y permitir que la traducción del texto hebreo refleje esa realidad multifacética. Por esta razón, no propongo, para *tsedeq*, una sugerencia única que abarque todos los significados. Uno podría aproximarse a una traducción más completa sugiriendo algo como «responsabilidad comunal» o «fidelidad a la comunidad». Estas frases son intentos de abarcar la totalidad del campo semántico representado por el vocablo en consideración. Sin embargo, no sería prudente de mi parte afirmar que «todo» estaría comprendido en estas frases y que todos los contextos habrían sido tomados en cuenta. De todas maneras, podemos concluir, con base en toda la información presentada hasta ahora, que el término hebreo tiene, sin duda, un sabor relacional y comunitario, y no un sentido de marcada moral individualista.

A la luz de esto, surgen varias preguntas en relación con la traducción preferida de *tsedeq* por la KJV, es decir, «rectitud». Por ejemplo, la palabra *tsedeq* aparece un total de 119 veces en el AT. De estas 119 veces, la KJV ha optado por la traducción «rectitud» (*righteousness*) 82 veces; «recto» (*righteous*) 10 veces y «derecho» (*right*–justo) 3 veces. Los porcentajes son mucho más altos si se incluye al término *tsedaqah* y los cognados hebreos de la raíz *ts-d-q*. Por eso, tal como lo planteamos en la introducción, antes de formular juicios y ofrecer conclusiones es necesario discernir cuál fue el sentido original de la palabra «rectitud» en inglés (*righteousness*). Asimismo, es necesario estudiar la historia de la traducción de la KJV, y, finalmente, analizar cómo se entiende actualmente el término.

Este es el momento de plantear por qué es necesario analizar este asunto en relación con la RVR y con la iglesia cristiana en Latinoamérica. La hipótesis que voy a intentar presentar es que, si bien en RVR *tsedeq* se tradujo por «justicia», los misioneros que trajeron el evangelio a Latinoamérica siempre leyeron la RVR a través de la KJV y, por tanto, la cosmovisión que prevaleció fue la que transmite la palabra «rectitud» y no la que sugiere la palabra «justicia». Presentaremos más adelante las consecuencias que para la teología y para la *praxis* tiene esta realidad.

Historia y significado del término «rectitud» (righteousness)

El significado del término «rectitud» que se encuentra en diccionarios de inglés contemporáneo está generalmente unido a un contexto teológico o religioso. El significado primero es que «rectitud» es la «calidad o condición de ser recto; conformidad de vida o conducta con los requisitos de la ley divina o moral; especialmente en *teología*: se aplica a la perfección del ser divino, y a la justificación del ser humano a través de la expiación».[17] Otro diccionario agrega las ideas de pureza de corazón y rectitud de vida. También subraya el concepto de conformidad con la ley divina. Junto con el concepto de «rectitud» también se mencionan cuestiones de santidad y principios santos.[18] Y aun otra obra resalta la calidad o estado de «ser» recto. La idea de carácter honesto y recto forma parte de este matiz. Y en una tercera definición se incluye «el estado de ser recto y justo».[19]

Es bien claro que la comprensión moderna del término es aquella que en primer lugar expresa un «estado». Esto significa que «rectitud», expresa más una condición de «ser» y no tiene connotación activa. En segundo lugar, las diversas definiciones en diccionarios seculares siempre caracterizan el término en relación con una ley moral y divina. Por lo tanto, una persona recta, o que demuestra rectitud, es una persona que está bien parada frente a Dios, que ha sido justificada por Dios y que exhibe las cualidades de santidad, pureza, honestidad e inocencia. Finalmente, las definiciones ofrecidas sugieren en su mayoría un sentido individualista de la palabra. En la

---

[17] *The Shorter Oxford English Dictionary on Historical Principles*, vol. II (Oxford: Clarendon Press, 1933), p. 1739.

[18] *Webster's Universal Dictionary of the English Language*, vol. II (New York: The World Syndicate Publishing Company, 1936), p. 1430.

[19] *Webster's New International Dictionary of the English Language*, 2ª edición, íntegra (Springfield: G. & C. Merriam Company, 1935), p. 2148.

comprensión moderna del término no parece tomarse en cuenta el aspecto comunitario. En resumen, una caracterización a base de categorías opuestas sería la siguiente: la rectitud no es activa sino pasiva; está teológicamente atrapada y, por lo tanto, no es pertinente en términos seculares; es individualista y no comunitaria. Reconozco que definir un concepto en términos de blanco y negro puede que conduzca a conclusiones un tanto exageradas. No obstante, mi propuesta es que la comprensión popular contemporánea de «rectitud» cae dentro de estas categorías.

La pregunta que todavía hay que contestar es ésta: ¿Cómo utilizaron y entendieron el término los traductores de la KJV? Esto, como es de suponer, nunca es fácil de discernir, ya que es imposible preguntarles directamente. También sospechamos que los diferentes traductores de la KJV tuvieron opiniones diversas en cuanto a cómo utilizar la palabra «rectitud» y cómo traducir *tsedeq*. Verdaderamente estamos frente a una variante del muy conocido problema de descubrir la «intención original» del autor.

Uno de los primeros problemas que enfrentamos al querer descubrir el significado de «rectitud», es discernir de qué manera se utilizaba el término a fines del siglo 16 y principios del siglo 17 en Gran Bretaña. El problema se agrava cuando uno descubre que hasta el año 1604 no existía ningún diccionario inglés tal como los que tenemos en la actualidad. Lo que existían eran glosarios, vocabularios y una serie de diccionarios bilingües. Pero éstos no pueden compararse con los diccionarios monolingües que organizan las palabras en orden alfabético e intentan definir el significado de las palabras utilizando en forma sistemática otras palabras del mismo idioma. En este sentido, el inglés estaba bastante atrasado con respecto a otros idiomas (como el francés, el italiano y el alemán). Asombra el hecho de pensar que Shakespeare no tenía acceso a un diccionario completo mientras escribía lo que llegaría a ser literatura inglesa de primer orden. Por el hecho de que no existían diccionarios en ese tiempo, Winchester ha afirmado:

> Si el idioma que tanto inspiró a Shakespeare tuvo límites, si sus palabras tenían orígenes, ortografías, pronunciaciones, *significados* definibles, no existía entonces un libro que

las estableciera y definiera. El idioma inglés se hablaba y se escribía, pero en la época de Shakespeare no estaba definido ni *fijado*. [20]

La falta de un tratamiento sistemático de cualquier palabra hace que sea doblemente difícil discernir su significado en una época determinada. Lancashire ha señalado, refiriéndose al mundo anglo-parlante del siglo 16, que «la mayoría de las personas que vivían en aquel tiempo habrían entendido la pregunta «¿qué significa esta palabra?» como si se pidiera la traducción, la etimología, o algún gesto que señalase algo en el mundo denotado por dicha palabra". [21]

Una gran ayuda será la reconstrucción moderna del inglés de aquella época. En la Universidad de Michigan se desarrolla un proyecto llamado *Diccionario del inglés de la época entre 1100 y 1450*. [22] Este diccionario intenta descubrir el significado de palabras inglesas usadas entre los años 1100 y 1500 aproximadamente. Es el intento de elaborar un diccionario a partir de la literatura de esa época. Valiéndose de numerosas fuentes de la literatura inglesa de esos años, se intenta recrear significados léxicos de cada palabra. Pues bien, ese diccionario sugiere que la palabra «rectitud» (*righteousness*, en inglés) probablemente proceda de una palabra más antigua: *right-wisnesse*. Según este proyecto, *right-wisnesse* significaba «justicia, imparcialidad». Lo que todavía no queda totalmente claro, según mi parecer, es la transición de *right-wisnesse* a *righteousness* como se usa en la traducción de *tsedeq* en la KJV.

Al no tener una fuente precisa que esclarezca el significado y uso del término «rectitud» en los siglos 16 y 17, el próximo paso será

---

[20] Simon Winchester, *The Professor and the Mad Man* (New York: Harper Collings Publishers, 1995), pp. 82-83. (Traducción mía)

[21] Ian Lancashire, *What Renaissance Dictionaries Tell us about Lexical Meaning*. Puede verse en http://www.chass.utoronto.caépc©hwp/lancash2/lan2_3.htm. Consultado el 10 de enero del año 2000. (Traducción mía)

[22] *Middle English Dictionary* (Ann Arbor: University of Michigan, 1984).

analizar algunos factores que tuvieron influencia sobre la producción de esa maravillosa obra literaria que hoy conocemos como la KJV.

El escenario político y social en la Inglaterra de principios del siglo 17 estaba bastante convulsionado. Para el año 1603, cuando ya había muerto la reina Isabel I, Inglaterra se había instalado como intérprete de peso en el concierto de las naciones europeas. Un dato que apoya esta afirmación es el hecho de que la Iglesia de Inglaterra había cortado toda relación con la Iglesia de Roma. Esto no significa que en Inglaterra había unidad entre los distintos grupos religiosos. Es más, una de las tareas más urgentes para el rey Jaime I era resolver el problema de la división que se había producido respecto de qué versión de la Biblia sería la «versión autorizada», legitimada por las autoridades políticas. La situación era tal que la gente no estaba usando la denominada *Bishops' Bible* (1568) ni la *Great Bible* (ca. 1535) que habían sido colocadas en las iglesias. La gente se había abocado a la lectura y la compra de las ediciones de la *Geneva Bible* (1560) que se producían rápidamente en las imprentas de Inglaterra y Holanda.

Por sugerencia del Dr. John Reynolds, Presidente del *Corpus Christi College*, en Oxford, y vocero del grupo Puritano, el rey Jaime I decidió apoyar una nueva traducción de la Biblia y propuso que

> ésta deben hacerla los hombres más eruditos de las dos universidades; luego debe ser revisada por los obispos y por los que tienen más educación en la iglesia, para presentarla después al Consejo-*Priuie*, y finalmente debe ser presentada para su ratificación por la autoridad de su Majestad, y así lograr que toda la Iglesia esté amarrada a ella, y a ninguna otra traducción. [23]

Es evidente que detrás del proyecto de la producción de la KJV había una agenda importante: producir una traducción que fuera la única versión legítima y legitimada por la autoridad política, y

---

[23] Citado en *A Ready-Reference History of the English Bible* (New York: American Bible Society, 1971), p. 22. (Traducción mía)

que además fuera un texto que unificara a todos bajo una sola versión.

Todo proyecto de traducción comienza con la articulación de ciertas reglas y principios que han de servir de guía para el equipo (cuyos miembros se comprometen a seguirlos). Para los propósitos de este estudio, las siguientes directrices que se les dieron a los traductores de la KJV resultan pertinentes:

1. Deberá seguirse el texto de la Biblia común de la Iglesia, conocida como la *Bishops' Bible*. Se permitirán cambios mínimos de acuerdo con lo que permita el texto del original.
2. Deberán mantenerse las antiguas palabras eclesiásticas. Por ejemplo, la palabra «iglesia» no será traducida por «congregación». [El término griego permite ambas traducciones.]
3. Cuando una palabra tenga varios significados, se utilizará el significado que los padres de antaño han preferido.
4. No se agregarán notas al margen, salvo para explicar ciertas palabras del hebreo o del griego que necesiten una explicación detallada que no pueda ser incluida con elegancia en el texto mismo de la traducción.[24]

Además, es importante reconocer tanto la influencia de la *Bishops' Bible* como la de otras versiones tales como la de *Tyndale, Matthew, Coverdale, Whitchurch (Great Bible)* y la *Geneva Bible*. Es interesante notar que también se consultaron traducciones en otros idiomas contemporáneos, incluyendo la Valera de 1602, la precursora de la RVR.[25] Puesto que se sabe que la *Bishops' Bible* debía utilizarse como texto base, se cree que los cambios que aparecen en la KJV son el resultado de la influencia de la *Geneva Bible*.

---

[24] La lista completa de reglas puede encontrarse en Gustavus S. Paine, *The Men Behind the KJV* (Grand Rapids: Baker Book House, 1977), pp. 70-71. (Traducción mía)

[25] La versión de Valera de 1602 es una revisión hecha por Cipriano de Valera de la traducción de Casiodoro de Reina, de 1569. La revisión de

En relación con el vocablo *tsedeq*, la *Bishops' Bible* nunca utiliza la palabra «justicia» para traducirlo. Por lo tanto, dado que esa Biblia serviría como texto base para los traductores de la KJV, no debe sorprendernos que «justicia» y sus cognados no aparezcan en la KJV como como traducciones de *tsedeq*. También es interesante notar que la *Geneva Bible* utiliza la palabra «justicia» en alguna ocasiones. Es más, la *Geneva Bible* traduce la palabra *tsedeq* por «justicia» un total de 12 veces más que la KJV. Con base en esto sugiero que la *Geneva Bible* intentó reflejar en su traducción el espectro más amplio de significados de *tsedeq*. Esto implica que los traductores de la KJV tuvieron la oportunidad de seguir construyendo a partir de la *Geneva Bible* y de incorporar los logros de dicha traducción, pero no lo hicieron. Las instrucciones y reglas que los guiaban eran claras: se debía seguir la *Bishops' Bible* fielmente y cambiarla lo menos posible.

Otros factores también determinaron la falta de flexibilidad en el proceso de traducción de la KJV. En primer lugar, y quizá de mayor importancia, es el hecho de que esta traducción fue ordenada por el rey. Uno no puede evitar la sospecha de que tendría que evitarse cualquier tipo de traducción considerada un tanto cuestionable, o que de alguna manera pusiera en tela de juicio a la autoridad política. Walter Wink ha señalado un ejemplo de cómo los traductores empleados por el rey Jaime estaban condicionados. Sabemos que uno de los motivos que llevó a este rey a patrocinar una nueva traducción de la Biblia fue el de contrarrestar las ideas «sediciosas... peligrosas y traicioneras» expresadas en las notas al margen impresas en la *Geneva Bible*, que incluían la aprobación del derecho a desobedecer al tirano.[26] Wink argumenta que la traducción de las palabras de Jesús en Mateo 5.38-41 es mucho más que una simple traducción del griego al inglés. Esta traducción hizo que la resistencia no violenta fuera transformada en docilidad. Al traducir

---

Valera ha sido a su vez revisada más de una decena de veces. La RVR es la revisión de 1960. Sociedades Bíblicas Unidas publicó una nueva revisión en 1995.

[26] Walter Wink, *The Powers That Be* (New York: Doubleday, 1998), pp. 98-101.

antistenai simplemente por «no resistan al mal» (*resist not evil*), sugiere que lo que Jesús pide es que uno debe someterse totalmente a cualquier poder monárquico. Sin embargo, Jesús mismo se enfrentó muchas veces a los poderes políticos injustos. Por lo tanto, una mejor traducción tomaría esto en cuenta, y Wink propone una tercera vía (*a third way*) que no es ni la violencia ni la pasividad, sino la vía de la presencia no violenta. Por ejemplo, una traducción como la de *Today's English Version* («No tomes venganza de alguien que te haga algún mal»: *Do not take revenge on someone who wrongs you*) no le habría dado suficiente seguridad al rey en cuanto a una resistencia activa no violenta.

Siguiendo en esta misma línea de pensamiento, sugiero que otra de las razones por las cuales los traductores empleados por el rey Jaime ni consideraron la posibilidad de incorporar los últimos cambios hechos por la *Geneva Bible* referentes a *tsedeq*, fue que la idea de «justicia» no era algo que le convenía al rey. El rey no quería que la gente pensara que la justicia podría ser parte de su responsabilidad espiritual. Palabras poderosas como «justicia», «justo», «derecho» y «fidelidad comunal», no favorecían los intereses del rey. Una palabra religiosa como «rectitud», que habla más de una situación pasiva, de un estado, que de algo activo y de una responsabilidad intencional hacia el «otro», en especial hacia el marginado, era preferible y más segura. «Rectitud» es, además, un término que se refiere más a la condición individual, personal, que a la preocupación por el *shalom* comunitario. Sostengo, entonces, que «rectitud» (*righteousness*) servía mejor a los intereses del rey y a los propósitos de la monarquía.

Un tercer factor que influyó significativamente en la producción de la KJV fue la cosmovisión puritana de aquel tiempo. Cabe recordar que fue el Dr. John Reynolds, el vocero del grupo puritano, quien convenció al rey Jaime de la necesidad de producir una nueva traducción de la Biblia que tuviera la aprobación de toda la iglesia y que trajera a todos bajo la autoridad de una única versión. Suponemos que al Rey no le preocupaba mucho el hecho de que los puritanos se interesaran tanto por la santidad individual, la pureza y el carácter moral de una persona. Pero, sin duda, lo que lo tuvo muy preocupado fue el marcado énfasis que los puritanos ponían tanto en la justicia social como en su actitud antagónica hacia el estilo de vida lujoso de la corte real.[27] Años después, en 1644, el puritano Samuel Rutherford publicó su famoso manifiesto titulado *Lex, Rex* (*La ley y el príncipe*). En este tratado, Rutherford cuestiona abiertamente el derecho del rey a colocarse por encima de la ley y oprimir a los pobres. A lo largo del documento, y en varias ocasiones, se hace un llamado al rey para que garantice la justicia.[28] Los intereses puritanos, por ende, no le convenían al rey. Me parece que este contexto altamente politizado determinó, por cierto, la toma de decisiones sobre la traducción. Una vez más, «rectitud» (*righteousness*), que como hemos visto es un término casi exclusivamente religioso, expresaría mejor los intereses y la ideología del rey. Cuestiones como la justicia social, la transformación de estructuras sociales malvadas y la responsabilidad cívica, no eran prioritarias para el rey de turno.

Aun otro factor hubo que tuvo influencia sobre el producto final de la KJV: la decisión de eliminar las notas al margen del texto. Quizá no fue un factor determinante, pero sí tuvo sus consecuencias, pues dio comienzo a una práctica, en la traducción de la Biblia, que se basaba en la idea de que un texto «limpio, simple, sin adornos» era un texto libre de prejuicios y subjetividades y, por tanto, objetivo y puro. Ciertamente, existían motivos válidos para eliminar algunas de las notas de la *Geneva Bible*, por ser muy tendenciosas y cargadas de una ideología en particular. Por otro lado, el resultado final de esta práctica fue el desarrollo de otra ideología que colocó la traducción bíblica en un pedestal intocable. Si bien en algunas notas al margen del texto se habría podido explicar e ilustrar los diferentes matices de una palabra como *tsedeq*, por ejemplo, una traducción simple, plana y al estilo de concordancia servía mucho mejor a los propósitos del rey.

---

[27] H.G. Alexander, *Religion in England, 1558-1662* (London: University of London, 1968), p. 135.

[28] Rutherford, S., *Lex, Rex, or The Law and the Prince* (Harrisonburg: Sprinkle Publications, 1982), pp. 54-57; 89; 96-97.

Análisis de textos clave

Tal como ya se ha señalado, la palabra *tsedeq* aparece en el AT 119 veces. Por supuesto, esto no incluye el uso de sus cognados en el texto hebreo. Al analizar una serie de pasajes, he llegado a concluir que mi propuesta se vería fortalecida si incluyera como evidencia las 157 veces que aparece *tsedaqah*. Pero, para que este estudio se mantenga dentro de ciertos parámetros razonables, he decidido limitar mis argumentos a contextos donde aparece la palabra *tsedeq*. De las 119 veces mencionadas, he elegido, para ilustrar y exponer el problema entre manos, ejemplos que pertenecen a diferentes géneros literarios.

Un texto significativo de la literatura deuteronómica es Deuteronomio 16.20. La RVR dice: «La justicia, la justicia seguirás, para que vivas y heredes la tierra que Jehová tu Dios te da". En cambio, la KJV traduce: «That which is altogether just shalt thou follow, that thou mayest live, and inherit the land which the Lord thy God giveth thee» (Aquello que es totalmente justo, seguirás, para que puedas vivir, y heredar la tierra que el Señor tu Dios te da.) Otras versiones en inglés han captado lo que la RVR sugiere: «Follow justice, and justice alone» (Sigue la justicia, y solamente la justicia; NIV); «Justice, and only justice, you shall follow» (La justicia, y solo la justicia seguirás; RSV); «Let true justice prevail» (Permite que la verdadera justicia prevalezca; NLT); «Justice, and justice alone» (Justicia y solamente justicia; NEB). El contexto más amplio de este versículo particular tiene que ver con responsabilidades comunitarias. El versículo anterior habla claramente de no pervertir la justicia, de ser imparcial y de no aceptar el soborno. Para el lector moderno del texto bíblico, «seguir y perseguir la justicia» encierra una connotación bastante diferente a «totalmente justo». Afirma claramente que la relación pactual con Dios requiere que se practique la justicia y que la justicia sea cultivada en la sociedad. La KJV diluye el impacto de la repetición del hebreo *tsedeq tsedeq* que aparece al principio del versículo. Es obvio que el contexto de la KJV ya se preparó con la traducción del versículo anterior (Dt 16.19) donde dice: «No le arrebatarás juicio". Para sorpresa mía, la New Scofield Reference Bible (1967) decidió corregir la versión autorizada del rey Jaime e introdujo la frase «Thou shalt not distort justice» (No distorsionarás la justicia) en el texto, y colocó la traducción de la KJV en el margen de la página. Si uno de los requisitos básicos de una traducción es provocar en el lector una respuesta similar a la de los lectores u oyentes originales, sugiero que la traducción de este texto en la RVR lo consigue mucho mejor que las otras traducciones. Es una traducción que mueve hacia la responsabilidad comunal para que se le haga justicia al «otro». Y fue precisamente esta preocupación por la justicia comunitaria lo que haría posible que los oyentes originales vivieran y heredaran la tierra. Jeffrey Tigay comenta lo siguiente en relación con este versículo:

> Los mandamientos judiciales del versículo anterior ya habían sido establecidos en la Torá. Fiel a su costumbre, Deuteronomio agrega una exhortación a favor de un principio básico de justicia, y, al subrayar los beneficios que esto traerá, busca persuadir a su auditorio para que lo siga... *El perseguir la justicia es una condición indispensable para que Dios posibilite que Israel perdure y florezca en la tierra prometida.*[29]

Pasando al género poético, consideremos el salmo 4.5 y, en especial, su relación con el versículo 1 del mismo salmo. La RVR dice: «Ofreced sacrificios de justicia, y confiad en Jehová". La KJV traduce: «Offer the sacrifices of righteousness, and put your trust in the Lord» (Ofreced sacrificios de rectitud, y poned vuestra confianza en el Señor) .

Dos asuntos preliminares merecen nuestra atención. En primer lugar, algo que es bien evidente en las dos traducciones: los verbos *ofrecer* y *confiar* están en imperativo. En otras palabras, éstas no son meras sugerencias sino mandatos que deben tomarse muy seriamente. La segunda cuestión es un detalle que no se ve tan claramente en inglés como en castellano, por la naturaleza misma

---

[29] Jeffrey Tigay, *Deuteronomy*, The JPS Torah Commentary (Philadelphia: The Jewish Publication Society, 1996), p. 161. (Traducción y énfasis míos)

de aquel idioma. Los mandatos están, en el texto hebreo, en plural, es decir, se dirigen a la comunidad toda, no solamente al individuo. Si bien esto puede quedar aclarado en el texto inglés del versículo 2, vale la pena señalarlo, ya que muchas veces los versículos de los salmos se sacan de contexto y se citan, en la iglesia, como unidades aisladas. El salmo describe la situación de una persona que es acusada y perseguida. El poeta comienza el poema con una plegaria pasional. Dado el contexto, consideramos que es mucho más apropiado traducir *tsedeq* en el v. 1 como «justicia»: «Respóndeme cuando clamo, oh Dios de mi justicia". Estoy de acuerdo con Kraus en que el v. 5 se debe leer a la luz del v. 1, y sostengo, por lo tanto, que «sacrificios de justicia» concuerda mejor con el contexto comunitario. Kraus dice:

> Si ahora *z-b-h ts-d-q* se puede conectar con *'lh' ts-d-q* (v. 1) –y esto es obvio–, entonces estamos tratando con sacrificios por medio de los cuales se reconoce la justicia que procede de Yahvé... A partir de esta relación, el significado de *z-b-h ts-d-q* solo puede ser el traer a los perseguidores y a los perseguidos a una nueva relación social en el sacrificio, luego de la declaración de justicia hecha por Yahvé. Asimismo, entrarían en una relación social acorde con el impartir de *ts-d-q* por parte de Yahvé.[30]

El tema tiene que ver más con practicar la justicia que con ofrecer sacrificios que producirían una especie de moral y un estado de santidad individuales. Sin duda, estas cuestiones están presentes en *tsedeq*, pero al traducir o incorporar la preocupación por la justicia, el mensaje es nuevamente más dinámico, más comunal, y resulta en la transformación de relaciones sociales que a su vez afectan a toda la comunidad.

---

[30] Hans-Joachim Kraus, *Psalms 1–59: A Commentary* (Minneapolis: Augsburg Publishing House, 1988), pp. 148-149. (Traducción mía)

En el salmo 50.6 la RVR dice: «Y los cielos declararán su justicia, porque Dios es el juez». Por su parte, la KJV traduce: "And the heavens shall declare his righteousness: for God is judge himself" (Y los cielos declararán su rectitud, porque Dios mismo es juez.) Una vez más, Kraus nos advierte acerca del hecho de que «*tsedeq* aquí se inclina hacia el sentido de «la justicia en sí».[31] Si en verdad Dios es juez, entonces es lógico que los cielos declaren su justicia. Esa justicia ciertamente tendrá una dimensión moral, e incluirá santidad, conducta correcta y todo lo que la palabra o idea de «rectitud» (*righteousness*) connota. Pero, más importante aun, también declara y requiere que las relaciones estén basadas en un tipo de justicia que posibilite que hombres, mujeres y niños se relacionen con Dios y el uno con el otro. Sin la justicia de la que habla *tsedeq*, no puede desarrollarse una relación genuina.

Un ejemplo final de la literatura poética merece nuestra atención. Quizá el salmo más popular y el de más influencia en la iglesia, en todas las culturas a través de los siglos, ha sido el 23. Se cita y se memoriza una y otra vez en diferentes contextos y en las escuelas dominicales de todo el mundo. Este salmo ha trascendido la lengua, y, en él, personas de distintos grupos étnicos, clases sociales, idiomas, trasfondos académicos, etc. han encontrado una fuente de inspiración y consuelo. La RVR dice en el v. 3: «Confortará mi alma; me guiará por sendas de justicia por amor de su nombre». En cambio, la KJV afirma: "He restoreth my soul: he leadeth me in the paths of righteousness for his name's sake" (Él restaura mi alma: me guía por sendas de rectitud por causa de su nombre.) Dado el contexto de todo el salmo, uno podría argumentar que «justicia» no es la traducción más adecuada para *tsedeq*. Es muy probable que el poeta, al pensar en su situación, tuviera en mente más la idea de «victoria» o aun de «salvación», que son posibilidades semánticas para *tsedeq*. No obstante, lo que deseo no es tanto proponer aquí una traducción específica, sino puntualizar que quien lee u oye el salmo se ve afectado de manera muy diferente cuando lee «sendas de justicia» que cuando lee «sendas de rectitud». Dado que éste es

---

[31] *Ibid.*, p. 492.

un poema tan popular en la tradición de la iglesia, es importante comprender esas diferencias. De esto hablaremos más en la sección final de este trabajo.

Si bien podríamos considerar varios ejemplos de la literatura sapiencial en la Biblia hebrea, concluiremos esta sección con unos ejemplos de la literatura profética. El profeta Isaías es el profeta que más utiliza el vocablo *tsedeq*: 25 veces. Como se ha mencionado ya, el profeta está constantemente preocupado por las relaciones comunales correctas, donde no se ignoren las necesidades de los marginados.

En Isaías 1.21 la RVR dice: «¿Cómo te has convertido en ramera, oh ciudad fiel? Llena estuvo de justicia, en ella habitó la equidad; pero ahora, los homicidas». La KJV vierte: "How is the faithful city become an harlot! it was full of judgement; righteousness lodged in it; but now murderers" (¡Cómo la ciudad fiel se ha convertido en ramera! Estaba llena de juicio, la rectitud moraba en ella; pero ahora, homicidas).

He elegido este versículo, en primer lugar para mostrar como *tsedeq* se usa en paralelismo con *mishpat* (justicia, derecho). La RVR ha tomado esto en cuenta y ha introducido un matiz diferente para *tsedeq*, a decir, «equidad». Pero, en segundo lugar, para sugerir que la KJV ha errado el camino al traducir *mishpat* por «juicio». El contexto del versículo claramente indica que lo que se quiere comunicar es que, en un momento de su historia, Jerusalén estaba llena de «justicia», no «juicio» (compárese con otras versiones en inglés: RSV, NIV, NLT, NEB.) Es por esto por lo que si el primer término (*mishpat*) se traduce mejor por «justicia», *tsedeq* adquiere una connotación un tanto diferente. RVR usa el término «equidad» con el significado de «lo que es equitativo, imparcialidad, honestidad». En otras palabras, es casi sinónimo de justicia en el sentido de que todos son tratados en forma igualitaria según las estipulaciones del pacto. Brueggemann está en lo cierto cuando afirma:

> A la ciudad se la recuerda como que había sido fiel en el pasado, llena de justicia y rectitud, y totalmente impregnada por las prácticas pactuales que realzan a la comunidad toda. Pero ahora, la ciudad se compara a una ramera: caprichosa,

consentida y carente de principios... Todos buscan mejorar su posición personal, y a nadie le importa el bien común. Cuando hay tanta búsqueda del beneficio propio, es predecible que los necesitados de la sociedad desaparecerán de la pantalla de la conciencia pública. Viudas, huérfanos representan la prueba decisiva en cuanto a justicia y rectitud (cf. 1.17) Respecto de esta prueba, Jerusalén ha fallado total y decisivamente. *Los grandes temas teológicos de la vida con Yahvé se reducen a la política concreta establecida para con las viudas y los huérfanos.*[32]

El contexto del pasaje se comprende mejor con palabras que señalan más una preocupación comunitaria por la justicia que con palabras que sugieren un estado moral individual.

El mismo escenario se nos presenta cuando uno compara las diversas traducciones de Isaías 1.26. Son muy diferentes las implicaciones y reacciones de lectores y oyentes cuando uno considera si Jerusalén será llamada «Ciudad de justicia» (RVR) o «Ciudad de rectitud» (KJV).

El último pasaje de esta sección que queremos presentar es Isaías 61. Este texto es por demás conocido por el hecho de que Jesús cita estas palabras del profeta al anunciar su ministerio. Jesús busca, de esta manera, darle validez y legitimidad a sus actos. En este capítulo, la palabra *tsedeq* aparece en el v. 3, y el vocablo cognado *tsedaqah* en los vv. 10 y 11. En este último pasaje me tomaré la libertad de incluir dos usos de la palabra *tsedaqah* para reforzar mi argumento.[33]

---

[32] Walter Brueggemann, *Isaiah 1–39* (Louisville: Westminster John Knox Press, 1998), pp. 21-22. (Traducción y énfasis míos)

[33] M. Weinfeld ha mostrado el paralelo que existe entre el par hebreo *mishpat/tsedaqah* y el par acadio *kittum u misharum*, donde el par acadio al igual que el par hebreo se refiere al «sentido de justicia». M. Weinfeld, "Justice and Righteousness –*mishpat and tsedaqah*–The Expression and its Meaning", en H.G. Reventlow y Yair Hoffman, editores, *Justice and Righteousness*, JSOTS 137 (1992), p. 230.

En los primeros dos versículos del capítulo encontramos una preocupación puntual por los no privilegiados de la sociedad: los afligidos, los de corazón herido, los presos, los cautivos, etc. Luego, en el v. 3, leemos que el resultado de las palabras y acciones del siervo/mesías será que a la gente se la llamará «árboles de justicia» (RVR) o «árboles de rectitud» (KJV) (*trees of righteousness*). Dado el tema planteado en los primeros dos versículos, sugiero que el contexto indica que *tsedeq* aquí se refiere a la justicia que se debe practicar a favor de aquellos que no tienen el poder para cambiar o transformar su situación. Si se acepta que éste es el significado del v. 3, es lógico entonces que quien habla en el v. 10, es decir, Sión misma,[34] habiendo experimentado la justicia ofrecida por el Mesías, puede ahora encarnar esa justicia: «porque me vistió con vestiduras de salvación, me rodeó de manto de justicia» (*tsedaqah*). Siguiendo con el v. 11, Dios habla y hace que brote la «justicia» (*tsedaqah*) y la «alabanza» de Sión en favor de todas las naciones. Michael H. Crosby, al comentar sobre la cuarta bienaventuranza («Bienaventurados los que tienen hambre y sed de justicia»), dice lo siguiente:

> Constituidos en la justicia de Dios, él nos utiliza para «hacer que la justicia y la alabanza brote ante todas las naciones» (Isaías 61.11)... La justicia es la autoridad de Dios, que se debe manifestar en el mundo... Cuando Dios intervino en la vida de la comunidad que sufrió la injusticia de parte de su clase clerical, la comunidad experimentó a Yahvé como «nuestra justicia» (Jer. 23.6; 33.16; cf. Isa. 11.1-11). A Israel se la llama a un similar ministerio de justicia, en el poder de esa justicia experimentada. Ya que la experiencia religiosa y el ministerio de Israel son arquetipos de nuestra espiritualidad, *cuando el mundo vea nuestro ministerio de justicia,*

---

34 No hay consenso en cuanto a «quién» es el que habla en el v. 10. Sugerimos que los argumentos a favor de considerar a Sión como la que habla en vez del siervo/mesías son más convincentes. Cf. John Oswalt, *The Book of Isaiah Chapters 40–66* (Grand Rapids: Eerdmans, 1998), pp. 574-575.

también debería poder decir de nosotros, «nuestra justicia».[35]

Si el mundo alguna vez ha de experimentar nuestro ministerio de justicia, el significado primordial de *tsedeq* tiene que salir a la luz en nuestra interpretación del texto. El problema en Latinoamérica ha sido que la palabra «justicia» se ha leído e interpretado a través de la cosmovisión del movimiento misionero que siempre entendió «rectitud» en estos pasajes. El estado pasivo de religiosidad y moralidad individual que transmite la palabra «rectitud» (*righteousness*) nunca va a movilizar a la iglesia a «practicar y a crear la justicia» en este mundo.

Sugerencias preliminares

Comenzaré afirmando una vez más que toda traducción es interpretación. Para que exista una traducción, un texto dado debe ser comprendido. Para comprender y entender se requiere interpretar. Esto significa que las decisiones y elecciones que forman parte de una traducción del texto bíblico tienen una influencia directa sobre la teología y sobre el «hacer teología». Nuestra preocupación en este trabajo tiene que ver con cuestiones de traducción, contextualización, cultura y teología. Con estos temas en mente quisiera ofrecer las siguientes sugerencias.

En primer lugar, sugiero que las pruebas presentadas tienen implicaciones pertinentes tanto para la manera en que la iglesia hace teología como también para la manera en que esa teología se pone en práctica a través del discipulado en la iglesia. La iglesia evangélica en general, y particularmente la iglesia evangélica occidental, está marcada por una cosmovisión individualista. La ideología de discipulado se caracteriza por un énfasis muy pronunciado sobre la santidad, pureza, conducta moral y rectitud individual y personal. Este individualismo extremo tiende a promover teologías individuales que promueven el retraerse del «mundo real» y el

---

[35] Michael H. Crosby, *Spirituality of the Beatitudes* (Maryknoll: Orbis Books, 1982), pp. 118-119.

cobijarse en lugares seguros donde la espiritualidad se mide primordialmente por un estado de rectitud, es decir, por un «ser recto». Hace muchos años, Émile Durkheim, reconocido sociólogo, lanzó una advertencia al respecto. Señaló que la religión ocupaba un espacio cada vez más pequeño en la vida social. Originalmente, la religión jugaba un papel importante en todos los aspectos de la vida. Sin embargo, paulatinamente, el mundo político, el económico y el científico se fueron apartando de sus funciones religiosas. Durkheim afirma que

> Dios, si es que nos podemos expresar de esta manera, que al principio estaba presente en todas las relaciones humanas, ahora se va retrayendo progresivamente, y abandona el mundo a los hombres y sus conflictos.[36]

La consecuencia de este fenómeno es que la religión se reduce a la vida privada de las personas. En términos evangélicos, se quita el poder transformador del evangelio del ámbito público y se reduce y se limita a una expresión privatizada.

Como resultado de esta realidad, es necesario plantear lo siguiente, si es que como iglesia cristiana nos preocupa la contextualización del mensaje bíblico. Es urgente que la iglesia **des-privatice** la fe. Una manera de hacer esto en Latinoamérica es despojarnos de la cosmovisión individualista heredada de una teología eurocéntrica e incorporar el desafío comunitario presente en la comprensión bíblica de «justicia», que forma parte integral del significado de *tsedeq* y sus cognados. Si esto se hace realidad, las consecuencias serían por lo menos dos. La primera, un cambio de un estado pasivo, donde lo más importante es mi condición de rectitud personal, a una preocupación activa comunitaria, donde la vida de alianza afecta todos los ámbitos de las relaciones humanas. En vez de una espiritualidad estática con énfasis egocéntrico, avaro y etnocéntrico, surgiría una espiritualidad dinámica, generosa, imaginativa,

---

[36] Émile Durkheim, *De la división del trabajo social* (Buenos Aires: Schapire, 1967), pp. 145-146.

preocupada por «el otro». Esto podría tener un impacto sobre todos los aspectos de la vida y desmantelaría la ideología escapista donde el supuesto mundo secular y el mundo espiritual siempre se mantienen separados. En vez de retraerse de «las necesidades modernas» del mundo, una comprensión más integral de *tsedeq* presentaría un desafío a la iglesia para que se entrometa en el mundo con un mensaje relevante de esperanza.

En segundo lugar, sugiero que puede aflorar un modelo de ministerio y liderazgo más horizontal y comunal. El paradigma individualista y privado del ministerio tiende a nutrir una teología de liderazgo muy jerárquica. Ésta, a su vez, nutre deseos de poder, autoengrandecimiento y éxito que están bien plasmados en los valores mercantilistas y narcisistas de la sociedad en general. La sociedad *no* necesita que la iglesia tenga *hambre y sed de poder*, algo tan característico de la naturaleza humana. La sociedad *sí* necesita que la iglesia ofrezca una alternativa redentora basada en el *hambre y sed de justicia*.

Como segunda sugerencia, quisiera plantear que las «necesidades del mundo» serán tratadas con mucha más fidelidad por la iglesia si ella «entiende y abraza» los aspectos comunitarios de la justicia bíblica expresados por la familia de palabras asociadas a *tsedeq*.

Quisiera subrayar el término «entiende», porque sé muy bien que no basta con solo un cambio de palabras. No obstante, si en la traducción al inglés conocida como la KJV apareciera con más frecuencia la palabra «justicia», quizá la iglesia evangélica más rica del mundo «entendería» el mensaje y tomaría más en serio la demanda bíblica de seguir la justicia y de hacer justicia. Asimismo, si en la lectura de la RVR, la iglesia latinoamericana se despojara de la interpretación recibida de otros contextos y «entendiera» los alcances de *tsedeq*, entonces se abrirían las puertas para la formación de una iglesia más fiel. Esto también se lograría en parte matizando la traducción de *tsedeq*, para que no se repita en forma automática y descontextualizada la palabra «justicia» como única traducción.

Las necesidades del mundo en que vivimos son apabullantes. Realidades como el hambre, la opresión, la pobreza cada vez más deshumanizante, la injusticia, las relaciones quebradas, las familias destruidas, los desastres naturales, la violencia y muchas más nos ahogan en angustia y desesperanza. Muchas veces, la respuesta a estas realidades desde la postura de «rectitud» (*righteousness*) ha sido de indiferencia basada en la premisa de que uno no puede solucionar todos los problemas del mundo. En consecuencia, la espiritualidad privatizada se concentra en el desarrollo de la rectitud y el bienestar individual e ignora el llamado a ser «sal y luz» en este mundo. Pero, si la iglesia tomara en serio la preocupación comunal expresada por *tsedeq*, en la cual todo miembro de la comunidad humana tiene derecho a vivir digna y decentemente, entonces podría proclamarse una verdadera esperanza.

Presentaremos dos ejemplos de «necesidades de este mundo» para ilustrar lo que podría pasar si la iglesia abrazara la demanda de «hacer justicia». Y agrego, de pasada, que esta cuestión de «hacer justicia» es un mandato, no una opción. No queda a la libre elección del cristiano. «Hacer y practicar justicia» es evangelio (cf. Lc 4.18-19).

El vocablo «globalización» se ha revestido de varios significados. En el campo de la economía, los que tienen el poder económico se han aprovechado del concepto de «aldea global» y han impuesto un sistema de libre mercado que en Latinoamérica conocemos como neoliberalismo. Este sistema y cosmovisión parten de la suposición de que los mercados libres (que están libres de la intervención del gobierno de turno) pueden proveer la solución de los problemas que plantean las necesidades económicas y sociales del mundo. Esto ha desencadenado lo que en muchos países del supuesto «Tercer Mundo» se conoce como «capitalismo salvaje», en el cual no hay controles sobre la competencia feroz y mortal. Esta forma extrema de una economía de libre mercado ha sido analizada cuidadosamente por Ulrich Duchrow, y él ha llegado a la conclusión de que la consecuencia de este libertinaje económico es

que la acumulación de dinero es ahora el parámetro absoluto e inmutable para toda decisión económica, social, ecológica y política. Ya no es simplemente una meta, sino un mecanismo concreto.[37]

Los resultados de este «mecanismo concreto», impuesto sobre el mundo por los que ostentan el poder económico, son que los no privilegiados, los pobres, los discapacitados, los ancianos y los niños del mundo viven en condiciones infrahumanas y son cada vez más vulnerables. Cuando la acumulación de riquezas llega a ser la preocupación más importante, todo lo demás va desapareciendo. El contexto del «saqueo global» clama por *tsedeq*. Esta realidad representa un colosal desafío para la iglesia. La iglesia debe proclamar una esperanza que toma en serio las demandas relacionales y comunales de *tsedeq*. La ausencia total de justicia ha creado un vacío enorme en la creación de Dios, que solo puede ser llenado por el pueblo de Dios si el pueblo realmente comprende y practica los significados de *tsedeq*.

La opresión política y militar debe ser motivo de preocupación también de la iglesia. Hay muchas personas en EUA. y en otras partes del mundo que desconocen la existencia de un lugar en Fort Benning, Georgia, llamado «The US Army School of the Americas» (institución conocida en algunas partes de Latinoamérica como «La escuela de las Américas»). Esta escuela entrena a soldados latinoamericanos para el combate, para la lucha contra el narcotráfico y contra todo tipo de sublevación. Resulta más que interesante saber que el 90% de la literatura en la biblioteca Amos de la Escuela de las Américas es literatura en español.[38] También se sabe que graduados de esta infame institución han sido los responsables de los peores abusos contra los derechos humanos en

---

[37] Ulrich Duchrow, *Alternatives to Global Capitalism: Drawn from Biblical History, Designed for Political Action* (Utrecht: International Books, 1995), p. 71. Véase también, Jeremy Brecher y Tim Costello, *Global Village or Global Pillage*, 2ª edición (Massachesetts: South End Press, 1998); Wes Howard-Brook y Anthony Gwyther, *Unveiling Empire* (Maryknoll: Orbis Books, 1999).

[38] Véase la información en http://www.benning.army.milúsarsa/main.htm. Consultado el 3 de febrero del año 2000.

Latinoamérica. He sido testigo de las atrocidades cometidas por el régimen militar en Argentina durante los años 1976-1983.[39] Los dictadores argentinos Leopoldo Galtieri y Roberto Viola se entrenaron en la Escuela de las Américas y fueron partícipes de la matanza y desaparición de más de 30.000 seres humanos. Lo mismo es cierto de otros que se graduaron de esta escuela y que fueron responsables de terribles actos de violencia en Centroamérica.[40] Muchos han luchado para que se cierre esta institución.[41] Si la iglesia se vistiera con el manto de «justicia», podría levantar la voz a favor de los oprimidos y de los que sufren injusticias. Si en verdad los que nos llamamos seguidores de Jesús de Nazaret vamos a restaurar a «los sin voz y sin rostro», a los marginados, a los pisoteados, a los desfavorecidos, en fin, al ser humano, tendremos que ser agentes de justicia al igual que personas rectas, puras y santas. Y una manera de comenzar a serlo es comprendiendo y abrazando la riqueza de sentido del vocablo *tsedeq* y permitiendo que esa riqueza transforme nuestra conducta.[42]

---

[39] Para un informe detallado acerca de estas atrocidades, véase *Nunca Más,* Informe de la Comisión nacional sobre la desaparición de personas (Buenos Aires: EUDEBA, 1984).

[40] Para un informe detallado, véase http://www.soaw.org/. Consultado el 2 de febrero del año 2000. Para leer sobre el debate acerca de si se debe continuar con esta institución o no, véase http://www.mastiffassociation.org/news/mexicápa11.htm. Consultado el 3 de febrero del año 2000. Es importante señalar que el secretario de la infantería Louis Caldera está intentando hacer cambios significativos en la escuela. Caldera argumenta que la escuela sigue siendo estratégicamente importante y puede cumplir un papel decisivo en el control del narcotráfico. Véase el debate entre Louis Caldera y otros políticos de EE.UU.

[41] Recientes informaciones publicadas en los medios de comunicación indican que, finalmente, se cerró la institución llamada «The U.S. Army School of the Americas».

[42] Nos enfrentamos con el mismo problema en el NT con la traducción de *dikaios, dikaiosyne*. Véase el excelente análisis ofrecido por C. H. Dodd, «Some Problems of New Testament Translation», *The Bible Translator* 13 (July 1962), p. 157; David Bosch, *Transforming Mission* (Maryknoll: Orbis Books, 1991), pp. 70-73; 400-408. Michael H. Crosby, *Spirituality of the Beatitudes* (Maryknoll: Orbis Books, 1982), pp. 118-139; Elsa Tamez, *The*

Un breve relato nos servirá de conclusión:

Un rabino le preguntó a sus alumnos:

—¿Cuándo, al amanecer, se puede diferenciar la luz de las tinieblas?

Un alumno contestó:

—Cuando me puedo dar cuenta de la diferencia entre una cabra y un burro.

—No, –le contestó el rabino.

Otro alumno respondió:

—Cuando me puedo dar cuenta de la diferencia entre una palmera y una higuera.

—No, –contestó nuevamente el rabino.

Entonces los alumnos lo presionaron y le preguntaron:

—¿Cuál es, pues, la respuesta?

Y contestó el rabino:

—Cuando mires el rostro de cada hombre y de cada mujer y veas en ellos a tu hermano y a tu hermana. Solo en ese momento has visto la luz. Todo lo demás es tinieblas.[43]

Amnesty of Grace : Justification by Faith from a Latin American Perspective, traducido por Sharon Ringe (Nashville: Abingdon Press, 1993). Aunque el problema ha sido identificado y tratado con seriedad y cuidado, las traducciones modernas del NT al inglés no han querido ir contra la «tradición» y en su mayoría han elegido «rectitud»/«justificación» («*righteousness*»/«*justification*») para traducir las palabras griegas en cuestión.

[43] Citado en Johann C. Arnold, *Seeking Peace* (Farmington: The Plough Publishing House, 1998), p. 103.